SLING
(Paul Schlesinger)

DER MENSCH, DER SCHIESST

Berichte aus dem Gerichtssaal

Mit einem Nachwort
von Hans Holzhaider
herausgegeben
von Axel von Ernst

LILIENFELD VERLAG

INHALT

VORBEMERKUNG

Paul Schlesinger (1878–1928), einer der prominentesten Journalisten der zwanziger Jahre, schrieb seit Februar 1921 unter dem Pseudonym „Sling". Bereits zu seinen Lebzeiten erschien eine Auswahl seiner beliebten Texte aus dem Feuilleton („Das Sling-Buch", Berlin 1924), aber besonderen Ruhm und Nachruhm erntete er für seine Gerichtsberichterstattung, die bis heute stilprägend ist.

Schon im Jahr nach seinem frühen Tod erschien eine Sammlung aus diesen Berichten („Richter und Gerichtete", Berlin 1929), die 1969 mit erweiterten Kommentaren erneut aufgelegt wurde. Herausgeber ist der Jurist Robert M. W. Kempner, der u. a. auch stellvertretender Hauptankläger für die USA bei den Nürnberger Kriegsverbrecherprozessen war. Die Texte Slings zu den großen Mordprozessen sind von Robert Kempner aus mehreren Artikeln zusammengestellt worden und werden auch hier in dieser Fassung abgedruckt.

Zuletzt sind Slingsche Gerichtsberichte 1989 in Ost-Berlin unter dem Titel „Der Fassadenkletterer vom ‚Kaiserhof'" erschienen. Die Datierungen im vorliegenden Buch sind der Herausgeberin dieses Bandes, Ruth Greuner, zu verdanken. Die undatierten Texte entstammen dagegen der Sammlung „Richter und Gerichtete" von 1929.

Alle hier abgedruckten Berichte aus den Gerichtssälen standen zwischen 1921 und 1928 in der „Vossischen Zeitung" und stellen die bisher breiteste Auswahl aus der viel größeren Fülle Slingscher Texte dar. Einfügungen und Passagen, die nicht von Sling stammen, sind kursiv und in Klammern gesetzt.

Franz Ullstein, Vorstand des Ullstein Verlages, in dem die „Vossische Zeitung" erschien, soll auf den Redaktionsnachlaß Slings weisend zu Robert Kempner gesagt haben: „Kempner, das da darf nicht verschwinden!"

Wird es nicht.

Der Herausgeber

DER HERR SLING

DER MENSCH, DER SCHIESST

Der Mensch, der schießt, ist ebenso unschuldig wie der Kessel, der explodiert, die Eisenbahnschiene, die sich verbiegt, der Blitz, der einschlägt, die Lawine, die verschüttet. Alles tötet den Menschen, auch der Mensch tötet den Menschen.

Wann der Mensch tötet, ist so wenig vorauszusehen wie der Zeitpunkt, wann der Blitz einschlägt. Aber die Bedingungen, unter denen die Natur gegen die Menschen wütet, sind nachträglich oft leichter zu erklären als der gewaltsame Ausbruch des Stückes Natur, das sich Mensch nennt. Um die Missetaten der Natur zu erklären, hat man allerhand Hilfsmittel ersonnen, zum Beispiel Instrumente. Zur Erklärung der Explosion eines Menschen benutzt man die Psychologie.

Die Menschheit sucht sich gegen die Gewalt und die Willkür der Natur durch allerhand Erfindungen zu schützen, zum Beispiel den Blitzableiter oder den Rettungsring. Um sich gegen den Menschen zu schützen, erfand der Mensch das Strafgesetz.

Von der Natur glaubt der Mensch, er werde sie beherrschen, wenn er ihre Geheimnisse erspürt. Aber der Mensch, zur Gesellschaft zusammengeschlossen, schützt sich gegen den gefährlichen Menschen, indem er ihn bestraft.

In der rauhen Jugend des Menschengeschlechts wehrte er sich gegen seine Schädlinge durch die Begriffe Vergeltung und Sühne. Wir wissen, daß die rauhe Jugend des Menschengeschlechts noch nicht abgeschlossen ist, obgleich sich in seinem Haar bereits einige Silberfäden zeigen. Es war eine großartige Sache, als man zu der Überzeugung gelangte, der Mensch könnte sich bessern, man könne ihn erziehen. Einige Geister glaubten, die Abschreckung sei ein solches Erziehungsmittel, und seitdem straft man nicht nur, um die primitive Vergeltung zu üben, sondern um zu erziehen.

Den Kaffeekessel, der explodiert, schickt man zum Klempner, den Menschen ins Gefängnis.

Eine Weile hat man sich vorgestellt, der Mensch könne die Gelegenheit benutzen, sich im Gefängnis zu bessern. Man hat aber die Erfahrung gemacht, daß von dieser Gelegenheit höchst selten Gebrauch gemacht wird, daß der Mensch vielmehr in den meisten Fällen völlig verdorben zur Menschheit zurückkehrt. Man erzielte, auf den Kaffeekessel angewendet, die Wirkung, als ob man ihn nicht zum Klempner geschickt, sondern nun erst recht mit den Füßen zertrampelt und auf den Kehricht geworfen hätte.

Die Erkenntnis von der Nutzlosigkeit der Strafe stellte sich etwa zu derselben Zeit ein wie die andere Erkenntnis von der Unschuld des explodierenden Menschen. Ob Vererbung, Milieu, Not, Schicksalsstellung, eine zu warme Nacht oder ein Glas Kognak zuviel zu der Explosion des Menschen Veranlassung gaben oder mangelhafter Verschluß oder Dünnwandigkeit des Nervenkessels: wir haben für alles unsere Erklärungen durch die nie rastende Arbeit unserer Psychologen und Psychiater bezogen. Nutzlosigkeit der Strafe (im Sinne der Besserung) und die Unschuld des Menschen gäben uns ja eigentlich Veranlassung, dies Strafgesetzbuch zu zerreißen; aber wir tun es nicht, denn noch blieb ein Strafzweck übrig: die Abschreckung.

Seitdem strafen wir Unschuldige, um andere Unschuldige von der Explosion abzuschrecken. Wir (andern) leben nicht gern in der Nähe von explodierenden Unschuldigen, also lassen wir die Unschuldigen für uns sterben oder für uns in den Gefängnissen verkommen.

Wir anderen haben überaus glückliche Konstitutionen, die es uns ermöglichen, das Für-uns-Sterben mit schönem Gleichmut hinzunehmen. Hebt uns jemand ein Taschentuch auf, so lächeln wir artig und sagen „Danke schön". Demjenigen, der für uns stirbt, sagen wir durchaus nicht „Danke schön", noch lächeln wir. Im Gegenteil, wir machen ein sehr böses Gesicht und schneiden gerne nach der Elle noch ein Stückchen Ehre ab – fünf Jahre, zehn Jahre. Es ist auch noch nicht vorgekommen, daß wer zu einem, der für uns stirbt, gesagt hätte: Bitte, bemühen Sie sich nicht, ich sterbe selber.

Aber zuweilen kommt uns was in die unrechte Kehle. Wir kriegen Mitleid, und das ist sehr unangenehm. Es gibt Fälle, in denen uns das Mitleid nicht ganz ruhig schlafen läßt, und das fühlt sich beinahe so an wie schlechtes Gewissen – natürlich, ohne es zu sein.

Mitleid ist eine Krankheit. Staatsanwälte verwenden gegen dieses Leiden vielfach mit Erfolg Monokel. Und da so viele Staatsanwälte Monokel tragen, ist anzunehmen, daß das Mitleid eine bei den Staatsanwälten vielfach verbreitete Krankheit ist.

Aber was tun wir übrigen Menschen, die wir uns zu einer solchen Radikalkur nicht entschließen können? Wir sind übel daran.

Glücklicherweise geht das Übel auch so vorüber. Denn Gott gab uns, damit die Welt sich nicht in Tränen auflöst, als höchstes Gut ein miserables Gedächtnis.

Ist jemand für uns gestorben, haben wir eine schlaflose Nacht verbracht – am Morgen singen die Vögel, die Sonne liegt auf Wiesen und Feldern, die Eisenbahnen gehen, und uns gegenüber im Coupé sitzt vielleicht eine junge Dame und sendet uns einen süßen Blick aus blauen Augen. Wie gern wären wir bereit, den Blick zu erwidern. Doch ach, wie, wenn sie explodierte – unschuldig, wie sie ist –, früher oder später. Aber nein, sie hat das Auge wieder auf die Zeitung gesenkt. Sie liest den Bericht über den Flessa-Prozeß. Sie schreckt sich gerade ab. Stören wir sie – um Gottes willen – nicht dabei.

25. 8. 1926

DIE ATMOSPHÄRE VON MOABIT

Skandal.

Das Wort steht in den Zeitungen. Aber die Hallen und Wandelgänge des Justizpalastes liegen nur noch um einige Nuancen stiller und verlassener.

Lautlosigkeit ist eine der unheimlichen Komponenten der Moabiter Atmosphäre. Der prunkvolle Treppenbau mit seinem öden und ungefühlten Schmuck von sandsteinernen Allegorien ist fast immer menschenleer. Zuweilen zieht ein Trüppchen Zeugen die Stufen empor, staut sich vor einer Saaltür. Ein paar Anwälte huschen in ihren Talaren über die Korridore, oder ein Staatsanwalt wird aus seinem Amtszimmer, wohin er sich während der Beratung des Gerichts zurückgezogen hat, geholt. Mal tönt die Stimme eines Wachtmeisters, der eine Sache, einen Zeugen aufruft. Ganz selten, und um so erschreckender, der Schrei eines Nervenkranken, das anhaltende

Stöhnen eines Epileptikers, der Wutausbruch eines Verurteilten, das Trompetengezänk von Parteien, die ihren Streit auch außerhalb des Gerichtssaals fortsetzen.

Sonst aber Schweigen, garantiert durch das Vorhandensein von zwei inneren Treppensystemen, deren Existenz eigentlich erst im Gerichtssaal selbst in Erscheinung tritt. Das eine System führt die Zuschauer von der Straße her, das andere die inhaftierten Angeklagten auf verschwiegenen Wegen vom Untersuchungsgefängnis direkt in den Gerichtssaal. Wird im Saal mal eine sofortige Verhaftung verfügt: eine Tür öffnet sich, eine Gestalt ist verschluckt.

Und merkwürdig, wie wenig man in den Hallen vom Geschäftsbetrieb der Gerichte merkt. Da sind die beiden riesigen Gebäude, das alte und das neue, verbunden durch einen langen gewundenen Gang, der wiederum nur den Eingeweihten bekannt ist. Gewiß, man begegnet mal einem Wachtmeister, der Akten schleppt oder auf Karren vor sich herschiebt. Ein paar Türen weiter ist er verschwunden, hat seine Ware abgeliefert.

Der äußeren Nüchternheit, Ereignislosigkeit, der trockenen Sachlichkeit der Amtszimmer widerspricht ein inneres Leben von lebendigster Leidenschaftlichkeit. Da spricht nicht nur die Tatsache, daß das Delikt, das einen Menschen auf die Anklagebank führt, zumeist einem starken, übermäßigen Impulse entsprungen ist: Gier nach Besitz, Geltung, Wollust, Rache. Es ist noch ein anderes. Der geistigen und moralischen Unterwelt, die vor die Schranken gezerrt wird, entspricht eine Oberwelt, eine lichtere reine, geistigere.

Menschen hüben und drüben. Der Mann im Schatten zuweilen ein Gestürzter der Oberwelt. Der Mann im Lichte zuweilen einer, der durch Arbeit und Tugend emporgekommen. Der Mann oben hilft nicht, streckt keine Hand entgegen, darf nicht. Der Mann unten kämpft, schreit wie ein Ertrinkender, beschwört seine Unschuld; man glaubt ihm nicht. Ein Stoß wirft ihn hinab. Oder man glaubt ihm – aber auch dann keine helfende Hand, nur eine Geste im Abwenden: bring dich ins trockene.

Zwischen den beiden Welten einige Mittler: Beamte, Inspektoren, Wachtmeister, Gefängniswärter, Schreiber, Sekretäre – einige Schichten dieser gestuften Welt, dem Angeklagten oft sozial näher als dem Richter. Dann aber der berufenste Mittler: der Verteidiger. Dem Richter sozial ganz nahe, sogar identisch – aber erfüllt von den

Geheimnissen des Sünders, entweder sein Vertrauter oder doch ihn durchschauend und trotzdem helfend, nachfühlend, nachdichtend seine Seele, auch wenn sie böse ist. Er beschwichtigt, er beschönigt, er holt seine Argumente aus allen Winkeln der Rechtswissenschaft und ihrer Hilfswissenschaften: Psychologie, Soziologie, Graphologie. Und was da noch ist …

Aber mit den paar Worten ist die Gefahrenstellung nicht umschrieben, in der sich der Verteidiger befindet. Zweifellos gibt es unter den Anwälten eine ganze Reihe von Persönlichkeiten, die das Recht haben, das Wort Gefahrenstellung für die Art und Weise, wie sie ihren Beruf auffassen und wie sie ihn ausüben, abzulehnen. Aber es gibt viele andere, die bei aller Makellosigkeit ihrer Intentionen, bei ausgeprägtem Standesbewußtsein und peinlichster Korrektheit doch sehr genau wissen, wie nahe sie der Gefahr dauernd sind.

Denn der Anwalt spricht nicht nur für den Sünder, er spricht auch für sich, er wirbt für sich. Er übt freien Beruf, er ist kein festbezahlter Beamter, hat als Freiwerbender die Pflicht, als Familienvater und als Staatsbürger für die Mehrung seines Einkommens zu sorgen. Und er, der berufen ist, der Wahrheit zu dienen wie Staatsanwalt und Richter – er bezieht seine Einnahmen aus der Hand des Angeklagten, der eben doch in den meisten Fällen ein Rechtsbrecher ist. Der Rechtsbrecher, sozial, geistig, moralisch oft tief unter ihm, ist sein Arbeitgeber. Ein solcher Arbeitgeber kann unendlich arm sein, er kann den Anwalt mit den Früchten seiner Verbrechen bezahlen, er kann hochgestellt und reich sein – und ist er das wirklich, so ist er der große Kunde, nach dem sich der Anwalt sehnt. Gewiß stellt so ein Kunde den Anwalt oft auch vor die Aufgaben, die ihn rein beruflich, geistig am meisten interessieren. Zu beweisen, daß ein Großkaufmann, durch das Heer von Paragraphen der Nachkriegszeit zu Fall gebracht, dennoch ein anständiger Mensch ist, daß er schon aus rein juristischen Gründen freizusprechen ist – das lohnt sich. Und es ist gewiß herrlich, mit Witz und Gefühl dafür einzutreten, daß eine Tat der Leidenschaft oder der Verzweiflung ihre tiefsten Ursachen in einer Veranlagung des Täters hatte, die den Rechtsbruch mit zwingender Notwendigkeit zur Folge hat. – Aber so einfach liegen die Dinge in den seltensten Fällen, namentlich dann nicht, wenn der Angeklagte wirklich ein reicher Mann ist. Das Geld in seiner Tasche übt Verführung nach allen Seiten. Gewiß nicht nach der Seite des Richters – zuweilen ist es die soziale Stellung eines Angeklagten, die am Richtertisch Milde und Verständnis wachruft. Das Geld aber wirkt in die Breite und in die Tiefe. Es kann nicht anders, es muß versuchen, Vergünstigungen, Linderungen, Annehmlichkeiten zu verschaffen. Am Urteil kann es nichts ändern, also übt es seine Verführung an den Vollstreckern des Urteils. Wieder und wieder sieht man Opfer des Geldes auf der Anklagebank: Wachtmeister, Gefängniswärter und zuweilen auch Justizsekretäre, von denen der jetzige Skandal wieder ein paar der tüchtigsten getroffen hat.

Und nun auch einen Anwalt. Ist er, den wir alle als einen bescheidenen, arbeitsamen, gutherzigen Menschen kannten, ein so sehr schuldiger Mensch? Gegen welche Paragraphen er gesündigt hat, wird das Gericht feststellen. Wir aber wissen: Er ist ein Opfer der Atmosphäre von Moabit. Er ist die lebendige Illustration zu der Frage: Wie kommt der Strafverteidiger zu seiner Praxis? Hätte so ein junger Rechtsanwalt familiäre und freundschaftliche Beziehungen zur Welt der Banken und Großindustrie gehabt, er wäre nie Strafverteidiger geworden. Und das Glück im Unglück, schwere Verbrecher im nächsten Verwandten- und Bekanntenkreise, hat er auch nur selten. Dazu treibt ihn vielleicht Neigung und spezifisches Talent zur Kriminaljustiz. Wie kommt er aber wirklich zur Kundschaft?

In glücklichen Fällen bilden sich Spezialitäten heraus, Syndikate für bestimmte Erwerbsgruppen, die beruflich den Gefahren des Strafgesetzes ausgeliefert sind. Einer erhascht die Klientel der Polizisten, der andere die der Straßenbahner, der Automobilisten. Eine geistige Kapazität schreibt über Wucherverordnungen, und ihm fällt die ganze Kundschaft der Bank- und Handelswelt zu, die unter außerordentlichen Zeitumständen in ungeahnte Situationen gekommen ist. Der versteht sich auf Steuern, jener auf Konkurse.

Schon sind die Möglichkeiten verteilt. Aber hinter den Gefängnismauern hocken genug Angeklagte. Welcher Name dringt zu ihnen? Früher war's einfacher; da nannte die Zeitung den Namen jedes Verteidigers, der irgendwo auftrat. Aber die Zeitungen sind vorsichtiger geworden, aus guten Gründen. Wie sich bemerkbar machen dem Vertreter des letzten „großen Falles", der eben eingeliefert wurde?

Hat man nicht sowieso dies und das im Untersuchungsgefängnis zu tun? Spricht man nicht mit Wärtern und Wachtmeistern? Und war der Kerkermeister, selbst ein Mann im tiefsten Schatten, nicht immer, seitdem es Kerker gibt, ein Mann mit viel Durst und wenig Butter auf dem Brot? Ein Zettel wird zugesteckt. In der Schale des Angeklagten häufen sich die Visitenkarten – und es ist ein neues System entstanden, ähnlich den Treppen im Gerichtsgebäude. Heimliche Leitungen gehen hin – sie gehen auch her. Recht verschwistert sich mit dem Unrecht, verknäult sich unlösbar.

Die Wachtmeister fallen zu Dutzenden. Alle paar Wochen sieht man sie, arm und kläglich vor dem strengen Richter, der das Unkraut ausrotten will. Heimlicheres verhandelt man vor der Anwaltskammer, die spürt und tastet. Und einmal wächst das Gemurmel zum Skandal. Einen trifft's. Ist er der Schuldigste?

Andere, viele andere, verschmähten die Mittel und Mittelchen und kamen doch zum Ziel.

Andere, noch mehr andere, sind auch im Anfang bedenkliche Wege gegangen und haben heute das Glück, sich nicht mehr zu erinnern.

Den kleinen armen Anwalt fraß es auf, das gefräßige Verbrechertum. Spielte erst mit ihm, ließ ihn alle Ängste durchkosten, bis es ihn verschluckte.

Opfer der Moabiter Atmosphäre, einer Atmosphäre unausgeglichener Widersprüche, unbeschwichtigter Leidenschaften. Menschentum, verschlossen hinter dem Harnisch der Korrektheit, versteinert wie die blöden allegorischen Gestalten im Treppenhaus – neben dem lebendigsten Strom des Leides und Mitleidens.

Ehre denen, die mit reinem Herzen und reiner Hand hier hindurchschreiten. Aber eine stets wachsende Last der Verantwortung, der Sorgen und des Mitgefühls für den, der es mit offenen Augen tut.

24.12.1926

WIE ICH GERICHTS-BERICHTERSTATTER WURDE

Den Grund meiner juristischen Kenntnisse legte ich als Lehrling einer sehr alten, sehr ehrenwerten Firma der Textilbranche. Wir fabrizierten Damenkleiderstoffe, Schals und Tücher. Da keiner der Söhne und Schwiegersöhne des Chefs Rechtsanwalt geworden war, führte die Firma prinzipiell keine Prozesse. Infolgedessen ließ er die unbefriedigte Streitlust in den Geschäftsräumen des Hauses aus, besonders an mir. Er war gewöhnlich anderer Ansicht wie ich. Dennoch hat er mich höchstens dreimal einen Esel genannt.

In dieser trüben Lehrzeit gab es einen Lichtblick. Alle zwei, drei Monate passierte es, daß der jeweilige Lehrling mit dem Hausdiener Justav auf dem Packhof zu tun hatte. Nun war es eine geheiligte Tradition der Firma, daß jede Erledigung auf dem Packhof fünf Stunden dauerte. In Wirklichkeit brauchte man zwei Stunden zu dem Geschäft. Justav und der Lehrling gingen zunächst in eine Destille frühstücken, sodann zogen sie in gehobener Stimmung in das nahe gelegene Kriminalgericht, um ein paar Verbrecher aburteilen zu sehen. So kam ich nach Moabit. In Moabit rollten Justavs und meine Filme.

Ich habe das Wollwarenhandwerk nie gelernt. Aber von Moabit blieb was in mir hängen. Ich habe inzwischen alles mögliche getrieben (außer Jurisprudenz). Musik, Literatur, ja Schauspielerei. Ich habe Stücke geschrieben, wurde Journalist, zog in Deutschland hin und her. Ging ins Ausland. Nach 25 Wanderjahren kam ich heim. Nun bin ich wieder in Moabit. Ich kann jetzt alle Tage nach Moabit gehen. Nur Justav ist nicht mehr dabei. Er ist längst tot. Er fehlt mir sehr.

Die Frage, ob ich auf all diesen Umwegen wenigstens das Handwerk eines Gerichtsberichterstatters erlernt habe, ist nicht von mir zu beantworten. Aber ich verdanke dieser Tätigkeit ein Erleben, das zu hübsch ist, um verschwiegen zu werden. Es war vor etwa einem Jahre in einer Strafkammersitzung in Moabit. Das Gericht hatte gerade eine kleine Pause eintreten lassen, als der Herr Staatsanwalt seinen Platz verließ, auf mich zukam und mich fragte, ob ich der Herr Sling sei.

„Nun denn, wenn Sie Herr Sling sind, habe ich den Auftrag, Ihnen zu sagen, daß der Gerichtshof Ihnen seinen Dank aussprechen läßt für manche vergnügte Viertelstunde, die den Herren Ihre netten, boshaften Artikel bereitet haben. Nur hat der Gerichtshof eine Bitte: Falls Sie über die heutige Verhandlung schreiben, gehen Sie einigermaßen glimpflich mit uns um." Ich lächelte unbeschreiblich geschmeichelt, dankte dem Gerichtshof für sein freundliches Interesse, versprach, mein möglichstes zu tun, und bat nur, falls ich mal auf der Anklagebank sitzen sollte, mögen die Herren auch mit mir glimpflich umgehen.

Dennoch weiß ich, daß nicht alle Juristen derselben freundlichen Ansicht sind. Es sind (sogar wohlmeinende) Stimmen laut geworden, die mir Mangel an Objektivität vorwerfen. Ja, nichtjuristische Freunde haben mir gelegentlich Komplimente gemacht: Es gehöre doch eine große Phantasie dazu, die nüchternen Vorgänge so auszuschmücken.

Ich habe darauf zu erwidern, daß ich mich selbst für einen durchaus phantasielosen Menschen halte. (Es ist mir trotz vielfachen Versuchs niemals gelungen, eine brauchbare Filmidee zu erfinden!) Ich habe kein ernsteres Bestreben, als die Dinge so zu zeichnen, wie ich sie sehe.

Freilich – das sage ich auch. Auf mein seelisches Erleben kommt es an. Eine Objektivität gibt es nicht. Weder in der Wissenschaft noch am Richtertisch. Selbst das fotografische Objektiv ist nicht objektiv. Helmholtz hat gesagt, daß er das menschliche Auge dem Optiker zurückschicken würde, wenn er es bei ihm bestellt hätte – so fehlerhaft sei es konstruiert. Wir leben alle von Konventionen: optischen, akustischen, gefühlsmäßigen. Selbst die stenographische Berichterstattung, die ja schon aus praktischen, zeitungstechnischen Gründen unmöglich sei, wäre weder garantiert fehlerlos, noch gäbe sie ein vollkommenes Bild. Denn die Tonfarbe, die Geste würde fehlen. Man hat sich vielfach mit einer quasi-stenographischen Wiedergabe in ganz großen Prozessen geholfen. Gerade die Richter wissen, welche ungeheuren Fehlersummen sich in diesen Berichten zu häufen pflegen.

Ich suche im Gerichtssaal die seelischen Beweggründe der auftretenden Personen, der Angeklagten, der Zeugen. Ich kann es auch nicht unversucht lassen, in die Herzen des Staatsanwalts und des

Richters zu blicken. Das aufgenommene Bild erzeugt in mir Trauer, Empörung, Furcht, Mitleid, Verachtung, Heiterkeit, Spottlust, Liebe und Haß. Dann versuche ich, mein Gefühl nachzuschaffen, es dem Leser kenntlich zu machen.

Ich bin gewiß imstande, ich habe es gelernt, den Bericht zu schreiben, den man im Grunde deshalb objektiv nennt, weil er die Ansicht des Richters ausspricht oder ihr wenigstens nahezukommen versucht. Aber „richtig" ist dieser richteroffiziöse Bericht schon deshalb nicht, weil im Gericht ebensowenig was richtig ist wie sonst im Leben. Wie oft möchte man sich einmischen, nur weil der Angeklagte nicht die Sprache des Richters, der nicht die Sprache des Angeklagten versteht. Das soll durchaus kein Vorwurf sein. Die verantwortlich handelnde Person ist immer befangener, durch Formalien, Gesetzesfassungen, dann aber auch durch menschliche Hemmungen, als die unbeteiligt zuschauende Person.

Indem ich mich zum verantwortungsbewußten subjektiven Schaffen bekenne, sage ich auch, daß die suggestive Mitteilung eines eigenen seelischen Erlebnisses in der gedrängten Form eines Zeitungsberichtes nur durch die Anwendung künstlerischer Mittel möglich sei. Das schließt weder den intellektuellen Irrtum noch die ungeschickte Handhabung, noch die Unzulänglichkeit dieser Mittel aus.

Selbstverständlich: Der Kritiker untersteht der Kritik.

Sling

GEWALTSAMER TOD

HACKBUSCH

Unter den vielen sonderbaren Verbrechen, die unsere Zeit, will sagen, unsere Not, hervorgebracht hat, wird das des Kaufmanns Paul Hackbusch als eines der merkwürdigsten im Gedächtnis haftenbleiben. Man möchte sogar glauben, daß die Tat dieses Vaters, der seinen Sohn Rolf, sein einziges Kind, auf dem Finanzamt Neukölln durch einen Kopfschuß tötete, so sinnlos sie gewesen ist, nicht ganz unfruchtbar bleiben kann. Das von Georg Hermann gezeichnete Gespenst des „Staatsangeklagten“[1], das so oft in unseren Tagen neben dem eigentlich handelnden Täter auf der Anklagebank Platz nimmt, saß wieder einmal zum Greifen deutlich vor unseren Augen.

Der fast 50jährige Kaufmann Paul Hackbusch darf mit Bezug auf seine innere Struktur nicht auf eine Stufe gestellt werden mit jenem armen Minderwertigen, der sich erst vor wenigen Tagen wegen Tötung eines Direktors der Elektrizitätswerke zu verantworten hatte. Hackbusch ist auch nicht zu vergleichen mit den verzweifelten Eisenbahnattentätern von Leiferde. Ein Mann von zähem Willen, von Unternehmungsgeist und einer Arbeitskraft, die man unerschöpflich nennen könnte – wenn sie nicht eben doch offenbar eines Tages zur Neige gegangen wäre. Ein stämmiger Mecklenburger, der mit jungen Jahren nach Rußland und Sibirien auswanderte, um sich dort eine Existenz zu schaffen, der im Begriff war, ein wohlhabender Mann zu werden, als der Krieg ausbrach und man ihn internierte. Nach seiner Entlassung erneute Versuche, im fernen Osten wieder emporzukommen, schließlich gezwungen, mit einer kleinen Barschaft in die Heimat zurückzukehren. Ein als Beamter in Berlin lebender Bruder, der nebenbei eine kleine Fabrik betreibt, nimmt ihn liebevoll auf und gibt ihm die Möglichkeit, sich in der Fabrik zu betätigen. Paul Hackbusch arbeitet dort technisch und kaufmännisch von morgens bis in die Nacht, freilich ohne Glück.

Das junge Unternehmen frißt Geld und bringt nichts ein. Aber die Steuer ist gleichwohl hinterher, aus dem Verlustbetriebe wenigstens für den Staat Gewinne herauszuwirtschaften, und der Kampf

1 *(Georg Hermann, Vorschläge eines Schriftstellers, 9. Der Staatsangeklagte, Baden-Baden 1923)*

gegen die Steuer ist es, in dem der noch ungebeugte Mann schließlich zu seiner Wahnsinnstat getrieben wird; wohlgemerkt: Es handelt sich nicht um Paul Hackbuschs persönliche Steuerleistung, sondern um die seines Bruders, für die Paul kämpft und fällt. Ein persönlicher Steuerkonflikt, auf einem anderen Finanzamt, lag bereits einige Monate zurück. Er, der von Zuwendungen seiner Verwandten und seiner Freunde leben mußte, war unter Zugrundelegung seines Verbrauchs zur Steuer herangezogen worden. Auf seine Reklamation hin hatte man ihm sogar zuviel gezahlte Steuern zurückzahlen wollen.

Aber der zurückzuzahlende Betrag sollte verwendet werden für eine Kirchensteuer, die ihrerseits nach der ersten zu hoch bemessenen Einkommenschätzung berechnet war. Vergeblich hatte er klarzumachen versucht, daß die Kirchensteuer sich doch nach der eben rektifizierten Schätzung richten müsse; aber man verwies ihn auf den Weg der Reklamation. Das hatte dem Mann den ersten Knacks gegeben. In der Steuersache seines Bruders sollte er am Ende auch recht behalten. Schon hatte man die Aufhebung der angedrohten Pfändung beschlossen. Aber der Weg von den beschließenden zu den ausführenden Organen eines Beamtenkörpers ist lang – inzwischen war die Tat schon geschehen. Nachträglich hat man sogar die völlige Streichung der ursprünglich geforderten Steuersumme beschlossen.

Bereits Wochen vor der Tat hatte Paul Hackbusch den Beschluß gefaßt, aus dem Leben zu scheiden und seinen elfjährigen Sohn, als Teil seines Selbst, mit hinüberzunehmen. Er fühlte sich dem Leben nicht mehr gewachsen. Einige Tage vor der Tat verdüsterte sich sein Gemütszustand immer mehr. Er kaufte einen Revolver, er schrieb Abschiedsbriefe und darunter einen besonders merkwürdigen an das Finanzamt Neukölln. Er suchte seine Tat zu erklären aus der Verzweiflung über den Zustand seines Vaterlandes, über die Ohnmacht des Staates, seinen Bürgern die Möglichkeit der Existenz zu gewähren. Der Brief, auf Zitate Schillers und Goethes fundiert, ist nicht nur eine Kritik an dem nachrevolutionären Deutschland; Hackbusch sieht auch in der Wilhelminischen Epoche nur den Beweis für die Behauptung von der Unmöglichkeit einer deutschen Nation. Die Tat aber sollte seinem Willen nach ein warnendes Zeichen für die Machthaber des heutigen Deutschland sein.

Welche Tat war geplant? Die Absichten schwankten tagelang hin und her. Er hatte sich ein merkwürdiges Duell mit dem Steuersekretär Hesse ausgedacht, der die Sache Hackbusch zu bearbeiten hatte. Eine Art Gottesurteil – er wollte zu Hesse gehen; war er in seinem Zimmer anwesend, so wollte er erst den Sohn, dann Hesse und schließlich sich selbst erschießen. War Hesse nicht anwesend, so sollte der frei ausgehen, dann sollte nur der Doppelselbstmord ausgeübt werden.

Er trat mit seinem Sohn in das Amtszimmer. Hesse war anwesend. Aber der Entschluß wurde wieder wankend. Eine kurze Unterhaltung zwischen ihm und Hesse, der sich ablehnend verhielt. Noch einmal ging Hackbusch hinaus, um das Zimmer ein zweites Mal zu betreten. Wieder ein kurzes Gespräch, wieder ein Hinausgehen. Und zum dritten Male trat er ein. Hesse saß an seinem Schreibtisch und arbeitete. Hörte plötzlich einen Knall, kroch unter den Schreibtisch. Der Schuß hatte den Sohn in den Kopf getroffen. Leute eilten hinzu. Hackbusch versuchte die Waffe gegen sich selbst zu richten, sie versagte. Er wurde festgenommen, der Knabe erlag seinen Verletzungen.

Die Anklage lautet auf Tötungsversuch des Steuerbeamten. Hackbusch will selbst einen zweiten Schuß gehört haben. Aber weder eine Kugel noch eine Patronenhülse ist gefunden worden. Hesse erinnert sich nicht, einen zweiten Schuß gehört zu haben.

Fälle dieser Art werden bekanntlich auf die Frage hin geprüft, ob sie etwa infolge einer krankhaften Störung der Geistesfähigkeit, die die freie Willensbestimmung ausschließt, verübt worden sind. Und wie gewöhnlich hört man von den Sachverständigen verschiedene Urteile; hier sagte der eine, daß der Angeklagte sich in einer so tiefen Gemütsdepression befunden habe, daß man an einer Klarheit seines Willens zweifeln könne. Der andere glaubte aus gewissen Erinnerungen, die der Angeklagte an Einzelheiten der Tat bekundete, schließen zu müssen, daß sein Verstand durchaus normal funktionierte, daß aber freilich die schwere Depression, in der er sich befunden hat, ihm Anspruch auf alle Milderungen gäbe.

Aber merkwürdig, so gewiß in einem solchen Fall der Psychiater das entscheidende Wort zu sprechen hat, diesmal stand es nicht im eigentlichen Brennpunkt des Interesses. Nicht wie sonst fragt man nach dem Grade der geistigen oder moralischen Krankheit eines Verbrechers, sondern man fragt: Wie schmerzlich belastend muß ein behördlicher Apparat wirken, um einen geistig gesunden, ja sogar besonders widerstandsfähigen Staatsbürger zu einer Wahnsinnstat zu treiben? Wobei man zugunsten der Staatsmaschine nur zu berücksichtigen hätte, wieweit ein solcher Täter noch durch andere Umstände – hier durch die Erfolglosigkeit seines kaufmännischen Strebens und durch geistige Erschöpfung – für ein derartiges Verbrechen besonders vorbereitet sein mochte. Dabei braucht man gar nicht oder nur nebenbei die Frage zu erörtern, wieweit etwa ein einzelner Beamter – er muß ja nicht immer bei der Steuer sitzen – sich besonders schikanös gezeigt habe.

Es ist in den meisten Fällen der Geist gewisser Gesetze oder Verordnungen, der in seiner Starrheit den Menschen viel mehr zur Raserei treibt als der einzelne Beamte, der vielleicht einmal eine grobe Antwort gibt oder der für die besonderen Verhältnisse eines Falles nicht das richtige Verständnis aufbringt. Eine Steuerbehörde, die – um nur ein Beispiel zu erwähnen – ohne Rücksicht auf die Geld- und Diskontverhältnisse sich jede Steuerschuld mit zehn Prozent verzinsen läßt, ohne andererseits sich selbst verpflichtet zu fühlen, irgendwelche Zinsen für zuviel eingezogene Steuern zu zahlen, gibt damit eine gewisse Richtung für die Stellung, in die der Steuerzahler gedrängt ist und die – wie man hier sah – auch den Vernünftigen zur sinnlosen Raserei treiben kann.

Der Antrag des Staatsanwalts lautete unter Berücksichtigung aller mildernden Umstände auf zehn Monate Gefängnis und Bewährungsfrist.

AMTSGERICHTSRAT JOSEPHSEN

(Im Mai 1924 schoß in Breslau die 30jährige Olga Rodestock mehrmals in deren Wohnung auf die Bardame Martha Hesse, die dabei aber nicht gefährlich verletzt wurde. Olga Rodestock gab an, aus Liebe zum Amtsgerichtsrat Josephsen und aus Eifersucht gehandelt zu ha-

ben. Auch habe ihr der Amtsgerichtsrat 50 Mark für den Kauf eines Revolvers gegeben und sie zur Tat angestiftet.)

Josephsen ist als Sohn eines Kaufmanns und Gutsbesitzers in Neutomischel 1876 geboren, studierte anfangs Nationalökonomie und Philosophie, machte später die Nachprüfung in Latein und Griechisch, um Jura zu studieren. Er bestand seine Examina gut und wurde nach vielfacher Verwendung 1910 Amts- und Landrichter in Brieg. Den Krieg machte er als Freiwilliger mit und brachte es bald zum Offizier. Er schildert sich als nervös. Seine Eltern sind Cousin und Cousine. Er hatte beschlossen, nicht zu heiraten, hatte aber das starke Bedürfnis nach einer Frau, die ihn versorgte. Als er 1910 nach Brieg versetzt wurde, fiel ihm Fräulein Rodestock, Angestellte eines Anwalts auf, weil sie ihm offenbar nachstellte.

Die Rodestock schickte ihm einen anonymen Brief, der auch zur Verlesung kommt. Darin fordert sie ihn zu einem Stelldichein auf. Der Brief ist vom 21. Juli 1914, nachdem die Rodestock vier Jahre hinter ihm hergelaufen war. Josephsen war zu Kriegsbeginn in England, wurde aber nach einigen Wochen nach Deutschland entlassen. Er antwortete auf den Brief erst im September 1914. Sie trafen sich zu einem Spaziergang, bei dem Fräulein Rodestock plötzlich sehr verliebte Anwandlungen bekam, denen schließlich auch der Angeklagte nachgab. Zu einer Wiederholung kam es nicht, da Josephsen einberufen wurde, er verließ Brieg ohne Abschied von ihr. Aus einem weiteren Brief von ihr geht die schwärmerische Liebe des Mädchens zu Josephsen hervor. Sie fühlt sich von ihm „verstanden“. Er aber fand an ihr eigentlich nichts Besonderes zu „verstehen“, außer ihrer besonders starken Sinnlichkeit.

Nach vierjähriger Pause war Josephsen im Jahre 1918 als Rekonvaleszent im Lazarett in Berlin und erhielt hier zum ersten Male wieder den Besuch der Rodestock. Er wollte sie abends um 9 Uhr mit Gewalt zum Zimmer hinausführen, sie blieb jedoch bei ihm. In der Folgezeit versuchte Josephsen mehrfach, sich von ihr zu befreien. Aber das gelang nicht. Als sie sich schwanger fühlte, verlangte sie von ihm – es war in der Inflationszeit – Geld, um im Auslande das Kind zur Welt bringen zu können. Später wollte sie dann eine Fehlgeburt herbeiführen. Hiergegen will Josephsen lebhaften Widerspruch geäußert und ihr gesagt haben, das sei nur möglich, wenn ein Arzt wegen ihres Nervenleidens die Unterbrechung der Schwangerschaft für statthaft erkläre.

Jeder Mensch ist irgendwo …

Jeder Mensch ist irgendwo ein armer Teufel. Und diesen armen Teufel muß man auch Herrn Josephsen konzedieren. Ach, wieviel lieber wandelte er am Arm einer sehr sanften, sehr blonden Gattin in der Sonne der Gunst von Vorgesetzten, Kollegen und Mitmenschen. Intelligenz und vielfache Kenntnisse hätten ihn zu einer Laufbahn berechtigt, die über dem Durchschnittsniveau liegt. Ein unglückliches Liebesabenteuer machte ihn als Studenten für sein Leben krank, und ein Zuckerleiden trat hinzu, um sein Gemütsleben recht eigentlich zu umdüstern. Das Schicksal traf den Unschuldigen so schwer, bis er aufhörte, unschuldig zu sein. Er gibt an, wegen seiner Krankheit nicht geheiratet zu haben, ja lange Zeit im Punkte Liebe sich abstinent verhalten zu haben. Ob er hierüber immer die Wahrheit sagt, weiß man nicht. Später war sein Liebesleben ebenso heftig wie vielseitig und wahllos.

Richter und Geschworene werden entscheiden, ob er sich im Sinne der Anklage zur Anstiftung zum Mordversuch schuldig gemacht hat. Nach dem bisherigen Stande der Beweisaufnahme ist seine Verurteilung nicht wahrscheinlich. Daneben läuft das Disziplinarverfahren. Verurteilt ihn das Schwurgericht, ist der Richter Josephsen bestimmt erledigt, aber, wenn die Geschworenen seine Schuld verneinen – Josephsen ist übel dran. Freilich – die Disziplinarrichter der zweiten Instanz werden, wenn sie ihn verurteilen, ebenso wie die in der ersten Instanz, sich an gewisse äußere Dinge halten müssen, um zu einem vernichtenden Spruche zu kommen. Man hat im Laufe des Verfahrens herausbekommen, daß ein Auftritt mit Martha Hesse zu einer Straßenprügelei führte. Es kann dem Bravsten passieren, von einer hysterischen Dame verprügelt zu werden. Ihr Gewicht bekommen diese Dinge erst durch die Begleitumstände. Den Verkehr mit Olga Rodestock wird man ihm um so weniger zum Vorwurf machen können, als Olga zweifellos der aggressive Teil war. Daß er an ihrer Abtreibungsgeschichte ratend beteiligt war, wird man – Olga Rodestocks Zeugnis kann kaum je bestimmend verwertet werden – nicht als erwiesen ansehen.

Schlimmer steht der Fall Hesse. Soweit Martha Hesse angibt, von Josephsen in Geldsachen geschädigt zu sein, wird man ihr nicht glauben. Selbst wenn er ihr mal einen Betrag schuldig geblieben sein sollte – es handelt sich um zwei geringe Summen, so daß sie entscheidend kaum in Betracht kommen. Viel peinlicher ist es, einen Richter in einem dauernden, nicht nur sexuellen, sondern menschlichen Freundschaftsverhältnis mit einer Martha Hesse zu sehen. Daß sie in ihrer Jugend einige Jahre unter Kontrolle stand, mag er nicht gewußt haben. Daß er diese Frau, die unter dem Titel „Servierfräulein" ihr Gewerbe fortsetzte, immer für eine Dame hielt – wie er behauptet –, ist ganz unwahrscheinlich. Sie ist nicht dumm, nicht ohne Witz. Man kann sich schon denken, daß sie als Kleinstadt-Hetäre in Kneipen und Bars jüngeren und älteren Juristen die Zeit verkürzte. Man kann sich auch vorstellen, daß der im Grunde unglückliche Josephsen geschlechtlich von ihr immer abhängiger wurde. Daß er aber diesen Verkehr jahrelang unterhielt, ohne sich je erkenntlich zu zeigen, daß er in der Liebe der Nehmende, materiell nie der Gebende war, auch das macht das Verhältnis anrüchig. Er hat bei einem Halbweltmädchen genassauert.

Und auch im Falle Rodestock: Niemals hielt er sich zur Sorge verpflichtet. Das ist der Punkt, der die Erscheinung dieses Mannes so peinlich macht – aber man wird zugeben müssen, daß dieser Punkt allein ihn niemals um sein Richteramt gebracht hätte. Schofle Gesinnung ist nicht strafbar. Auch ein Richter kann ein schofler Kerl sein; wir werden das nie ändern können, bevor wir eine Methode gefunden haben, in das Herz der Menschen zu leuchten. Das Licht, das uns über Josephsen Klarheit gibt, ging erst auf, als sich die Dinge dramatisch zuspitzten, als Olga Rodestock – völlig von Sinnen – den Revolver auf Martha Hesse richtete. Ein trübes Bild, wie es sich nach den ersten fünf Verhandlungstagen ergibt. Sonderbar bewegend in Details, generell wenig besagend oder gar nichts – mag das Urteil so oder so ausfallen.

Die Bacchantin

Olga Rodestock, seit Jahr und Tag Insassin einer Irrenanstalt, ist verurteilt, in diesem Prozeß als nicht zu vereidigende Zeugin aufzutreten. Ein seltener Fall, der vielleicht juristisch, kaum aber menschlich zu rechtfertigen ist. Jahrelang hatte ihre Umgebung Anlaß, an ihrer Vollsinnigkeit zu zweifeln. Die Anwälte, bei denen sie angestellt war, lobten sie weg, und sie selbst sagt: „War das nicht Betrug, daß sie mir gute Zeugnisse ausstellten, nachdem sie mich wegen Unfähigkeit entlassen hatten?" Sie weiß Bescheid mit sich, sie spricht von Gedächtnishemmungen, die ihr lange Zeit zu schaffen machten, und bei ihrer Vernehmung bedient sie sich sehr umfangreicher Aufzeichnungen, die sie immer wieder vorzulesen versucht.

Der Vorsitzende läßt es nicht zu. Spricht sie frei, so verwirren sich ihre Gedanken sehr rasch. Man hat das Gefühl, daß das meiste, was sie spricht, irgendwie wahr ist. Aber die logische und juristische Abfolge vermag sie nicht innezuhalten. Man fühlt aber auch: ein begabtes Menschenkind, mit starken seelischen Trieben. In dem stattlichen jungen Richter sieht sie als 17jährige ihr Ideal. Jahrelang trägt sie in der Kleinstadt Brieg die Neigung mit sich herum, bis sie ihn stellt, von ihm Besitz nimmt. „Wenn ein Mensch einen andern geistig liebt, dann wird es auch körperlich – da ist doch nichts dabei –, das kann auch ein Landgerichtsdirektor oder ein Staatsanwalt tun, ohne sich strafbar zu machen", so sagt sie. Furchtbares erlebt sie. Ob es wahr ist, daß sie sich das Kind, das sie von Josephsen erwartet, auf dessen Wunsch abtreiben läßt? Jedenfalls tut sie es auf eigene Kosten mit dem Gelde, das ihr ein verliebter alter Rechtsanwalt als Buße zahlen mußte. Jahre überspringt sie – oder wirft sie in tollem Wirbel durcheinander. Selbstmordversuch. Jammervolle Tage in Berlin, wo sie auf Treppen, in Bahnhofswartesälen übernachtet. Ein Testament, das sie in seiner Gegenwart macht: die Kindergeige, ihr einziges Erbstück. Sie will dem Geliebten nicht wehe tun, sie schluchzt auf. Er war der, dem sie „die einzigen schönen Lebensstunden" verdankt. Aber sie ist auch ruhig, wie sie sagt, „abgestumpft". Und sie ist es jetzt, weil sie ihr Kind hat. Sie empfing es in der letzten Zeit, die sie in Freiheit zubrachte. „Als ich mich ganz verlor" – den Vater bezeichnet sie als einen Grafen. Das Kind lebt.

Der Vorsitzende versucht, Ordnung in die Erzählung zu bringen – meist vergebens. Aber, so wirr die Bruchstücke daliegen, es ist kein einziges darunter, das uns erzählt von der Güte, der Fürsorge des Geliebten, der dunkel und feindselig auf der Anklagebank sitzt, immer bereit, jeden anderen Menschen preiszugeben, wenn er sich nur selbst schützen kann. Diese Frau nennt er „Bacchantin“ – als reiche die entfesselte Sinnlichkeit nicht an das Menschentum.

In der sechsten Stunde ihrer Vernehmung kommt Olga Rodestock zu dem Tage vor ihrer Tat. Sie ist sehr ermüdet, aber mit augenscheinlicher Energie schildert sie die seelischen Zustände: Sie selbst verzweifelt über ihre trostlose Lage – Josephsen unter dem Druck der Erpressungen von seiten der Hesse häufig weinend. Einmal sagt er: „Wenn ich keine Stellung zu verlieren hätte wie du, so würde ich sie kaltblütig töten.“ Sie bittet um das Geld für den Revolver. Er hat keins. Sie sucht – vergebens – es sich anderweit zu verschaffen. Am nächsten Tage trifft sie ihn wieder. Jetzt hat er 50 Mark in der Tasche, die ihm der Bruder geschickt hat. Sie fordert 40 Mark. Er sagt, der Revolver koste doch nur 30. Dann gibt er das Geld. Sie fragt, wie sie die Hesse am besten träfe. Er sagt: Wenn sie am Schreibtisch sitze. Olga bekommt es mit der Angst. Er tröstet: „Du drückst ihr den Revolver in die Hand und verschwindest.“ Er kauft Maiglöckchen, die sie der Hesse mitbringen soll, um sie freundlich zu stimmen. Dann aber meint er: „Ich komme vom Regen in die Traufe –“

Und dieser Satz wird den Prozeß entscheiden. Nach Josephsens Äußerung will er gesagt haben: „Das hat ja keinen Zweck, ich käme ja vom Regen in die Traufe!“ Olga Rodestock selbst sagt: „Ich war meiner Sinne kaum mächtig.“ War sie noch imstande, das Gespräch richtig aufzufassen, ist sie heute imstande, es richtig wiederzugeben?

Dann erzählt sie von der Tat: „Ich empfinde keine Reue. Mir ist, als ob die Tat ein anderer getan hätte.“ Olga Rodestock verliert sich in psychologischen Spekulationen. Ihr war, als hätte die Hesse etwas geahnt. „Merkwürdig, wie sich die Gedanken von einem Menschen zum anderen übertragen.“ Dann kommt sie zur Tat zurück, die sie eine ungeheure Überwindung kostet.

Immer wieder stört sie, daß die Hesse es offenbar geahnt hat. Aber sie denkt sich: Was würde Josephsen sagen, wenn ich es nicht tue? – Er würde sagen, ich sei zu nichts nutze! Da drückt sie los. Sie bricht in Tränen aus. „Ich habe kein Anrecht auf das Leben der Hesse. Ich habe sie hier im Saale gegrüßt – und sie hat mir gedankt. Ich war eben ein Werkzeug in der Hand Josephsens, der meine Krankheit ausnutzte.“ – „Haben Sie die Absicht gehabt, sich dann das Leben zu nehmen?“ – „Nein, das brauchte ich nicht – als ich geschossen hatte, war ich erleichtert. Durch diesen Schuß hatte meine Krankheit die Krise überwunden. Ich war erleichtert, ich erkannte die Schlechtigkeit Josephsens, der mich mißbraucht hatte, und ich war erlöst – aber Josephsens Tat muß man auch milde ansehen. Er stand unter dem Druck der Hesse, er war sehr gereizt, er ist schwer krank. Er wird in seinem Gewissen die Sühne finden." Als der Vorsitzende ihr vorhält, daß der Angeklagte es anders darstellt, sagt sie: „Es ist peinlich für ihn, aber ich kann nicht anders."

So sprach die Bacchantin.

Das Urteil

Das Urteil des Breslauer Schwurgerichts trägt mit der Freisprechung des Angeklagten im großen und ganzen den Eindrücken Rechnung, die man als Zuhörer des Prozesses gewann. Mit der Bemerkung, daß dem Angeklagten diese Tat zuzutrauen gewesen sei, geht es allerdings zum Schaden des Angeklagten weiter, als notwendig gewesen wäre. Selbst wenn der Angeklagte in einem Augenblick völliger Nervenzerrüttung, der zweifellos vorlag, zur Rodestock geäußert haben sollte: man müßte die Hesse totschießen, so wäre mit einer verzweifelten Redensart immer noch nicht die Anstiftung zum Mordversuch erwiesen. Vor allem aber weiß niemand, was die Rodestock in ihrem völlig desolaten Zustand mit den Worten Josephsens gemacht hat. Auch heute, nach einem monatelangen Aufenthalt in der Irrenanstalt, ist diese schwer hysterische Frau geistig noch völlig ungeordnet. Für ihre Glaubwürdigkeit nimmt die Tatsache ein, daß sie mit außerordentlich gespanntem Interesse der Verhandlung folgte, daß in den Bruchstücken ihrer Aussage vielerlei plausibel klang. Aber wir haben von zu viel Zeugen gehört, daß diese Frau unter dem zerstörenden Einfluß ihres Leidens unerhört viel gelogen hat. Die Zeugen, die mit der Tat nichts zu tun hatten, die lediglich beruflich mit Fräulein Rodestock zu tun hatten, erklärten, man habe ihr kein Wort glauben können – und das zu einer Zeit, die jahrelang vor dem Attentat lag.

Die Feststellung, daß man dem Angeklagten die Tat zutrauen könne, war um so überflüssiger, als auch sonst genügend Anhaltspunkte vorlagen, ihn moralisch zu disqualifizieren. Die Tatsache, daß ein deutscher Richter ein solches Privatleben führen konnte –

oder vielmehr innerhalb seines Privatlebens sich so weit gegen die Grundbegriffe des Anstandes vergehen konnte, bleibt peinlich. Am peinlichsten ist wohl die Erinnerung an die skandalösen Auftritte, die die Rodestock ihm in seinem Amtszimmer machte, als er eben im Begriff war, sich in einen Gerichtssaal zu begeben, um als Vorsitzender Strafrichter zu fungieren.

Das Beste und das einzig Versöhnliche, was Josephsen heute noch tun könnte, wäre seine Bitte um Abschied unter Verzicht auf Pension. Ob dieser Schritt im Augenblick noch möglich ist – das Disziplinargericht erster Instanz hat ja schon die Entlassung ausgesprochen –, wissen wir nicht. Er sollte jedenfalls das möglichste tun, um dem Spruch der zweiten Instanz zuvorzukommen. Im Breslauer Prozeß durfte er um sein Recht kämpfen, den weiteren Kampf um sein Richteramt möge er unterlassen.

ANGERSTEIN

(Im Dezember 1924 schrieb die „Vossische Zeitung“: „Das Städtchen Haiger im Regierungsbezirk Wiesbaden ist der Schauplatz eines furchtbaren Verbrechens geworden. Als der Direktor Angerstein von der Kalksteingrube Haiger in seine Villa zurückkehrte, hörte er einen wüsten Tumult und Hilferufe. Er lief, wie er angab, rasch nach dem Haustor, wurde aber dort von zwei Männern gestellt, die ihm mit einem Dolch einen tiefen Stich in die Brust beibrachten. Er wurde später bewußtlos in seinem Garten aufgefunden. Was sich in der Villa selbst abgespielt hat, läßt sich nur aus Indizien rekonstruieren; denn alle in der Villa anwesenden Personen sind ermordet worden: Frau Angerstein, deren Mutter und Schwester, ein Hausmädchen, zwei Angestellte, ein Gärtner und ein fünfjähriges Kind.“ Bereits einen Tag später stellte sich heraus, daß der schwerverletzt im Krankenhaus von Haiger liegende Direktor Angerstein selbst der Mörder war. Er gestand, die acht Personen mit einer Baumaxt getötet zu haben.)

Am 13. Juli 1925 um 7 Uhr verkündete der Vorsitzende des Schwurgerichts in Limburg das Urteil über Angerstein. Es lautete: „Angerstein wird wegen Mordes in acht Fällen achtmal zum Tode verurteilt. Die bürgerlichen Ehrenrechte werden ihm auf Lebenszeit aberkannt."

Nachdem das Urteil verkündet war, erhob sich Angerstein und sagte: „Ich nehme das Urteil an."

Vorsitzender Roth: „Ich weise Sie darauf hin, daß es hier kein Zurück mehr gibt, daß Sie damit auf die Rechtsmittel verzichten. Ich mache Sie ferner darauf aufmerksam, daß, nachdem Sie achtmal zum Tode verurteilt wurden, Sie auf eine Begnadigung nicht zu rechnen haben."

Darauf sagte Angerstein: „Ich nehme die Strafe an; meine Tat kann nur durch Blut gesühnt werden."

Der Vorsitzende erklärte zum Gerichtsschreiber: „Um 7.02 Uhr: Das Urteil wird vom Angeklagten anerkannt. Ich schließe die Sitzung."

Das Urteil kann einen Menschen voll befriedigen: den Verurteilten selbst, dem die Bürde eines fortan untragbaren Lebens abgenommen wird. Aus der furchtbaren Region mörderischen Tuns führt keine Brücke in die Welt zurück, deren Bevölkerung von der beglückenden Idee lebt, sie könne auf irdischen Wegen ihre Schuld abtragen.

Wir aber, die so gern geneigt sind, den Verbrecher mit Abscheu und Verachtung zu betrachten, wollen uns darauf besinnen, daß kein Verbrecher der letzten Jahre sichtbarer für die Menschheit auf dem Schafott verblutet als dieser Angerstein. Man unterscheidet wohl: Angerstein ist gewiß alles andere denn der Träger einer göttlichen Idee, er war nicht einmal ein irgendwie beachtenswerter Mensch, und wir alle wären an diesem Kleinbürger vorbeigegangen, ohne ihn zu bemerken. Aber das, was man einen unsympathischen Menschen nennt, ist er kaum gewesen. Die hervorstechende Häßlichkeit hat sich vielleicht erst nach der Tat eingezeichnet. Er hinterläßt wenig persönliche Feinde; Väter und Geschwister der Ermordeten, die haßzitternd ihr Zeugnis ablegten, schildern einen anscheinend harmlosen Menschen, einen ausgezeichneten, treu besorgten Gatten, der keinem andern je etwas zuleide getan hat. Die Fälschungen und Unterschlagungen sind nicht abzuleugnende Tatsachen – aber sie gehören zu jener Sorte von Gelegenheitsverbrechen, nach deren Sühne es für unsere Begriffe wohl eine Rückkehr in die menschliche Gemeinschaft gibt.

Nur der achtfache Mord steht isoliert da, ein ungeheures, unzugängliches Gebirge der Tat, in dessen von düsterem Gestrüpp verdeckten Anstieg nur der Psychiater Jahrmärker ein Licht geworfen hat – freilich eines, das nicht nur den seelischen Tatbestand Angersteins erhellte; er ließ uns die Schuld dieses Mörders für lange, erschütternde Augenblicke vergessen, da es furchtbare und nicht geahnte Bezirke unseres eigenen Herzens beleuchtete.

Solange man der These des Staatsanwalts folgt, kann man Angerstein für ein verbrecherisches Individuum halten, das aus der Welt zu stoßen ist; und da wir das weitere Leben dieses Menschen, aus seinen inneren Bedingungen heraus, für untragbar halten, wollen wir nicht mit dem Urteil hadern, das diesem Leben ein Ziel setzt. Aber wir Zuschauer müssen erkennen: Wenn Jahrmärker recht hat, dann sind die Bedingungen zu einer solchen Tat in jedem von uns gegeben – und gerade in denjenigen von uns, die unverschuldetes häusliches Elend mit Geduld, Sorge und nie ermüdender Liebe tragen. Die schwer hysterische Frau, den hingebend zärtlichen Mann stellt Jahrmärker in Vordergrund und Gegensatz. Und diese schuldig-unschuldige, harmlos-mörderische Frau sog mit ihrer pathologischen Klagesucht alles aus der Seele des Mannes, was an Güte, Wohlwollen, Mitleiden in dieser gar nicht armen Seele war. Hatte die Frau sich sattgetrunken, gewann er wohl für gewöhnlich Zeit, die guten Säfte zu regenerieren. Aber sie trieb das Spiel fort, bis die guten Säfte völlig erschöpft waren und sich andere Reservoirs öffneten, aus denen das Böse mit lebensvernichtender Kraft plötzlich hervorströmte. Und die Frau hatte von der Existenz des Bösen gewußt. Nur sie war von den Ahnungen ihres frühen Todes gewarnt, nur sie hatte in der Atmosphäre der sorgenden Gattenliebe die stets lauernde Gefahr gewittert.

Was Jahrmärker da aufdeckte, ist nicht Angersteins Rätsel; der Forscher gibt aus der Erfahrung mit den Mitteln des allgemein Menschlichen die Lösung für das allgemein Menschliche. Er sagt von uns etwas, das für Angerstein gilt. Und das bedeutet: Angersteins Verbrechen ist das unsrige. Selten offenbart sich das Böse mit solcher Vehemenz wie bei Angerstein. Aber wer kennt nicht von sich oder Personen der nächsten Umgebung die plötzlichen Ausbrüche, die – oft bei geringfügigen Anlässen – einen guten Ehemann als unleidlichen Tyrannen, einen liebenden Vater als Wüterich erscheinen lassen? Wie weit ist noch der Weg zum Verbrechen? Der Fall des Tierarztes, der nach Jahren treuer Pflichterfüllung den Weg des Mörders gehen wollte – der Arbeitslose, der in einem plötzlichen Erlahmen der Geduld den Säugling an die Wand schleudert, der hingebende Liebhaber, der zum Lustmörder wird – sie gehören alle hierher in dieses allzu menschliche Kapitel.

So ist Angersteins Tat eine Warnung an alle: das Mißtrauen gegen sich selbst nie völlig einschlafen zu lassen – aber auch die, den gutmütigen, aber erregbaren Nebenmenschen keiner zu schweren Belastungsprobe auszusetzen. Hat Jahrmärkers aussichtsvolle Theorie auf das Urteil keinen Einfluß geübt, wird das Gesetz in aller Schwere zur Anwendung gebracht – die beste Lösung für Angerstein.

Wir aber dürfen diesem Menschen, der vom Schicksal getrieben wurde, uns allen innewohnende Kräfte zur furchtbaren Tat zu steigern, trotz allem unser Mitgefühl nicht versagen.

DR. BRUNO SCHREIBER

Das Schwurgericht III Berlin verurteilte den früheren Studienreferendar Dr. Schreiber wegen Totschlags, begangen an seiner Ehefrau, unter Zubilligung mildernder Umstände zu dreieinhalb Jahren Gefängnis unter Anrechnung von sechs Monaten Untersuchungshaft. Als ehrlos hat das Gericht die Tat nicht angesehen und deshalb von der Verhängung einer Ehrenstrafe abgesehen.

Dr. Bruno Schreiber, einst ein angehender Gymnasiallehrer, dann ein Redakteur des „Tegeler Anzeigers“, schließlich Klavierspieler in Kneipen, tötete seine Frau. Einige Tage lang behielt er die Leiche, mit Immortellen geschmückt, im Bett. Dann wickelte er sie in eine Zeltbahn, trug sie auf den nahen Boden und begrub sie gewissermaßen unter einem Berge von Zeitungspapier. Die Dünste der

Druckerschwärze absorbierten jeglichen Verwesungsgeruch und bewirkten eine völlige Mumifizierung der Leiche. Da Schreiber seinen Angehörigen gesagt hatte, seine Frau sei verreist, schöpfte man erst spät Verdacht und fand die Leiche erst nach Monaten. In seiner Verteidigung hat Schreiber im Laufe des Verfahrens die Taktik geändert. Zuerst ließ er glauben, er habe die Tat im Streit begangen. Später (und auch vor Gericht) suchte er darzutun, seine Frau habe ihn – nicht zum ersten Male – mit dem Revolver bedroht. Da habe er in der Notwehr zugeschlagen. Daß er in der Stunde der Tat bis zur Willenlosigkeit betrunken gewesen sei, behauptet er nicht.

Überhaupt – der kleine, etwa 35jährige Mann mit dem glattrasierten, zierlich geschnittenen Gesicht, den klugen, dunklen Augen, beschönigt eigentlich sehr wenig. Gewisse Züge lassen es verstehen, daß Kriminalkommissar Trettin, mit dem er von der Schule her befreundet war, ihn immer für einen durchaus anständigen Menschen hielt. – Trettin schildert in eigener Erschütterung, wie er den Freund als Gattenmörder selbst verhaften mußte.

Auch Bruno Schreibers Vater ist ein Berliner Vorstadtredakteur; der Sohn sollte Gymnasiallehrer werden; es trieb ihn zur Journalistik, über Tegel hinaus ist er nicht gekommen. Die lebhafte Intelligenz sieht man ihm an, zugleich aber ein ständiges Schwanken seines Gemütszustandes. Er kann über die Tat – ohne jeglichen Zynismus – mit einer erstaunlichen Sachlichkeit reden, zuweilen spielt ganz leicht Theaterei mit hinein. Dann wieder gerät er in offenbar echte Erregung der Reue, um eine Sekunde später, gewandt, ja geschäftlich zu sprechen. So wenig ist er in der Rolle seines Ichs, daß er mehr als einmal einen Zeugen als Angeklagten anspricht.

Eine starke Neigung zum schriftlichen Ausdruck muß er haben; nach einem Selbstmordversuch im Gefängnis, zu dem er etwa 50 Aspirintabletten schluckte, schildert er ausführlichst in einem langen Manuskript seine körperlichen Zustände.

Eine eigentliche Erklärung der Tat wird nicht gegeben. Hausnachbarn sagen aus, er habe die Frau mehrfach mißhandelt, einmal habe sie sogar die Polizei gerufen. Eine andere Zeugin weiß aus dem Munde der Getöteten, daß diese schon früher mit dem Revolver auf ihren Mann losgegangen sei. Da der Revolver versagte, habe die Frau den Mann mit der Waffe blutig geschlagen. Trettin, der sie flüchtig kannte, bezeichnet sie als Mannweib. Der Vater des

Angeklagten schildert sie als eine reizbare und auch zanksüchtige Person, die sehr unter dem seit dem Kriege häufigen Alkoholgenuß ihres Mannes litt. Überhaupt habe sie gesucht, den Mann zu beherrschen, und nicht geduldet, daß er die ihm noch offene Stellung an dem „Tegeler Anzeiger" wieder annahm.

Aus der Zeugenvernehmung ergibt sich, daß die Familie der Frau – und damit wohl auch die Frau selbst – weit unter dem Bildungsgrade des Mannes stand.

Er aber wehrt sich gegen die Annahme, daß seine Ehe zerrüttet war. Zuweilen habe es Krach gegeben, die Versöhnung sei um so schöner gewesen. Die Hausbewohner hätten ihre Zärtlichkeit belächelt. „Ich ging mit ihr ins Theater, ins Kino, zu Regatten und zu Boxabenden. So führten wir ein gutes Leben wie jede andere ordentliche Familie."

Trettin gibt auf die Frage, ob er dem Angeklagten die Tat zumute, keine Antwort. Eine kleine Unehrlichkeit, von der er kurz vor der Verhaftung gehört hatte, habe ihn sehr eigentümlich berührt. Die Wahrheit ist wohl die: lebendige Intelligenz gepaart mit Entmutigkeit. Aber keine Begabung, kein eigener seelischer Stoff, der zur Verarbeitung gekommen wäre. Kino, Theater, Regatten, Boxen – dies der wesentliche Inhalt der Ehe; dann gutes Essen und ein starker Trunk.

Fast unvermittelt ragt in das behagliche Schlemmerleben des kleinen Mannes die furchtbare Tat: die einzige seines Lebens.

20.10.1925

SANITÄTSRAT BÖHME

(Im September 1916 wurde die dritte Frau des Sanitätsrats Dr. Robert Justus Böhme aus Großröhrsdorf auf der Jagd durch einen Schrotschuß aus dem Gewehr ihres Mannes tödlich verletzt. Dr. Böhme erklärte, er sei versehentlich auf seine geöffneten Schnürsenkel getreten und gestolpert, wobei dann das Gewehr losgegangen sei. Zehn Jahre

nach der Tat stand Dr. Böhme vor dem Schwurgericht Dresden unter Mordanklage.)

Dresden, 8. Oktober 1926.

Vorläufig, da sein Mördertum noch nicht erwiesen ist, muß er es sich gefallen lassen, daß man ihn für komisch hält. Der kräftige Sechziger ist eine mehr bäuerliche als akademische Erscheinung. Er hat vermutlich in seinem Leben nie was Rechtes getan und war im wesentlichen damit beschäftigt, wohlhabende Frauen zu heiraten. Die Tatsache, daß ihm das ursprünglich in so geringem Maße gelang, macht ihn komisch. Der eigentliche durchziehende Handlungsstoff seines Lebens ist die großväterliche Erbschaft seiner Tochter aus erster Ehe, die vielleicht vom Vormundschaftsgericht in größerer Höhe festgesetzt wurde, als zulässig war. Wie er mit den 20 000 Mark manipulierte, wie sie bald in einer Hypothek verschwinden, bald zur Rückzahlung einer anderen Hypothek verwendet werden – wie er sie sich von seiner zweiten Frau schenken läßt, um seine Verpflichtung der Tochter gegenüber zu erfüllen – wie aber schließlich die Tochter das Geld doch nicht kriegt – das ist alles sein Hauptgeschäftsgeheimnis, in das man nicht dringen wird, weil es ja nicht Gegenstand dieses Prozesses ist.

Um so deutlicher wird sein Hang zur Heuchelei, der fortwährende Trieb, mit Gemütswerten zu operieren – es wäre nur abstoßend, wenn es nicht durch seine vollendet sächsische Aussprache wunderbar gemildert würde. Dieser Mann, der die Gewohnheit hat, sich am ersten Tag der Bekanntschaft zu verloben – „Ich verließ mich auf meinen Scharfblick" –, ist irgendwo naiv. Er hat sich seinen Kinderglauben an das Wunderbare bewahrt. Ihm ist natürlich genau bekannt, was der Vorsitzende ihm vorhalten wird – und er hofft immer wieder, der Richter werde irgend etwas Wesentliches vergessen. Aber ach, der Richter vergißt nichts.

Ein Beispiel: Nach der Scheidung von der zweiten Frau sah er sich nach der dritten sehr energisch um und befreundete sich mit einer Hamburger Dame, die ihn durch ihr „seelenvolles Gemüt" entzückt hatte. Der Vorsitzende verliest einen sehr freundschaftlichen Brief an die Dame und fragt: „Waren Sie, als Sie diesen Brief schrieben, schon in dritter Ehe verheiratet?"

Böhme (mit Entrüstung): „Aber nein!"

Vorsitzender: „Und doch haben Sie nach der Eheschließung mit der dritten Frau an die Hamburger Dame noch andere Briefe geschrieben, in denen Sie auf eine Verehelichung mit ihr hofften."

Angeklagter: „Das war aber doch eine Notlüge – ich wollte ihr doch nicht sagen, daß ich inzwischen geheiratet hatte."

Die Höhe des Vermögens der dritten Frau, die er ermordet haben soll, will er vor ihrem Tode nicht gekannt haben. Aus den Akten des Zivilprozesses geht das Gegenteil hervor.

Aber – wie bekam er seine dritte Frau? Sie hatte ihm anfangs ihre Hand verweigert. Da war er mit einem Riesenkranz am Grabe ihres ersten Gatten erschienen und hatte sie so gerührt, daß sie ihr Ja-Wort gab. Auch das will er bestreiten – gibt aber dann den Sachverhalt zu, weil er alles das selbst in einem höchst sentimentalen Briefe an die Frau geschrieben hat. Der Brief ist vom 24. März 1915. Am 25. hat er sie geheiratet.

Nun schildert Böhme die Katastrophe: „Meine Frau hatte Lust, sich an der Jagd zu beteiligen. Sie wollte sogar schießen lernen. Sie war sieben- bis achtmal mit mir auf der Hühnerjagd."

Vorsitzender: „Früher sagten Sie, es war das zweite Mal."

Angeklagter: „Das muß ein Irrtum sein."

Vorsitzender: „Kennen Sie den Rahmenstein?"

Angeklagter: „Nein."

Vorsitzender: „Das ist aber ein ganz bekannter Punkt."

Angeklagter: „Weiß ich nicht."

Vorsitzender: „Ihre Frau soll dort mal runtergefallen sein?"

Angeklagter: „Aber nein."

Vorsitzender: „Aber Ihre Frau hat davon erzählt. Sie sollen Ihre Frau gebeten haben, Ihnen den Schuhsenkel zu binden. Als Ihre Frau sich bückte, sollen Sie ihr einen Stoß gegeben haben, so daß sie beinahe hinuntergestürzt ist."

Angeklagter: „Davon ist gar keine Rede. Wir sind einmal auf dem glatten Moose, als wir eine Schlange sahen, ausgerutscht. Da hat meine Frau so gelacht und gesagt: Denk mal, wenn wir den Hang hinuntergefallen wären. Nachher hat sie es auch anderen gesagt, und ich habe ihr gesagt: Laß doch die dummen Redereien."

Vorsitzender: „Merkwürdig. Bisher haben Sie ja auch schon von der Schlange gesprochen. Aber alles andere ist heute neu, obwohl Sie wiederholt danach gefragt wurden."

Angeklagter: „Das ist mir erst wieder eingefallen."

Er schildert dann den Hergang am Tage der Katastrophe: „Wir saßen zuerst im Gasthause. Meine Frau war sehr zärtlich zu mir. Wir suchten dann die Kartoffelfelder nach Hühnern ab. Förster Winter ging rechts, ich etwa 25 Meter hinter ihm, meine Frau war an meiner linken Seite, mal näher, mal weiter. Ich kam an eine Stelle, wo Hühner eingefallen waren. Plötzlich fühlte ich eine Hemmung, ich stolperte, ich falle nach rechts über, stürze, der Schuß geht los. Der Senkel vom rechten Schuh war auf, darüber war ich gestolpert."

Vorsitzender: „Sie gingen doch langsam, und wenn man langsam geht, stolpert man doch nicht so, daß man stürzt."

Böhme macht zur Illustration einige verzweifelte Sprünge im Gerichtssaal.

Vorsitzender: „Wann sahen Sie nun, daß Ihrer Frau etwas passiert war?"

Angeklagter: „Ich sah meine Frau sinken, aber ich nahm zuerst gar keinen Zusammenhang wahr. Alles andere weiß ich nicht mehr. Ich war so erschüttert, ich hatte mich mit den Händen in den Boden eingekrallt, so verzweifelt war ich."

Epilog

Der Staatsanwalt stellte die Entscheidung in das Belieben des Gerichts, das Gericht sprach den Angeklagten quasi frei – die Entscheidung war zu erwarten.

Herr Sanitätsrat Dr. Böhme wird in das liebliche Großröhrsdorf zurückkehren, wobei er auf keine Ovationen rechnen dürfte. Als er beim Lokaltermin aus dem Auto stieg, streckte sich ihm nur eine Hand entgegen: die seiner Nichte. Die übrige Bevölkerung empfing ihn mit eisigem Schweigen. Schweigen wird um diesen Mann sein. Denn er wird namentlich auch in Zukunft, wo sich eine Stimme gegen ihn erheben wollte, die Beleidigungsklage stellen – wie er das auch vor der Dresdener Verhandlung mit gutem Erfolge getan hat. Also – geben wir ihm keine Gelegenheit.

Aber es darf nach Abschluß eines großen und kostspieligen Prozesses trotz des negativen Ausgangs gesagt werden: Dieser Prozeß mußte geführt werden. Ob die Staatsanwaltschaft bei geschickterem Vorgehen hätte zum Ziele kommen können, bleibe dahingestellt. Die Situation für sie war zwingend. Und rein kriminalistisch war der Fall wichtig genug.

Der tödliche Schuß kam aus der Jagdflinte Dr. Böhmes. Und dieser Schuß paßte verzweifelt gut in die Situation, in der sich Dr. Böhme befand.

Es gibt Ärzte, die keine große Praxis haben, und es gibt Väter, die ihre Töchter mißhandeln, ihnen ihr großväterliches Erbe vorenthalten. Es gibt Brüder, die sich verkrachen, und es gibt Geizhälse, die ihre Frauen zu einem günstigen Testament zwingen. Es gibt Jäger, die auf der Jagd versehentlich einen Angehörigen erschießen, und es gibt andere Jäger, die über Schnürsenkel stolpern. Es kann sogar Jäger geben, die beim Stolpern nach hinten – fallen. Es kann eine Frau zufällig von einem Manne erschossen werden, vor dem sie sich fürchtet. Und es kann zufällig ein Mann eine Frau töten, von der er fürchtet, daß sie sich von ihm scheiden läßt. Es kann ein Mann, der seine Frau zufällig erschossen hat, der Leiche die Aufbewahrung im eigenen Hause verwehren und sie im Holzschuppen liegen lassen. Und es kann ein Mann kurz nach der unfreiwilligen Tötung seiner Frau deren Zimmer nach Safeschlüsseln durchsuchen und bei dieser Gelegenheit seine tragische Stimmung dadurch erleichtern, daß er auf dem Klavier spielt: „Weißt du, Mutter, was ich 'träumt hab'?"

Alles das kann im einzelnen sein; Herr Dr. Böhme verlangt von der Welt zu glauben, daß alle diese Umstände sich in seinem Falle vereinigen.

Es gab eine Möglichkeit, die Welt von der Unschuld zu überzeugen: Komplette Nichtmörder, die das Unglück haben, auf der Jagd ihre wohlhabende Frau zu erschießen, pflegen in solchen Fällen zu erklären, daß sie gar nicht daran denken, aus dem schrecklichen Unfall persönlichen Nutzen zu ziehen. Namentlich, wenn sich herausstellt, daß die Frau nur ungern das Testament gemacht hat, daß sie nicht glücklich war, daß sie sich scheiden lassen wollte, daß sie ihre Hinterlassenschaft ihren nächsten notleidenden Blutsverwandten zugedacht hatte. Schade, daß Herrn Dr. Böhme diese Geste nicht rechtzeitig eingefallen ist; er hätte sich und der Welt diesen Prozeß erspart, den er dank der minuziösen Gewissenhaftigkeit seiner Richter gewonnen hat.

Unter den vielen Zeugen, die lediglich Illustrationsmaterial beibringen, ist die bemerkenswerteste Zeugin Frau Roehnisch, eine

Schwägerin der Getöteten. Frau Roehnisch schildert in einer durchaus glaubwürdigen Weise die Zwischenfälle, aus denen die sich steigernde Angst der Getöteten vor ihrem Mann hervorgeht. Besonders wichtig ist ihre Aussage über den Verlauf des Unglückstages. Frau Dr. Böhme hatte ihr gegenüber geäußert, daß sie am nächsten Tage in die Stadt fahren wolle, um die Scheidungsklage einzureichen, da sie fürchtete, ihr ganzes Geld an Dr. Böhme ausliefern zu müssen.

Während sie mit dem Einkochen von Obst beschäftigt waren, kam der Revierförster Winter vorbei, der Dr. Böhme aufforderte, mit zur Jagd zu gehen. Dr. Böhme bat seine Frau auch mehrmals, mitzukommen. Sie weigerte sich anfangs, hatte aber eine gewisse Lust mitzugehen, da sie an einer Jagd noch nicht teilgenommen hatte. Schließlich sagte Frau Dr. Böhme, der Revierförster sei ja dabei, es könne nichts passieren, und so ging sie mit. Nach einer Weile kamen die beiden Männer wieder zurück – Dr. Böhme anscheinend in einem Zustand großer Erregung, so daß Frau Roehnisch glaubte, ihm sei etwas zugestoßen, und dies um so mehr, als der Förster sagte, er wolle telefonieren gehen, um den Arzt zu rufen. Sie solle inzwischen bei Dr. Böhme bleiben, damit nichts passiere.

In der ersten Aufregung bemerkte Frau Roehnisch die Abwesenheit ihrer Schwägerin gar nicht. Keiner der Männer sagte ihr, was eigentlich vorgefallen sei. Als sie dann später nach dem Verbleib ihrer Schwägerin fragte, bekam sie keine Antwort. Sie schickte dann ihren Enkelsohn zu Bekannten, um zu fragen, ob vielleicht die Schwägerin dort sei. Das Kind kam aber auch nicht zurück, so daß Frau Roehnisch von dem Tod ihrer Schwägerin erst erfuhr, als sie der Frau des Gemeindevorstehers begegnete. Auch Frau Roehnisch bekundet, daß ihre Schwägerin ihr acht Tage vorher den Vorfall schilderte, bei dem Dr. Böhme versucht habe, sie vom Felsen herabzustürzen.

Eines ist merkwürdig: Herr Dr. Böhme ist ein sozusagen ungesunder Sanitätsrat. Für ihn stirbt alles, was ihn vom Gelde trennt: die erste Frau, die dritte Frau. Der erste und der zweite Schwiegervater, sogar der eigene Bruder – und auch der (wie alle anderen) in einem für Böhme günstigen Augenblick. Aber es ist nicht der Schatten eines Beweises dafür vorhanden, daß er nur einer dieser Personen nach dem Leben getrachtet hat. Man stirbt „nur so“ an diesem Sanitätsrat, wenn man das Pech hat, mit ihm verwandt oder verschwägert zu sein.

BILDER VOM FLESSA-PROZESS

(Die Krankenschwester Wilhelmine Flessa aus Frankfurt am Main gab auf den praktischen Arzt Dr. Seitz im Hausflur seiner Wohnung nach kurzem Wortwechsel drei Schüsse ab. Bereits der erste Schuß war tödlich.)

Wie die Flessa aussieht? Drei Stunden studierte ich vergebens ihr Profil; aber als sie in der Pause voll zum Pressetisch hinübersah, schlug es ein wie ein Blitz (die göttliche Fritzi möge es mir verzeihen): Wilhelmine sieht aus wie eine Fritzi Massary, der es einfiele, eine exaltierte alte Jungfer zu spielen – und die eben doch unverkennbar Fritzi Massary geblieben wäre. Wie sonderbar, in diesem armseligen Prozeßgegenstand Farbe, Züge und vor allem Augenausdruck eines Genies zu entdecken!

Über den Menschen Wilhelmine Flessa werden noch sehr berufene Psychiater reden. Schon heute gab eine einstige Kollegin von ihr aus dem Frauenseminar eine mit fachlichen Begriffen arbeitende Charakterstudie: überaus entwickelter Geltungstrieb auf Grund eines starken Minderwertigkeitsbewußtseins.

Man muß sich an das Auftreten dieser Frau vor Gericht halten. Sie begann mit einem langen Schweigen. Dann gelang es ihrem Verteidiger, sie zu langsamem, wenn auch fast unhörbar leisem Sprechen zu bringen. Redet sie mal, so läßt sie sich wiederum sehr ungern unterbrechen, gebärdet sich undiszipliniert, macht scharfe Ausfälle, wenn ihr was nicht paßt. Dennoch muß man sie gewähren lassen, wenn man den Brunnen nicht verschütten will. Und so erreicht man es glücklich, daß sie wesentlich mehr sagt als bei der ersten Verhandlung. Damals, wie schon vor der Polizei und beim Untersuchungsrichter, hat sie es strikte abgeleugnet, mit dem Getöteten in wirklich engen Beziehungen gestanden zu haben. Heute erfährt man: Die Freundschaft zog sich über Jahre hin. Zu wirklichen Intimitäten soll es nur zwei- oder dreimal gekommen sein. Die übrigen Zusammenkünfte waren mit Gesprächen ausgefüllt über die Frage, ob die Intimität den Mann binde.

Auf die Frage, warum sie früher nicht schon vor dem Untersuchungsrichter die Wahrheit gesagt habe, erwiderte sie: „Dieser hat gesagt: ‚Und wenn Sie sieben Kinder haben, ist der Mann nicht gebunden.'" Daraufhin habe sie nichts weiter sagen wollen.

Aus den Aussagen anderer Krankenschwestern erfährt man, daß Dr. Seitz ein robuster Mann war, der zu glauben schien, ihm könne keine Frau widerstehen. Er war etwas dreist, andere sagen zynisch, und sie gebrauchen damit denselben Ausdruck wie die Flessa selbst.

Eine Krankenschwester, die inzwischen einen Arzt geheiratet hat, erzählt, daß Dr. Seitz einmal versucht habe, mit ihrem damaligen Verlobten über sie zu sprechen. Der junge Arzt verwies ihm das, worauf Dr. Seitz lächelnd sagte: „Also – ernst?" Seitz mag also im allgemeinen abschätzig über Frauen gesprochen haben, und man sagt, daß er es mit der Flessa keineswegs „ernst" meinte. Trotzdem hatte er doch jahrelang diese Beziehungen unterhalten, wobei, wie die Flessa selbst sagt, es mehr auf die Ethik eines menschlichen Verhältnisses ankam als auf die Ehe.

Die Flessa ist wahrscheinlich eine durchaus leidenschaftliche Natur, und doch hat es den Anschein, als habe Seitz diesen Kern ihres Wesens nicht gesucht und nicht gefunden. Auch eine eigentliche Herzlichkeit wird zwischen den beiden nicht fühlbar. Und je mehr der Mann sinnlich begehrt, um so hartnäckiger drängt die verführte, aber ungelöste Frau auf Erfüllung ihrer ethischen Grundsätze. Weiß sie, daß der Mann im Begriffe ist, eine andere zu heiraten? Der Instinkt treibt sie vorwärts. Die Nerven gehen durch.

Es wird für die Sachverständigen sehr schwer werden, den Grad von Überlegung und Absicht festzustellen. Sie überlegt: Sie will nicht töten, sondern nur verletzen. Sie sagt sich sogar: Wenn ich auf die Beine schieße, verletze ich. Vielleicht die Schenkelschlagader. Aber ich – Krankenschwester – weiß, was ich dann zu tun habe. Dann will sie wieder nicht schießen. Sie steht ihm ganz nahe. Hat er den Revolver überhaupt gesehen? Er wehrt ihre Hand ab. „Ich hatte das Gefühl, als er mir die Hand wegdrehte, der Revolver würde mir entfallen. Da griff ich fester zu. Die Schüsse gingen los."

Die Mehrzahl der Kolleginnen rühmt den Fleiß und die Sorgfalt der Flessa im Dienst, und auch einige ihrer ehemaligen Patientinnen geben das beste Zeugnis für ihre Opferwilligkeit. In einigen anderen Fällen scheint sie versagt zu haben, und ein solcher Fall wird merkwürdig ausführlich besprochen. Aber der Staatsanwalt sagt schließlich, er nehme selbst an, daß die Angeklagte eine vorzügliche und aufopferungsvolle Pflegerin gewesen sei.

Und sie hatte über ihr Dasein als Krankenschwester hinaus noch einen Ehrgeiz: Sie wollte „Fürsorgerin“ werden und steuerte im Frankfurter Frauenseminar auf die Sozialpraktikantin zu. Es fehlte ihr an der ausreichenden Schulbildung, und obgleich sie trotz ihres ungezählte Nachtwachen erfordernden Hauptberufes fleißig studierte, mangelte es ihr an der notwendigen Intelligenz, um das Ziel zu erreichen. So sagen die Damen vom Frauenseminar.

Treffen sie wirklich das Richtige? In ihrem Verhör gibt Wilhelmine Flessa mehr Züge sprunghaften präzisen Erfassens zu erkennen als die über sie urteilenden Zeuginnen. Aber das seelische Gleichgewicht fehlt ihr und ließ es zu keiner anderen Frucht kommen als zu der furchtbaren Tat.

Dr. Seitz

Man hat im Mordprozeß Flessa etwa ein Dutzend Freunde des Dr. Seitz vernommen, die sich über den Charakter des Getöteten ausgesprochen haben. Die Freunde sind sämtlich, wie Dr. Seitz, alte Burschenschafter, und es scheint, als genüge unter Umständen Bundesbrüderschaft, um auch körperliche Ähnlichkeiten hervorzubringen. Diese Herren Rechtsanwälte und Ärzte sind jedenfalls außerordentlich schwer zu unterscheiden. Lebensfrohe Männer, im besten Saft. Nicht groß, nicht klein, runde Köpfe, füllige Gestalten, tüchtige Bürger und keineswegs problematische Naturen. Sie ähneln sich in ihren Redewendungen, und ihre Aussagen gleichen sich so, daß man zur Annahme berechtigt ist: So ähnlich muß auch Dr. Seitz gewesen sein. Körperlich vielleicht etwas größer, als der Durchschnitt ist, aber eben auch nur ein stämmiger Mann, gutmütig, zuweilen etwas derb, ja zynisch, aber auch das wird nicht so schlimm gewesen sein. Man rühmt ihm künstlerisches Interesse nach, er habe seine Klassiker gekannt.

Über die Flessa hat er zu allen seinen Bekannten gesprochen, und zwar im wesentlichen: Eine Krankenschwester, „dankbare Patientin“, die er mal am Finger operiert hatte, verfolge ihn mit dem seltsamen Antrag, mit ihm ein Kind zu zeugen, das sie – um eine Lebensaufgabe zu haben – aufziehen würde. Sie wolle sich notariell schon vorher verpflichten, keinerlei Ansprüche für das Kind zu erheben. Dr. Seitz hat Juristen davon erzählt und sie befragt, ob ein solcher notarieller Verzicht überhaupt möglich sei. Er hat aber zu dieser Angelegenheit auch gelegentlich Fragen mit anderer Betonung gestellt – ob er nun so was tun solle.

Später hat er erzählt, diese Frau stelle ihm nach, bedrohe ihn, er sei vor ihr nicht mehr sicher. Einige Freunde haben ihn dann gefragt, ob er denn mit der Frau etwas gehabt habe; und das hat er immer abgestritten unter dem Hinweis auf die äußere Unansehnlichkeit der Frau.

Einen ihm persönlich etwas ferner stehenden Staatsanwalt hat er privatim gefragt, wie er sich gegen diese Drohungen schützen könne, und der Staatsanwalt hat gesagt, polizeilich sei kaum etwas zu machen, wenn er nicht etwa die Person wegen gemeingefährlicher Geisteskrankheit in ein Irrenhaus bringen wolle, aber dazu – hat Dr. Seitz gesagt – sei kein Anlaß, die Frau brauche eben einen Mann. Der Staatsanwalt gab ihm dann den Rat, sie irgendwie abzufinden, sich mit ihr zu einigen: „Schmeißen Sie ihr was in den Rachen!" Dr. Seitz sei ein großes, harmloses Kind gewesen, gar nicht so weltklug, wie man denkt.

Man gerät in die große Gefahr, diese Aussagen psychologisch zu werten: Beweisen sie, daß Dr. Seitz mit der Flessa etwas hatte oder das Gegenteil? Leider ist mit der Psychologie alles zu beweisen. Ein Freund sagt: „Sie war nicht sein Typ, er liebte elegante Frauen." Aber man möchte diesen und andere Zeugen fragen, ob sie sich in ihren Liebschaften stets streng an ihren Typ gehalten haben. Man könnte sagen: Seitz hat die Geschichte von der Krankenschwester zwanzigmal erzählt und in keinem einzigen Falle die Intimität zugegeben, ist das nicht ein Beweis dafür, daß ein Verhältnis nicht bestand? Aber – man kann dagegen fragen: Wenn wirklich nichts dahinter war, warum hat er dauernd von der Sache gesprochen? Oder: Wenn er es zwanzigmal erzählt hat, vielleicht erzählte er es ein einundzwanzigstes Mal – und ausführlicher – einem Freunde, den man nicht kennt und der keine Veranlassung hat, sich zum Gericht zu drängen.

Über diese Frage zerbricht man sich den Kopf, obgleich sie für den Ausgang des Prozesses keinen entscheidenden Wert hat. Nicht eine schweifende Psychologie wird über das Schicksal der Wilhelmine Flessa entscheiden, sondern das Urteil der medizinischen Sachverständigen, die da wissen, daß es hysterische alte Jungfern mit und ohne Erlebnis gibt und daß beide Sorten meist harmlos sind, gelegentlich aber gefährlich werden können.

In Einzelheiten zeigt die Flessa oft ein glänzendes Gedächtnis und eine erstaunliche Schlagfertigkeit. Sie weiß Einzelheiten über das Leben des Dr. Seitz, die über das hinausgehen, was die Freunde sagen. Und sie sagt offen, wenn sie etwas nicht weiß, so, daß er im Winter vor seinem Tode ein Zimmer als Absteigequartier hatte.

Merkwürdig ist, daß er, der über die Flessa so oft und ausführlich sprach, sich nur selten und sehr diskret über seine bevorstehende Verlobung ausließ. Er sprach über Haus- und Möbelkauf, leugnete die Verlobung nicht ab – aber keiner seiner Freunde erfuhr den Namen seiner Auserwählten. Die Flessa kannte das Mädchen, dessen Mutter sie gepflegt hatte, aber sie leugnet, von der Verlobung gewußt zu haben.

Dem Dr. Seitz aber war unheimlich zumute, wenn er an die Flessa dachte. „Vielleicht wird sie mal mein Schicksal“, hat er einmal gesagt. Und er betrachtete sie vielleicht gegen Ende seiner Lebenswoche doch nicht nur so wie einer seiner Kollegen, der auf die Frage: „Ist Dr. Seitz den Frauen und insbesondere den Krankenschwestern unziemlich entgegengekommen?“ aus der Tiefe seines Gemütes antwortete: „Das liegt doch immer nur an den weiblichen Wesen, wie sie sich das gefallen lassen.“

Die Flessa singt

Eine der Angeklagten ungünstig gesinnte Zeugin, des Dr. Seitz letzte Zimmerwirtin, spricht wiederholt von der „unsympathischen“ Stimme der Flessa, die sie am Telefon immer wieder erkannt habe. Über Sympathie läßt sich streiten. Andere werden das Organ der Flessa als besonders wohllautend empfinden und es dennoch verstehen, daß es manchem auf die Nerven geht.

Die Flessa spricht nicht, sie singt. Es tönt aus ihr, aber – so will es scheinen – nicht aus ihrem Herzen. Es ist nicht ein Mensch, es ist ein Instrument, das erklingt. Irgendein Zeuge sagt aus, und in seine Worte mischt sich ein Ton, langgezogen, klagend. Es dauert Sekunden, bis man Worte unterscheidet. Dieser Ton ist verschieden von den Stimmen anderer Menschen dadurch, daß er gar keine Modulation, sondern nur dynamische Unterschiede kennt. Es gibt Augenblicke, in denen die Stimme der Flessa laut, fast schreiend einfällt. Dann gehen die glühenden schwarzen Augen in die Irre, die schmale Brust ringt nach Atem, die Frau leidet, aber ihre Stimme trägt keinen Schmerz.

Man hat den Vergleich zur Hand, als die Verlobte des Getöteten aussagt, ein junges Mädchen, einfach, herzlich, einnehmend. Zwischen dem zarten Fräulein Schenker und dem robusten, gutmütigen Dr. Seitz ist offenbar nicht viel vorgegangen. Sie sahen sich in Gesellschaft, er wurde als Chirurg an das Krankenbett ihrer Mutter gerufen, er kam als Gast ins Haus. Die Verlobung war heimlich. Die Eltern wußten nichts, die Mutter ahnte es erst. In wenigen Tagen sollte gesprochen werden, da machte die Kugel der Flessa allen Hoffnungen ein Ende. Das junge Mädchen weint, die Flessa singt dazwischen in ihrem lautesten Ton. Sie wird abgeführt. Das geschieht während der Sitzung einige Male. Aber für gewöhnlich läßt der Vorsitzende sie ruhig austönen, bis sie plötzlich ganz von selbst, oft mitten im Satz, verstummt. Dutzende von Zeugen treten auf, man hört den schlichten Mann, den die Flessa im Kriegslazarett so gütig pflegte, daß er sein Herz an sie verlor. Er ist der einzige Mann, der sie gern hatte, sie ließ ihn sich nahekommen. Schon entlassen, tritt er noch einmal vor den Richtertisch, um zu sagen, daß Wilhelmine Flessa damals, vor acht Jahren, sehr hübsch gewesen sei.

Man hört die Oberin eines Schwesternheims, bei der sich die Flessa wenige Tage vor der Tat um neue Arbeit beworben hat. Wenn man will – ein sehr bündiger Beweis dafür, daß sie in diesem Augenblick nicht an das Ende ihrer Laufbahn dachte.

Die Zeugen erscheinen, die zuerst an den Tatort eilten. Sie erzählten von der Aufgeregtheit der Flessa, die vor sich hinjammerte: „Ich war's – ich habe ihn erschossen. Ich habe es nicht gewollt!" Die aber dann sehr energisch verlangte, daß man den Arzt hole und sich nicht lange mit der Polizei aufhalte: „Ich laufe schon nicht davon." Der Arzt war in wenigen Minuten zur Stelle. Dr. Seitz war schon tot. Dieser Arzt, ein junger Mann, war selbst zu aufgeregt, um seine Eindrücke völlig klar wiedergeben zu können. Er nahm an ihr einen schweren hysterischen Erregungszustand wahr. Dann glaubte er wiederum einen gekünstelten Eindruck erhalten zu haben.

Einige Leute der Polizei fallen durch ihren klugen, sanften Ton auf: Der Polizist, der sie abführte, kannte Dr. Seitz und sagte: „Warum taten Sie das? Er war doch ein so guter Mensch gewesen!" Sie antwortete: „Ja, das war er auch. Ich bereue meine Tat sehr!" Ein anderer Kriminalkommissar: „Sie sprach, als sei sie nach der Tat in einem Zustand völliger Entspannung. Ich durfte sie nicht fragen, sie sprach vor sich hin."

Sie sang –

Aber es gibt eben Menschen, die den Gesang nicht vertragen können. Auch der Kriminalkommissar, der die erste Vernehmung leitete, gerät heute in Harnisch, wenn der fremde Ton plötzlich einsetzt, und erklärt fast gereizt, daß er aus der damaligen Vernehmung den Eindruck gewonnen habe, die Flessa habe die Absicht gehabt, auf Dr. Seitz zu schießen.

Morgen werden die Sachverständigen darüber sprechen, in welcher Schicht dieser armen Seele Absichten entsprangen und wie diese Absichten zur Tat emporgetrieben wurden.

Vergeltungsjustiz

Der Fall der Flessa hatte alle möglichen Reize der Sensation; er bot unendlich viel Stoff zu psychologischem Fabulieren. Ein junger Gelehrter, Professor Löwenstein (Bonn), fand Gelegenheit, die Ergebnisse seiner psychometrischen Experimente außerhalb seines engeren Wirkungskreises mitsprechen zu lassen, man hörte ein meisterlich gebautes, von glücklichen Einfällen belebtes, mit prachtvollem Schwunge vorgetragenes Plädoyer Hugo Sinzheimers. Und man vernahm schließlich aus dem Munde des Landgerichtsdirektors Ungewitter nach einer bewundernswert geleiteten Verhandlung ein menschlicheres, wenn auch sehr hartes Urteil: sieben Jahre Zuchthaus wegen Totschlags.

Aber so wichtig jede Einzelheit des Ergebnisses war – der Fall Flessa hat seine spezifische Bedeutung.

Unser Gesetz gibt gegen das Urteil eines Schwurgerichts keine Berufung. Es mag das immer beklagt worden sein, aber es hatte noch einen Sinn, solange das Schwurgericht – ein Schwurgericht war. Seit der Emmingerschen Justizreform ist es das nicht mehr.[2] Auch das alte Schwurgericht hat Justizmorde begangen; man hat sich damit getröstet, daß es immer Fehlurteile gegeben hat und geben wird. In dem Augenblick aber, wo das Schwurgericht seine Gestalt veränderte, büßte es das Recht ein auf Ausschluß der Berufung, und den Beweis dafür bieten die beiden Urteile der Prozesse gegen Wilhelmine Flessa. Man kann nur mit Grauen daran denken, daß es eines Formfehlers bedurfte, um vom Reichsgericht die Zurückverweisung zu erreichen, daß ein Formfehler nicht nur dem Gericht Gelegenheit gab, ein neues Urteil zu fällen. Auch der Staatsanwalt Floret, derselbe, der im ersten Prozeß fungierte, sah sich genötigt, nicht mehr auf Mord, sondern auf Totschlag zu plädieren. Das Reichsgericht hätte allerdings noch andere Gründe finden können – es begnügte sich mit der Feststellung des Formfehlers, der darin bestand, daß ein nicht angestellter Richter am Tische saß. Und gerade dieser Assessor – man weiß es – war die Haupttriebfeder des ersten Urteils, des Todesurteils! Wie lange kann es dauern, dann ist Assessor Schmidt kein Formfehler mehr, sondern kann als festangestellter Richter seine Meinung zur inappellablen Geltung bringen! Der Fall Flessa ist die dringende Mahnung an jeden vernünftigen Menschen, alles dazu zu tun, daß entweder das Emmingersche Schwurgericht verschwindet oder daß ihm das Privileg auf Ausschluß der Berufung – aber schleunigst – genommen wird. Denn daß der Einfluß der Berufsrichter auf das Urteil des neuen Schwurgerichts ein ungeheurer ist – auch wenn er nicht immer so verhängnisvoll ist wie im ersten Flessa-Urteil –, das wissen wir seit langem, und wir müssen die Rückkehr zur alten Form oder aber die Berufungsmöglichkeit deshalb so brennend herbeiwünschen, weil wir wissen, daß aus der politischen Kampfstellung vieler deutscher Richter auch der Rechtsprechung in ganz unpolitischen Fällen eine Gefahr droht.

Merkwürdig genug: Auch der Fall Flessa hatte seine politische Seite, die sich allerdings nicht im engeren Sinne parteipolitisch ausnahm, die aber nicht übersehen werden darf, weil sie sich mehr weltanschauungsmäßig auswirkte.

....

2 *(Zum Inhalt der Emmingerschen Justizreform von 1924 und zu Slings Kampf dagegen siehe das Kapitel „Die Eidesseuche" und dessen Einleitung auf Seite 338)*

Niemand wird den Bundes- und Logenbrüdern des Getöteten das Recht auf die Trauer um den Freund absprechen, der – vielleicht – der wertvollste von ihnen war. Aber aus all diesen Menschen sprach der eine Wunsch: Vergeltung! Und dieser Wunsch verband sich nur zu vortrefflich mit der Sucht, der Frau, namentlich aber der nicht standesgemäßen, eine verächtliche Stellung einzuräumen. Man kann nicht oft genug das Wort des Arztes wiederholen, der auf die Frage, ob Dr. Seitz den Frauen unziemlich begegnet sei, die schöne Antwort hatte: „Das kommt auf die Frauen an." Daß der mit dem besonderen Nimbus umgebene Arzt einem armen Wesen von Krankenschwester sehr leicht ein Verführer sein kann – das erkennt ein „Herr" nicht an. Er nimmt, was er braucht, wirft es weg, wenn er es nicht mehr braucht. Keine Bindung, kein Recht, keine Pflicht leitete er von der geschlechtlichen Berührung ab; und das revoltierende Frauenherz, der Arm, der sich hebt, ist für ihn der Arm eines Wegelagerers, der tötet, um seiner Brieftasche willen. „Vergeltung!" schreit die Männerseele – und wenn der Mund der Zeugen stumm bleiben müßte, für sie sprach der verbündete, mit Schmissen bedeckte Staatsanwalt und der alte Frankfurter Gerichtsarzt Roth.

Er befindet sich eigentlich schon im Ruhestand, aber er ruht immer noch nicht – dieser Arzt in Gestalt eines alten preußischen Obersten, von dessen Wesen als Leiter eines Kriegslazaretts man sanfte Leute nur mit Erregung sprechen hört. Mit schneidender Schärfe wies Professor Sinzheimer darauf hin, daß das erste Urteil nur durch ein „Mißverständnis" zustande gekommen sein kann. Roth hatte nämlich bereits in seinem ersten schriftlichen Gutachten die Frage nach dem Affekt bejaht – dies Ja aber in der ersten Hauptverhandlung zurückgezogen, um es in der zweiten unter dem Drucke der anderen medizinischen Gutachten endlich doch zu bestätigen. Möge Herr Roth bald den Ruhestand in dem vollkommenen Umfange finden, dessen die Frankfurter Rechtsprechung so dringend bedarf.

Diese Vergeltungstheoretiker aber sind dieselben, die die herrschende Moral des Kaiserreiches auch in die Republik übertragen haben; für die es innerpolitisch auf den Herrenstandpunkt, außerpolitisch auf Revanche ankommt.

Der getötete Dr. Seitz mag weicher gewesen sein. Er hat denn auch nur in der Praxis, nicht aber in Worten jede Verpflichtung abgeleugnet. Einer seiner Freunde übermittelte das melancholische Abschiedswort des Mannes, der, durch die Drohungen tief geängstigt, sagte: „Üb' immer Treu und Redlichkeit …"

Seine Schuld war gewiß nicht so schwer, als daß er dieses Schicksal verdient hätte. Aber in diesem Wort erkannte er die Schuld, so wie sie war, an. Und das versöhnt mit dem Manne, der für Wilhelmine Flessa das Schicksal wurde wie sie für ihn.

Die lange Dauer der Beratung läßt darauf schließen, daß es im Richterkollegium zu hartnäckigen Auseinandersetzungen gekommen ist. Die Urteilsbegründung läßt ihrerseits erkennen, daß eine mildere Richtung schließlich die Oberhand gewonnen hat. Vielleicht hätte man sich noch entschlossen, der Flessa auch mildernde Umstände zu gewähren, wenn nicht der in den letzten Tagen hier geschehene Doppelmord eine neue Erregung hervorgerufen hätte, und man glaubte, durch dieses Urteil weiter abschreckend wirken zu müssen. Trotz der milderen Fassung ist die Strafe von sieben Jahren Zuchthaus unerhört hart, wenn man bedenkt, daß ein Sachverständiger von der Flessa gesagt hat, daß sie aus dem Holze sei, aus dem Geisteskranke geschnitzt werden.

DER FALL STRASSER

(1925 starb die Frau des Harburger Schuhfabrikanten David Strasser durch eine Revolverkugel ins Herz. Ihr Mann, der zum Todeszeitpunkt mit ihr allein war, konnte mit einiger Glaubwürdigkeit nachweisen, daß der Schuß sich durch eine Unvorsichtigkeit seiner Frau gelöst hatte. Nach Einstellung des Verfahrens gegen ihn erhielt Strasser 21 000 Mark aus einer Lebensversicherung für seine Frau. Als anderthalb Jahre später der älteste Sohn Strassers bei einem ähnlichen Unfall getötet worden sein sollte und auch für diesen eine Lebensversicherung abgeschlossen worden war, wurde Anklage wegen zweifachen Mordes, Versicherungsbetruges und Brandstiftungsversuches erhoben.)

Harburg, 29. Juni 1927.

Wenn David Strasser ein Mörder ist – ein Doppelmörder, der Mörder seiner Frau und seines erstgeborenen Sohnes, so sind die Taten und sein Verhalten vor Gericht vollkommen wesenseins, nur Erklärungen aus einem vollendeten Zusammenwirken des unerhört gesteigerten Eigennutzes, einer durch nichts zu erschütternden Kaltblütigkeit und eines eisernen Nervenbestandes.

Ruhiger, nüchterner, harmloser hat kein Mörder über blutige Ereignisse gesprochen, die ihm zur Last gelegt worden sind. Niemals ist dem gleichmäßigen Fluß seiner Rede auch nur die geringste Erregung anzuhören. Noch etwa versucht dieser Mann sich interessant zu machen. Er verlangt zur Beurteilung seiner Seele weder den Irrenarzt noch den Tiefen-Psychologen. Er redet sich weder auf Erregung noch auf Haß, noch auf Liebe hinaus; er will auch in keinen faulen geschäftlichen Situationen den Kopf verloren haben, sagt einfach, er sei unschuldig. Und er läßt sich in seiner Seelenruhe nicht einmal durch das Bewußtsein stören, daß – wenn er unschuldig ist – er der einzige ist, der in diesem Saale an seine Unschuld glaubt.

Aber ist er schuldig?

In dem Anfangsstadium eines solchen Prozesses, bei dem alles auf den genau geführten Beweis ankommt, darf man über die Schuldfrage eigentlich nicht sprechen. Aber man versucht schon, in die Seele des Angeklagten einzudringen, und alle Leute stellen aneinander dieselben dilettantischen Fragen: Ist er sympathisch oder nicht – ist ihm die Tat zuzutrauen?

Nun, negativ kann man antworten: Niemals ist ein Mensch, der sich etwa in Strassers Schuhladen Stiefel gekauft hat, auf die Idee gekommen, es hier mit einem der abgefeimtesten Familienmörder zu tun gehabt zu haben. Dieser schlanke, stattliche Mann mit dem gutgewölbten Schädel ist vielleicht ein bißchen finster. Sein Lächeln – er zeigt es oft auch während der Vernehmung – ist nicht eben gewinnend. Seine kleinen Augen, sehr hell, sehr feurig, kann man auch als stechend charakterisieren. Aber macht das den Mörder glaubhaft?

Merkwürdiger erscheint David Strasser, wenn man sich seine kaufmännische Laufbahn vor Augen hält. Sie begann in einem deutschsprachigen Winkel Ungarns, wo der Vater Landwirt und Gasthausbesitzer war. Und sie endete in dem Winkel eines norddeutschen Winkels, in der eben nicht mit Reizen gesegneten Industriestadt Harburg. In einer wenig begangenen, von ein paar Rechtsanwälten bewohnten Nebenstraße. Wer ging hier schon vorüber? Und wenn schon wer vorüberging – kaufte er sich Stiefel? Es war die unmöglichste Lage für ein Geschäft – dreifach unmöglich, wenn man bedenkt, daß dieser Strasser die Welt gesehen hat, und er gleicht viel eher einem Weltmann denn einem kleinen Winkelkaufmann. Keinesfalls ist er der Erscheinung oder der Geste nach dem Ostjudentum zuzurechnen, das seine Verbrechertypen hat. Dieser Mann ist weder ein Schieber noch ein Langfinger. Er spricht ein vollkommen reines Deutsch mit leichtem österreichischen oder süddeutschen Anklang. Er ist ein Bürger. Aber zwischen dem bescheidenen Anfang und dem nicht weniger bescheidenen Ende liegt ein bewegtes Leben, so bewegt, daß er selbst seinen Lebenslauf nicht lückenlos vor Gericht erzählt hat.

Strasser hatte eine Reihe nur kurzer Stellen in verschiedenen deutschen Städten. Nur aus einer Nebenbemerkung erfährt man, daß er auch in Amerika war, daß er den Orient kennt – oder kennen will –, hat er vorläufig mit Stillschweigen übergangen.

Er interessierte sich für viele Branchen, für landwirtschaftliche Maschinen, für Baumwolle, für Konfektion, für Schuhindustrie. Am meisten für die Warenhausbetriebe. Und darin wurde er ja seßhaft, war sechs Jahre lang in Kassel und Harburg Filialleiter eines angesehenen Konzerns. Muß also irgend etwas geleistet haben. Und jedenfalls: Niemand kann ihm nachsagen, daß er irgendwo mit dem Strafgesetz auch nur in Konflikt geraten ist.

Vielleicht – man sagt ihm nach – daß er von seinen Reisen gern etwas phantastisch erzählte; seiner Schwiegermutter war er von Anfang an unsympathisch. Die Geldgeschäfte mit dem einen Schwager waren zweifellos Wechselreitereien gewöhnlichster Art. Er befand sich zur Zeit der ihm vorgeworfenen Taten in gewisser Verlegenheit. Aber mordet man seine Frau, weil eine Klage über 10 000 Mark droht? Mordet man einen Sohn, weil eine Anwaltsrechnung über 1500 Mark zu zahlen ist?

„Man“ nicht – aber vielleicht David Strasser?

Es muß noch erwiesen werden.

Im Mordhause

Die Vierzimmerwohnung des Angeklagten David Strasser ist fast unberührt, so wie er sie verlassen hat, als er ins Gefängnis abgeführt worden ist. Einige Gerichtsvollzieherstempel sind inzwischen an die Möbel geklebt. Die Betten sind gerichtet. Eß- und Wohnzimmer sind behagliche Räume eines in bescheidenem Wohlstand lebenden Kaufmanns. Viel Polster, viel Bequemlichkeit, ein Sinn für bunte, ein bißchen barbarische Farbenwirkung spricht aus dem Bezug der Möbel, der Kissen, aus den Bildern. Im Kinderzimmer hängt ein reproduzierter Pferdekopf. Strasser konnte nicht ahnen, daß der Maler des Pferdekopfes Tiermaler Sperling war, der Vater des jugendlichen Staatsanwaltes, der heute vom Schwurgericht seinen Kopf fordert. Das bunteste der Zimmer mag der orientalische Salon gewesen sein, dessen Hauptstücke Strasser schon vor dem Tode seines Sohnes versetzt hat. Noch einige Dekorationsfetzen hängen und liegen umher.

An der Wand des Wohnzimmers zwei Familienfotografien: Strasser selbst, jünger, als er jetzt ist, lebemännisch den Schnurrbart hochgezogen, ähnelt einem Zigeunerprimas. Frau Strasser: dunkel, etwas nüchtern, kein freudiges, eher ein etwas hartes Gesicht.

Die eingehendsten Erörterungen des Lokaltermins galten der Kammer, in der der junge Sohn sein Leben ließ. Sie ist mit Schränken an beiden Wänden so dicht bestellt, daß in der Mitte kaum ein Gang von einem Meter Breite bleibt. Die Kammer bildet einen Raum zwischen dem damaligen Schlafzimmer und dem orientalischen Zimmer. Die Tür zum orientalischen Zimmer war geschlossen. Der Knabe stand, als er den Schuß erhielt, ungefähr in der Mitte der Kammer, etwas näher zur geschlossenen Tür. Dicht an der Tür im Pfosten eines weißen Schränkchens befindet sich eine Kugelspur. Die Spur verläuft etwa eineinhalb Zentimeter lang von links oben schräg etwas nach rechts unten, um dann das Abgleiten der Kugel zu markieren. Die Sachverständigen sind der Überzeugung, daß der Schuß wenige Zentimeter vom Leib des Knaben entfernt abgegeben ist. Strasser muß, wenn er der Täter ist, den Schuß in der Kammer selbst abgegeben haben. Der Revolver fand sich in der offenen Außentasche einer Handledertasche der Verstorbenen. Die Tasche selbst war mit roten Bändchen zugebunden.

Kann der Schuß sich in der Tasche gelöst haben? Oder wer hat den Revolver in die Tasche zurückgesteckt? Strasser ist im Antworten ruhiger als die Gerichtspersonen, wenn sie ihn fragen. Am Ende tut man einen Blick in den Bücherschrank. Es herrscht ziemliche Unordnung. Die Knaben haben wohl ihre Schreibereien und Malereien hineingepackt. Dazwischen liegen bunt einige ungelesene Klassikerbände: Goethe, Schiller, Storm, Heine, Keller.

In der Nachmittagssitzung wurde der Bruder der Verstorbenen, der Kaufmann Alfred Lazar, vernommen. In eindringlicher Rede schildert der Zeuge das Verhältnis zu seinem Schwager. Der Zeuge hat dauernd die Familie mit Geldmitteln unterstützen müssen, teilweise durch Barbeträge, zum andern Teil durch Akzepte, die er, der Zeuge, später eingelöst hat. Der Zeuge hat seine Schwester sehr geliebt und jedes Opfer für ihren Wohlstand bringen wollen. Das Verhältnis des Angeklagten zu seiner Schwester sei durchaus gut gewesen. Niemals habe die Schwester über ihren Ehemann geklagt.

Andererseits habe er sehr ungünstige Eindrücke empfangen, als die Schwester so plötzlich verstorben war. Der Zeuge sei sofort nach Harburg gereist und habe sich von dem Angeklagten genau schildern lassen, wie denn das Unglück vor sich gegangen sein kann. Die Darstellung des Angeklagten erschien ihm von vornherein höchst zweifelhaft. Der Zeuge habe den Arzt Dr. Asbeck aufgesucht und ihn von seinen Zweifeln unterrichtet. Der Arzt habe dann auch auf des Zeugen Veranlassung an der Obduktion teilgenommen, hat aber nichts Verdächtiges melden können. Der Zeuge, der dauernd mit dem Angeklagten in Geschäftsverbindung war, hat nichts davon gewußt, daß Strasser seine Frau versichert hatte. Auch von der Auszahlung der 21 000 Mark hat der Zeuge erst viel später erfahren. Hätte er es gewußt, so hätte er dem Angeklagten nicht immer wieder Tausende von Mark zur Verfügung gestellt. Das eine Harburger Haus hätte er selbst eventuell erworben, um es seiner Schwester zu schenken. Aber an der Hamburger Angelegenheit der Jordanhäuser habe er sich nicht beteiligen wollen. Als der Angeklagte nach Worms kam, um mit den dortigen Geldleuten über den Ankauf dieser Häuser zu verhandeln, habe er einen unangenehmen Eindruck gehabt, und als die Verhandlungen in Worms sich zerschlugen, war Strasser in einer tiefen Niedergeschlagenheit.

Der Sohn belastet den Vater

Die Zeugenvernehmung führte heute nachmittag zu einem dramatischen Kulminationspunkt, der vom Publikum mit höchster Spannung erwartet wurde: Der zweite Sohn Strassers, Egon, wurde vernommen. Bevor der Kleine hereingerufen wird, erklärt der Vorsitzende, das Gericht wolle sich zur Beratung darüber zurückziehen, ob nicht, um jegliche Beeinflussung zu vermeiden, der Angeklagte während der Vernehmung seines Sohnes aus dem Saal geführt werden solle.

Als der Verteidiger einige Bedenken äußert, bemerkt der Vorsitzende, es sei ein Kassiber gefunden worden, der diese Maßregel rechtfertige.

Der Angeklagte erhebt sich sofort und sagt, er könne den Fall aufklären. Es sei allerdings in seinem Rock ein Zettel gefunden worden, der den Anfang eines Briefes an seinen Sohn bildete. Dieser Brief sei aber seinerzeit vom Untersuchungsrichter beanstandet worden, und so habe er den Zettel zufällig in der Tasche behalten. Trotzdem meint der Vorsitzende, der 14jährige Egon würde unbefangener aussagen, wenn sein Vater nicht dabei wäre. Das Gericht zieht sich dann zur Beratung zurück und beschließt, den Angeklagten während der Vernehmung des Sohnes abtreten zu lassen.

Zugleich aber bittet der Vorsitzende auch die Verwandten der Mutter, bei denen der kleine Egon in den letzten Monaten dauernd war, sich aus dem Saal zu entfernen. Nachdem der Angeklagte und die Verwandten den Saal verlassen haben, wird Egon hereingerufen. Es ist ein sehr aufgeweckter, hübscher Junge von 14 Jahren, der mit einem bescheidenen Lächeln vor die Richter tritt. Auf die Belehrung des Vorsitzenden hin erklärt der Knabe, aussagen zu wollen. Nachdem er nochmals vom Vorsitzenden dringend ermahnt ist, die Wahrheit zu sagen, legt er sein Zeugnis ab.

Von den Vorgängen zur Zeit des Todes der Mutter weiß er wenig zu berichten. Der Vater habe ihm nur damals gesagt, die Mutter sei plötzlich gestorben. Über den Tod des Bruders Kurt macht er folgende Angaben: Kurt sei sehr früh aufgestanden, er, Egon, habe noch im Bett gelegen, als er im Halbschlaf hörte, daß der Bruder aufstand. Von dem, was zwischen seinem Bruder und dem Vater gesprochen worden sei, habe er nichts gehört. Er sei erst plötzlich erwacht, als ein Schuß ertönte. Er habe sich sofort aufgerichtet und sei aus dem Bett gesprungen. Da habe er den Vater an der zu einem Viertel geöffneten Kammertür stehen sehen. Es schien ihm, als sei der Vater im Begriff, die Tür zur Kammer weiter aufzumachen, mit dem Gesicht nach der Kammer zu. Egon sagt, er sei so rasch auf den Vater zugelaufen, daß er sich mit der Stirn an dessen Ellbogen gestoßen habe. Da habe er dann unter den Armen des Vaters in die Kammer hineingesehen und dort den Bruder liegen sehen. Kurt habe gerufen: „Egon, den Doktor!" Er hat sich darauf sofort umgedreht und sich schleunigst angezogen. Noch bevor er angezogen war und wegging, habe der Vater ihm gesagt: „Du brauchst aber nichts davon zu sagen, daß ich schon in der Kammer war!"

Auf Vorhalten des Vorsitzenden gibt Egon zu, daß er sich dieser Worte seines Vaters erst später erinnert habe. Damals sei er schon bei seinen mütterlichen Verwandten gewesen. Als eine seiner jungen Cousinen, die in einen verbotenen Raum hineingegangen war, zu ihm gesagt habe: „Du brauchst aber nicht zu sagen, daß ich hier war", da habe er sich plötzlich an die Worte des Vaters erinnert und habe dem Kriminalkommissar nach Harburg geschrieben, daß er sich dieser Worte seines Vaters erinnere.

Vorsitzender: „Haben deine Verwandten, deine Onkel oder Tanten, dich veranlaßt, diesen Brief zu schreiben?"

Egon: „Nein. Ich habe es aus freien Stücken getan."

Vorsitzender: „Du hieltest dich dazu für verpflichtet?"

Egon: „Ja."

Auf weiteres Befragen sagt Egon, daß er eine sehr merkwürdige Empfindung bei dem ganzen Vorgang gehabt habe. Er habe nämlich kurz vorher geträumt, was, wisse er nicht mehr, aber das wisse er noch ganz genau: „Als ich zur Kammer hinlief und als ich mich anzog, um zum Doktor zu laufen, da war es mir, als hätte ich alles schon mal erlebt, als hätte ich das eben erst geträumt. Jedenfalls, es war mir ganz selbstverständlich, daß ich das alles tat."

Ob der Angeklagte seinen Sohn Kurt, was er später zweifellos getan hat, nun sofort aufgenommen hat, daran erinnert sich Egon nicht mehr. Er weiß nur, daß der Vater ihm, während er sich noch anzog, sagte: „Kurt ist in den Bauch geschossen." Als er dann nachmittags zusammen mit seinem Vater ins Krankenhaus ging, sagte ihm der Vater: „Die Beamten werden mir Vorwürfe machen, daß ich die Waffe so schutzlos habe herumliegen lassen."

Egon hat dann versucht, den Vater zu trösten, obgleich er innerlich dem Vorwurf recht gab. Im Krankenhaus hat er mit seinem Bruder über den Vorfall gar nicht gesprochen. Aufgefallen sei ihm, daß der Vater, als er in der Tür stand, ein verzerrtes Gesicht hatte und daß er auch am Nachmittag auf so ganz merkwürdige Art geweint habe. Er habe nicht gewußt, ob es Lachen oder Weinen war. Auf die Frage, ob er je gesehen hat, daß der Revolver in der braunen Tasche war, sagt Egon, er habe den Revolver nur an jenem Abend gesehen, als ihn der Vater gekauft hätte. An diesem Abend hätte auch Kurt den Revolver in der Hand gehabt und damit das Dienstmädchen geschreckt.

Hiermit ist die Aussage des Sohnes beendet, der nun entlassen wird.

Der Vater wird wieder in den Saal geführt. Der Vorsitzende verliest den Kassiber, den man in der Tasche des Angeklagten gefunden hat. Es ist ein Brief an seinen Sohn, in dem er ausspricht, daß die ganze Welt ihn für einen Verräter halten würde, wenn er gegen seinen Vater Belastendes aussage. Der Angeklagte erklärt abermals, daß das nur ein Teil des Briefes war, den er habe schreiben wollen, den aber der Untersuchungsrichter nicht habe passieren lassen und der nun zufällig in seiner Tasche verblieben sei.

Schicksalstag

Es ist eigentlich der Augenblick gekommen, sich dem Familientag derer um Strasser englisch zu empfehlen.

Die beteiligten Persönlichkeiten werden noch einige Tage zu tun haben. Aber man weiß die Sache in guten Händen. Ein Vorsitzender, Landgerichtsrat Bötjer, ein Mann der vornehmsten Prozeßführung, der – man darf es getrost annehmen – von der Schuld des Angeklagten überzeugt ist und der dennoch dem Angeklagten und der Verteidigung freimütig jeden Weg offen läßt, um diese Überzeugung zu erschüttern. Ein Staatsanwalt, Dr. Sperling, der sicher den Kopf fordern wird und der es sich dennoch versagt, mit der sonst üblichen Forschheit nach dem Erfolg zu geizen. Und ein Verteidiger, Dr. Alfred Klee, der sich aus Gründen der Menschlichkeit dem Schuldgedanken an so furchtbare Taten widersetzt, der jede Zweifelsmöglichkeit klug benutzt und der dennoch weit davon entfernt ist, sich mit dem Urheber solcher Taten zu identifizieren.

Die Sachverständigen werden reden, und sie werden mit Schußrichtungen, Messungen von Zeit und Raum nachzuweisen haben, daß nicht der blinde Zufall, daß verbrecherische Absicht hier gewirkt hat.

Vielleicht – wahrscheinlich werden sie recht haben und recht behalten. Und dennoch hat das Verfahren gestern eine Wendung genommen, die es über die Ebene des prozessualen Geschehens weit hinaushebt.

Ein Hauptargument der Anklage für einen soliden Indizienbeweis ist das Motiv, das den Angeklagten zur Tat getrieben haben muß. Die Tat mag noch so schrecklich sein – wir alle, um den anderen zu erkennen, forschen nach bewährtem Rezept in der eigenen Brust. Unsere Maßstäbe sind es, nach denen wir den Mörder messen. Und wir sagen: Diese Morde kann der Angeklagte nur begangen haben, um sich durch die Versicherungssumme an den Grundstücksspekulationen beteiligen zu können. Offenbar, weil wir nur morden würden, um durch Versicherungssummen Grundstücksspekulationen treiben zu können.

Gut. Soll Strasser seine Taten im Sinne dieses käuflichen Intellekts begangen haben.

Tatsache aber ist, daß diese Morde das Dümmste waren, was Strasser tun konnte. Aus zwei Gründen. Die Familie der Frau hatte ihm seit Jahr und Tag geholfen. Tausende waren von Worms nach Harburg gegangen. War Strasser, zumal in den letzten Jahren, der etwas träge Schmarotzer, als den man ihn in der Familie ansah, so wußte er auch, daß die Unterstützung ihm nur gewährt würde, solange die Frau lebte. Die Verteidigung wird fragen: Schlachtet man die berühmte Henne mit den goldenen Eiern? Diese rhetorische Frage kann niemals als ein Beweis für die Unschuld eines Angeklagten gelten, zweifellos aber für die Dummheit des Mörders. Wir – zum Beispiel – würden besagte Henne niemals schlachten.

Und dieses Maß von Dummheit stellen wir an einem Mann fest, den wir – nach seinem Auftreten vor Gericht – für intelligent zu halten geneigt sind. Nur weil er gut und fließend spricht, weil er normal auf Fragen reagiert, weil wir, wenn wir Angeklagte wären, weniger kaltblütig die Stirn bieten würden.

Wir sind eben keine Mörder. Der Magdeburger Mörder Schröder beklagte sich bitter bei seinem Geistlichen: „Wieso empfinde ich keine Reue?“ Wenigstens die Gnade eines großen schmerzlichen Gefühls wollte er empfangen: Zerknirschung. Er dachte sich in seiner primitiven Psychologie: Jeder andere wäre zerknirscht, warum ich nicht?

Jeder andere? Wann sind wir zerknirscht? Wann empfinden wir Reue? Haben wir diesen Maßstab gar nicht in uns? Wir haben ihn. Seit Freitag wissen wir, warum wir so ein schlechtes Gedächtnis für unsere (natürlich kleinen) Missetaten haben. Aber selbst für unsere guten Taten ist unser Gedächtnis nicht viel stärker. Haydn brach in Tränen aus, als er seine „Schöpfung“ hörte: „Das habe ich nicht geschrieben –“, und er wies nach oben.

Es hatte in ihm gesungen. Den persönlichen Anteil an seiner Tat hatte er vergessen.

Er war begnadet, fühlte sich in seiner Demut ohne Verdienst.

Ein anderer ist verflucht. Es singt nicht, es schießt in ihm. Und vergeblich sucht er den persönlichen Anteil an seiner Schuld.

Wenn Gott will, schießt ein Besen – sagt das Sprichwort, das nicht mal einseitig gegen Sachverständige polemisiert, die sehr wenig von Zwischenfällen und Wundern halten.

Wenn Gott will, ist Strasser ein Besen und schießt. Warum Gott das will, ist seine Sache. Er drückt sich selten deutlich aus.

Als gestern der kleine Egon Strasser vor den Richtern seines Vaters stand, als man die halbforschenden Blicke der gereiften Männer auf die blühenden Lippen des Knaben gerichtet sah, war man versucht, an ein anderes Judenknäblein zu denken, das mit leuchtender Stirn vor weisen Männern stand. In seines Vaters Haus.

Auch dieser junge Mensch war in seines Vaters Haus! Aber keine Erleuchtung und keine Gnade war diesem Kinde gegeben. Er wollte vielleicht nicht Ankläger und nicht Richter sein. Vielleicht war es ein vermaledeites Anstandsgefühl, das den Knaben trieb, den Zeugen zu spielen. Und so sagte er aus, wo ihm Erleuchtung und Gnade zugeschrien hätten, daß er schweige! Die 200 Menschen im Saal atmeten nicht, das Schicksal rauschte mit schweren Flügelschlägen.

Der Angeklagte David Strasser wurde wegen Mordes an seiner Frau und seinem Sohn zum Tode verurteilt, doch hat das Gericht einstimmig beschlossen, beim Staatsministerium die Begnadigung des Verurteilten zu beantragen.

In der Urteilsbegründung heißt es: Bei einer Verurteilung auf Grund von Indizienbeweisen müsse die Wahrscheinlichkeit so hoch sein, daß sie der Gewißheit gleichgestellt werden kann. Bei der Brandstiftung ist die Täterschaft des Angeklagten wahrscheinlich, aber nicht erwiesen; es liegt die Möglichkeit vor, daß der Brand auf andere Weise entstanden ist, deshalb erfolgt keine Verurteilung. Anders liegen die Verhältnisse bei dem Tode der Frau und des Sohnes. Hier häufte sich eine Fülle von Material. In der Beweisaufnahme, insbesondere aus den Gutachten der Sachverständigen, hat sich ergeben, daß bei Frau Strasser Selbstmord und Unglücksfall völlig ausgeschlossen sind. Die Frau kann unmöglich auf die von dem Angeklagten geschilderte Weise Hand an sich gelegt bzw. durch einen Unfall den Revolver abgedrückt haben.

Es ist auch unmöglich, daß Kurt auf die von dem Angeklagten vorgebrachte Art plötzlich zu dem Revolver gegriffen und dieser sich dann entladen hat. Die Sachverständigengutachten gehen einstimmig dahin, daß ein solcher Zufall und Unfall vollständig ausgeschlossen sind.

Das Motiv der Tat ist darin zu suchen, daß sich der Angeklagte seit langer Zeit in schwieriger Vermögenslage befand. Er hat eine Zeitlang versucht, von allen Seiten Geld zu bekommen. Als die Geldquellen vollständig versiegten, passierten die von dem Angeklagten geschilderten „Unglücksfälle".

Frau Strasser sowie der Sohn verstarben in einem Augenblick, als niemand anders im Zimmer war als Strasser. So bleibt keine andere Möglichkeit, als daß er selbst seine eigenen Angehörigen erschossen hat. Beide waren hoch versichert. Strasser hatte gehofft, durch den Tod der beiden Angehörigen die Versicherungssummen zu erlangen, um so aus den finanziellen Schwierigkeiten herauszukommen. Die Sachverständigen haben bekundet, daß der Schuß von dritter Hand abgegeben sein müsse, es war die Hand des Angeklagten.

Zweimal zum Tode – und einstimmige Befürwortung des Gnadengesuchs –, ein Vers, der sich zu den Taten Strassers, wenn er sie begangen hat, sehr schlecht reimt.

Wollte das Gericht ausdrücken, daß es aus lauter prinzipiellen Gegnern der Todesstrafe besteht, so darf man sagen: Danach ist das Gericht nicht gefragt.

Es ist gefragt, ob Strasser schuldig ist, Frau und Sohn ermordet zu haben; es hat beide Male mit „Ja“ geantwortet. Es hat die Absicht und Überlegung bejaht. Wollte es mit seinem Gnadengesuch die mildernden Umstände in das Urteil hineinpraktizieren, die das geltende Gesetz beim Mord nicht kennt? Es gibt Fälle, in denen es angebracht ist. Und wenn das Ministerium in diesem Falle aus allgemeinen und besonderen Gründen Gnade üben will, ihm sei gewiß nicht hindernd in den Arm gefallen. Andererseits muß man sagen: Hat ein Mann mit kaltem Herzen aus Gewinnsucht Frau und Sohn getötet und war dieser Mann geistig gesund und ohne allzu fühlbare innere und äußere Not, so ist der Anlaß zur Begnadigung kaum gegeben. Oder aber – will das Gericht zum Ausdruck bringen, daß der Indizienbeweis nicht bis auf das letzte Glied geschlossen ist, daß dennoch eine Lücke, eine entfernte Möglichkeit für die Unschuld des Angeklagten bleibt? Will es sagen: Wir halten ihn zwar für schuldig, aber man kann doch nicht genau wissen! Dann hätte es eben die Schuldfrage verneinen müssen.

Gewiß stand das Gericht vor einer sehr schweren Aufgabe. Ich gestehe es zu, daß ich – soweit ich der Verhandlung gefolgt bin – den Angeklagten für schuldig halte. Die Sachverständigen mögen ein übriges getan haben. Andererseits ist aber die Aussage des getöteten Knaben nicht aus der Welt zu schaffen, der zweimal gesagt hat, daß ihm die Waffe heruntergefallen sei, und der niemals die Möglichkeit angedeutet hat, sein Vater habe ihn erschossen. Unter solchen Umständen ist auch bei persönlichem Glauben an die Schuld eines Angeklagten schwer ein Urteil zu fällen.

Aber man salviert nicht sein Gewissen, indem man durch einen Nachsatz zum Todesurteil den Versuch macht, die irreparable Ausführung des Spruches zu verhindern.

DER FALL HEYDEBRAND

(Nachdem nachts in der Wohnung des Regierungsrats von Heydebrand und der Lasa in Kiegnitz bei Breslau ein Schuß gefallen war, wurde seine Frau mit durchschossener Schläfe tot im Bett gefunden. In der Annahme, es habe sich um Selbstmord gehandelt, wurde Frau von Heydebrand auf ihrem Rittergut Gleinig beigesetzt. Dann geriet Herr von Heydebrand unter Mordverdacht.)

Breslau, 2. November 1927.

Merkwürdig, als das letzte Mal ein Sensationsprozeß nach Breslau rief, stand ein Amtsgerichtsrat unter der Anklage, seine Geliebte ermordet zu haben. Diesmal ist es ein Regierungsrat und dazu ein Angehöriger des schlesischen Adels, Ernst von Heydebrand und der Lasa. Breslauer Kapitalverbrechen haben nicht die Gewohnheit, sich aufklären zu lassen, und so wird man auch in diesem Falle mit der Möglichkeit eines Freispruches rechnen müssen. Man ist auf diese Möglichkeit vorbereitet durch die Tatsache, daß der Angeklagte in den zwölf Monaten, die seit dem Tode seiner Frau vergangen sind, keine Stunde in Untersuchungshaft hat zubringen müssen. Die Anklagebehörde war sich nie recht sicher, und dennoch ist es kein Zweifel, daß der Angeklagte mit in erster Linie von dem Umstand begünstigt war, daß ihm, dem adligen Regierungsrat, die Tat niemand zutraute. Ein Geringerer als er hätte bei weniger dringendem Verdacht sicher die Gefängnismauern schon deshalb von innen gesehen, weil man unter allen Umständen bei einem so schweren Vorwurf befürchten mußte, daß Verständigungen zwischen dem Angeklagten und einzelnen Zeugen in der Zeit der Untersuchung hätten stattfinden können. Tatsächlich brachte schon der erste Tag das Beispiel einer Zeugin, die sich früherer Aussagen nicht mehr erinnerte, obgleich ihre auch privat gemachten Bemerkungen von anderen Zeugen glaubhaft bestätigt werden.

Herr von Heydebrand und der Lasa ist ein schlank gewachsener, dunkelblonder, noch jugendlich aussehender Mann von 40 Jahren, der sich von anderen Herren seines Standes in erster Linie dadurch auszeichnet, daß er recht schlecht angezogen ist. Seine Verhältnisse sind ja auch keineswegs rosige. Er bezieht aus seinem Amt, von dem er momentan suspendiert ist, ein Gehalt von 600 Mark, von denen er fast die Hälfte seiner ersten, von ihm geschiedenen Frau abgeben muß. Aber immerhin: Dieser blaue Sakko-Anzug ist kaum noch korrekt zu nennen, und, wenn man das zugunsten des Angeklagten deuten will, so wird man von ihm sagen, er sei nicht kokett. Das schmale, bleiche Gesicht mit der fleischigen, vorspringenden Nase, dem kleinen, blonden Schnurrbärtchen strömt keine Sympathie aus. Man wüßte von diesem Gesicht überhaupt sehr wenig zu sagen, wäre nicht der Mund da, ein sonderbar bitterer und energischer Mund.

Die Sprache dieses Mannes aber ist leise. Er bleibt minutenlang im Saal unverständlich, und es finden sich in seiner Rede Anzeichen dafür, daß wir es mit keinem sehr strammen, sehr zielbewußten Herrn von der Regierung zu tun haben, sondern mit dem etwas schwächlichen Sprößling einer alten Adelsfamilie, der auch Neigung zu Literatur und Musik hat, sich in der Hauptsache aber nach dem Landleben, nach gesicherten Verhältnissen sehnte. Warum er sich von der ersten Frau hat scheiden lassen, wird nicht recht deutlich. Die Zwistigkeiten mit der zweiten Frau bilden den Gegenstand dieses Prozesses.

Bluttaten in den höheren sozialen Schichten pflegen psychologisches Interesse auszulösen. Dieser Fall liegt vielleicht anders. Er ist in erster Linie kriminalistisch interessant, und man verfolgt mit Spannung, wie und ob es dem Staatsanwalt gelingen kann, die Schuldbeweise gegen den Angeklagten zu verdichten. Bei den psychologischen Details wird man auf Vermutungen angewiesen sein, auf die Aussagen von Zeugen, die allgemein Eindrücke wiedergeben.

Ein Urteil ist selbstverständlich nur aus dem Befund und gewissen Tatnebenumständen zu schöpfen. Der Schießsachverständige und die Ärzte werden sagen müssen, wie weit die Waffe bei der Abgabe des Schusses von der Schläfe entfernt war, in welcher Richtung diese Waffe gehalten wurde, und sie werden hauptsächlich sagen müssen, ob es möglich ist, daß die Waffe in der Hand der Erschossenen verblieb, bis zu welchem Grad es wahrscheinlicher ist, daß bei einem Selbstmord die Waffe der Hand entglitten sein mußte. Die Leiche wurde nackt aufgefunden. Es wird zu untersuchen sein, ob Herr von Heydebrand wirklich die Gewohnheit hatte, nackt zu schlafen, und ob seine Frau diese Gewohnheit angenommen hatte.

Auch sonst gibt es einige minuziöse Merkmale des Befundes, die von Wichtigkeit sein oder werden können. Aber es ist nicht viel. Der einzige Mensch, der in der Nähe war, schränkt heute frühere Aussagen ein: Die Wirtschafterin, Frau Anders, ist eine sehr trübselige Person in Witwenkleidung. Sie hat nach der Tat den Angeklagten brieflich um Unterstützung und Wiederanstellung gebeten. Einen richtigen Schuß will sie nicht gehört haben. Früher hat sie sich gewundert, daß der Angeklagte nach dem ersten Geräusch so rasch angezogen war. Heute erinnerte sie sich nicht – ja, sie weiß nicht mehr, daß sie zu einem anderen Zeugen gesagt hätte: „Ich werde Herrn von Heydebrand schreiben, er soll sein Gewissen entlasten."

Welche Umstände lagen aber überhaupt vor, um einen Mord oder einen Selbstmord zu motivieren? Für den Selbstmord ergeben sich bis jetzt außerordentlich wenig Anhaltspunkte. Frau von Heydebrand war nach der Schilderung des Angeklagten selbst eine überaus lebhafte, intelligente, tüchtige, ja bedeutende Persönlichkeit, freilich von äußerst sprunghaftem Gemütsleben. Gewitter und Sonnenschein sollen fortwährend gewechselt haben, und diese hysterische Veranlagung werden wohl noch andere Zeugen beleuchten. Aber der Tag, der mit dem Schuß endete, war eigentlich nach langen Zerwürfnissen der erste freundlichere gewesen. Die Frau hatte sich zu einer Versöhnung bequemt. Sie hatte eingewilligt, es noch einmal mit dem Mann zu versuchen (unter der Voraussetzung, daß zunächst nicht von Geldsachen gesprochen werden sollte), und sie hatte mit ihrem Gatten das Schlafgemach geteilt. Welchen Grund konnte die Frau haben, mitten in der Nacht über den schlafenden Mann nach dem Nachttisch zu greifen, den Revolver zu nehmen, sich selber zu erschießen? Darauf gibt es keine Antwort.

Anders liegt es mit dem Angeklagten. Hier lassen sich unschwer Gründe finden, die eine Tat motivieren: Das eheliche Verhältnis war ganz schlecht, so schlecht, daß die Frau einerseits den Versuch gemacht hatte, die dem Mann durch Ehevertrag versprochene Rente von 12 000 Mark zu streichen, andererseits hatte sie bereits ein Testament gemacht, in dem sie einen Neffen ihres verstorbenen ersten Mannes zum Erben einsetzte und ihrem Mann sogar den Pflichtteil entzog.

Eine Hauptfrage ist, ob der Mann das Testament kannte oder überhaupt von seiner Existenz etwas wußte. In beiden Fällen ergeben sich Schuldmotive. Wußte er nichts von dem Testament, so konnte es seine Absicht sein, die Frau zu töten, bevor sie ein ungünstiges Testament aufsetzte; kannte er aber das Testament, so war seine Lage nur noch verzweifelter: Er hatte zu befürchten, daß der Frau es doch gelänge, die Streichung der Rente durchzusetzen. Er behauptet, das Testament nicht gekannt zu haben, und er verficht in zwei Privatklagen seine Ansprüche auf Pflichtteil und Rente an den Nachlaß. Jedenfalls muß man ihm das Zeugnis ausstellen, daß er, auch wenn er unschuldig ist, den materiellen Rechten, die ihm vielleicht zustehen, eine gewisse nervenstarke Anhänglichkeit bewahrt hat.

MENSCH UND HUND

Bei der Urteilsverkündung sagte der Schwurgerichtspräsident: Es ist in dieser Periode der dritte oder vierte Fall, daß ein Empfänger von Arbeitslosenunterstützung sein Geld bis auf den letzten Pfennig vertrunken hat, um dann halb im Rausch ein Roheitsdelikt zu begehen, das einen anderen Menschen das Leben kostete.

Wie in den anderen Fällen, so ist auch dieser Täter sonst als ein ruhiger und anständiger Mensch erkannt worden, dem mildernde Umstände nicht abzusprechen waren. Aber die Folgen der Tat sind zu schwer, um es bei einer allzu milden Strafe lassen zu können: zwei Jahre Gefängnis unter Anrechnung von acht Monaten Untersuchungshaft. Ablehnung von Bewährungsfrist und Haftentlassung.

Ein Schwurgericht, das in einer Periode vier ähnliche Fälle zu beurteilen hat, wird begreiflicherweise sich schwer entschließen können, ein Delikt, das den Tod eines Menschen hervorgerufen hat, leichtzunehmen. Man wird sich vielleicht damit abfinden müssen, daß ein Angeklagter auch da büßen muß, wo sein persönlicher Fall es immerhin dem Verteidiger ermöglichte, Freisprechung zu beantragen:

Der Angeklagte, ein junger Mensch von 21 Jahren, hatte reichlich getrunken, befand sich mit nicht mehr sicheren Beinen auf dem Heimweg, als er von einem Hunde angefallen wurde. Der Hund sprang an ihm empor – der Angeklagte will sogar das Gefühl gehabt haben, der Hund sei auf ihn gehetzt worden, worüber er sich wahrscheinlich täuschte. Er zog rasch das Messer, drehte sich um, sah ein älteres Ehepaar als Besitzer des Hundes, beschimpfte die Frau. Der Mann, ein halb gelähmter Taubstummer, trat zum Schutze vor seine Frau, erhob die Hundepeitsche gegen den Angeklagten, der nun zustach und den alten Mann am Oberarm so schwer verletzte, daß der Tod durch Verbluten erfolgte. Sicher mit Recht nahmen Sachverständige und Richter an, daß der Angeklagte nicht in einem die Besinnung ausschließenden Rauschzustand war. Aber in welchem Zustande war er wirklich? Und das ist der Punkt, über den eine noch so milde Urteilsfällung niemals Aufschluß geben wird oder kann – auch wenn man in einem solchen Falle versteht, daß das Gericht aus Gründen allgemeiner Art zu einer Verurteilung sich verpflichtet fühlt.

Wie nämlich dem jungen Mann zumute war, als er, vom Alkohol reichlich verwirrt, plötzlich von dem Hunde angesprungen wurde, ist ebensowenig zu ermitteln wie die seelischen Vorgänge, die den Hund antrieben, den jungen Mann anzufallen. Ohne diesen Ansprung des Hundes wäre die ganze Katastrophe, die einen Menschen das Leben und einen anderen zwei Jahre Gefängnis kostete, ungeschehen geblieben. Die tiefste Ursache also liegt in der Seele des Hundes. Der Staatsanwalt sagte zwar in seinem Plädoyer, der Hund habe es nicht bös gemeint, und wenn man von einem schäkernden Hunde ein bißchen angesprungen wird, wehre man den Hund ab und gehe still seines Weges.

Angenommen, der Staatsanwalt habe die Psyche des Hundes richtig erkannt, so hat er vielleicht doch den Unterschied der Wirkung übersehen, die ein wohlmeinend schäkernder Hund einmal auf einen nüchternen Staatsanwalt und ein anderes Mal auf einen betrunkenen Arbeitslosen ausübt. Schon das Verhältnis dieses Angeklagten zum Alkohol ist ein besonderes. Es handelt sich nicht etwa um einen Gewohnheitstrinker. Es steht fest, daß der junge Mann am Tage zuvor richtig Hunger litt und sich von seiner Schwester zehn Pfennige lieh, um sich ein paar Schrippen zu kaufen. Es ist wahrscheinlich, daß sein Körper und sein Gehirn durch Entbehrungen geschwächt waren, daß seine Willenskraft gelähmt war und er infolgedessen besonders der Wirkung des Alkohols ausgesetzt war. Wer will wissen, was in dem Gehirn eines solchen Menschen vor sich geht, der plötzlich durch einen wohlmeinenden Hund in Schrekken versetzt wird, der glaubt, sich verteidigen zu müssen, der vielleicht das Messer zunächst gegen den Hund zieht, um es dann auf den Besitzer des Hundes niederfallen zu lassen? Kann ein solcher Mensch noch ermessen, was dieser Hundebesitzer will, wenn er die mit der Peitsche bewehrte Hand erhebt ... sich verteidigen oder angreifen?

Für die Unerklärlichkeit menschlicher Gehirnvorgänge aber spricht die Vorgeschichte des Prozesses. Die Angelegenheit ist nämlich vor einem halben Jahr bereits vom Schöffengericht verhandelt worden. Auch damals hatte – wie gestern – der Staatsanwalt selbst auf mildernde Umstände plädiert. Das Schöffengericht aber hatte die mildernden Umstände versagt und den Angeklagten zu drei Jahren Zuchthaus verurteilt. Hiergegen wurde Berufung eingelegt, und die Strafkammer erkannte plötzlich, daß das Schöffengericht für Körperverletzungen mit Todesfolge gar nicht zuständig sei: sondern das Schwurgericht.

Und nun denke man: Dem Schöffengericht sitzt ein sehr ernster, sehr gewissenhafter Jurist vor; an Juristen sind ferner anwesend ein Staatsanwalt und ein Verteidiger, und diese drei Juristen mit zum Teil widerstreitenden Interessen bemerken trotz ihrer Bildung, ihrer fachlichen Kenntnisse und der geruhsamen Zeit, die ihnen zur Überlegung zur Verfügung steht, nicht, daß das Schöffengericht überhaupt gar nicht zuständig ist. Der Richter fällt sicherlich nach bestem Ermessen und sicherlich falsch ein sehr hartes Urteil, das nunmehr durch das Schwurgericht glücklicherweise erheblich gemildert ist.

Aber ein halb betrunkener junger Mensch, unbeschwert von Wissen, geschwächt durch Entbehrungen und Alkohol, soll sich in einem Bruchteil einer Sekunde darüber entscheiden, ob ein ihn anfallender Hund es gut oder böse meint, ob eine mit der Peitsche bewehrte Hand schützen, drohen oder angreifen will, ob das Messer, das er zur Abwehr spontan gezückt hat, diesen oder jenen Weg nehmen wird!

Die Tat des jungen Menschen wird gesühnt, gut. Der Irrtum eines Gerichts ist nichts weiter als ein kleiner Betriebsunfall, von dem niemals die Rede sein wird.

Das sind so die Unterschiede.

MORDPROZESS KRANTZ

(In einer Juninacht des Jahres 1927 erschoß der 19jährige Berliner Gymnasiast Günther Scheller seinen gleichaltrigen Freund, den Kochlehrling Hans Stephan, der mit Schellers Schwester Hilde zusammengewesen war. Danach tötete er sich mit zwei Schüssen selbst. Die Tatwaffe gehörte dem Gymnasiasten Paul Krantz, der sich zum gleichen Zeitpunkt in der Wohnung aufhielt und mit dem das 16jährige Mädchen ebenfalls ein Verhältnis hatte. Krantz wurde der Mittäterschaft angeklagt, wodurch ihm die Todesstrafe drohte.

Der Prozeß wurde dann vor allem dadurch zu einem international Aufsehen erregenden Skandal, weil der Landesgerichtsdirektor und stellvertretende Landesgerichtspräsident Dust Hilde Scheller und ihre Freundin Ellinor Ratti rücksichtslos und aufdringlich nach den Stadien ihres „sexuellen Erwachens" befragte, ohne die Öffentlichkeit auszuschließen. Dust mußte in der Folge seinen Vorsitz im Schwurgericht aufgeben. Der Angeklagte Paul Krantz, 1909–1983, wurde später unter dem Pseudonym Ernst Erich Noth zu einem angesehenen Literaturwissenschaftler und Autor. Die sogenannte „Steglitzer Schülertragödie" war zudem mehrfach Vorlage für Verfilmungen, erstmals 1929 und zuletzt 2004 unter dem Titel „Was nützt die Liebe in Gedanken".)

Primaner Krantz

Dieser 18jährige Jüngling, angeklagt, der intellektuelle Urheber des Mordes zu sein, ist tatsächlich in irgendeinem Sinne eine intellektuelle Persönlichkeit. Damit soll nicht ein Grad seiner Fähigkeiten angedeutet sein, denn die lebhafte Phantasie, die dem zweifellos Begabten eigen ist, spielt auf dem Grunde primitiver Anschauungen kleiner Verhältnisse – auf dem Grunde eines halbgeistigen Lebens. Krantz ist Genosse einer bestimmten und sehr breiten Schicht von Jugend, die uns Älteren vielfach Sorge macht. Das Milieu von Wedekinds „Frühlings Erwachen“ wird in mehr als einer Beziehung bestätigt. Die Probleme sind also nicht neu. Die Schüsse, die zwei junge Menschenleben beendeten, erhellen den Tatbestand, den wir seit zwei Generationen als bekannt voraussetzen dürfen.

Neu und manchem erschreckend wird die Selbstüberlassenheit dieser Jugend erscheinen. Noch läßt sich nicht ersehen, wieweit etwa hier von einer Pflichtvergessenheit der Eltern, von einer mangelnden Fürsorge oder nur von einem Blindsein für das gefährliche Treiben gesprochen werden kann. Der junge Krantz ist jedenfalls von seinen Eltern früh freigelassen worden, und als er zu der Familie Scheller ins Wochenendhaus zog, hatte er keine Einengung seiner Freiheit zu befürchten: die Mutter verreist, der Vater in Geschäften vielfach abwesend.

Vielleicht wäre es auch schwer gewesen, den jungen Krantz zu Hause zu behalten. In der Schule hatte er sich zunächst als ein ausgezeichneter Schüler erwiesen, der wegen seiner Begabung als Freischüler in der höheren Lehranstalt gewesen war. Als ein begabter Schüler steht er vor einem Richter. Blond, wohlfrisiert, was man so sagt, ein hübscher Junge. Auffällig das gut emporgewölbte Hinterhaupt, die angewachsenen Ohrläppchen. Er spricht frei und fließend, und er zeigt Geistesgegenwart. Nie ist er um einen Ausdruck verlegen. Man könnte ihm keine Spur von Schnoddrigkeit nachsagen. Artig und respektvoll verhält er sich in dem Zwiegespräch mit dem Vorsitzenden.

Das sexuelle Leben ist zweifellos sehr früh erwacht und wird sehr früh Zentrum aller Gedanken. Zwei erste Liebschaften bleiben halb und halb platonisch. Die dritte mit der blutjungen Hilde Scheller führt zum natürlichen Ziel. Noch bevor dies erreicht war, ist der junge Sinn umdüstert von einer ungehemmten Leidenschaft der Eifersucht. Er hat ein Tagebuch geführt, das zunächst fließend, dann auch ziemlich trivial über den ersten heimlichen Ausflug nach Passau und München berichtet. Der junge Mensch sperrt die Augen auf, beachtet die Reisegefährten recht kritisch, notiert auch seine Ansichten über die süddeutschen Volksgenossen, die er zum ersten

Mal kennenlernt. Es geht irgendwie ins Geistige. Er fixiert seine Anschauungen über die katholische Kirche, der er sich feindlich gegenüberstellen zu müssen glaubt. Zugleich regen sich Neigungen zum Dichten. Zunächst recht banaler Art, aber wohl gutgemeint. Es treibt ihn, seinen Jugendüberschwang zu dokumentieren, das Recht der Jugend festzustellen. Aber überhaupt: Der ganze Freundeskreis ergeht sich in dichterischen Versuchen. Man stellt sich Aufgaben. Während man beim Glase Bier sitzt, werden die Gedichte rasch niedergeworfen. Ja, man versucht, den modernen Richtungen nachzueifern. Es fallen Schlagworte: „Neue Sachlichkeit". Immer wird angestrebt, den geistigen Niederschlag des eben Gefühlten festzulegen. Das Gefühlte aber ist die Liebe, die Eifersucht, und Gegenstand der Liebe ist Hilde Scheller. Sie selbst wird als der aggressivere Teil geschildert, und Zeugnis davon legt ein Gedicht ab, das sie dem jungen Krantz ins Album geschrieben hat:

Ich fürcht', du bist darin noch ziemlich unerfahren;
Beeile dich, du hast schon viel versäumt.
Was nützt die Liebe in Gedanken,
Ein Mädel wird sich schön bedanken,
Wenn deine Liebesglut nur aus Gedichten spricht.
Doch dies ist ja kein Grund, sich zu erschießen;
Es würde wohl dann manche andre Träne fließen.
Das lohnt sich sicherlich in Deutschland nicht.

Die wichtigste Seite seiner „kritischen Stilübungen", nur als solche will er sie aufgefaßt wissen, ist sein Gedicht „Mord", das ein halbes Jahr vor der Tat entstanden ist.

Auf dem Boden liegt die Leiche meines Freundes Robert Krause.
Aus der Wunde sickert langsam rotes Blut zur grauen Erde.
Neben ihm sitzt starren Blickes der, der ihn gemordet hat.
Es verglimmt die Zigarette zitternd in der Mörderhand.
Blutbeschmiert liegt neben ihm der Dolch, der den getroffen,
Der ihm seine Liebste stahl, den die Rache jetzt erreichte.
Und mit mattem Flügelschlage schwingt sich krächzend
Fort die Krähe, einzige Zeugin dieser Tat.
Rot fließt Blut zur grauen Erde. Es verglimmt die Zigarette.

Wiederum wird der Schatten Wedekinds heraufbeschworen. Unwillkürlich denkt man an sein Gedicht „Der Tantenmörder", das auch ihm in den Augen eines Staatsanwaltes hätte gefährlich werden können, wenn er jemals anders als auf der Bühne hätte den Revolver losgehen lassen. Aber die Welt Wedekinds war die Dichtung, und die Welt des jungen Krantz war ein unerhörtes Drängen nach Tat, das nur nebenhin von Versen aller Art begleitet war.

Seinem Charakter nach ist er ein Junge, der bei jeder Schwierigkeit, die ihm begegnet, ins Leichtere flieht. Er schwankt ständig zwischen einer liebenswürdigen Heiterkeit, die ihm ja auch eine gewisse Stellung bei den Mädchen verschaffte, und zwischen einer großen Traurigkeit. Für sein Verhalten fehlen alle Motive. Was er tat, das beging er nicht aus Wut, sondern aus Traurigkeit. Er ist kein aktiv reagierender Mensch. Ich traue mir nicht zu, ein wissenschaftliches Gutachten darüber abzugeben, ob er im Sinne des § 51 zur Zeit der Tat zurechnungsfähig gewesen ist.[3] Ich möchte aber bemerken, daß, wie hier schon ganz richtig gesagt wurde, es sich um einen Selbstmord zu vieren handelt. Dieser Selbstmord ist durchgeführt worden von Günther Scheller, der fraglos schwere pathologische Zeichen aufgewiesen haben muß. Er ist nicht durchgeführt worden von Krantz, und das ist nach seiner Charakterveranlagung ganz selbstverständlich. Krantz hat meiner Meinung nach auch niemals einen ernsthaften bewußten Vorsatz zu der Tat gefaßt, er wollte fliehen ins Leichtere, in diesem Falle ins Nichts, das ja auch eine magische Gewalt ausüben kann. Und so ist es bezeichnend, daß er beim grauenden Morgen äußerte: „Es ist ja alles großer Quatsch." Er hatte halb gelebt und halb geträumt.

Wie sag ich's meinem Präsidenten?

Vier Stunden Vorlesung über weibliche Psychologie. Gehalten von Hilde Scheller, 16 Jahre alt. Wir Männer wollen uns zugestehen: Wir haben alle ein bißchen gelernt. Immer wieder hat man aus den verschiedensten Gründen heraus Hilde zu fragen gesucht, warum sie einmal den einen, warum sie dann den anderen bevorzugte, warum

3 *(Im Strafgesetzbuch regelte bis in die 1960er Jahre hinein der § 51 die Strafunmündigkeit bei psychischen Störungen.)*

sie keine Rücksicht auf Paul nahm, den sie doch noch gestern geküßt hatte, als sie mit Stephan ins Schlafzimmer sich zurückzog. Sie hat darauf nur die eine Antwort, die man fettgedruckt in allen Lehrbüchern der weiblichen Psyche aufnehmen sollte: Ich hatte Hans plötzlich so gern, daß mir alles egal war.

Ach, und das ist ja just die Antwort, mit der alle Leute, die ein geordnetes Staats- und Sittenleben sich wünschen, so verflucht wenig anfangen können. Ja, von den Lippen Hilde Schellers klingt sie noch eigentümlicher als in Carmens Lied: „Liebst du mich nicht, bin ich entflammt." Denn dieses Liebeswesen Hilde Scheller, das mit 16 Jahren doch schon so einiges durchgemacht hat, entspricht gar so wenig den Vorstellungen derer, die zum mindesten das von einem solchen jungen Mädchen verlangen, daß es den Eindruck einer Verlorenen oder Verworfenen macht. Recht jungfräulich, zart und frisch steht sie da mit allen farbigen Kontrasten, die ihr die Natur mitgegeben: ein dunkelbrauner, glatthaariger Bubikopf, unter schwarzen Brauen und Wimpern zwei dunkelblaue Augen, die zarten Wangen in dem feinen und klug geschnittenen Gesicht frisch gerötet, die Stimme sanft, silbern hell. Aber eindrucksvoller noch als die anmutige Erscheinung die Klarheit ihres Denkens, die Sicherheit und Ruhe, mit der sie ihre gefährdete Situation verteidigt.

Alle Versuche, Einzelheiten ihrer Darstellung in Zweifel zu ziehen, scheitern an der selbstverständlichen Klarheit ihres Gedankens. Wenn es sich darum handelt, wie viel Schüsse sie gehört habe, so sagt sie nicht, es waren zwei, sondern: „Damals erinnerte ich mich, zwei gehört zu haben. Nach dem zweiten ging ich ins Schlafzimmer." Und als man ihr vorhält: „Es waren aber doch drei", da antwortet sie: „Ich habe eben nur zwei wahrgenommen." Und wieder hält man ihr vor, daß es doch drei waren, und sie erwidert: „Dann muß eben der eine gefallen sein, ohne daß ich ihn hörte. Wäre der dritte Schuß später gefallen, so hätte ich doch sehen müssen, wie geschossen wurde."

Die Nachmittagsverhandlung war zum großen Teil erfüllt von einem Kampf des Verteidigers mit dem Vorsitzenden um die Seele der Zeugin Hildegard Scheller. Rechtsanwalt Dr. Frey brachte alle erdenklichen Mittel zur Geltung, um die Vorvereidigung dieser Zeugin zu verhindern. Er hatte dabei pflichtgemäß in erster Linie die Interessen seines Mandanten im Auge. Es ist immer ein gutes

Stück legitimer Verteidigertaktik, die Aussagen einer Hauptbelastungszeugin dadurch abzuschwächen, daß man ihren Eid verhindert oder aber auf mögliche Fehlerquellen der Aussage wirkungsvoll hinweist. Daneben aber war er sichtlich auch von allgemein menschlichen Erwägungen getragen, wenn er alles versuchte, um dieses junge Menschenkind auch nur vor der Möglichkeit eines Falscheides zu bewahren.

Die Eidesfragen sind in den letzten Monaten zumal im Rechtsausschuß des Reichstages so häufig Gegenstand ernsthaftester Erörterungen gewesen, daß man glauben möchte, ein Richter würde jede Gelegenheit willkommen heißen, die sich ihm bietet, eine allzu beteiligte Zeugin unbeeidigt zu lassen oder – was formal durchaus möglich gewesen wäre – erst nach Abschluß ihrer Vernehmung zu vereidigen.

Merkwürdig, daß Herr Landgerichtsdirektor Dust nicht schon selbst nach einer solchen Gelegenheit Ausschau gehalten hat, noch merkwürdiger, daß er seinen Sinn allen beredten Ausführungen des Verteidigers verschloß. Dr. Frey stützte sich in erster Linie auf den § 139 des StGB, indem er ausführte, daß die Möglichkeit einer strafrechtlichen Mitverantwortung Hildes an der Ermordung Stephans bestünde. Merkwürdig auch die Entgegnung des Ersten Staatsanwalts: der § 139 käme ja nur bei Mord in Anwendung, und man wisse doch nicht, ob nicht vielleicht Totschlag vorliege! Und das sagt der Vertreter der Behörde, die doch ihre Anklage auf den Tatbestand des Mordes gestützt hat!

In zweiter Linie zog der Verteidiger die Verstandesreife der Zeugin in Frage, er bezweifelte, daß die seit einem halben Jahr 16jährige Hilde von der Bedeutung und Verantwortlichkeit des Eides einen vollkommenen Begriff habe, und er stellte sogar den Antrag, Sachverständige den Grad der Verstandesreife untersuchen zu lassen. Bis hierhin hatte Hilde Scheller noch nicht den Mund aufgetan, sie hatte nur ihre zierlich dunkle Anmut dem Gerichte präsentiert. Es genügte, um den Ersten Staatsanwalt erklären zu lassen, das Auftreten Hilde Schellers habe durchaus den Eindruck der Verstandesreife erweckt.

Kurz und gut: Hilde Scheller wurde vorvereidigt. Man muß ihr nachsagen, daß sie den Eid mit heller, zarter Stimme und mit hübscher Betonung sprach.

Aber wenige Minuten später sah man ein, wie recht der Verteidiger hatte, sich der Vereidigung dieser Zeugin zu widersetzen. Man stelle sich vor, daß diese Zeugin unter Umständen das Recht auf Verweigerung der Aussage gehabt hätte, wenn Krantz ein verheirateter Mann gewesen wäre. Und nun sollte diese 16jährige über die Intimitäten ihres jungen Lebens aussagen! Und das – wie Herr Dust verlangte – auch noch in Worten, die zwar dezent sind, aber doch keinen Zweifel an dem lassen, was gemeint ist!

Man verlange über solche Punkte die lautere Wahrheit von einem reifen Menschen im Zwiegespräch von Mann zu Mann, und man wird sehr selten die reine Wahrheit zu hören bekommen. Hier aber wurde von einer 16jährigen verlangt, sich vor einem Auditorium von 400 Personen in freier Rede zu äußern! Wir sind heute alle nicht mehr prüde, wir sind gewiß keine Freunde mehr vom Ausschluß der Öffentlichkeit. Aber hier gab es in Wahrheit kein anderes Mittel, ein junges Mädchen nicht nur schonend zu behandeln, sondern auch das von ihr herauszubekommen, was man nun mal wissen wollte. Und alles das, trotzdem es für den Ausgang des Prozesses von sehr geringer Bedeutung ist, bis zu welchem Grade die Beziehungen der beiden Menschen etwa den Grad erreicht hätten, der bei Ehescheidungsprozessen von Juristen als der entscheidende angesehen wird. Aber von ungeheurer Bedeutung ist die Beantwortung einer solchen Frage für ein 16jähriges junges Mädchen, von dem man doch gerne annehmen soll, daß es nicht zu den Verlorenen zu rechnen ist, sondern daß es sich nach dem Abklingen dieses gräßlichen Geschehnisses zu einem nützlichen Mitglied der Gesellschaft entwickeln soll!

Und da stand nun dieses arme Ding und druckste stockend und zagend über die Frage: „Wie sag' ich's meinem Präsidenten?"

Sie sagte es nicht. Sie gab nur unbedeutende Intimitäten zu, wo Paul Krantz die vollkommene Vereinigung behauptet hatte, und es war wohl der Gipfel der Unmöglichkeit, als man von ihr verlangte, in voller Öffentlichkeit und unter ihrem Eide zu sagen, ob sie oder ob Krantz der aggressivere Teil gewesen.

Man ist im Gerichtssaal gewiß schon heikleren und auch scheußlicheren Dingen gefolgt, ohne mit der Wimper zu zucken, aber man muß sagen: in diesem Falle empfand mancher reife Mensch eine Übelkeit, von der er nicht wußte, ob sie aus dem Magen oder aus dem Herzen kommt. Gerade weil man Herrn Dust als einen wohlmeinenden Menschen kennt, mußte auch dieses ihm gesagt werden.

Um Hilde Schellers Seele

Rein kriminalistisch und prozessual kommt es auf folgendes an: Hilde behauptet, von Krantz in dem Augenblick, wo Günther in das Schlafzimmer gehen wollte, mit beiden Händen festgehalten worden zu sein, wobei Krantz sagte: „Bleib einen Augenblick hier." Hilde riß sich los, suchte in das Schlafzimmer nachzudringen, wurde aber durch das Zudrücken der Tür daran verhindert. Sie glaubt, daß die Tür von innen verschlossen wurde. Wer von den beiden die Tür zugemacht hat, weiß sie nicht. Sie hat durch die geriffelte Glasscheibe der Tür einen Augenblick Schatten zweier Gestalten gesehen; welche Gestalt der Tür etwa näher gestanden hat, weiß sie nicht.

Das ist das positive Material, aus dem geschlossen werden soll, wieweit Paul Krantz an der Erschießung Stephans mit Willen, Absicht und Überlegung beteiligt gewesen sein soll. Im übrigen hat man noch einige Beweisstücke wie die hinterlassenen Briefe, man hat vor allen Dingen die Aussage des Krantz selbst, der eine moralische Mitverantwortung nicht in Abrede stellt und sogar heute die Möglichkeit zugibt, daß er zu Hilde gesagt hat: „Bleib einen Augenblick hier."

Ob dieses Beweismaterial dazu ausreicht, eine Mitschuld Krantz' nach der tätlichen Seite wie nach der intellektuellen zu konstruieren, wird zunächst Sache des Gerichts sein. Aber daß dies Gericht die Bekundungen Hilde Schellers, die ja an sich äußerst dürftig sind, mit Vorsicht aufnehmen müsse, auch wenn es annähme, daß Hilde subjektiv bemüht ist, die reine Wahrheit zu sagen, sollte doch von vornherein klar sein. Ein 16jähriges Mädchen, von dessen Elternhaus man zumindest sagen kann, daß die Kindererziehung nicht die Hauptsorge bildete, ein Mädchen, von dem feststeht, daß es in der ersten Blüte der Sexualität nach verschiedenen Richtungen hin pendelte, ein Kind, das sich an die Einzelheiten der aufregendsten, an Geschehnissen reichsten Nacht seines Lebens erinnern soll – ist keine klassische Zeugin. Sie wäre es nicht, auch wenn man ihr niemals eine Lüge nachgewiesen hätte.

Wenn Gericht und Staatsanwaltschaft von vornherein solchen Gedanken Raum gegeben hätten, wenn man dieser Hilde Scheller mit einer noch so dezenten und gutmütigen Skepsis begegnet wäre, es wäre zu diesen Kämpfen, zu diesen minuziösen und schließlich doch zu nichts führenden Ausführungen um das Seelenleben dieses Kindes kaum gekommen.

Und was mußte man hören! Aber – frage ich mich – ist es interessant genug, auch an dieser Stelle auf Einzelheiten einzugehen? War es nicht, als ob der ganze Lehrkörper einer Universität mit den gezückten Waffen des Verstandes auszog, um das Herz einer 16jährigen zu ergründen – um am Ende zu entdecken, daß sie gar kein Herz hat? Was sicher auch falsch ist. Und man möchte – leise gähnend – die Gegenfrage aufwerfen: Warum soll sie denn auch noch ein Herz haben? Ist denn das Herz das Normale am Menschen, ist jeder leichtfertige junge Mensch, der durch irgendeine unselige Verstrickung von Umständen in den Mittelpunkt einer Tragödie gerät, verpflichtet, sich diesen Umständen gemäß tragisch zu benehmen, und mehr noch: tragisch zu fühlen, tragisch zu handeln?

Ach, es ist der Traum von uns Menschen, die wir uns einbilden, gut zu sein, daß in einem anmutigen Körper, hinter einem schönen Antlitz, auch eine schöne Seele sich verbergen müsse. Und anmutig ist Hilde, anmutig genug, um die Sinne von Männern zu verwirren, die es weitergebracht haben als bis zur Prima. Und klug ist sie auch, versteht ihre Worte zu wählen, versteht sogar zu kämpfen, ihre Position zu bessern, wenn sie mal an Boden verloren hat. Sie hat zugleich die traumhafte Sicherheit des Instinktwesens, das, ohne lange zu überlegen, die kleinen und großen Entschlüsse ihres Lebens rasch faßt: „Ich hatte Hans plötzlich so gern, und da war mir alles andere egal."

Es war ihr egal, ob Paul Krantz darunter litt, dem sie in der vorigen Nacht Zärtlichkeiten geschenkt hatte, und es war ihr erst recht egal, ob es dem Bruder Günther paßte, von dem sie wußte, daß er Hansens Todfeind war. Es war die Gleichgültigkeit eines jungen Menschenkindes, das überhaupt kein anderes Zentrum als das erotische hat. Der Einfluß eines zärtlichen, seelisch und kulturell bildenden Elternhauses war aus irgendeinem Grunde ausgeschaltet. Irgendwelche besondere geistige Interessen bestanden nicht. Und so bildete sie, mag Krantz geistig etwas entwickelter gewesen sein, mag der Kochlehrling Stephan von einem Beruf als Geiger geträumt haben, mit Krantz, Stephan, Günther und der Ellinor Ratti ein in sich geschlossenes Milieu. Gewiß merkwürdig, aber nicht neu, daß neben der Lebenstollheit auch die Todestollheit jäh aufblühte. Aber was besagen da noch Einzelheiten?

Und doch war es ein Kampf um Illusionen, der vielleicht geführt werden mußte, weil man sich eben so weit vom Prozeßthema entfernt hatte. Man kann es verstehen, daß der Verteidiger es schließlich für notwendig hielt, den Polizeivizepräsidenten Dr. Weiß als Zeugen zu laden über den Eindruck, den er bei der Vernehmung der Hilde gewonnen hatte. Und nun hörte man es: lächelnd, fast kokettierend, war sie in das Verhandlungszimmer getreten – einen Tag nach der Mordtat –, so daß Dr. Weiß zu ihr sagen mußte: „Schämen Sie sich nicht, sich so zu benehmen, einen Tag nachdem Bruder und Freund ums Leben gekommen sind?" Und da hat sie ein bißchen geweint.

Und dann hat sie gelogen, hat verheimlicht, daß sie in der Nacht vorher bei Paul Krantz war, und ist dem Paul Krantz, als man ihn ihr schließlich gegenüberstellte, wie eine kleine Bestie fast an den Hals gesprungen.

Gut, man hat erfahren, Hildegard Scheller kann lügen. Es war wohl notwendig, daß das Gericht es erfuhr. Man hörte sogar, daß sie ausgezeichnet lügt, aber wieder muß man die Erfahrung zu Rate ziehen und fragen: Gibt es viele Menschen, die in sexuellen Dingen nicht lügen, nicht ausgezeichnet lügen? Wissen wir nicht, daß Menschen in diesem Punkte die ungeheuerlichste Unverfrorenheit an den Tag legen, Menschen, die sonst sich durchaus als brave, nützliche, glaubwürdige Staatsbürger präsentieren? Die Sexualität erklärt viel, vielleicht alles. Aber nur dem, der alles weiß, und wir wissen gemeinhin das Allerwenigste. Es gibt eben auch Menschen, bei denen die Sexualität irgendwie auf einer Nebenschiene läuft, und man fragt sich vergebens: Was hat es mit der Glaubwürdigkeit Hilde Schellers zu tun, ob sie eine Virgo intacta ist oder nicht, oder ob sie zu der Anschauung neigte: „Tout, excepté ça."

Die Aussagen eines solchen Menschenkindes sind mit Vorsicht aufzufassen. Das ist alles, was man sich auch ohne die Erörterungen des heutigen Tages von vornherein sagen konnte. Um aber in solchen Fällen Überflüssigkeiten auszuschalten, schädliche, peinliche, schwüle Spannungen, die vom Gerichtssaal in die Welt hinausdringen, gar nicht aufkommen zu lassen, dazu brauchen wir in erster Linie Verhandlungsleiter von Takt, Sicherheit, Menschenkenntnis, Gewandtheit im sprachlichen Ausdruck, kurzum. Weltmänner. Der Prozeß ist in mancher Hinsicht traurig, beklagenswert, aber so, wie er sich abspielt, hätten wir ihn nicht zu erleben brauchen. Es muß aber über ihn berichtet werden, damit verantwortliche Persönlichkeiten sich endlich klar darüber werden, wie man so was macht und wie man es nicht machen darf.

Der dritte Tag

Nach stürmischem Beginn und krisenhaften Unterbrechungen ging der dritte Tag einigermaßen friedlich zu Ende. Schließlich war sogar der Humor zur Geltung gekommen, als die Schulrätin Frau Wegscheider die Prinzipien entwickelte, nach denen heute die reifere Schuljugend zu einer edleren Geselligkeit erzogen werden soll. Sie tat das im Rahmen verschiedener Fragen an den Leiter der Oberrealschule, die der Angeklagte besucht hatte. Der Herr Studiendirektor konnte die erfreulichsten Mitteilungen über die geselligen Veranstaltungen der Schule machen, bei denen die Schüler der höheren Klassen auch Gelegenheit haben, dem weiblichen Geschlecht in einer angenehmen und gesitteten Weise zu begegnen.

Im übrigen beruhte die Bedeutung des dritten Tages in der Hauptsache auf der Aussage der Ellinor Ratti, eines derb-schönen, italienischen Halbbluts. Neben ihr wirkt Hilde Scheller als überfeinertes Kulturwesen. Von zwei etwa gleichaltrigen Freundinnen ist man geneigt, einen gleichen Stand von Intelligenz anzunehmen. Die geistigen Horizonte dürften sich so ziemlich decken, sehr verschieden aber ist die Struktur der Intellekte und der Temperamente. Bei Hilde haben die Geschehnisse in der Erinnerung eine feste, unabänderliche Form angenommen. Ob der Inhalt ihrer Bekundungen tatsächlich selbst wahrgenommen ist oder ob Einzelheiten hinzugelesen oder hinzugetragen wurden, kann man nicht auseinanderhalten, und mit Zähigkeit weiß sie ihren Standpunkt zu verteidigen. Das macht ihre Aussagen bestimmter, eindeutiger, scheinbar unentreißbarer. Ellinor aber sagt selbst: „Ich bezweifle alles, was ich sage.“ Sie nimmt zurück, was sie eben bekundet, sie will sich, kann sich nicht festlegen, weil sie nicht mehr auseinanderhalten kann, was sie sah und was sie später hörte.

Immerhin bleibt ein deutlicher und wichtiger Unterschied in der Darstellung der beiden Mädchen festzuhalten: Ellinor hat nicht gesehen, daß Krantz Hilde zurückhielt, und sie hat die Worte „Bleib einen Augenblick hier“ nicht gehört. Auch daß Hilde versuchte, in das Schlafzimmer einzudringen, hat Ellinor nicht wahrgenommen. Eher ist es ihr in Erinnerung, daß Hilde Krantz ins Schlafzimmer geschickt habe – was nur den Sinn gehabt haben könnte, er solle mal nachsehen, was Günther da macht –, in der Sorge, Stephan könne von Günther entdeckt werden und es könnte zu einer Prügelei kommen.

Diese Gegensätze besagen zum mindesten so viel, daß man mit den beiden Aussagen nicht viel anfangen kann. Das Gericht wird vermutlich auf die Wertung der Krantzschen Aussagen selbst sich beschränken müssen. Daß die Staatsanwaltschaft die Anklage auf Mord aufrechterhalten wird, ist wenig glaubhaft. Beihilfe zum Totschlag und Verabredung zum Mord sind wohl die Punkte, in deren Richtung die Anklage sich noch bewegt. Wird man zu diesem Ziel gelangen?

Die Plattform

Einen Augenblick sah es aus, als sollten Einsicht und guter Wille dazu führen, diesen über Gebühr langen Prozeß auf ein normales Maß zurückzuführen. Man schöpfte Hoffnung, als die Eröffnung der Verhandlung sich heute morgen von Viertelstunde zu Viertelstunde verzögerte. Man glaubte schon, daß die Prozeßbeteiligten durch gegenseitige Erklärungen wenigstens der Zeugenvernehmung ein Ende bereiten würden. Die Tatsache, daß der Verteidiger eine Reihe von ihm beantragter Zeugen nun selbst geladen hatte, wirkte zunächst als ein gewisses Druckmittel. Nun erhob er sich und stellte den Haftentlassungsantrag, dem von seiten der Staatsanwaltschaft widersprochen wurde. Allerdings fügte der Erste Staatsanwalt hinzu, daß er jetzt die Anklage auf gemeinschaftlichen Mord fallenlasse und nur noch den gemeinschaftlichen Totschlag zur Diskussion stelle. Das Gericht zog sich zur Beratung zurück und verkündete nach wenigen Minuten die Aufhebung des Haftbefehls. Damit glaubte Landgerichtsdirektor Dust die Plattform geschaffen zu haben, auf der man sich zu einer Abkürzung des Verfahrens hätte die Hände reichen können. Aber der Verteidiger bestand auf seinem Schein. Er verlangt eben einfach von der Staatsanwaltschaft das Fallenlassen der gesamten Anklage. Und so geschah es denn, daß auf der nun geschaffenen Plattform sich die Beweisaufnahme mit mehr Zeugen tummelt, als bisher überhaupt geladen waren.

Den ersten beiden dieser Zeugen brachte man noch ein gewisses Interesse entgegen: der Mutter Krantz und dem Vater Scheller. Bei Mutter Krantz ist dieses Interesse etwas mehr sympathisch, bei Vater Scheller ist es etwas weniger. Man hat bei beiden Persönlichkeiten den Eindruck, als ob sie sozusagen mit ihrer eigenen Erziehung noch nicht so ganz fertig sind. Bei ihnen beiden erhebt sich das Problem der Menschen, die jung Eltern geworden sind und die nun eines Tages eine halberwachsene Jugend zu Hause haben, ohne selbst ihre Stellung zur Welt fixiert zu haben. Sie sollen Führer ihrer Familie sein und sind selbst ganz offenbar noch nicht zu jenem Ruhepunkt gekommen, von dem aus man andere leiten kann. Mutter Krantz ist eine Frau, der das Leben kaum hold gewesen ist. Man darf nicht an ihrer Liebe zu den Kindern zweifeln, aber in dem Milieu eines wirtschaftlich schwer kämpfenden Musikerhaushalts ist es nicht leicht, Erziehungsfrüchte zur Reife zu bringen. Anders Vater Scheller, der alle diese Probleme so zu lösen versucht, daß er sich nicht um sie kümmert, daß er sein eigenes Leben führt und die Jugend ihre eigenen Wege gehen läßt.

Eine gewisse Ironie machte sich spürbar, als man die Mutter Krantz fragte, ob man nicht Paul, der zuerst bei seinen Großeltern erzogen war, immer etwas als Wunderkind angesehen hätte. Und die arme Mutter gibt zu: „Ja, man hat immer gesagt: Paulchen wird noch mal ein großer Mann."

Seelische Wirrnisse

Erwachsene bebrüteten eine Schülertragödie. Erwachsene standen mit verwundertem Entsetzen vor einer blutigen Tatsache und einem Knäuel seelischer Wirrnisse. Erwachsene fragten sich, ob hier ein beklagenswerter Einzelfall vorliege oder ob die zufälligen Leuchtmale eines Verbrechens ein typisches Schicksal unserer Jugend deutlich werden ließen. Erwachsene versuchten, ihrer Pflicht gemäß als Repräsentanten des sittlichen Willens eines Volkes, die Sache auch nach der strafrechtlichen Seite zu bereinigen.

Paul Krantz ist ein irgendwie begabter Mensch. Vielleicht zu rasch an Auffassungsgabe, zu zart an Körper und unter zu ungünstigen Umständen geboren und aufgewachsen, als daß ihm der Preis des Lebens leicht in den Schoß fallen dürfte. Vielleicht hat er aus den Worten des Professors Spranger, aus den Worten von Staatsmajestät, Majestät der Moral und Majestät der Verantwortung, Ahnung und Dämmerung von Dingen empfangen, die er schon immer irgendwie gesucht hat, zu denen der Weg aber nur denen offensteht, die reinen Herzens sind?

Vielleicht – hoffentlich – hat das Herz des jungen Krantz den Gruß einer anderen Welt empfangen. Sollte er im übrigen von den Erwachsenen, die ihn bebrüteten, etwas enttäuscht sein, wird man es ihm nicht übelnehmen dürfen.

Die Justiz ist eine formidable Maschine. Das wissen wir alle, ob wir schuldig oder unschuldig sind. Sie kann jeden von uns zermalmen, wenn wir ihr zu nahe kommen. Aber das mindeste, was wir von einer so teuren und mit so entsetzlichen Umständen (als da sind: Gesetzbücher, Studium, Examina, ungelehrte und gelehrte Richter aller Grade) verkuppelten Maschine verlangen können, ist, daß sie blank geputzt, sauber und ordentlich funktioniert. Das tut sie nicht. Sie klappert und quietscht an allen Ecken. Kommt man ihr ins Getriebe, so wird man gar nicht richtig zermalmt, man bleibt nur irgendwo an der kleinen Zehe hängen. Der übrige Mensch ist ganz gesund, aber an der kleinen Zehe stirbt er.

Diese Verhandlung, dieser ganze Prozeß: eine erschreckende Ungeistigkeit, eine Anklageschrift, auf die man kein Verfahren eröffnet, sondern über die ein kluger Strafkammervorsitzender eine Beschwerde an den Justizminister verfaßt. Daß man es wagte, ein so haltloses Machwerk einem denkenden Richter vorzusetzen! Was zur Entkräftung der winzigen Verdachtsmerkmale geschehen konnte, mußte sich jeder vernünftige Mensch selber sagen. Dazu braucht es keines Aufmarsches von Sachverständigen. Aber nein, die Routine macht es: gemeinschaftlicher Mord, Verabredung zum Mord. Und die Staatsanwaltschaft im Gerichtssaal – ein vergessenes Requisit der Wilhelminischen Ära, von verzweifelter Überflüssigkeit. Zwei

Staatsanwälte braucht man, um so tief zu ruhen. Nie eine Frage, nie ein Eingehen auf den Verhandlungsgegenstand. Stumpf, müde, nur dasitzend und gelegentlich – ach, mit welch kläglichen Mitteln – Staatsautorität markierend.

Ein Präsidium – sprachlich gehemmt.

Eine Verteidigung, der es nicht an Begabung und Temperament, wohl aber an jener Vornehmheit der Form gebricht, ohne die jede noch so scharf gedachte Attacke zu peinlicher Anrempelei wird.

Schließlich bepöbelte man sich. Aber eins muß doch zugunsten der Verteidigung verbucht werden. Unter Umständen hatte Dr. Frey das schwere Opfer auf sich genommen, durch ein an sich beklagenswertes Verhalten seinen Mandanten allen Gefährnissen zu entreißen.

Die Sache für Krantz steht günstig. So, daß an einem Freispruch kaum mehr zu zweifeln ist. „Kaum" – das will sagen: Noch besteht natürlich eine gewisse Gefahr. Gelang es Frey, den Prozeß jedoch zum Scheitern zu bringen – erweist sich Krantz am Sonnabend verhandlungsunfähig –, muß der Prozeß abgebrochen werden, so erscheint dieser Prozeß nie wieder auf der Bildfläche. Das läßt schon der gute Geschmack nicht noch einmal zu. Dann ist Krantz definitiv vor der strafrechtlichen Verfolgung gerettet.

Also opferte der Verteidiger den Ruf eines charmanten Menschen, um seinen Klienten unter allen Umständen zu retten.

Man darf sagen, er machte Klamauk, wo man mit den Fingerspitzen nicht nur vornehmer, sondern auch sicherer arbeiten konnte. Man fegt die Schachfiguren nicht vom Brett. Eine Niederlage muß jeder Kämpfer in den Bereich der Möglichkeit ziehen. Ohne diese Bereitschaft verliert auch der geistige Sport seine Fairneß. Und Ernstliches konnte dem Angeklagten wirklich nicht mehr geschehen. Die paar Monate, die man ihm vielleicht gegeben hätte, wären durch die Untersuchungshaft verbüßt, und ein impulsives und redliches Streben nach aufwärts hätte auch diese Strafe schließlich aus dem Register verschwinden lassen. So allmächtig ist die Justiz nicht, daß sie von sich aus dieses Wesen hätte vernichten können. Fragen darf man nur, ob – mit oder ohne Freispruch – die Veranlagung von Paul Krantz glücklich genug ist, um ihn einer geordneten und nützlichen Zukunft entgegenzuführen.

Es gab eine artige Zeremonie der Versöhnung. Paul Krantz saß bleich, aber freundlich und dankbar für jedes gute Wort dabei, von Arzt und Krankenschwester betreut.

Man versucht zu verhandeln, und als erster Sachverständiger wird Oberstudiendirektor Professor Goldbeck aufgerufen. Der alte Herr mit dem feinen, geistreichen Gesicht unter dem hochgewölbten Schädel gibt ein Gutachten, wie es vielleicht noch nie in Moabit produziert worden ist. Er spricht nicht nur von Krantz, er spricht auch von Goethe und von sich selbst. Krantz sei in einem musikalischen Hause aufgewachsen, und in solchen Häusern führe man ein gesteigertes Seelenleben. Auch Goldbeck selbst stammt aus einer Musikerfamilie, er weiß, wie es ist. Und er gesteht: „Es ist kein Zug in dem Jungen drin, den ich nicht selbst erlebt habe."

Die Verzärtelung der Großeltern habe ebenfalls ungünstig gewirkt. Es war eine Züchtung auf Gemüt und Gefühl, was Jungens schlecht bekomme. Jungens müssen sich tummeln. Wenn ein Mensch in seiner Jugend keinen Unsinn gemacht hat, kommt's hinterher. Es staut sich alles. Krantz war ein Musterschüler, war es noch bis zum Augenblick der Tat. Man glaube gar nicht, was mit den Musterschülern später alles passiere.

Goldbeck zieht die Verbindungslinien zu Faust und Goethe, der auch ein Gestauter war, wie Krantz auch ein Dichter ist – wobei es nicht darauf ankommt, von welchen Graden. Dichter ist eben der Mensch ohne Wirklichkeitssinn, der Mensch, der ganz woanders lebt, der immer den Zwang in sich fühlt, zu flüchten. Erlebnishunger treibt ihn aus der Welt der Tatsachen fort.

Dann aber hebt Professor Goldbeck eine Einzelheit hervor, die bisher gar nicht gewürdigt worden war: Nach dem Erlebnis mit Hilde hat Paul Krantz 15 Stunden mit einer Unterbrechung von wenigen Minuten geschlafen. Nach einem solchen Schlaf erwacht ein junger Mensch nicht erquickt, sondern gerädert, und Rechtsanwalt Frey kann in dem Zusammenhang feststellen, daß in den 35 Stunden vor der Tat Krantz nichts zu sich genommen hat als ein Brötchen. Sonst nur Alkohol, Kaffee, Zigaretten. Und Goldbeck folgert: Alkohol, Zigaretten, Qualm, Erotik, Verstiegenheit. Dazu das Grauen, das in dieser ganzen Nacht durch die Wohnung schlich. Ein solcher

Mensch macht sich keine bestimmten Vorstellungen mehr, er faßt keine Entschlüsse unter der Kontrolle seines Verstandes. Dazu die einlullende Dämonie des Morgengrauens. Er ist nicht im Besitz seiner vollen geistigen Kräfte. Er bricht aus: den Brief ans Weltall, das Testament. Man hat sich über das Verhalten Krantz' nach der Tat gewundert, über seine herzlos scheinenden Aussprüche von Ferienreise und Examen. Goldbeck findet gerade diese Äußerungen nur natürlich. Was in dem Jungen drin war, mußte heraus. Was war denn in ihm drin? Natürlich die Ferien und natürlich das Examen. Dazu die bestialische Angst vor dem, was nun kommen würde. Die Folge: Rausredereien, die jeder Junge macht, wenn er irgend etwas angestellt hat. Und Herr Goldbeck schließt: Der Schutz des § 51 sei dem Angeklagten unbedingt zuzubilligen.

Dann spricht noch Frau Schulrätin Wegscheider sehr warm, sehr herzlich für den Jungen. Es ist mehr, als sein schwaches Herz vertragen kann. Die Verhandlung muß abgebrochen werden.

Alles ist erschöpft bis auf die Liste der Sachverständigen. Wann wird endlich der Augenblick kommen, wo der Staatsanwalt die Klage fallenläßt? Muß der Kelch wirklich geleert werden? Man denkt schon nicht mehr an das Urteil, man fragt sich schon, was wird aus Krantz, wer nimmt sein Schicksal in treue Hand?

Der Freispruch

Die Frage, ob sich der Primaner Paul Krantz im strafrechtlichen Sinne schuldig gemacht hat, erwies sich als eine sehr schwierige. Das Schwurgericht hat sie verneint.

Man kann beim besten Willen nicht behaupten, daß die plädierenden Juristen sehr spielend dieser Frage Herr geworden sind. Der Erste Staatsanwalt Steinbeck konnte es sich etwas bequemer machen. Es ist ihm nicht zu verübeln, wenn er, seiner Aufgabe, die sittliche Staatsordnung durch Anwendung des Gesetzes zu schützen, gemäß, sich für die Anwendbarkeit der einschlägigen Paragraphen entschied. Er tat das in der Form eines sehr sorgfältig aufgebauten Plädoyers, das er wirkungsvoll vortrug. Er zögerte auch nicht, dem Angeklagten weitgehende Milderungsgründe zuzubilligen, und so könnte man ihm – auch wo man im einzelnen anderer Ansicht ist – Beifall zollen, hätte er nicht gewissen, von Anfang an störenden Nebenbemerkungen am Ende durch den lapidaren Satz Ausdruck verliehen: „Der Angeklagte ist keine Persönlichkeit, er ist ein Erziehungsobjekt."

Durch diesen Satz dokumentiert der Staatsanwalt die unüberbrückbare Kluft zwischen ihm und allen, die irgendwie als Sachverständige, Jugendbildner oder auch nur als Väter und Mütter diesem Prozesse mit besorgtem Herzen gefolgt sind. Das Kind *ist* eine Persönlichkeit; wenn es keine Persönlichkeit wäre, brauchten wir nicht in jedem einzelnen Falle den Versuch zu unternehmen, es zu bilden, an seinem Charakter zu feilen, die guten Eigenschaften zu entwickeln, die schlechten Triebe einzudämmen. Sonst wäre die Erziehung das Ausschlaggebende und nicht das Objekt. Aber leider sind ja diese erzieherischen Versuche meist nur sparsame Retuschen; das Entscheidende ist eben doch das, was den Menschen selbst an Persönlichkeitswerten in die Wiege gelegt wird. Persönlichkeit also ist Paul Krantz unter allen Umständen; niemand aber wird den Wert dieser Persönlichkeit wegen seiner guten Schulbegabung, wegen seines artigen und liebenswürdigen Wesens überschätzen; man wird nur bedauern, daß ein solcher Mensch durch seine Schwäche, seine früh erwachten Triebe, seine Unselbständigkeit, seinen Mangel an innerer Widerstandskraft in eine so tragische Lage gebracht worden ist. Er selbst sprach es in dem Schlußsatze aus, den er an seine Richter adressierte und den niemand besser hätte formulieren können: „Machen Sie es mir nicht unmöglich, als Mann wiedergutzumachen, was ich als Kind gefehlt habe."

Wären wir so weit, uns auf das rein Menschliche zu verlassen, vom Menschlichen alles zu erwarten und zu hoffen – es bedürfte keiner juristischen Spitzfindigkeiten; man hätte ihn freisprechen können, auch ohne die Grenzen zwischen moralischer und strafrechtlicher Verantwortung mit so minuziöser Sorgfalt abzutasten. Wir sind nicht so weit. Richter sind an das Gesetz gebunden, und so war es ihre Pflicht, die vorliegenden Probleme auf ihre Lösbarkeit zu untersuchen.

Es stellte sich indessen heraus, daß in den zur Diskussion stehenden Fragen kaum ein Schritt getan werden konnte, ohne daß man gezwungen war, ihn alsbald wieder zurückzunehmen. Lag Verabredung zum Morde vor? Die Staatsanwaltschaft sagte zuerst ja und erhob auch darauf die Anklage. Sie ließ jetzt diesen Punkt fallen (obgleich sie sich schon vor Abfassung der Anklageschrift von der ausschlaggebenden Reichsgerichtsjudikatur hätte überzeugen können). Sie betrachtet diese Verabredung jetzt nicht mehr als „ernsthaft“. Immerhin, wird man entgegenhalten müssen: die Ernsthaftigkeit war groß genug, um einen Teil der Verabredung zur Tat werden zu lassen. Günther hat seine Verabredung erfüllt, Krantz soll bei dieser Erfüllung Mittäter gewesen sein. Wir wissen, daß im juristischen Sinne jemand einen Mord mit Vorsatz und Überlegung planen kann – daß er aber an seinem Opfer unter gewissen Umständen einen Totschlag und keinen Mord begeht, wenn es sich nämlich herausstellt, daß im Augenblick der Tötung zwar noch der Vorsatz, nicht aber die Überlegung vorhanden war. So nimmt man auch von Günther Scheller an, daß er einen Totschlag begangen hat. Krantz soll Mittäter dieses Totschlags gewesen sein. Das Festhalten Hildes (eine halbe Stunde vor der Tat), das Mithineingehen in das Schlafzimmer, die Beteiligung an dem Schließen der Tür sind die gravierenden Momente. Am gravierendsten vielleicht überhaupt die Tatsache, daß Krantz, der ja seinerseits von dem ganzen Mord- und Selbstmordplan abgekommen war, nicht die mindesten Anstalten traf, die Tat zu verhindern, daß er nicht Hilde und Ellinor zu Bundesgenossen anrief, daß er nicht den Versuch machte, Günther die Waffe zu entreißen. Demgegenüber muß man in erster Linie erwägen, daß die inneren und äußeren Vorgänge jenes Morgens überhaupt nicht mit absoluter Sicherheit festgelegt werden konnten. War Krantz der Ansicht, daß Stephan vielleicht durch das offenstehende Fenster bereits das Schlafzimmer verlassen hatte, so ist er von seinem Standpunkt aus jedenfalls exkulpiert: Ob er wirklich überzeugt war, daß Stephan bereits entwischt war, das weiß er vielleicht selbst nicht mehr genau. Denn alle Vorgänge des tragischen Morgens sind in ein seelisches Dämmerlicht gehüllt, aus dessen Gewoge nachträglich Genaues überhaupt nicht festzustellen ist.

Die Frage, ob der § 51 in diesem Falle anzuwenden sei, ist von den Sachverständigen verschieden beantwortet worden. In Wirklichkeit sieht man wieder, wie unvollkommen wir Menschen in der Abfassung von Paragraphen sind und wie wenig einmalige Formulierungen den tausendfach vielfältigen Gebilden des Lebens entsprechen. Hätte Krantz seinerseits Hilde erschossen, aber für den Selbstmord nicht den Mut gefunden, so würde ihm kaum jemand den § 51 zugebilligt haben. So weit war seine freiwillige Willensbestimmung sicher nicht ausgeschlossen, als daß er nicht große innere Hemmungen hätte überwinden müssen, um zu einem Tötungsentschluß zu kommen und ihn auszuführen. Aber wieviel geringer sind die Hemmungen, die Krantz zu überwinden hatte, um hinter dem Günther Scheller her das Schlafzimmer zu betreten! Denn das ist ja seine Tat, die man ihm zum Vorwurf macht! Der typische Mitläufer, der immer hinterhergeht, brauchte für dieses Tun überhaupt kaum Hemmungen auszuschalten. Hier konnte sogar eine verhältnismäßig geringe Störung der normalen Verstandesfunktion ausreichen, um ihn seiner freien Willensbestimmung zu berauben.

So viel Fragen, so viel Zweifel. Und alle Zweifel sprechen für den Angeklagten. All diesen Erwägungen trug das Schwurgericht Rechnung, als es schließlich das freisprechende Urteil fällte. Andererseits aber sind es so minuziöse Differenzen, die hier Schuld von Nichtschuld scheiden, die Dinge wohnen so nah beieinander, daß keine Meinungsgruppe die andere der Ungerechtigkeit zeihen kann.

Keine Vorstrafe wird die Zukunft des jungen Mannes behindern. Hoffentlich findet er von sich aus die Kraft und von seinen Angehörigen und Freunden die Pflege, die seinem Streben nach aufwärts günstig ist.

Die Erörterungen über den Fall Krantz werden mit diesen Bemerkungen nicht abgeschlossen sein. Er hat peinliche Beobachtungen nach den verschiedensten Seiten gezeitigt. Mancherlei Beleuchtung wird er noch erfahren müssen.[4]

DIE GROSSE WUT DES KLEINEN MANNES

Auf der Anklagebank des großen Schwurgerichtssaales verliert sich die dürftige Gestalt des kleinen, alten Graveurs, und man will nicht glauben, welches Delikt ihn hierhergeführt hat: versuchter Mord.

4 *(Zu den Folgen des Prozesses Krantz siehe „Justiz und Berichterstattung", Seite 382)*

65 Jahre ist er alt geworden, hat ein schweres Leben voll Arbeit und Enttäuschungen geführt, hat sich nie etwas zuschulden kommen lassen – und dann mußte auch er einen Mord probieren.

Die Tatsachen stehen fest, er leugnet sie nicht. Er hatte einst in schlechter Ehe gelebt, war gewissermaßen vor seiner Frau nach Amerika geflüchtet; aber er liebte sein Kind und ließ nun doch die Familie nachkommen, die ihn nach einigen Jahren wieder verließ. Er saß drüben, arbeitete fleißig, sparte, und als er 9000 Mark zusammenhatte, kehrte er in die Heimat zurück. Einen Teil des Geldes gab er seiner Familie, von der er wußte, daß sie in Not war. Er selbst suchte weitere Arbeit, aber er fand sie nicht, weil man ihn für zu alt hielt. Endlich begegnete er einem Malermeister, der wenigstens für sein Geld Interesse hatte, oder für den Rest des Geldes – es waren ja nur noch 2000 Mark übrig. Der alte Mann sollte in das Geschäft des Malermeisters eintreten und für seine Einlage in der Woche 35 Mark verdienen. Einige wenige Male erhielt er den Lohn ausgezahlt, dann keinen Pfennig mehr, am Ende war das Geld verloren. Es stellte sich heraus, daß der Malermeister auch andere Personen mit schwindelhaften Darstellungen seines flotten Geschäftsganges hineingelegt hatte.

Der betrügerische Meister wurde vor Gericht gestellt und zu sechs Monaten Gefängnis verurteilt. Man gab ihm aber Bewährungsfrist.

Den kleinen Mann aus Amerika wurmte das schrecklich. Er hatte das Letzte verloren, fand keine Arbeit, und der Urheber seines Unglücks lief auch noch frei herum. So kroch er denn aus der Laube, die er bewohnte, steckte sich den Revolver ein, den er zu seinem Schutze vor einiger Zeit gekauft hatte, griff auch nach seinem Spazierstock, den er seit 30 Jahren besaß, der aber ein Degenstock war, und begab sich in das Haus des Malermeisters. Er traf ihn auf der Treppe, stieß wütende Worte aus, erhob den Revolver, schoß einmal, der Schuß ging fehl, ein zweites Mal versagte der Revolver. Nun zog er den Degen aus dem Stock und brachte dem Betrüger einige ungefährliche Stiche bei. Der Malermeister dachte zuerst gar nicht daran, zur Polizei zu gehen; er sagte sich wohl, daß er den Denkzettel verdient hätte. Erst der Arzt schickte ihn auf die Wache.

Die Anklage lautet auf versuchten Mord. Aber ist es einer? Hatte sich der alte Mann wirklich überlegt, was er da tat? War er überhaupt mit dem Vorsatz zu töten ausgegangen? War es vielleicht nur versuchter Totschlag, oder nur Körperverletzung? Er war explodiert und stellte mit der Tat das Gericht vor schwierige Fragen. Richtig ist, daß er später geäußert hat, er würde es nicht bedauert haben, wenn es an das Leben des Betrügers gegangen wäre. Aber ist die Tatsache, daß man eventuell später nichts bedauert, ein Beweis dafür, daß man vorher etwas beabsichtigt oder überlegt hat? Und doch handelt es sich um die Ergründung einer Seele. Das Gericht mußte erforschen: Was ist wirklich in diesem armen geprüften Hirn vor sich gegangen?

Der Arzt schildert ihn als einen ruhigen, sehr gutmütigen Menschen von normaler Intelligenz, der sicher nicht geisteskrank sei, der aber ebenso sicher die Tat in einer Aufwallung begangen habe, die nicht mehr zu dämpfen war.

Auch der verletzte Betrüger wird vor Gericht verhört; jetzt ist er Zeuge und muß schwören. Dieses Opfer eines blutigen Überfalles findet im Saale keine Sympathie – diese wendet sich dem braven, bescheidenen Angeklagten zu.

Das Schwurgericht verurteilte den Angeklagten wegen versuchten Totschlags und verbotenen Waffentragens zu vier Monaten und einer Woche Gefängnis. Es verneinte die Überlegung, nahm aber an, daß der Angeklagte seinen Gegner töten wollte. Es erkannte an, daß er sich in begreiflicher Erregung befand, und da er die Tat nicht aus verbrecherischer Neigung begangen hatte, so gewährte das Gericht ihm dieselbe Gunst, über die er sich, als man sie seinem Gegner zubilligte, so geärgert hatte: die Bewährungsfrist.

So ist denn die Sache für den Angeklagten glimpflich ausgegangen. Aber den Herren Betrügern möchte man raten, sie mögen ihre Opfer nicht immer unter den gutmütigen Menschen suchen; denn für den Gutmütigen kommt die Stunde, wo alle Geduld und Nachsicht aufgezehrt sind, wo das Herz bloßliegt, wo die rächende Hand sich erhebt: schießt und sticht.

20.5.1928

DIE KUNST DES BETRUGS

DIE ALTE GESCHICHTE

Die Geschichte ist wirklich immer dieselbe. Man trifft einen Ausländer, der nach dem russischen Konsulat fragt. Man geht drei Schritte mit ihm, dann kommt ein anderer Ausländer. Der erste Ausländer bietet dem zweiten ein goldenes 20-Rubel-Stück an, das er hocherfreut mit zehn Mark bezahlt; dann geht der erste Ausländer weg – angeblich aufs russische Konsulat. Der zweite Ausländer sagt aber zu dem Angesprochenen: „Da haben wir ein feines Geschäft gemacht, Sie hätten auch was von ihm kaufen sollen, denn das Goldstück ist 20 Mark wert!" Der Angesprochene wird nun auch gieprig. Der erste Ausländer wird mit geringer Mühe zurückgeholt; er hat aber keine Goldstücke mehr, sondern nur noch „Brillanten". Man geht zum nächsten Juwelier, der steht jedesmal ohne Hut und Mantel vor der Tür seines Geschäftes, klemmt sich eine Lupe in die Augen und schätzt jeden einzelnen Brillanten auf 600 Mark, worauf der Angesprochene sich die größte Mühe gibt, sich das Geld zu verschaffen.

Die Geschichte ist wirklich alt und außerordentlich erfolgreich. Nur erlebte man gestern vor Gericht den seltenen Genuß, sie zweimal hintereinander in höchst verschiedenen Dialekten vorgetragen zu hören: zuerst in einem ziemlich gemilderten Jiddisch, dann in einem perfekten Sächsisch. Der erste, dem sie passiert war, ein kleiner, schwarzhaariger Ostgalizier, im Vollgefühl der Tragikomik des Reingefallenen. Der zweite ein erfahrener sächsischer Kellner, im erhabenen Selbstbewußtsein dessen, der sich nicht betrügen läßt, sondern den Gauner übergaunert und zur Wache bringt.

Der Angeklagte selbst ein schlanker, magerer Russe, dessen allzu lange Arme viel zu weit aus den Ärmeln des einst eleganten Überziehers hervorguckten – allzu lang auch der kragenlose Hals. Ein trauriger Mann, aus dem auch die Dolmetscherin nicht viel hervorholen konnte.

Die Erzählung des Ostgaliziers aber war deshalb so schön, weil man auf diese Weise seine ganze treuherzige Lebensgeschichte kennenlernte. 200 Mark hatte ihm der Schwager aus Nordamerika geschickt, damit er mit seiner Familie nachkommen könne. Und die 200 Mark waren in der Wohnung versteckt, er hatte sich vorgenommen, sie nicht anzurühren, unter gar keinen Umständen. Als

Ostern kam, hatte er lieber, um das Fest würdig zu begehen, 30 Mark gepumpt, ehe er den eisernen Bestand angriff. Und gerade die 30 Mark hatte er in der Tasche, als er den Gauner traf. Vielleicht hätte er dem Gauner nicht getraut, aber dessen Kompagnon zitierte einen jüdischen Spruch, der ihm zu Herzen ging. Wenn nämlich einer Glück hat, so pflege man zu sagen: Du bist dem Propheten Elias begegnet. Und der zweite Gauner hatte ihm mit Bezug auf den ersten augenzwinkernd zugeflüstert: „Du hast den Propheten Elias getroffen." Der kleine Galizier war nur traurig, daß er nicht soviel Geld hatte, wie der Gauner für jeden Stein verlangte, und war am Ende überglücklich, daß der ihm für seine 230 Mark einen Stein abließ.

Der Vorsitzende fragt: „Haben Sie Ihr Geld zurückbekommen?" Und der kleine Mann, traurig-komisch lächelnd: „Ich? Mein Geld? Ich bin noch jetzt nicht auf den Beinen." Und nach der Verhandlung vertraute er mir an: „Wenn ich nicht so tief religiös wäre, es wäre damals zu einem Familienselbstmord gekommen."

Aber auch der Sachse hatte etwas Komisches zu berichten. Als er nämlich den Gauner schon fest beim Wickel hatte, wollte der sich loskaufen. Er bot – ganz ernsthaft – einen Brillanten, natürlich von derselben Sorte wie die, derentwegen er verhaftet worden war. Aber der biedere Sachse, der den Verdacht nicht aufkommen lassen wollte, er hätte diesen Wertgegenstand etwa für sich behalten, erklärt mit Emphase, daß er den Brillanten selbstverständlich sofort der Polizei zur Verfügung gestellt habe.

Der Staatsanwalt beantragt drei Jahre Gefängnis. Als man den Angeklagten fragt, ob er etwas dazu zu sagen habe, murmelte er traurig drei Worte, die die Dolmetscherin übersetzt: „Er möchte sterben."

Immerhin genügte dieses Plädoyer, um die Strafe auf zwei Jahre herabzusetzen.

DER VATER KEINER KINDER

Das Schicksal schenkte ihm eine schlanke Gestalt, ein hübsches Gesicht mit zärtlichen grauen Augen, eine bewegliche Intelligenz und außerdem noch den herrlichen Namen Brokat. Das war zuviel auf einmal und mußte schiefgehen.

Er stand neben seinem Bruder Erich vor den Schöffen und hatte sich wegen einer ganzen Reihe gleichgearteter Vergehen der intellektuellen Urkundenfälschung, der schweren Urkundenfälschung und des Betruges zu verantworten.

Die Verhandlung endete für ihn trübselig, aber man kann nicht leugnen, daß er seinen Richtern zwei höchst vergnügliche Stunden bereitet hat, so daß sie sich schließlich gar nicht mehr Mühe gaben, den Ernst der Stunde zu markieren. Brokat ist nämlich ein Mensch, dem wirklich was einfällt, und wenn auch seine Betrugsmanöver alle auf dieselbe Idee aufgebaut waren – die Idee war neu, und selbst in der Ausführung gab es jeweils Nuancen von nicht unbeträchtlicher Komik.

Im Sommer vorigen Jahres lief nämlich Brokat auf die verschiedensten Standesämter Berlins, meldete die Geburt (zumeist) eines Sohnes an, bekannte sich vielfach zur unehelichen Vaterschaft, ging mit einer gefälschten Arbeitsbescheinigung der angeblichen Wöchnerin zur Krankenkasse und erhob Entbindungs- und Stillgelder. Namentlich von den Stillgeldern lebte dieser längst Entwöhnte einige Wochen ganz vorzüglich, bis schließlich eine Reihe von jungen Damen die Mitteilung erhielten, daß sie entbunden hätten. Diese Neuigkeit erweckte bei ihnen und ihren Familien vielfaches Erstaunen – aber man kam hinter den Urheber dieser imaginären Vaterschaften. Das war nicht ganz leicht, denn Brokat hatte seine standesamtlichen Meldungen niemals unter eigenem Namen erstattet, sondern sich entweder ganz frei erfundener Namen bedient oder (dreimal) des Namens seines Schulfreundes Erich Janick, der auch nicht wenig erstaunt war, auf der Polizei zu erfahren, daß er dreimal Vater geworden sei – und zwar mit Hilfe von drei verschiedenen weiblichen Wesen, die er nicht mal dem Namen nach kannte. Ja, selbst wohlbegründete Ehen ließ dieser intellektuelle Unhold nicht ungestört, indem er unter dem Namen des Ehemannes vor dem Standesamt Meldung erstattete und den Eheleuten ein Kind andichtete, an das sie nie gedacht hatten.

Vor Gericht versucht Brokat vergeblich, die Verhandlung abzukürzen, indem er alles zugesteht. Der Vorsitzende aber schenkt ihm keine Zeugin, und so vollzieht sich der Vorbeimarsch der jungen Mütter, die bei dieser Gelegenheit zum ersten Male den geistigen Erzeuger ihrer Kinder persönlich kennenlernen und ihn vielfach nicht ohne Wohlwollen betrachten. Brokat ist bei alledem nicht wohl ums Herz, seine Stimme klingt umflort, und seine hübschen Augen sind verdächtig feucht – aber schließlich, wo alles lacht, kann er allein nicht weinen, und so lacht er verschämt mit.

Wie er es angestellt hat? Die meisten seiner Opfer suchte er unter den Freundinnen seiner Schwester, von denen er irgendwie die Geburtstage sowie die Adressen der Firmen eruierte, bei denen sie beschäftigt waren. Auch durch den Vater, der Kassierer in einem Abzahlungsgeschäft ist, erfuhr er die Existenz mannbarer Mädchen, bei deren Müttern er sich als Steuerbeamter einführte, um auf diese Weise die notwendigen Daten festzustellen. Das leichteste Spiel hatte er offenbar vor den Standesämtern, bei denen er sich entweder mit einer erschwindelten Invalidenkarte oder gar nicht legitimierte. Mit einer wahren Leidenschaft haben die Standesämter seinen Bekundungen geglaubt, und gerade den Standesämtern gegenüber ließ er gern seinen Humor spielen. So gab er mehrere Male an, daß das Kind in seinem Beisein geboren sei, und zwar immer dann, wenn er sich selbst zur Vaterschaft bekannte.

Nicht weniger merkwürdig ist, daß alle seine Kinder vormittags um 10 Uhr auf die Welt kamen, spätestens aber um 10.30 Uhr. Was die Namen der Kinder betrifft, so zeigte er eine gewisse Phantasie und doch auch wieder Konsequenz. Jeder seiner Knaben hieß Heinz; aber gewöhnlich in Verbindung mit einem anderen Vornamen. So brachte er zwei Heinz-Günther zur Welt, daneben einen Heinz-Gerhard, einen Albert Fritz Heinz und einen Heinz Paul Heinrich. Die Mädchen hießen meistens Gerda oder Irmgard; eines, das ihm offenbar besonders am Herzen lag: Dorchen Ella Gerda.

Es war, wie gesagt, für die jungen Damen ein Vergnügen, den Urheber ihrer Mutterfreuden kennenzulernen; am meisten aber freute sich Freund Janick über die drei Bräute, die ihm Brokat angedichtet hatte. Der Richter aber nahm Brokat am meisten übel, daß er seiner eigenen Braut ein so künstliches Kind beigebracht hatte und damit dem Rufe der jungen Dame so empfindlich nahegetreten war.

Es ging betrüblich aus: Kurt Brokat kommt für zwei Jahre ins Gefängnis und verliert seine bürgerlichen Ehrenrechte auf die Dauer von fünf Jahren. Sein Bruder Erich, der ihm Beihilfe leistete, acht Monate.

Ach, die schönste Pointe verblüht, und hinter Gefängnismauern ist sogar das intellektuelle Vaterwerden nicht leicht – geschweige denn ein Vergnügen.

DER SPEZIALIST IM BETROGENWERDEN

Der angeklagte Droschkenchauffeur konnte sich mit etlichen faulen Ausreden retten. Er meinte eben, er habe gedacht, die – im Januar geänderte – Tarifordnung gestatte ihm, bei Fahrten nach Zehlendorf schon in Steglitz die Taxe 3 einzuschalten … Man hielt einen beabsichtigten Betrug nicht für erwiesen und sprach ihn frei.

Der betrogene Fahrgast freilich ist der öffentlichen Betrachtung wert. Er fährt täglich von Berlin in sein Zehlendorfer Heim und hat es sich zur Lebensaufgabe gemacht, betrogen zu werden. Denn – nicht immer, wie in diesem Falle, läßt er sich mit dem Chauffeur in Diskussionen ein. Für gewöhnlich kostet er das Betrogenwerden bis zur Neige aus, weil er eine genaue Statistik darüber führt, wie oft ihm das im Monat passiert und was ihn das kostet. Also er hat ausgerechnet, daß 95 v. H. aller Chauffeure an der falschen Stelle die Taxe 3 einschalten und daß ihm monatlich 280 Mark zuviel abgenommen werden. Läßt er für seine Gäste abends aus Steglitz zwei Autos zur Heimfahrt kommen, so stellt er fest, daß das eine den richtigen Fahrpreis von 5,40 Mark, das andere 8,50 Mark auf dem Taxameter zeigt – ja, er steckt seinen Diener ins Gebüsch, um die Manipulationen der betrügerischen Chauffeure auszukundschaften. Kurzum: Der Mann treibt einen etwas kostspieligen, aber hübschen Sport.

Übrigens ergab sich aus der Verhandlung, daß seine Lebensaufgabe den Chauffeuren Berlins nicht unbekannt geblieben ist. Der Angeklagte sagte darüber ziemlich bitter: „Der Herr ist ja dafür bekannt, daß er mit dem Revolver rumfuchtelt, aber es passiert ihm nischt – er hat ja 'n Paragraph 51."

Der Zehlendorfer Spezialist begnügt sich mit dem Hinweis, daß er ein einziges Mal, als er von einem Chauffeur körperlich bedroht wurde, den Revolver gezogen habe. Im übrigen sei er geistig vollkommen normal. Auch der Richter bedeutet dem Angeklagten, daß er doch wohl die Behauptung, der Zeuge sei wahnsinnig, nicht ernsthaft aufrechterhalten solle, worauf der Chauffeur liebenswürdig nickt.

Der Herr seinerseits protestierte keineswegs gegen das freisprechende Urteil. Aber er sah nicht so aus, als ob ihm durch diese Entscheidung sein Sport verleidet wäre. Noch zwei Jahre, und er wird mit Recht von sich sagen können, daß er sich für die ihm zuviel abgenommene Summe ein Auto hätte kaufen können. Dies wird er nie tun – Statistik ist viel schöner.

20. 8. 1925

TRAGÖDIE MIT LICHTBLICK

Man sieht jetzt viel verzweifelte Kaufleute vor Gericht. Sie kommen mit Rechtsanwälten und suchen mit Kräften das Loch zwischen den Paragraphen. Nur einen sah ich, der hatte auch noch den Mut zur Verzweiflung.

Ein kräftiger Mann, vielleicht 40jährig, hatte sein hübsches Geschäft, das nun zugrunde ging. Die schmalen Lippen hält er fest aufeinander. Die kleinen Augen blicken sehr feucht.

Der Vorsitzende verliest den Eröffnungsbeschluß: Dringend verdächtig … Irrtum erregt … Vermögensvorteil … zum Schaden einer Bank. Auf deutsch: Betrug. Und dazu noch Verleitung eines andern. „Also, was haben Sie gemacht?"

Die feuchten Augen blinzeln ins Weite, die Lippen öffnen sich so schwer. Schließlich: „Ich gestehe alles im ganzen Umfang ein."

Der Richter ist nicht zufrieden.

„Sie müssen uns genau sagen, was Sie getan haben."

Der Angeklagte wird fast trotzig. Aber es sieht wohl nur so aus, das Sprechen wird ihm schwer.

„Ich bekenne mich schuldig."

Der Richter läßt nicht locker, bis er bruchstückweise alles hört.

Der Kaufmann war in Zahlungsschwierigkeiten gekommen, hatte sein Bankkonto durch Verrechnungsschecks überzogen, aber den Lehrling seiner Bank dazu bestimmt, die Schecks ordnungsmäßig durchlaufen zu lassen.

„Sie haben einem jungen Menschen, der eben lernt, wie man richtig Buch führt, beigebracht, wie man's falsch macht."

„Nein – er wußte selbst, was er zu tun hatte." Das war die einzige Einschränkung seines Bekenntnisses. Als aber der Staatsanwalt gegen ihn neun Monate Gefängnis beantragt, wird er für eine Minute gesprächig, und er sagt mit der ganzen Bitterkeit eines hoffnungslosen Menschen: „Die Sache ist nur durch eine Indiskretion herausgekommen. Einer meiner Lieferanten erfuhr es und legte Arrest auf mein ganzes Warenlager im Werte von 20 000 Mark. Um 8000 Mark hatte ich überzogen, 2000 hatte ich schon zurückgezahlt, und den Rest hätte ich auch wiedergutgemacht, wenn der Arrest nicht mein ganzes Geschäft ruiniert hätte."

Dann holte er einen Augenblick tief Atem und spricht mit der schmerzlichen Festigkeit, die ihm eigen ist, Worte, die man nie hört: „Im übrigen nehme ich jedes Urteil an, und ich werde auch keine Berufung einlegen."

Das Urteil lautet: sechs Monate Gefängnis mit Strafaussetzung gegen Zahlung einer Buße von 1000 Mark. Der Angeklagte verbeugt sich tief.

„Sie nehmen das Urteil an?"

„Ja." Er verbeugt sich nochmals tief. Aber die Spannung um den strengen Mund ist gelockert – er ist wieder ein Mensch mit einer Hoffnung.

16.12.1925

HEINRICH SKLARZ

(Heinrich Sklarz betrog die Preußische Staatsbank um gewaltige Beträge und erpreßte Abgeordnete. Am 1. Mai 1926 wurde er wegen Veruntreuung und Erpressung zu anderthalb Jahren Gefängnis, einer hohen Geldstrafe und drei Jahren Ehrverlust verurteilt. Der folgende Artikel erschien fast zwei Monate vor dem Urteil.)

Vor dem Schöffengericht Berlin-Mitte begann ein neuer, auf einige Wochen berechneter Prozeß gegen Heinrich Sklarz. Man hat nach den ersten Stunden der Verhandlung das Gefühl, dieser Prozeßstoff könnte einem Finanzwissenschaftler ebenso wie einem Juristen zur Habilitation dienen – wie einem Dichter als Vorlage zu einer göttlichen Finanzkomödie.

Ob Heinrich Sklarz ein tüchtiger oder gar ein tadelloser Geschäftsmann ist, darüber wird man streiten. Aber daß er einer der genialsten Angeklagten ist, die je Moabit bemüht haben, darf nicht bezweifelt werden: fast schade – er spielt vor leeren Bänken. Der kleine Schwurgerichtssaal erscheint im ersten Augenblick als ein zu großer Rahmen für den kleinen, mageren Mann mit dem stark angegrauten Lockenkopf, mit den tief in schwarzen Höhlen liegenden Augen, mit den vielen harten Furchen in dem schmerzlichen Schauspielergesicht. Anfangs spricht er so leise, daß er kaum verstanden werden kann, die Hände zittern, und er kann nicht zuhören, ohne tickartig mit dem Kopf zu wackeln – zuweilen scheinbar bejahend, dann wieder verneinend. Heinrich Sklarz, einst Inhaber eines Warenversandhauses, politisch viel bewandert, der rührige Betreiber zahlloser Sanierungen – macht fast den Eindruck eines gebrochenen Mannes. Zögernd und leise fallen die Worte von seinen Lippen. Es kommt ihm auch nicht darauf an, baren Unsinn zu reden, so, wenn er nach den Geldmitteln seiner Schwiegermutter gefragt wird.

„War Ihre Schwiegermutter eine wohlhabende Frau?“

„Möglich.“

„Das müssen Sie doch wissen?“

„Es ist 30 Jahre her.“

„Hat Ihnen Ihre Schwiegermutter nicht viel Geld gegeben?“

„Sie hat mir Geld zur Verfügung gestellt.“

„Wozu?"
„Ins Geschäft."
„Die Anklage nimmt an, daß Ihre Schwiegermutter Ihnen das Geld privatim gegeben hat, für Ihren Lebensunterhalt ..."
„Zwischen geschäftlich und privat sehe ich keinen Unterschied."
Aber dieser Unsinn ist – man ahnt es nur von ungefähr – ulkumwittert. Der Ulk kommt zutage, wenn der Staatsanwalt auf Vertagungsanträge des Verteidigers klagt: Dem Sklarz käme es nur darauf an, den Prozeß zu verschleppen, immer wieder sei er aufgefordert worden, seine geschäftlichen Akten dem Gericht zur Verfügung zu stellen.

Und Sklarz erwidert: „Warum beschlagnahmt der Staatsanwalt nicht die Akten? Ich habe zu Hause noch 1000 Akten liegen – die kann ich doch nicht alle herschleppen." Und der Staatsanwalt klagt weiter: „Es sind 16 Zimmer voll Akten. Der Angeklagte spekuliert darauf, daß man sich in ihnen nicht zurechtfindet." Als Sklarz den Büchersachverständigen ablehnt, packt er aus: „Das ist schon der vierte Sachverständige. Zwei wurden abgesetzt wegen Gebührenbetruges. Der dritte Sachverständige hat gesagt, daß es in diesem Prozeß nur einen Sachverständigen gibt – das bin ich. Übrigens ist mir dieser Sachverständige viel zu gering. Es gibt heute 24jährige Büchersachverständige. Die Sachverständigkeit ist jetzt sogar erblich!" Er spielt damit auf einen jungen Buchführungsfachmann an, der sein Geschäft vom Vater übernommen hat.

Es soll bewiesen werden, daß Heinrich Sklarz größere Verbindlichkeiten aufgenommen hat, als seine wirtschaftliche Lage es ihm eigentlich erlaubte: Betrug. Also muß nachgewiesen werden, was er besaß. Er behauptet: ein Warenlager, das gerichtliche Taxatoren auf 375 000 Mark schätzen. Unzählige Außenstände. Hat der Sachverständige sie aber geprüft? Hat er ein schriftliches Gutachten abgegeben? Haben nicht Großbanken in ihren Goldbilanzen viel kleinere Kapitalien nachgewiesen, als sie zur Durchführung ihrer großen Geschäfte haben durften? Schwebt nicht gegen zwei seiner Hauptbelastungszeugen ein Verfahren wegen Meineides? Aber hat nicht andererseits Sklarz keine Steuern gezahlt, sich wegen der kleinsten Beträge pfänden lassen?

Der Vorsitzende, Amtsgerichtsrat Dr. Keßner, einer der feinsten Moabiter Köpfe, verzichtet diesem Angeklagten gegenüber auf das sonst gern geübte Mittel der Ironie. Er ersetzt sie durch eine bewundernswerte Geduld, die freilich in keinem Augenblick vergißt, bei der Sache zu bleiben. Nur wenn Sklarz, gar zu temperamentvoll, dem Vorsitzenden selbst mangelnde Sachkenntnis vorwirft, sagt Dr. Keßner in seiner eisernen Ruhe: „Es steht Ihnen vollkommen frei, zu sagen, daß alles, was ich rede, Unsinn ist – vorausgesetzt, daß es in einwandfreier Form geschieht."

Dann geht man ins einzelne. Hat Sklarz die Seehandlung betrogen? Ein Kunststück hat er jedenfalls fertigbekommen. Die Seehandlung hatte von der sehr faul stehenden Vereinigten Kohlengroßhandlungs-Gesellschaft drei große Wechsel im Portefeuille, darunter einen über 221 000 Mark. Aus gewissen Gründen nahm die Seehandlung an, daß der Wechsel wenigstens für 10 bis 20 v. H. gut sei, stellte ein Prolongationspapier über 30 000 Mark aus und gab es Sklarz. Ob Sklarz es kaufte oder zum Inkasso erhielt, ist strittig. Nicht strittig ist, daß Sklarz zu dem Wechsel auch noch 25 000 Mark in bar erhielt. Wofür? Spesen? Pump? Darüber will man sich unterhalten. Aber Sklarz hält diese Unterhaltung für zwecklos. Er produziert einen Brief der Seehandlung an eine dritte Firma, in dem die Seehandlung bestreitet, das Papier an Sklarz verkauft zu haben.

„Wenn die Seehandlung bestreitet, mit mir ein Geschäft über diesen Wechsel abgeschlossen zu haben, kann ich sie auch nicht betrogen haben."

„Sie behaupten, den Wechsel gekauft zu haben?"

„Ja."

„Zu welchem Preis?"

„Es wurde kein Preis festgesetzt – erst drei Monate später."

„Für die 25 000 Mark bar hatten Sie doch keine Deckung?"

„Mein Gut, meine Villa. – Im übrigen bestreitet ja die Seehandlung selbst, mit mir Geschäfte gemacht zu haben …"

„Aber Sie behaupten es …"

„Ja, aber sie bestreitet es, dann kann ich sie doch gar nicht betrogen haben."

Das ist der Refrain des ersten Tages. Man fühlt: wenn je ein Prozeß, so ist dieser eine rein geistige Angelegenheit.

Aber um den Graukopf von Heinrich Sklarz klimpern die Schellen des tragischen Finanznarren. Welche Summe von Witz, Gerissenheit, Kenntnissen! Und welche Unfähigkeit, mit einem kleinen

Strumpfladen oder dem Päckchen auf dem Rücken sich und seine Familie glücklich zu machen. 16 Zimmer voll Akten! Ein Berg, ein Wall von Akten.

9.3.1926

MITTELALTER

Kümmelblättchen.

Herr von Manteuffel, der ausgezeichnete Spielsachverständige des Polizeipräsidiums, begann sein Gutachten mit den Worten: „Schon im Mittelalter spielte man Kümmelblättchen."

Also eigentlich eine recht ehrwürdige Angelegenheit. Außerdem tröstlich zu wissen, daß die Dummen schon damals nicht alle wurden. Wären sie es geworden, so gäbe es heute bestimmt keine mehr. Infolgedessen …

Aber auch die Klugen sind nicht alle geworden, das heißt die, die das Kümmelblättchenhandwerk betreiben. Der Angeklagte B. betrieb es so ehrpusselig wie seine Altvordern. Er sprach Leute im Lustgarten an, besonders gern solche, die mit erbaulichen Gefühlen aus dem Dom kamen. Sagte, er sei ein verarmter Gutsbesitzer aus Ostpreußen, zeigte ihnen Berlin, lud sie zum Glase Bier in ein Lokal der Stallschreiberstraße ein. Der Kellner wußte Bescheid. Nach einer Weile kam dann regelmäßig ein dritter Herr. Konversation. Der Dritte zog Karten hervor, machte mit dem verarmten Gutsbesitzer ein Spielchen. Am Ende bekam dann auch der Neuling Lust …, aber das weiß man. Na, wenn man aus (ich denke mir) Treuenbrietzen kommt, weiß man es nicht. Also, der Angeklagte ergatterte 50 Mark und ließ den Gerupften im Stich.

Der Gerupfte blieb aber nicht auf die Dauer dumm. Er ging am nächsten Tag wieder nach dem Dom, fand seinen Bauernfänger, bereit, ein neues Opfer zu finden, ließ ihn verhaften.

Nun muß man schon sagen: Der Angeklagte erwies sich als ein vielfach vorbestrafter Mensch, der immer unter den gleichen Umständen seine Opfer gesucht und gefunden hat. Im Laufe der Jahre hatten seine Vorstrafen bereits eine erkleckliche Höhe erreicht. Was aber bekam er diesmal für die 50 Mark? Sieben Jahre Zuchthaus, 2000 Mark Geldstrafe, zehn Jahre Ehrverlust.

Wie sagte Herr von Manteuffel? „Schon im Mittelalter ...“ Der erste Richter, der dieses Urteil fällte, ging offenbar von dem sehr richtigen Gedanken aus, daß die bisherigen Strafen den Angeklagten nicht gebessert hätten. Wie man im Mittelalter Kümmelblättchen bestraft hat, verriet Herr von Manteuffel leider nicht. Vielleicht, wahrscheinlich mit dem Strang. Da hatte die liebe Seele wenigstens Ruh.

Liebe Seele. Anders ist es nicht zu erklären, daß die Richter der zweiten Instanz, die über die Berufung des Angeklagten zu urteilen hatten, immerzu lächelten. Nicht nur, weil Herr von Manteuffel so hübsch das Kümmelblättchenspiel vormachte und selbst erklärte: Wenn er es spielen würde, auch er würde betrogen werden. So sicher ist Kümmelblättchen.

Aber der Angeklagte. Wie wäre ihm das Spiel geglückt, hätte er nicht von Hause aus dieses ausgesprochene Talent zur Ehrpusseligkeit. Mit seinem lieben ostpreußischen Dialekt, seiner netten und bescheidenen Haltung macht er den Eindruck eines durchaus anständigen Mannes in gesetzten Jahren. Daß er diese Jahre zum größten Teil wirklich gesessen hat, merkt man ihm nicht an. Ehrliche Haut, auch wenn er schwindelt. Anfangs versucht er noch einige Ausreden, die der Vorsitzende lächelnd abtut. Es bedarf keiner großen Überredungskunst, um den Angeklagten zu einem vollen Geständnis zu bringen.

Und noch etwas spielt mit. Das Bauernfängertum mag noch so verwerflich sein, es muß seine Reize haben, nicht nur materielle. Nein, geistige. Da ist erst die geschickte Anknüpfung des Gesprächs, dann mehr oder minder langer Gang durch Sehenswürdigkeiten. Dabei immerzu Konversation, Konversation und wieder Konversation. Sanftes Hinleiten in das bewußte Lokal, immer mit der Angst und Sorge, der gute Provinziale könne den Braten riechen. Dessen Hemmungen zu überwinden, nur ein Mittel: Konversation. Und endlich im Lokal selbst erscheint der Dritte – und macht wieder Konversation. Ein Bruchstück davon bekam man gestern zu hören. In diesem Falle erzählte der Dritte, er habe am Tage zuvor mit einem Geschäftsfreunde aus Hannover eine Kneiptour unternommen, bei dieser Gelegenheit eine Dame kennengelernt. Als es Zeit zum Nachhausegehen war, habe man nicht gewußt, auf welche Seite sich die Liebe der Dame neigen solle, die Dame habe es auch nicht gewußt, und da habe man die Herzensneigung der Dame mit Karten ausgespielt. Man bemerkte die feine Überleitung zum Kartenspiel. Kümmelblättchenspieler sind zweifellos hochbegabte Feuilletonisten. Man verarge es mir nicht, wenn ich das Handwerk grüße, und wenn es mir im übrigen lieber ist, daß sie Kümmelblättchenspieler bleiben. Offenbar von diesen und anderen Erwägungen zur Milde gestimmt, hob das Berufungsgericht das erste Urteil auf und ermäßigte es auf drei Jahre Zuchthaus, 300 Mark Geldstrafe und fünf Jahre Ehrverlust.

Noch eine Kleinigkeit: Im ersten Urteil hieß es, bei den 2000 Mark Geldstrafe: im Nichtbetreibungsfall für je 50 Mark einen Tag Zuchthaus. Diese Möglichkeit, mit 40 Tagen Zuchthaus 2000 Mark abzuverdienen, stammt jedoch nicht aus dem Mittelalter. Einige Errungenschaften hat sogar die Neuzeit.

5. 11. 1926

HERR VON LEHN

Ein großer Automobilschwindel-Prozeß, der einige Wochen dauern soll, mit eineinhalb Dutzend Angeklagten, die man in den kleinsten Moabiter Saal hineingepfercht hat. Unter diesen Angeklagten einige merkwürdige und hervorstechende Gestalten – die unauffälligste und harmloseste Erscheinung ist der Hauptangeklagte Hans Heinrich von Lehn. Er heißt wirklich so. Ein schlanker, wohlgebauter Mann mit noch jugendlich weichen Gesichtszügen, klugen, dunklen, sprechenden Augen.

Herr von Lehn erzählt mit sanfter Stimme seine Lebensgeschichte, die, wenn man ihm glauben will, eine Tragödie der Mißverständnisse ist. Der früh verwaiste Sohn eines Hauptmanns wurde in einem katholischen Stift erzogen, kam mit 15 Jahren in eine Zigarettenfabrik und wurde alsbald Leiter einer kleinen Filiale. Hier erwies er sich – so sagt er aus – einigen Schulkindern durch Geschenke gefällig und erhielt dafür unversehens wegen *Sittlichkeitsvergehens* drei Monate Gefängnis. Bevor er die Strafe antrat, floh er nach Hamburg, versuchte sich als Hafenarbeiter, wurde wieder arbeitslos, verbrachte die Nächte mit Kameraden im Hafenviertel, wurde schlafend an einer Stelle gefunden, wo eben ein *Einbruchdiebstahl* ausgeführt war, verhaftet, zu sechs Monaten Gefängnis verurteilt.

Der Krieg brach aus, er brachte es bis zum Vizewachtmeister. Die Revolution macht ihn – wie er sagt – *zum Kommandanten von Brüssel.* Er ordnet den Rückzug der deutschen Truppen und verläßt Brüssel als letzter deutscher Soldat. In Berlin gründet er mit holländischen Herren einen *Spielclub* und übernimmt dann in kurzer Folge die Bewirtschaftung der Kabaretts „Schwarzer Kater" und „Rakete".

Seine Geschäfte florieren – plötzlich wird er verhaftet unter dem Verdacht des *Straßenraubes.* Zehn Monate lang schickt man ihn in Deutschland von einem Gefängnis ins andere, überall will man ihn mit beraubten Personen konfrontieren, niemand erkennt ihn wieder, schließlich läßt man ihn laufen. Er wird Direktor des Kasinos von Heiligendamm – man erfährt seine Vorstrafen und setzt ihn auf die Straße. Er gründet eine andere Gesellschaft mit adligen Herren, ein anonymer Brief macht der Herrlichkeit ein Ende. Er macht eine kleine Ofenfabrik auf, bringt es auf 30 Arbeiter, bewohnt eine Zwölf-Zimmer-Wohnung am Kurfürstendamm; die Inflation bereichert ihn nicht, ruiniert die Fabrik. Er bezieht mit seiner Familie einen Keller in der Nachodstraße, beschäftigt sich mit neuartigen Benzinmischungen, er will etwas davon verstehen, da er zwischendurch mal irgendwo längere Zeit Einfahrer in einer Automobilfabrik war. Eine Tante aus Baltimore schickt ihm 25 000 Mark. Gerade in diesem Augenblick bietet man ihm die Firma Apel & Co an, die er mit sämtlichen Aktiven und Passiven übernimmt; er verbündet sich mit einem Ingenieur, der ebenfalls Erfindungen auf dem Gebiet des Brennstoffes gemacht hat, kauft dessen Patente und übernimmt die Herstellung des neuen Brennstoffes. Man pachtet ein großes Gelände in Tempelhof zur Herstellung des „Speziols". Der Betrieb wird kaufmännisch aufgezogen, Lastautos werden massenhaft gekauft, mit kleinen Baranzahlungen und Akzepten. Inzwischen melden sich dauernd kleine Gläubiger der Firma Apel – und lassen die Lastautos pfänden. Lehn läßt sich nicht kleinkriegen, fährt in Deutschland herum, errichtet Generalvertretungen im Rheinland und in Sachsen. Als er nach Berlin in seine Wohnung zurückkommt, erfährt er, daß die Firma Apel von Kriminalbeamten besetzt ist, die nach ihm fahnden.

Was wollen sie von ihm? Es sind inzwischen im Laufe der Jahre eine Reihe von Kleinigkeiten passiert. Da ist eine Sache mit einem Regenschirm, da ist eine Beleidigungsklage, wegen der er zu drei Monaten Gefängnis verurteilt worden ist, da ist eine zärtliche Angelegenheit mit einer Dame, die er nach Erledigung des amourösen Programms bestohlen hat.

„Es waren lauter alte Sachen, die mir das Leben schwermachten – oder vielmehr neue alte Sachen." Von Lehn flieht, flieht bis Paris, wo er erst Arbeit findet. Aber es behagt ihm nicht als einfacher Arbeiter, er sehnt sich nach Deutschland zurück und taucht in Berlin wieder auf unter dem Namen Dr. Lehmann.

Er trifft einen alten Bekannten, der heute mit ihm die Anklagebank drückt: Lohme, vielfach vorbestraft. Lohme empfiehlt ihn an die Gesellschaft Transmarina in Hamburg, die ihn um so lieber engagiert, als ihr Direktor Herr v. Dreng gar nicht Herr von Dreng heißt, sondern einfach Wachsler.

Die Transmarina macht merkwürdige Geschäfte, kauft und verkauft Autos. Lehn wird nach Süddeutschland geschickt, um einen Wagen nach Hamburg zu bringen. Man traut ihm aber nicht, und er ist verpflichtet, auf der Fahrt alle paar Stunden in Hamburg anzuläuten, um zu sagen, daß er noch auf der Welt sei. Als er in Berlin ankommt, besucht er seine Tochter, läßt den Wagen vor dem Hause stehen. Während er bei seiner Tochter sitzt, sagt man ihm, daß sich zwei Kriminalpolizisten in den Wagen gesetzt haben. Er läßt die Kriminalpolizisten sitzen, versucht noch, ein Vier-Millionen-Geschäft in englischen Militärstiefeln in Berlin zu erledigen, kehrt nach Hamburg zurück und findet – die ganze Direktion der Transmarina verhaftet. Nun klappt man ihn auch, und er verschwindet im Gefängnis.

Die eigentlich zur Anklage stehenden Fälle betreffen Kreditbetrug zu Dutzenden von Malen. Überall in allen Städten Deutschlands sind Automobile gekauft und verkauft worden – ohne daß man sie je bezahlte. Vor Gericht zeigt sich Lehn sehr loyal, er bestreitet nicht den objektiven Tatbestand und will durch dieses Geständnis die Einvernahme von Dutzenden von Zeugen ersparen. Ihm kommt es nur darauf an, zu erweisen, daß er *subjektiv* kein Betrüger sei, daß er den besten Willen hatte, reelle Geschäfte zu machen.

Wird es ihm gelingen? Aber eines ist unzweifelhaft: ein Mann von großer Begabung; wenn er ein Hochstapler ist – so doch einer mit ausgesprochener Aufwärtsentwicklung. Ein Mensch, der vielleicht nicht nur immer wieder über seine Vorstrafen strauchelte, nicht nur über alte Sachen, sondern auch über neue. Aber ein Kerl mit einem Zug zur Größe – und leider auch einem anderen Zug – hinab zur Tiefe.

26. 1. 1927

WER IST VERANTWORTLICH?

Die Frau, die sitzt am Steuer
Und lenkt auf ihre Art …
EIN DEUTSCHES VOLKSLIED

Ein Auto fährt über den Reichskanzlerplatz. Der Besitzer mit dem Dienstmädchen sitzt hinten, vorn neben dem Chauffeur die Besitzersgattin.

Das Auto erfaßt einen Radfahrer, stößt ihn um, schiebt ihn vor sich her, überfährt ihn. Der junge Mann, ein Student, wird schwer verletzt, verliert ein Bein.

Gegen den Chauffeur wird ein Verfahren anhängig gemacht, vor der Polizei erklärt er sich schuldig. Bis es zum Termin kommt, verkrachen sich die Insassen des Autos. Der Chauffeur wird, weil er die Besitzerin beleidigt haben soll, fristlos entlassen. Das Dienstmädchen fliegt mit. Nun sagt der Chauffeur die Wahrheit: Er hat ja in dem tragischen Moment gar nicht das Auto geführt, sondern die Besitzerin, Frau Dr. B., die, des Fahrens noch ziemlich unkundig, ihn bewogen hatte, ihr die Führung zu überlassen. Einen Führerschein hatte sie nicht.

Jetzt sitzen alle drei auf der Anklagebank. Der Chauffeur, der Mann, die Frau. Der Chauffeur ist der einzige, der einen Führerschein besitzt – er ist wegen unvorsichtigen Fahrens schon mehrfach vorbestraft.

Die Beweisaufnahme ergibt, daß die Frau schon vor Antritt der Fahrt von ihrem Mann die Erlaubnis hatte, „draußen, wo es nicht so gefährlich ist", den Wagen zu steuern. Daß die Frau kurz vor der Unfallstelle mit dem Chauffeur den Platz wechselte, will der Ehemann nicht gesehen haben. Es wird aber auch bewiesen, daß die Eheleute ursprünglich versucht hatten, den Chauffeur zur Übernahme der Schuld zu bewegen. Aus gutem Grunde: Die Versicherungsgesellschaft kommt nämlich für die Haftpflicht nicht auf, wenn eine Person ohne Führerschein das Auto lenkte. Ein Verfahren wegen versuchten Versicherungsbetruges blüht den Herrschaften auch noch. Der Vertreter des Nebenklägers betont, daß die Autobesitzer bisher nichts getan haben, den Verletzten zu entschädigen.

Wer aber trägt die strafrechtliche Verantwortung?

Der Staatsanwalt sagt: in erster Linie der Chauffeur. Ihm war der Wagen anvertraut, er durfte das Steuer nicht aus der Hand lassen, er hatte die Rechtspflicht, zu handeln – das heißt, nicht zuzulassen, daß eine Person ohne Führerschein das Auto lenkte. Antrag: sechs Monate Gefängnis. In zweiter Linie verantwortlich die Dame selbst, die in unbegreiflichem Leichtsinn den Chauffeur veranlaßte, ihr das Steuer zu überlassen. Antrag: sechs Monate Gefängnis und 200 Mark Geldstrafe. In dritter Linie der Ehemann, wenn auch seine Verantwortung geringer sei. Antrag: 1000 Mark und 200 Mark Geldstrafe.

Der Verteidiger des Chauffeurs sagt: Ein simpler, nicht eben kluger Mann in abhängiger Stellung. Er mußte sich seiner Herrschaft fügen, namentlich, wenn die Frau als Vertreterin des Ehemannes befiehlt und der Mann im Wageninnern sitzt. Da trug der Chauffeur keine Verantwortung mehr, sondern nur der Besitzer und seine Frau.

Der Verteidiger der Besitzersleute sagt: Niemand bedauert mehr als wir den Unfall. Aber schicken Sie nicht eine unbescholtene Frau ins Gefängnis – geben Sie ihr Bewährungsfrist.

Der Vertreter des Nebenklägers: Geben Sie keine Bewährungsfrist, denn die Angeklagte hat sich bisher immer um die Entschädigung herumgedrückt – und wenn sie Bewährungsfrist bekommen, werden sie erst recht nichts tun.

Das Urteil: Chauffeur sechs Wochen Gefängnis, Frau drei Monate und 200 Mark Geldstrafe, Besitzer 200 Mark Geldstrafe wegen Vergehens gegen das Kraftfahrzeuggesetz, weil er die Frau ohne Führerschein fahren ließ. Mit Bezug auf die Körperverletzung sei ihm nicht nachgewiesen worden, daß er sah, wie die Frau mit dem Chauffeur den Platz wechselte.

Der Zuhörer denkt sich: Gewiß hätte der Chauffeur korrekter gehandelt, wenn er sich strikte geweigert hätte, die Frau ans Steuer zu lassen. Aber ist er nicht der Verantwortung mindestens so entlastet wie der Mann? Und wie soll es möglich sein, daß an einem Sommerabend der Führer wechselte, ohne daß der Mann hinten es merkte? Ist der Ehemann strafwürdig, weil er seiner Frau generell das Fahren ohne Schein erlaubte, dann trägt er keine Verantwortung, da sie wirklich fährt und ein Unglück anrichtet?

Fast wäre man versucht, zu sagen: Sind zwei Männer dem Kraftfahrzeuggesetz gegenüber verantwortlich, dann ist es die Frau noch am wenigsten. Zwei Männer sollten immerhin mit einer Frau fertig werden.

Nur eine (halb)freundliche Seite hat das Urteil: Die Gewähr der Bewährungsfrist wird davon abhängig gemacht, daß die angeklagten Eheleute sich ihrem Opfer gegenüber anständig verhalten. Die unfreundlichere Hälfte auch dieses Beschlusses: Wird die Vollstrekkung der Strafe des Chauffeurs auch von dem Anstand seiner früheren Herrschaft abhängig gemacht – oder muß er auf alle Fälle brummen?

DAS BUCH DES FALSCHEN PRINZEN

(1927 erschien im Berliner Malik-Verlag das Buch „Der falsche Prinz" des verurteilten Hochstaplers Harry Domela, das zu einem großen Erfolg wurde. Der 1904 im Baltikum geborene Domela ging 1933 ins Exil, kämpfte im Spanischen Bürgerkrieg und lebte zuletzt in Venezuela.)

Den lächerlichsten und beweinenswertesten Komödienstoff, den die deutsche Seele durch ihr Werkzeug Harry Domela hervorbringen ließ, hat nun Domela selbst niedergeschrieben. Ob und wieweit fremde Korrektur an seinem Manuskript gewirkt hat, wissen wir nicht. Es ist kein Kunstprodukt entstanden, sondern eine flüssige Erzählung, deren gelegentliche Stimmungsmalerei den Zustand eines noch sehr jugendlichen Menschen spiegelt, wie er durch angenehme oder schmerzliche Eindrücke entsteht.

Da Domela kein Dichter ist, gehen diese Pinseleien ziemlich eindruckslos an dem Betrachter vorüber. Domela wirkt nur, wo er Tatsachen erzählt.

Ob diese Erzählungen immer getreu sind, ob jede Einzelheit – von den in direkter Rede wiedergegebenen Gesprächen ganz zu schweigen – auf Wahrheit beruht, ist nicht festzustellen, darf sogar bezweifelt werden. Schließlich würden wir uns nicht mit ihm beschäftigen, wäre er nicht als genialer Schwindler an die Öffentlichkeit getreten. Er ist also ein außerordentlich phantasiebegabter Mensch, und es wäre ein Wunder, wenn er nicht etwa bestehende Lücken seines Gedächtnisses rasch auszufüllen verstünde – wobei durchaus die Möglichkeit zugestanden sei, daß er vielleicht selbst die Wahrheit nicht immer von der Dichtung zu trennen versteht.

Aber die Hauptzüge seiner Erzählung sind nicht anzuzweifeln: seine Herkunft aus einem bürgerlichen Hause in Kurland, die schwere Jugend des zehnjährigen Knaben in der vom Kriege zerrissenen Heimat, der Eintritt des 14jährigen in die Soldateska der ersten Nachkriegszeit, seine Not um Arbeit, seine ersten Abstiege in die Verbrecherwelt, seine Strafen, seine Abenteuer bei den Saxo-Borussen in Heidelberg, sein Auftauchen in der thüringischen Gesellschaft – schließlich seine (mißglückte) Flucht in die Fremdenlegion.

Domela stellt fest: Der Eintritt in die höhere Bourgeoisie, ja selbst in sehr feudale Kreise, ist eigentlich ein Kinderspiel. Domela hat in Thüringen kaum etwas dazu getan. Er hat sich Baron Korff genannt – das war zunächst alles. Als er in Erfurt auf die Idee kam, einen alten Freund aus seiner Arbeiterzeit zu sich in das vornehme Hotel einzuladen, erregte dieser Freund das Mißfallen des Personals. Man rümpfte die Nase und bediente schlecht. Domela beschwerte sich darüber beim Hoteldirektor, und diese Beschwerde bildete eigentlich den Schlüssel zu allem, was weiter geschah. Der angeschnauzte Direktor sank in die Knie. Domela empfing weiter jeden Abend den offenbar nicht sehr gut aussehenden Freund. Und trotzdem ist es dieser Freund, der ihm den Inhalt eines zufällig erlauschten Gespräches melden konnte: Sie halten dich für Prinz Wilhelm von Preußen.

Dann aber ist die Prinzenkomödie nicht etwa eine Bestätigung, sondern eine tolle Übertrumpfung der Kellerschen Novelle „Kleider machen Leute". Domela machte sich auch ohne Kleider. In den heikelsten Tagen des Thüringer Aufenthaltes, bei feudalen Jagdpartien, Autofahrten, Besuchen, Empfängen hatte dieser Prinz – es war Winter: alles starrte in Pelzen, Seiden, Fracks, Smokings, Orden – nichts anzuziehen als einen grauen Reiseanzug und gelbe Stiefel!

Seine eigentliche Situation als Hochstapler war diese: er war nicht etwa ein Betrüger, der mit etwas Betriebskapital in der Tasche auf einen großen Coup ausging, sondern er war unversehens in eine Lage geraten, die ihn für einige Tage mit Essen, Trinken und Nachtlager versah. Und so verblendet war die Welt, daß bei seinen gelegentlichen Ausflügen nach Berlin und zurück der ganze amtliche Anhalter Bahnhof vor ihm strammstand, Coupés reservierte, ihn zu seinem Coupé geleitete (auch wenn er notgedrungen dritter Klasse reisen mußte!) – dieser selbe Anhalter Bahnhof, auf dem ihn wenige Jahre zuvor, als er dort ein bißchen Wärme und Schlaf suchte, zum ersten Male die Polizei aufgegriffen hatte … Denn – und das ist die eigentliche und bitterste Lehre Domelas – so leicht der Eintritt in die vornehme Welt ihm wurde, so unendlich schwer ist der Eintritt in die Welt der Arbeit, ja in die des Elends. Unterhalb jener vertierten Dummheit gewisser Kreise ist nämlich alles auf Legitimation gestellt. Gerade, daß sich jemand einen Koffer tragen läßt, ohne nach Papieren zu fragen. Das: Ich will arbeiten! besagt gar nichts in dieser trefflich papieren geregelten unteren Welt. Da heißt es: Wer bist du?

Und es ist wiederum eigentümlich, daß wir den Verbrecher Domela eigentlich gerade der gouvernementalen Unfähigkeit jener Kreise verdanken, die ihre Söhne bei den Saxo-Borussen – man muß schon sagen – studieren lassen. Domela ist das Produkt der regierungsfähigen Herrschaften, die Deutschland gouvernemental so auf den Hund gebracht haben, daß auch die junge Republik es nicht dazu bringt, einfachste Probleme einfach zu lösen.

Domela ist von deutschem Stamm, hat sich immer nur als Deutscher gefühlt, ist mit 14 Jahren für die deutsche Sache unter die Waffen getreten! Aber das machte ihn doch nicht zum Deutschen! Als ein „Staatenloser" irrt er in Deutschland umher. Die deutsche Staatsangehörigkeit zu erwerben – dieses Kunststück, an dem in jedem einzelnen Falle die Bürokraten sämtlicher deutscher Bundesstaaten zwei Jahre arbeiten, konnte der minderjährige Junge nicht vollbringen. Als er in einer thüringischen Fabrik bei schwerer Arbeit endlich Fuß gefaßt hatte, wurde er als Nichtdeutscher auf die Straße geworfen. Für ihn blieb nur die schmutzigste Arbeit, entweder auf dem Gütchen eines Bauern oder auf der Klitsche eines feudalen Herrn: in Dreck erstarrend, frierend, verlaust, schlecht genährt, zu einem Barlohn von einer oder zwei Mark die Woche.

Wenn Domela in diesen Schilderungen übertrieben haben sollte, und es wäre nur die Hälfte wahr, es bliebe doch fürchterlich! Der Held im Vorbestraften-Film strebt vergebens nach Arbeit. Das hat auch Domela durchgemacht. Aber in diesem Film steht nichts von *der* Arbeit und *den* Lebensbedingungen, die solchen Vorbestraften (im besten Falle) vorgesetzt werden. Da steht nichts von der ungezügelten Ausbeuterlust des Bauern, der sich seine Arbeitskräfte unter den Strafentlassenen anheuert, um billig zu einem Sklaven zu kommen. Da steht nichts von jener Welt, in der eigentlich zwischen Freiheit und Gefangenschaft kein Unterschied ist – oder eigentlich höchstens ein Unterschied zugunsten der Gefangenschaft.

Nein – ob das Strafgesetzbuch ein bißchen besser oder schlechter ist, ob unser Richtertum oder unsere Zuchthäuser zu erneuern seien: Wir haben eigentlich gar nicht das Recht, darüber nachzudenken, solange wir uns nicht um das Menschenmaterial kümmern, das wir täglich gefühl- und gedankenlos in die Tiefe stampfen – um uns dann zu wundern oder gar uns zu beklagen, wenn von der anderen Seite mal die Rechnung präsentiert wird.

Domelas Buch ist eine solche Rechnung. Sie gilt nicht nur den Hohlköpfen am Neckar und an der Ilm. Sie gilt jedem von uns – auch an der Spree.

3.9.1927

DER SCHWARZE HARRY UND DER EISERNE WILLY

Ja-a, die Zöllner sind auch Sünder! ...
„CARMEN", 3. AKT

Der Prozeß gegen den Zollinspektor Ludwig Plaumann, den Artisten Cohn und den Bankbeamten Silberstein bietet den kostbarsten Stoff für einen Dichter, der sich vorgenommen hätte, in einer Komödie die Korruption einer Behörde zu schildern. Eine bittere Komödie würde es freilich. Über Cohn und Silberstein, zur Not noch über Plaumann, ließe sich lachen. Was dahintersteckt – stecken mag, ist unangenehm, unangenehm, unangenehm.

Man stelle sich vor: Da ist das Landesfinanzamt, das die richtigen Steuerbanderolen drucken läßt und eine eigene Fahndungsstelle unterhält, um die falschen Banderolen und ihre Hersteller zu ermitteln. Auch kümmert man sich – wie man aus anderen Prozessen weiß – um verschobenen Sprit. Die Beamten dieses Dezernats sind besonders tüchtig, weil es Belohnungen für glückliche Fahndungen gibt, und da die Kriminalpolizei auf dem gleichen Felde akkert, muß man scharf hinterhersein. Man ist nicht nur auf die Polizei eifersüchtig, man ist es auch unter sich.

Und bei dem Geschäft rauscht Geld durch die Finger. – Man zahlt „Bewegungsgelder" an Vigilanten, man zahlt Vorschuß, man zahlt eventuell für falsche Banderolen viel Geld (wo man doch die echten aus der Reichsdruckerei so billig hat) – man zahlt dieses viele

Geld, um den Verfertigern auf die Spur zu kommen. Eigentlich soll man's nicht zahlen, man soll es nur den Schiebern „zeigen", damit sie gieprig werden. Aber das Merkwürdige ist, daß immerzu Geld zum Vorzeigen verlangt wird, ohne daß man es je wieder zurückzugeben braucht. Und die Summen sind stattlich. Durch die Hände des Zollinspektors Plaumann allein sollen 67 000 Mark gegangen sein.

Wo gingen sie hin? In irgendeiner Banderolensache wurde Silberstein verhaftet, ein kluger, feiner Kopf. „Ein feiner Gesellschafter", sagt Plaumann von ihm. Plaumann vernimmt also den Verhafteten Silberstein und bemerkt dabei, daß Silberstein zum Bestraftwerden viel zu schade ist. Das mit ihm aufgenommene Protokoll verschwindet – Herr Silberstein ist von Herrn Plaumann als Vigilant engagiert. Bekommt seine Bewegungsgelder, und nun bewegt er sich – einschließlich Cohn. Denn Cohn ist sein Freund. Etwas soll Cohn tatsächlich in Hamburg herausbekommen haben – wofür er von Plaumann 6000 Mark Belohnung bekam. Im übrigen lebte man ja auch von Vorschüssen sehr gut, die Plaumann so glänzend herbeischaffte. Aber die Vorgesetzten des Finanzamtes fanden, daß für die vielen Vorschüsse doch ein bißchen zu wenig geleistet würde, und es mußte wieder einmal ein großer Coup gelandet werden. Plaumann selbst war wohl nicht mehr so ganz bei bester Laune. Und so verbündete er sich mit Cohn und Silberstein zu folgendem Geschäft: Die beiden sollten eine Druckmaschine kaufen, sie in ein Zimmer stellen, ein Klischee für falsche Banderolen herstellen lassen. Und wenn dann alles fertig war, sollte Plaumann kommen, die Fälscherwerkstatt ausheben. Zu erwarten war, daß die Entdecker der Fälscherwerkstatt 12 000 Mark Belohnung bekamen. Die eigentlichen Fälscher sollten aber der schwarze Harry und der eiserne Willy sein, die selbstverständlich bei der Aushebung nicht gekriegt werden würden.

Es ist unmöglich, ein genaues Bild von den Vorgängen zu geben, die von den Angeklagten sehr verschieden geschildert werden. Cohn und Silberstein behaupten, überhaupt von Plaumann zu dem ganzen Schwindel angestiftet worden zu sein, während Plaumann sich damit verteidigt, er sei von Cohn und Silberstein betrogen worden, er selber habe stets an den eisernen Willy und den schwarzen Harry geglaubt. Tatsache ist, daß das Geld zur Anschaffung der Fälschermaschine vom Finanzamt selbst durch Plaumann gezahlt worden ist, daß weitere Vorschüsse für die Herstellung des

Klischees geleistet wurden und daß – kurz bevor die feierliche Aushebung der Fälscherwerkstatt durch Plaumann erfolgte – die Kriminalpolizei selbst kam und Cohn und Silberstein verhaftete. Tatsache aber ist, daß es Plaumann gelang, die beiden aus dem polizeilichen Gewahrsam wieder zu befreien, indem er sie als Vigilanten legitimierte. Tatsache ist auch, daß er die beiden noch nachher mit amtlichem Geld versorgt hat.

Dem jungen, schneidigen Zollinspektor wird es vor Gericht nicht leichtgemacht. Er möchte so gern mit einem Lächeln von den beiden anderen abrücken. Aber es gelingt ihm nicht. Der Vorsitzende leitet die Verhandlung mit einer erbarmungslosen Nüchternheit, einer Nüchternheit, die oft zum schlagenden Witz wird. Nur eine Dialogstelle sei wiedergegeben:

Plaumann: „Ich sagte zu Silberstein: Ihr seid Schweine."

Silberstein: „Nie hat er so etwas gesagt. Hätte er es getan, ich würde ihm eine Ohrfeige gegeben haben."

Vorsitzender: „Dazu hatten Sie keine Veranlassung."

29.10.1927

DIE EIERKISTE

Man lernt doch immer was hinzu: „Achtzehner" Eier sind solche, bei denen 120 Stück 18 englische Pfund wiegen. Dann gibt es „Siebzehner", „Fünfzehneinhalber" – das sind so die Unterschiede. Sind die Eier aus Dänemark, so ist die Zahl 18 oder 17 außen und innen auf das Holz der Kiste gebrannt. Der Gewichtsunterschied beim einzelnen Ei beträgt drei Gramm, der Preisunterschied im Großhandel einen halben Pfennig. In jeder ordentlichen Eierkiste sind 960 Eier. Uff.

Ein alter Kaufmann, aus Tarnow gebürtig, aber seit 30 Jahren als Eiergrossist in Berlin ansässig, soll in einem Falle die eingebrannte 17 aus dem Kistendeckel ausgekratzt haben, um sie durch die Zahl 18 – mit Gummistempel aufgedrückt – zu ersetzen. So soll er sie an einen Kleinhändler verkauft haben. Ungerechtfertigter Gewinn etwa 4,30 Mark. Jedenfalls im Innern der Kiste stand noch die 17.

Gegen den Angeklagten spricht, daß er dem Bemogelten gegenüber ein Geständnis abgelegt haben soll.

Gegen den Bemogelten spricht, daß er die Kiste mit den zu kleinen Eiern monatelang überhaupt nicht bezahlt hat, daß er erst vom Schiedsgericht zur Zahlung verurteilt werden mußte und daß er erst *nach* seiner Verurteilung die Angelegenheit der Staatsanwaltschaft anzeigte.

Zwischendurch spielen Möglichkeiten. Kann nicht vielleicht schon woanders eine Umsignierung der Kiste vorgenommen worden sein? Sachverständige reden, gewiegte Eiersachverständige. Nein – die Möglichkeiten sind sehr schwach; sind vielleicht gar nicht vorhanden. Aber andererseits – der alte Eierhändler ist noch nicht vorbestraft, genießt in Fachkreisen den besten Ruf. Was hatte er es nötig, einen Betrug, ja eine Urkundenfälschung zu begehen, die sich doch nur im großen rentieren konnte, während hier eine einzige Eierkiste als gefälschte Urkunde vor Gericht stand?

Aber das Geständnis. Der Angeklagte soll ja nur dem Bemogelten gegenüber die Tat eingestanden haben. Indessen – der Bemogelte ist schwerhörig, und der Angeklagte spricht sehr undeutlich. Das heißt, er spricht Jargon, jene ausdrucksvolle Mundart, in der zuweilen das Gegenteil von dem ausgedrückt wird, was man sagt. Der Angeklagte war zum Bemogelten gekommen, wollte das Geld haben für die Eier, wollte ihm sogar einen Nachlaß gewähren für den Gewichtsverlust.

Der Bemogelte aber sagte: „Ich zahle nicht, erst nenne du mir die Firma, die dich beliefert hat."

„Nein", sagte der Mann aus Tarnow. „Meinen Lieferanten kann ich nicht nennen. Zahl schon das Geld!"

„Nur wenn du sagst, wer die Firma ist oder wer die Fälschung gemacht hat."

Und in diesem Augenblick soll der Tarnower gesagt haben: „Ich hab's getan." Aber an den genauen Wortlaut kann sich niemand erinnern, weder an den Tonfall noch an die Handbewegung. Vor Gericht behauptet er, ironisch gesagt zu haben: „Nu, hab *ich's* getan – gib mir mein Geld!"

Ironisch oder nicht, das ist hier die Frage.

Das Gericht – vielleicht waren die Schöffen nicht auf Ironie geeicht – verurteilte nach langer Beratung den Eierhändler wegen schwerer Urkundenfälschung und versuchten Betruges zu zwei Wochen Gefängnis mit Bewährungsfrist.

Der alte Eierhändler wird Berufung einlegen, und man muß ihn ermutigen. Sind wirklich alle Möglichkeiten erschöpft? Und hatte nicht der Verteidiger recht, zu sagen: „Wir verhandeln immer über die Kiste und was draufstand. Aber was für Eier wirklich in der Kiste waren, weiß kein Mensch, hat kein Sachverständiger geprüft. Vielleicht waren es überhaupt Achtzehner."

Wahrhaftig. Da lernt man immer was dazu. Jetzt kennt man den Unterschied zwischen Achtzehner und Siebzehner Eiern. Nur was in der Kiste war, weiß man nicht. Und darauf kam es doch eigentlich an.

10. 12. 1927

FREMDER BESITZ

DER RÄUBER AUS REKLAMESUCHT

Sachverständige werden darüber urteilen, ob der Räuber Johannes Spruch, der am 25. September den verwegenen Überfall auf das Juweliergeschäft in der Tauentzienstraße verübte, ein Psychopath sei – und das Gericht wird darüber beschließen, bis zu welchem Grade die psychopathische Veranlagung etwa ein Grund sei, ihm mildernde Umstände für eine Tat zuzubilligen, zu der er sich ja im übrigen offen bekennt.

Der Typ des Räubers Spruch ist in Deutschland ein verhältnismäßig seltener; in romanischen Ländern trifft man ihn häufig und immer wieder. Man wird angesichts dieses Mannes sehr lebhaft an die Pariser Autobanditen erinnert, die mit unerhörter Verve vor etwa 15 Jahren am hellichten Tage Pariser Bankfilialen überfielen und ausräumten, die dann, als man ihnen auf der Spur war, sich mit der Waffe in der Hand bis zum letzten Atemzuge verteidigten. So konsequent ist Johannes Spruch Gott sei Dank nicht; aber wenn man ihn von der Anklagebank sprechen hört – besser gesagt: sprechen sieht –, so hat man das deutliche Gefühl: Dieser Mann ist nicht Verbrecher geworden aus moralischer Verkommenheit, vielleicht noch nicht einmal aus einer ihn vollkommen beherrschenden Sucht nach Gewinn. Er handelte sichtlich aus einer steten, sprungbereiten Laune heraus, und diese Laune hat er in den Gerichtssaal mitgebracht. Unter den 300 Menschen, die an diesem Tage im Schwurgericht vereinigt sind, ist er zweifellos der bestgelaunte. Keine Spur von Bewußtsein davon, daß er sich eines schweren Verbrechens zu verantworten hat; kein verstimmender Gedanke an eine mehrjährige Zuchthausstrafe, die ihn bedroht. Er läßt sein Leben an uns vorüberziehen, sein Leben, das scheinbar so lustig war, in dem es aber auch an verzweiflungsvollen Momenten nicht gefehlt hat. Dreimal hat er versucht, sich dieses Leben zu nehmen – vielleicht ohne selbst recht zu wissen, warum es ihm nicht behagte.

Es ist kein Anlaß, die geistigen Fähigkeiten Spruchs zu überschätzen. Er war ein durchschnittlicher Volksschüler, ein wenig ausdauernder Angestellter, ein gelegentlich zu Heldentaten, dann wieder zum Auskneifen geneigter Soldat, er war ein sentimentaler Liebhaber und dann wieder einer, der von den Einkünften seiner „Sonja“ lebte. Er war ein durch blitzhaftes Handeln erfolgreicher Räuber – und er war ein fliehender Verbrecher, der sehr bald der Polizei ins Garn lief.

Er ist ein Angeklagter, der kaum danach trachtet, irgend etwas zu verhüllen. Seine Rede, die fast geschlagene drei Stunden dauert, schmückt er dauernd mit gewissen Naturlauten wie „Puff“, „Tsching“, „Tamtam“. Sein Bedürfnis nach Krach ist so groß, daß er fortwährend mit der Hand auf die Barriere schlägt. Als er in die Mitte des Saales gestellt wird, um vor der Tafel sein Eindringen in den Juwelierladen zu schildern, klatscht er zur Einleitung in die Hände wie ein Schaubudenbesitzer. Den Schuß im Privatkontor hat er nur abgegeben, um Tamtam zu machen – „ohne Tamtam kann ich nichts machen“. Der Höhepunkt seiner Tat ist für ihn die Lektüre der Zeitungen mit ihren großen Überschriften. Er muß noch heute herzlich darüber lachen, wie er nach seiner Verhaftung die Kriminalpolizei mit der Sonja hereingelegt hat – und daß man Reisen nach Polen unternommen hat, um Sonja zu finden, ist für ihn eine Quelle reinsten Vergnügens. Dazwischen machte er noch sentimentale Nebengeschäfte: Die Versendung einzelner Schmuckstücke an einige Bräute befriedigte ihn tief: Er wollte doch zeigen, daß auch er was geworden sei.

Das Gehirn dieses Menschen gleicht einer Mühle ohne Korn. Es ist in Spruch ein unbändiger Trieb. Er kann nicht arbeiten, er kann nur handeln. Aber für die Handlung fehlt es ihm an Motiven, Ziel, an Bildung, an irgendwelchem Können. Als er der Angestellte eines Geschäftes war, konnte er nicht vorwärtskommen – „ich konnte mir nie merken, wo die Ware liegt“ –, vielleicht erklärt das auch seine Vorliebe für Juwelierläden, die im Schaufenster ihre Kostbarkeiten zeigen. Interessant für ihn ist nur die Tat und das, was die Tat hervorbringt: ein Stab von Beamten um ihn bemüht, Journalisten, Zeitungen, Bilder … man darf überzeugt sein: Auch auf das Plätzchen im Verbrecheralbum ist er stolz.

Er weiß nicht, wie kurzlebig der Zeitungsruhm ist, wie rasch der eine Tag vorbeigeht im schönen, alten Schwurgerichtssaal mit den vielen gut angezogenen Leuten im Zuschauerraum und auf den Tribünen. Er weiß eigentlich gar nichts von dieser Welt und am wenigsten von dem patentierten Segen des kleinen Philisters zu Stuckert am Neckar.

Daß er das nicht weiß, ist sein Schwachsinn, der ihm vielleicht mal hie und da die Milderung einer Strafe einbringt und der ihn dennoch zum Untergang verurteilt.

DIE SACHVERSTÄNDIGE LEBEDAME

Der Prozeß gegen einen ungetreuen mittleren Magistratsbeamten. Er hat, auch als Direktor der Einkaufskommission für städtische Beamte, Unterschlagungen begangen.

In der sachlich korrekt geführten, etwas langwierigen Verhandlung eine Oase, ein Öäslein. Man wirft dem Angeklagten vor, er habe das Geld in leichtfertiger Gesellschaft verjubelt. Daß er, obwohl verheiratet, mit einer Dame aus einem Tanzpalast Beziehungen unterhielt, leugnet er nicht, wohl aber, daß er in ihrer Gesellschaft Unsummen verpraßte. Seine Ausgaben seien immer bescheidene gewesen.

Zum Zwecke des Gegenteils vernimmt man zunächst den Direktor des Tanzpalastes. Nach dessen Erinnerung habe der Angeklagte gewöhnlich nur eine Tasse Kaffee oder ein Glas Bier getrunken. Etwa im Preise einer Mark.

Dann erscheint die Tänzerin selbst. Hoch und schlank gewachsen, in einen gut aussehenden, aber nicht sehr kostbaren Pelz gehüllt. Nerz-Imitation.

Sie selbst keine Schönheit, aber ein rassiges Gesicht, mit schweren dunklen Augen, kurzer Nase, einem etwas breiten, schmallippigen Mund.

Sie gibt zunächst ruhig Auskunft, wie sie den Angeklagten kennengelernt habe. Dann aber fragt man auch sie nach dem übertriebenen Aufwand. Sie hat nichts Übertriebenes gemerkt.

„Haben Sie nicht mit dem Angeklagten Autoausflüge gemacht?"

„Ja – jeden Sonnabend holte er mich ab, und Sonntag abend kamen wir zurück."

„Wohin fuhren Sie?"

„Das weiß ich nicht mehr, irgendwohin – in die Umgebung."

„Sind Sie unterwegs in kostspieligen Hotels eingekehrt?"

„Nein, wir nahmen immer Stullen mit und Orangen. Außerdem machte es uns Spaß, in ganz bescheidenen Dorfwirtschaften einzukehren."

„Hat der Angeklagte Ihnen Geschenke gemacht?"

„Ja, einen Ring und diesen Pelz."

„War der Ring wertvoll?"

„Als ich ihn verkaufte, bekam ich 200 Mark dafür."

„Na und sonst – hat der Angeklagte mit Ihnen viel Champagner getrunken?"

„Nein, nur ein einziges Mal, an meinem Ehrenabend im Tanzpalast. Da gab es erst Bowle, dann Sekt."

Nach dem Vorsitzenden setzt der Staatsanwalt das Verhör fort: „Hat der Angeklagte Ihnen gesagt, welchen Beruf er habe?"

„Er sagte, er sei Beamter."

„Da mußten Sie sich doch über seine Geldmittel wundern?"

„Nein."

„Sie mußten ihm doch ansehen, daß er ein mittlerer Beamter sei, dem so große Einkünfte nicht zuzutrauen waren."

„Ich sah es ihm nicht an."

„Für einen höheren Beamten konnten Sie ihn doch nicht halten?"

„Doch – er sah immer sehr gut aus."

Langes, etwas beleidigtes Schweigen. Endlich der Vorsitzende: „Höhere Beamte haben doch heutzutage auch kein Geld?"

„Das weiß ich nicht."

Pause. Der Staatsanwalt: „Hat Ihnen der Angeklagte mal gesagt, daß er nebenbei Direktor einer Einkaufskommission sei?"

„Das ist möglich, daß er etwas von Direktor gesagt hat."

„Aber Sie mußten doch wissen, daß ein Beamter keine Nebenbeschäftigung haben dürfe."

„Das wußte ich nicht."

Der Staatsanwalt ereifert sich: „Das mußten Sie wissen."

„Ich wußte es aber nicht."

Der Verteidiger: „Ich mache darauf aufmerksam, daß der Angeklagte diese Stellung mit Genehmigung seiner Vorgesetzten innehatte."

„Er ist deswegen mit einem Verweis bestraft worden."

„Ja, aber irrtümlich. Es war doch eine Einkaufsvereinigung von Magistratsbeamten. Wie konnte der Angeklagte diese Stellung heimlich, ohne Genehmigung verwalten?"

Der Staatsanwalt (zur Zeugin): „Sie haben also nichts dabei gefunden?"

„Nein."

Der Vorsitzende: „Also den Eindruck eines übertriebenen Aufwandes hatten Sie nicht?"

„Nein. Wir haben manchmal zum Abendessen eine Flasche Wein getrunken. Das kam mir nicht übertrieben vor. Ich werde auch sonst sehr viel eingeladen, da trinkt man auch Wein und fährt Auto." Später wird die Zeugin vereidigt.

Diese Vernehmung regt die Frage an, ob es nicht im Interesse einer geordneten Rechtssprechung angebracht wäre, für die Lebedamen Berlins Kurse über Beamtenrecht, Staatsbürgertum, Volkswirtschaft und Psychologie einzurichten. Namentlich die volkswirtschaftliche und psychologische Bildung der Damen ließe eine Vertiefung zu.

Sicher ist in dem vorliegenden Falle für die Rechtsfindung und namentlich für die Strafabmessung erheblich, was der Angeklagte mit dem unterschlagenen Geld gemacht hat. Die Tatsache allein, daß er Beziehungen zu einer Lebedame unterhielt, konnte nicht ausschlaggebend sein. Es kam vielmehr darauf an, zu wissen, ob der mit ihr betriebene Aufwand ein geringer, ein mittlerer oder ein übertriebener war. Die Dame als Zeugin stellte sich bedauerlicherweise offenbar auf den ganz subjektiven Standpunkt, daß für sie das Beste gerade gut genug sei. Selbst wenn man hört, daß sie mit ihrem Freund auf Autoausflügen mitgenommene Stullen verzehrt hat oder in bescheidene Dorfwirtschaften einkehrte, so scheint das mehr einer aparten, auf das Sensationelle gerichteten Laune denn dem ernsthaften Wunsche entsprungen, zu sparen und miteinander zu darben.

Nahm das Verhör zuweilen den Charakter einer Sachverständigenaussage an, so scheint es geboten, einen Standard für lebemännische Ausgaben zu eruieren, durch den auch Damen geringerer Qualität zu einer sicheren Beurteilung der mit ihnen genossenen Freuden gelangen können. Jedenfalls aber würde ein Kurs von Psychologie und Physiognomik dazu führen, die Kunde von den Unterschieden im Ausgeben von höheren, mittleren, niederen Beamten auch in jener anderen Hälfte der Welt zu verbreiten, die nun mal notwendig ist, wenn man nicht will, daß die Welt ein Fragment sei.

24.1.1926

DIE KETTE

Der liebe Gott hatte sich mal wirklich Mühe gegeben und nach den Erlesensten des Alten Testaments ein Frauenbild getuscht – ein Frauenbild! Und er scheute nicht mal den Weg in das finsterste Galizien. Ausgerechnet dort ließ er das Mädchen erblühen, mit der unausgesprochenen Absicht, es nach 20 Jahren auf der Anklagebank in Moabit einem kleinen, aber gewählten Kreise von Bewunderern vorzuführen. Das heißt, ob er das alles gewußt hat, sei lächerlicherweise nicht behauptet. Dies Mädchen hatte wohl seinen eigenen Kopf, und es geschah sicher gegen höheren Willen, daß es mit 17 Jahren einen abscheulichen Kellner heiratete. Der Vater aller Dinge hatte vielleicht ganz anderes mit ihr vor; erst als ihm gar nichts anderes mit ihr glückte, kam er auf die Idee mit der Anklagebank.

Da saß sie nun, schimmernd wie eine Blume im Schaufenster. Mit schwarzbraunem Pagenkopf, großen, klugen, grauen Augen unter der weißen Stirn. Mattgelb die Haut, leuchtend Mund und Zähne, mit einem kurzen, vorwitzigen Näschen und zwei etwas dicklichen, roten Händen. Auf die hatte man höheren Orts offenbar nicht so geachtet.

Und der Mann war auch dabei, gräßlich anzuschauen wie ein Kaktus. Den man zwar auch ins Blumenfenster stellt, ich weiß nur nicht, warum.

Angeklagt waren beide des Diebstahls. Er hatte die spärlichen Kostbarkeiten aus der Wohnung einer befreundeten Familie entfernt, während sie, die süße Canaille, alles tat, um die Besitzer fernzuhalten – um dem Manne für sein Tun Zeit zu lassen.

Vielleicht wäre der Frau die Mitwisserschaft nicht haarklein nachzuweisen gewesen. Aber – der Kaktus von einem Manne, mit ihr längst verfeindet, legte, um die Mitschuld seiner Frau zu beweisen, eine Fotografie vor, auf der sie eine gestohlene goldene Kette um den Blütenhals trägt. Aus dieser Tatsache entwickelte sich eine psychologische Kontroverse zwischen Staatsanwalt und Verteidiger. Dieser meint, die junge Frau hätte sich bestimmt nicht mit der Kette fotografieren lassen, wenn sie gewußt hätte, daß sie gestohlen sei. Der Staatsanwalt aber lächelt weise und sagt, da kenne der Herr Verteidiger die Frauenseele schlecht. Sie sei unbedenklich, um zu besitzen, und lasse jede Vorsicht außer acht, wenn es gälte, Schmuck zu zeigen.

Das Gericht schlichtete den Streit, indem es die Frau zwar schuldig sprach – ihr aber die Untersuchungshaft anrechnete und für den Rest Bewährungsfrist zubilligte, so daß sie sofort in Freiheit gesetzt wurde. Den Mann aber ließ man gerechterweise brummen, um seinen stachlichten Anblick so lange wie möglich der empörten Mitwelt zu entziehen.

Da geht sie nun dahin, die süße Dame, begleitet von den Segenswünschen aller, die sie je gesehen; das Köpfchen frei und leicht auf dem weißen, schmucklosen Halse.

Wer legt da ein Kettchen herum, ein nach Möglichkeit nicht gestohlenes?

DIE BANDEROLENDIEBE

Die drei Männer, die in einer Dezembernacht aus dem Dahlemer Hauptzollamt für Hunderttausende von Mark Zigarettenbanderolen gestohlen hatten, sitzen heute auf der Anklagebank und neben und hinter ihnen die Männer und Frauen, die sich mit der Unterbringung der Beute beschäftigt haben.

Man kann von den fünf oder sieben Hauptangeklagten nicht behaupten, daß sie den Typ des Gentleman-Einbrechers darstellen. Eher müßte man sie als Bürger-Einbrecher bezeichnen. Sauber und anständig gekleidet, sorgfältig gescheitelt und rasiert sind sie alle, die jüngeren und die älteren. Aber wenn man jeden einzelnen von ihnen nachts in seiner Wohnung träfe, man dächte nicht daran, Einbrecher vor sich zu haben, sondern schlichte, sympathische Bürgersleute, die man trotz der vermutlich vorgerückten Stunde zu einem Schnaps einlüde. Sieht man sie alle zusammen, so haben sie schon manches Gemeinsame. So drei von ihnen merkwürdig in die vorgewölbte Stirn springende Augenbrauen, kleine, tief in den Höhlen sitzende Augen, kurzgestutzte Schnurrbärte, dünne Lippen, energisches Kinn. Die kleinen Augen aber unter den wild gezackten Brauen sind ausgesprochen sorgenvoll. So sehen Augen aus, die viel gewacht haben, die sehr scharf sehen, namentlich in der Nacht, und die auch nach innen blicken und sich sagen: Dies Leben ist verflucht wenig wert.

Deshalb sind wohl auch die meisten von ihnen geständig. Der Kellner und Rennpferdbesitzer Endres scheint der Vater der ganzen Idee gewesen zu sein. Otto Müller, ein alter gewiegter Arbeiter in seinem Fach, heute ein müder und trüber Mann, hat die Sache mit dem jungen Marschalk ausbaldowert, und als dritter in der Ausführungskolonne fungierte Otto Spang. Freilich, Spang bestreitet. Und wie er versucht, sich innerlich von den anderen abzusondern, so sticht er auch äußerlich als besondere Klasse ab. Er war ein Freund der großen Einbrecher Brüder Strauß, und seinen dunklen, wilden Augen möchte man nachts am wenigsten begegnen. Die anderen sind mit Bezug auf Spang in einer gewissen Verlegenheit. Sie waren früher verhaftet als er, hatten sein Bild im Verbrecher-Album wiedererkannt und ihn schließlich verraten; heute tut's ihnen irgendwie leid, und obgleich sie sonst ganz offenherzig alles zugeben – gegenüber Spang suchen sie sich mit Redensarten zu helfen. Sie sagen: „Meiner Ansicht nach ist er dabeigewesen –" oder „Mir ist so, als ob er dabeigewesen ist –" oder „Nach meiner Überzeugung war er dabei". Aber wenn der Vorsitzende sie fragt: „Sie haben doch den Diebstahl zu dritt ausgeführt und haben einen Tag und zwei Nächte miteinander verbracht, da müssen Sie doch sagen können, ja oder nein – ist er es gewesen oder nicht!"

Und Müller antwortet dumpf: „Ich glaube ja, daß er es gewesen ist."

Wenn man den beiden Geständigen folgt, ist die Technik des Einbruchs sehr einfach gewesen. Sie warteten, bis der Wächter des Zollamtes Sonntag früh seinen Dienst verlassen hatte; dann fanden sie zu ihrer Verwunderung – in der Hauptsache aber wohl, um sich über die Anklage des schweren Diebstahls hinwegzusetzen – alle Türen offen. Einer der Herren gibt sogar seiner Empörung Ausdruck über diese offenen Türen: „Ich habe mich gefragt, ist das überhaupt noch eine Behörde oder eine Larifari-Wirtschaft."

Das einzige Loch, das zu bohren war, überlassen sie großmütig Spang, während sie sich nun die Pakete mit Banderolen zureichten. Als sie mit der Arbeit fertig waren, war es mittags 12 Uhr geworden, sie wagten nicht, das Gebäude zu verlassen. Also übernachteten sie noch einmal in dem Amt, ungestört von dem Wächter, der alle halbe Stunde patrouillierte, und zogen am nächsten Morgen in der Dunkelheit des dämmernden Dezembertages mit ihrer Beute davon.

Der erste Abnehmer war Endres, Kellner und Rennpferdbesitzer. Schlesier von Geburt, also irgendwie eine Menschenseele – der einzige von der Bande, der Humor im Leibe hat. Einen wehmütigen, etwas müden Humor. Er vermittelte den Kauf des gestohlenen Gutes an den Zigarrenhändler Herrmann, der an die 30 000 Mark heranschaffte, um die Ware zu bezahlen. Dessen Hauptabnehmer war der Zigarettenfabrikant Lübeck.

Das Humorige an Endres' Erzählung liegt in dem Punkte: Die Einbrecher hatten *zu viel gestohlen;* Banderolen für zwei Millionen Zigaretten! Wie die unterbringen? Von heute auf morgen ging es überhaupt nicht. Wo sie aufheben, ohne Verdacht zu erwecken? Man schleppte sie von einem Bahnhof zum anderen. Endres fuhr sogar nach Breslau, um bei seinem angeblich ahnungslosen Bruder etwas unterzustellen. Ab und zu zahlte Herrmann ein paar tausend Mark, aber die Banderolen nahmen kein Ende, Tag und Nacht war Endres unterwegs. Er wußte schon gar nicht mehr, wo ihm der Kopf stand.

„Ich konnte auf die Dauer die Verantwortung nicht übernehmen."

Lange bevor das letzte Banderolen-Paket verschärft war, wurde die ganze Gesellschaft festgenommen. Endres beschönigt gar nichts. „Ich bin eben so 'n Mensch, was man mir sagt, det mach ich." Und diesmal hat er sogar gesagt, und die anderen haben gemacht. Aber daß er auch seine Familie hineingerissen hat, Bruder, Schwester,

Schwägerin, das ist der Punkt, über den er innerlich nicht hinwegkommt. Wenn er davon spricht, werden ihm die Augen feucht, und er schüttelte über sich selbst das kahle Haupt. Er ist eben ein Schlesier, will sagen, eine Seele von einem Menschen.

3.5.1927

DER EHRLICHE DIEB UND DER SCHWINDELNDE EHRENMANN

§ 1

Mäxchen Schlankower, ein trotz seiner Vorstrafen herzerfrischend lustiger Dieb, wird dabei betroffen, wie er um halb neun Uhr abends zwei schwere Wäschepakete aus dem Laden des alten Daniel Pittelfein trägt. Man schleppt ihn zur Wache, wo er sagt: „Pittelfein ist mein Onkel, ich sollte für ihn die Pakete wegtragen." Man benachrichtigt Pittelfein, der eben bemerkt hat, daß man bei ihm eingebrochen hat. „Wie", schreit Pittelfein, „der Dieb will mein Neffe sein? Ich habe in meiner Familie keinen Dieb." Pittelfein kommt zur Wache – er sieht Mäxchen Schlankower vielleicht zum erstenmal …

Bis dahin glaubt man, Mäxchen sei wirklich, wie so oft, stehlen gegangen. Deshalb ist er erstens wegen schweren Diebstahls angeklagt.

§ 2

Nun aber ändert Mäxchen die Taktik. Nein, Pittelfeins Neffe sei er nicht. Aber wer wolle bestreiten, daß dieser Einbruch nur fingiert sei, um dem braven, dem unbescholtenen Pittelfein 7000 Mark Versicherungssumme zu verschaffen? Tableau.

Aber Pittelfein sagt: „Wie soll der Einbruch fingiert sein, da ich Mäxchen Schlankower so wenig kenne wie er mich."

„Richtig", sagt Mäxchen. „Mit Pittelfein habe ich nichts zu tun, aber es gibt einen *Meyer*. Meyer hat mir 20 Mark versprochen, wenn ich zwei Pakete abends auf den Bahnhof bringe. Meyer hat mich abends vor das Geschäft von Pittelfein mitgenommen. Ich habe gesehen, wie Meyer Pittelfein zunickte. Und Meyer ist in das Geschäft gegangen, ohne richtig einzubrechen. Es stand alles halb auf."

„Meyer kenne ich nicht", beteuert Pittelfein.

Aber Pittelfein kann kaum leugnen, daß er sich in einer etwas mißlichen Situation befand. Daß ihm sein ältester Sohn mit etlichen Tausendern ausgeholfen, glaubt man ihm nicht recht.

Also ist Pittelfein des versuchten Versicherungsbetruges angeklagt, und Mäxchen (für den Fall, daß er kein richtiger Einbrecher ist) der Beihilfe zum Betruge.

§ 3

Noch steht die Sache nicht verzweifelt für Pittelfein. Aber da ist der Hauptzeuge Ludwig Merseberger, und der kriegt es über sich, die Wahrheit zu beschwören. Die Wahrheit. Aber welche?

Merseberger ist trotz seiner Jugend des alten Pittelfeins Intimus. Pittelfein ist noch immer hinter den Damen her, und Merseberger spielt den Leporello. Also weiß er alles, weiß, daß Pittelfein gesagt: „Nun bin ich auf 7000 Mark gegen Einbruch versichert und kein … bricht ein." Und Pittelfein wartet vergebens, bis er – wie Merseberger glaubt – wohl was arrangiert hat. Denn, als Mäxchen verhaftet war, hat Pittelfein gesagt: „Nun ist es schiefgegangen." Und das beschwört Merseberger.

Damit aber ist Mersebergers Hals gebrochen. Der Anklage gemäß wandern Mäxchen und Pittelfein wegen versuchten Versicherungsbetruges auf vier und sechs Monate ins Gefängnis. Von dem schweren Diebstahl aber wird Mäxchen glorreich freigesprochen, wie man ihn überhaupt, nach *der* Beweisaufnahme, für den ehrlichsten aller Diebe hält.

Doch wer ist Meyer? Fragt niemand nach Meyer? Ist er wirklich nur der große Unbekannte aller Missetaten? *Eine* Mittelperson muß da sein, denn Mäxchen und Pittelfein haben sich persönlich offenbar wirklich nicht gekannt. Dagegen Meyers Name wird nicht nur von Mäxchen genannt. Auch andere Zeugen nennen ihn. Merseberger selbst nennt diesen seltenen Namen, sagt aber keineswegs, wer, wie, wo Meyer ist.

Ein furchtbarer Verdacht kommt auf: wie, wenn Merseberger und Meyer identisch wären? Wenn Pittelfein wirklich gesagt hätte: „Ich wünschte, bei mir würde eingebrochen?" Wenn Merseberger-Meyer den feinen Wink verstanden und sich gesagt hätte: „Brech' ich ein, hab' ich die Waren – und Pittelfein hat die Versicherungssumme!"

Dann wäre nur noch die Frage, ob Merseberger-Meyer mit oder ohne Wissen Pittelfeins gehandelt hat. Dann hätte Merseberger-Meyer – nie gefragt, ob er etwa Teilnehmer der verbrecherischen Handlung sei – einen glatten Meineid geschworen. Will sagen, ein kleines Meineidchen, das er nur schwor, um sich selber nicht der Verfolgung auszusetzen.

Mäxchen hat Meyer-Merseberger nicht verraten. Pittelfein auch nicht. Meyer-Merseberger alle. Wird in der Berufungsverhandlung die Wahrheit an den Tag kommen?

Mersebergers Position ist sehr stark. Mäxchen hätte nichts davon, ihn zu verraten. Pittelfein nur dann was, wenn es ihm gelänge, nachzuweisen, daß Merseberger den Einbruch nach allen Regeln der Kunst ohne Pittelfeins Nachhilfe ausgeführt hat.

Merseberger-Meyer lacht triumphierend, und es scheint, daß er auch bis zuletzt lachen wird.

19.5.1927

DER EINBRUCH

§1

Am Morgen des 2. September vorigen Jahres ereignete sich an zwei Schauplätzen folgendes:

Als der Seidenhändler *Edelschwamm* sein Geschäft betreten wollte, fand er das nicht eben große Personal in lebhafter Erregung. Der Buchhalter hatte die Geschäftsräume morgens unverschlossen aufgefunden. Offenbar war der Eingang durch Nachschlüssel geöffnet gewesen. Im Lagerraum fehlten für etwa 16 000 Mark Seidenstoffe. Herr Edelschwamm erstattete Anzeige bei der Polizei.

Etwa zur gleichen Zeit schlief in dem Keller einer nicht sehr vornehmen Kneipe im Osten der Stadt das Krümel von einem Menschen, Herr Altmann, schlief – trotz mehrfacher Vorbestraftheit – ausgezeichnet, so daß er gar nicht merkte, wie von unsichtbarer Hand vier mit Seidenstoffen gefüllte Pakete in seinen Schlafraum gestellt wurden. Altmann war in dieser Kneipe so etwas wie ein Handlanger. Er hatte viel zu tun und war noch nicht dazu gekommen, sich über diese geheimnisvollen Pakete den Kopf zu zerbrechen – als plötzlich die Polizei kam, die Pakete beschlagnahmte, den unseligen Altmann ins Gefängnis steckte. Weiß Gott, wer die Sache verpfiffen hatte!

Aber eines war schon hier zu bemerken. Diese aufgefundenen Pakete stellten den unbedeutendsten Teil der Diebesbeute dar – nur Futterseide. Die Edelseide des Herrn Edelschwamm war verschwunden.

§ 2

Das Krümel Altmann sitzt im Untersuchungsgefängnis, sieht den Termin nahen, hat sogar einen Verteidiger. Aber ihm ist nicht wohl. Die Anklage lautet auf Einbruchdiebstahl. Schwer vorbestraft, wie er ist, weiß er: Das Zuchthaus ist ihm sicher. Trüben Herzens steigt er aus dem Verlies hinan ins Gerichtsgebäude. Schon beginnt man die Angelegenheit zu verhandeln, da meldet sich ein Kriminalkommissar: Er bittet die Sache zu vertagen, denn es hätten sich inzwischen ziemlich sichere Beweise dafür ergeben, daß der Einbruch gar kein echter war – sondern ein fingierter, ausgeführt im Auftrage des Herrn Edelschwamm. Tableau.

Krümel geht in rosiger Stimmung ins Untersuchungsgefängnis zurück, aus dem er alsbald entlassen wird. Für ihn wandert ins Gefängnis ein Herr *Pilz* – selbst und von alleine geständig, den Einbruch im Auftrag von Edelschwamm ausgeführt zu haben.

§ 3

Wer ist Herr Pilz? Ich kann nicht anders: einer der charmantesten Einbrecher Groß-Berlins. Viele Jahre hat er schon im Zuchthaus zugebracht, aber das hindert ihn nicht, noch heute edler Regungen fähig zu sein. Übrigens nimmt er sich in seinem neuen braunen Anzug sehr schmuck und nett auf der Anklagebank aus. Er sagt so: Der Einbruch war auf Edelschwamms Geheiß durch eine dritte Person (Herrn *Morch*) bei ihm bestellt. Die Seidenwaren, die bei dieser

Gelegenheit aus dem Geschäft verschwanden, sollten ihn für seine Mühe bezahlt machen. Nun aber war Altmann, ohne von den Zusammenhängen etwas zu wissen, verhaftet worden und sollte wegen Einbruchdiebstahls abgeurteilt werden. Das ertrug Pilz in seinem Edelmut nicht. Ein Unschuldiger sollte nicht ins Zuchthaus kommen, wo doch für den Versicherungsbetrug höchstens Gefängnis zu erwarten war. Vor allen Dingen mußte ein Verteidiger gewonnen werden – und im Laufe der überaus komplizierten Verhandlungen und Besprechungen war Pilz schließlich dazu gekommen, dem Verteidiger gegenüber ein offenes Geständnis abzulegen.

§ 4

Am Tage der Hauptverhandlung sitzen neben Pilz auf der Anklagebank Krümel Altmann, Herr Edelschwamm und der Komplice Morch. Pilz wiederholt sein Geständnis, Krümel Altmann sagt, er wisse von nichts, Morch leugnet nicht seine Mitschuld. Nur Herr Edelschwamm beteuert: Von einem fingierten Einbruch könne keine Rede sein, niemals sei er auf den Gedanken gekommen, einen solchen Betrug vorzunehmen. Richtig sei, daß er sich zur Zeit des Einbruchs in einer gewissen Geldnot befunden habe, richtig sei ferner, daß er von der Versicherungsgesellschaft 16 000 Mark ausbezahlt bekommen habe. Richtig, daß er inzwischen trotz der 16 000 Mark pleite gegangen sei.

§ 5

Das Gericht steht vor einer schweren Aufgabe. Wem soll es recht geben, dem gewöhnlichen Pilz oder dem feinen Edelschwamm? Auffällig ist dies: Die Kunstschlösser waren unversehrt, sie müssen mit dem Originalschlüssel oder Nachschlüsseln geöffnet worden sein. Der Buchhalter Edelschwamms, ein offenbar vertrauenswürdiger junger Mann, beschwört, daß er die Schlüssel in der fraglichen Nacht mit nach Hause genommen hatte. Außerdem wird glaubhaft gemacht, daß nur *ein* Satz dieser Schlüssel existierte. Oder existierte vielleicht doch ein zweiter? Hatte vielleicht Edelschwamm sich bei Gelegenheit Reserveschlüssel anfertigen lassen? Es muß wohl so sein, denn mit Schlüsseln sind die Schlösser geöffnet worden. Pilz bittet übrigens sozusagen nachträglich um Entschuldigung, daß er die Schlösser so unversehrt gelassen habe. Ein richtiger fingierter

Einbrecher schließt nämlich bequem mit Schlüsseln auf, macht aber nachträglich die Schlösser so kaputt, daß man wenigstens einigen Grund hat, an echten Einbruch zu glauben.

Dennoch. Mit der Beweisführung durch die Schlüssel hapert's. Vielleicht ist sie auch nicht so wichtig. Wichtiger muß die Beantwortung der Frage sein: Stand denn Pilz überhaupt mit Edelschwamm in irgendeiner Verbindung? Edelschwamm lächelt nur. Aber Pilz sagt: „Reizker …"

§ 6

Wer ist *Reizker?* Zunächst ein Wahnsinniger, der momentan das Glück hat, sich in Herzberge aufhalten zu dürfen. Bevor er wahnsinnig wurde, war er Besitzer eines Cafés in der Bismarckstraße. Und in diesem Café war Edelschwamm Stammgast. Also Edelschwamm kannte Reizker. Kannte aber auch Reizker den Pilz? Und Pilz beweist es – ursprünglich kannte er ihn übrigens nicht, oder nur vom Hörensagen. Denn zwischen Reizker und Pilz stand noch ein Mitteldiing, der Komplice Morch, der heute auch auf der Anklagebank sitzt. Morch gibt zu, die Schlüssel von Reizker zu Pilz gebracht zu haben. Woher Reizker sie hatte, kann vor Gerichtsstelle nicht erwiesen werden, denn Edelschwamm leugnet, und Reizker ist wahnsinnig.

Aber, sagt Pilz: In jener Zeit, als Altmann noch unter dem Verdacht des Einbruchdiebstahls im Untersuchungsgefängnis lag, handelte es sich darum, Geld für Altmann zu beschaffen, damit dieser sich einen Verteidiger leisten könne. Damals also stellte Pilz die sittliche Forderung auf: Geld für einen Verteidiger! Und die Mittelsleute fanden den Weg über Reizker zu Edelschwamm, der tatsächlich Geld gab, mehrfach, einmal sogar einen Scheck. Edelschwamm kann den Scheck nicht ableugnen, aber er behauptet, es sei ein persönliches Geldgeschenk an Reizker gewesen – er will nicht zugeben, daß er selbst das Honorar zahlte für den Verteidiger seines eigenen Einbrechers. Der Scheck brach Edelschwamms Genick.

§ 7

Man könnte noch eine interessante Frage aufwerfen: Wo ist eigentlich die wertvolle Seide geblieben, die aus Edelschwamms Laden verschwand? War sie je da? Ist sie überhaupt mitgenommen worden? Oder hat sie Pilz, als er den Einbruch fingierte, sozusagen auf Separatkonto, persönlich gestohlen? Das gestehe er nicht, kann's nicht gestehen, wenn er das Zuchthaus vermeiden will. So aber geht es glücklich aus: Edelschwamm kommt auf sechs Monate, Pilz und Morch auf je vier Monate ins Gefängnis – alle wegen Versicherungsbetruges.

Nur Altmann, Krümel, geht leer aus. Keine Spur von Schuld hat sich für ihn gefunden. Gänzlich freigesprochen wie noch nie steht er in der Welt. Was mag er tun? Sich wundern …

12. 11. 1927

STATT FÜNF JAHRE ZUCHTHAUS EIN JAHR GEFÄNGNIS

Als vor einigen Wochen ein junger Mensch, der auf der Straße einer Dame die Handtasche entrissen hatte, vom Schöffengericht zu fünf Jahren Zuchthaus und zehn Jahren Ehrverlust verurteilt wurde, war ein sonst ganz uninteressierter Zuhörer von dem Urteil so erschüttert, daß er dem ihm unbekannten Angeklagten für die Berufungsinstanz einen Verteidiger stellte – mit dem Ergebnis, daß die Strafe auf ein Jahr Gefängnis ermäßigt wurde.

Vor einigen Wochen stand vor dem Charlottenburger Schöffengericht ein 20jähriger Mensch unter der Anklage, einem jungen Mädchen auf der Straße die Geldtasche, die sie in der Hand trug, hinterrücks entrissen zu haben. Der junge Mann war nicht unbescholten. Eine erste kleine Strafe war mit der Untersuchungshaft als verbüßt erachtet worden, eine zweite schwerere sollte er gerade abmachen. Schon hatte er seine Stellung aufgegeben, hatte sich – wie er sagte, aus Angst vor dem Gefängnis – tagelang herumgetrieben, als er (wiederum nach seiner eigenen Angabe) aus Not die Tasche an sich riß. Übrigens war er mit seiner Beute nicht weit gekommen. Auf die Hilferufe der jungen Dame wurde er sofort verfolgt und festgenommen, und die Tasche kam unversehrt wieder in die

Hand der Besitzerin. So wenig harmlos das Verbrechen des jungen Mannes war, und so sehr man eine ernste Bestrafung als gerechtfertigt ansehen mußte, so überrascht waren die Augenzeugen der ersten Verhandlung, als das Schöffengericht Charlottenburg durch den Mund seines Vorsitzenden, Landgerichtsdirektor Brennhausen, das Urteil fällte: fünf Jahre Zuchthaus und zehn Jahre Ehrverlust. Der junge Mann stand allein vor Gericht, er hatte keinen Verteidiger, und wenn er auch selbst angab, in der Not gehandelt zu haben, so fehlte ihm doch die Fähigkeit, sich gegenüber dem Staatsanwalt wirkungsvoll zu verantworten.

Allerdings ist die Mindeststrafe für Straßenraub im Gesetz ganz eindeutig auf fünf Jahre Zuchthaus festgesetzt. Aber die Annahme mildernder Umstände hätte ein Herabgehen in dem Strafmaß auf ein Jahr Gefängnis gestattet. Man durfte sich darüber klar sein, daß eine Verurteilung zu fünf Jahren Zuchthaus und zehn Jahren Ehrverlust für den jungen Menschen den moralischen Tod bedeuten würde. Sympathie konnte er, trotz seines artigen Auftretens vor Gericht, für sich als Individuum kaum beanspruchen. Wohl aber war er auch mit seinen beiden Vorstrafen noch nicht als Gewohnheitsverbrecher charakterisiert, und man empfand deshalb die Strafe als eine ungewöhnlich harte – gewissermaßen als eine endgültige, die das Dasein dieses Menschen besiegelte.

Vor der Berufungskammer unter dem Vorsitz des Landgerichtsdirektors Siegert erschien der Angeklagte mit dem Beistand des Rechtsanwalts F. Themal. Der Angeklagte war wiederum vollkommen geständig, schilderte vielleicht etwas ausführlicher sein bisheriges Leben, woraus hervorging, daß er sich jahrelang als Arbeiter anständig durchgebracht hatte, bis er unter dem Einfluß der Inflationszeit zum erstenmal seine Stellung verlor. Der Verteidiger wies von Anfang an auf die Frage hin, ob es sich hier denn wirklich um einen Raub im Sinne des Gesetzes handele, da eine eigentliche Gewaltanwendung gegenüber der Beraubten kaum vorliege. Zwar sei bei dem Entreißen der Handtasche der Bügel abgerissen und in der Hand der Beraubten geblieben. Aber der Angeklagte habe diese Tat ausgeführt, während er im schnellsten Tempo an der Dame vorbeilief. Bei dieser Geschwindigkeit sei natürlich der Ruck des Entreißens ziemlich stark gewesen. Eine richtige Gewaltanwendung gegenüber der Person der jungen Dame aber habe nicht stattgefunden.

Für den Fall, daß das Gericht dennoch Raub annehmen wollte, plädierte er für mildernde Umstände.

Der Staatsanwalt hielt seine auf Raub lautende Anklage aufrecht, stellte aber selbst mildernde Umstände anheim. Nach einer sehr langen Beratung verkündete Landgerichtsdirektor Siegert das Urteil: Es handele sich hier um einen Grenzfall. Vielleicht stünde hier der gesunde Menschenverstand in einem Widerspruch zur Rechtsprechung. Aber es müßte doch eben genau geprüft werden, ob die Tat des Angeklagten sich im strengsten juristischen Sinne als Raub charakterisiere. Nach der Judikatur des Reichsgerichts könne von einem Raube im Sinne des Gesetzes nur gesprochen werden, wenn der Beraubte die Empfindung einer Gewaltanwendung gehabt habe und wenn von ihm ein gewisser Widerstand geleistet worden wäre. Nach der Aussage der Zeugin habe diese eine Gewaltanwendung nicht gespürt, sie habe auch gar keinen Widerstand geleistet. Der Angeklagte habe also lediglich das Moment der Überraschung ausgenutzt. Unter diesen Umständen charakterisiere sich die Tat als ein Diebstahl und nicht als Raub. Bei der Abmessung des Strafmaßes sei zu berücksichtigen, daß die Straftat eine schwere sei und daß die Sicherheit der Straße unbedingt gewährleistet werden müsse. Auch daß die Tat einer Frau gegenüber verübt worden sei, falle erschwerend ins Gewicht, weil derartige Überfälle oft bei Frauen schwere gesundheitliche Schädigungen nach sich ziehen. Der Angeklagte sei deshalb unter allen Umständen mit einer abschreckenden Strafe zu belegen: ein Jahr Gefängnis sei als angemessen erachtet worden.

Diesem Urteil und seiner Fassung muß man in jeder Beziehung zustimmen. Aber man sieht mit einigem Schrecken auf die ungeheure Verschiedenheit der beiden Urteile. Zwei der bedeutendsten Berliner Strafrichter führten den Vorsitz, und dennoch konnte sich eine Unterschiedlichkeit der Auffassungen ergeben, wie sie eklatanter kaum denkbar ist. Wohlgemerkt: Die Divergenz bezog sich nicht, wie so häufig in anderen Fällen, auf die Frage, ob der Angeklagte schuldig ist oder nicht. Da kommt es gewiß oft genug vor, daß die Berufungsinstanz ein ganz anderes Bild ergibt als die erste Verhandlung. In diesem Falle aber war die Tat ebenso klar bewiesen wie eingestanden, und nur die Anwendung des Gesetzes war eine verschiedene. Man wünscht sich und seinen Mitmenschen –

ganz im Sinne des Landgerichtsdirektors Siegert – die Sicherheit der Straße. Aber man darf als zweiten Wunsch hinzufügen: auch eine Sicherheit des Rechts.

DER LETZTE FALL IM ALTEN JAHR

Das alte Kriminalgericht ist schon völlig ausgestorben, nur eine Strafkammer behandelt noch ein paar schwere Jungens. Der letzte Fall ist Riebke, ein junger, hochgewachsener Mensch im Lazarettkittel – schwindsüchtig. Man hat seine dritte Straftat, begangen während einer Bewährungsfrist, zu beurteilen. Nein, er habe den Einbruch nicht mitgemacht, sich erst hinterher mit der Unterbringung der Beute beschäftigt. Aber Riebke macht seinen eigenen Fall kaum erwähnenswert. Er wird es erst durch den einzigen Zeugen Förster, Berufseinbrecher, aus dem Zuchthaus vorgeführt.

Ein schöner Bursche, klug, energisch, voller Gauner- und Galgenhumor. Der Vorsitzende und er – sie kennen sich. Der Vorsitzende selbst hat ihn – wegen desselben Einbruchs abgeurteilt. Es war eine Kapitalssache: Für 40 000 Mark Herrenkleiderstoffe waren gestohlen worden, lauter prima Qualitäten.

Förster tritt ein, ein braunes Zuchthauskleid, mit zwei gelben Streifen am Ärmel. Das ist Auszeichnung wegen guter Führung. Seine hellen, freundlichen Augen blicken rasch zum Zuschauerraum; da sitzt ein schlankes Mädchen, nett angezogen, braunäugig, süß, verhärmt. Förster unterhält sich mit seinem Vorsitzenden, beide sind nett miteinander, lächeln – und wissen, warum. Förster hatte die Tat ganz auf sich genommen, keinen seiner Genossen verraten. Er tut es auch heute nicht.

„War Riebke dabei? Aber Sie werden es nicht sagen –“

Förster lächelt. „Er war wirklich nicht dabei. Ich habe übrigens keine Veranlassung, Riebke zu schonen. Wir stehen durchaus nicht gut zusammen. Wir haben ein Hühnchen miteinander, über das wir ein andermal abrechnen.“

Der Vorsitzende unterbricht ihn: „Dann wollen wir auch jetzt nicht davon reden."

„Aber dabei war er nicht. Am Sonnabend ist der Einbruch verübt worden. Am Sonntag war das Geschäft geschlossen. Ich habe aber an dem Sonntag in einer Kneipe erzählt, daß da noch Waren liegen. Und da ist Riebke wohl noch mit anderen hingegangen und hat sich geholt."

„Immerhin" – sagt der Vorsitzende lächelnd – „Riebke ist auch vons Jeschäft –?"

„Nee – eigentlich nicht – er hat sich immer bloß rinjedrängelt."

„Sie nehmen ihn in Ihren Kreisen nicht für voll?"

„Nein – ein jewisses Ehrgefühl muß man haben."

Förster beziffert den Wert der von ihm gestohlenen Waren auf 16 000 Mark – was Riebke und die anderen erbeuteten, muß erheblich gewesen sein.

„Wollen Sie uns sagen, was aus Ihrer Beute wurde?"

Förster lächelt klug. „Nee, das möchte ich nicht sagen. Aber sie wurde im ganzen verschoben."

Förster setzt sich. Ein langer Blick zu dem süßen Mädel; dann folgt er aufmerksam der Verhandlung, die für Riebke noch einmal glimpflich mit einem Jahr, zwei Monaten Gefängnis ausgeht.

Aber während Förster sich so für die juristische Seite der Angelegenheit interessiert, sieht er nicht, daß hinten im Zuschauerraum viele, viele Tränen vergossen werden. Doch, als er hinausgeführt wird, sieht er die Tränenspuren. Er bewegt hilflos die Arme, dann steigt er hinab, langsam, verdämmernd wie der letzte Tag des Jahres.

WALD

Nein, das Einbrechen ist kein Geschäft. Dieser ausgezeichnete Einbrecher hat nach seiner eigenen Erinnerung etwa 55 Einbrüche ausgeführt. Er hat Werte von zwei Millionen Mark erbeutet, und er hat dafür 42 000 Mark gelöst.

Fritz Wald ist mit diesem Ergebnis durchaus unzufrieden, und es ist eine Bitterkeit in diesem blonden 27jährigen Menschen, der, für seine Münchener und Hamburger Einbrüche schon zu neun Jahren Zuchthaus verurteilt, jetzt das Urteil für 19 Berliner Fälle in Empfang nehmen soll. Ein kleiner, schmaler Bursche. Das glatt zurückgestrichene Haar läßt nicht viel Stirn sehen, zeichnet aber die Konturen des hochgewölbten Schädels schwungvoll nach. Das glattrasierte Gesicht ist eher jünglingshaft. Die ausgesprochen diebische Nase springt kühn und spitz hervor, der Mund versteht zu lächeln, die Augen sind verschlagen, listig, klug und kühn.

Man glaubt ihm, der sich sprachlich fehlerlos, gewandt und mit einer gewissen Beredsamkeit ausdrückt, daß er aus bürgerlichen Kreisen stammt. Gelernt hat er nichts. Er brannte früh von Hause durch, machte seine ersten Streiche und kam in Fürsorgeerziehung. Er entlief und wurde eines schönen Tages Fassadenkletterer – weil es ihm einmal glückte.

Er sagte am Schluß seiner Vernehmung: „Ich habe oft einen moralischen Kater gehabt, wäre an einzelnen Tagen nicht imstande gewesen, was zu nehmen. Aber dann, wenn ich so im Smoking über den Kurfürstendamm ging, bekam ich plötzlich Lust. Es liegt ein eigener Reiz darin, einen tüchtigen Einbruch zu liefern. Es trieb mich Abenteuerlust. Zuweilen hatte ich Reue, versuchte ein anderes Leben. Eine Weile war ich Aushilfskellner, aber es ist ja doch damit nichts zu verdienen, und mit meinen falschen Papieren wäre ich sowieso nicht weit gekommen."

Die Bitterkeit Walds stammt aus zwei Ursachen – die Hehler haben ihn betrogen; einer, Lohrer, sitzt neben ihm auf der Anklagebank. Sein Haupthehler, Plückhahn, ist bereits zu zwei Jahren, sieben Monaten Zuchthaus verurteilt. Dem Lohrer wirft er vor, daß er ihm das versprochene Geld nie voll ausgezahlt hat. Die andere Bitterkeit gab ihm das in seinem Falle nicht sehr verlockende weibliche Geschlecht.

Es liest sich immer so schön in Hochstaplererzählungen, wenn Frauen der bürgerlichen Gesellschaft sich ihnen zuneigen. Wenn man sie nachher sieht, findet man die Erfolge wenig erstaunlich. Zwei Frauen sind mit ihm angeklagt, Frau St., eine nicht mehr junge Dame, mit weichen, zerfließenden Zügen, und eine spitzige, scharfe: Frau A. Von Frau St. hält er nicht mehr viel. Er hat zeitweise bei ihr gewohnt, und er hat sie in seinen früheren Vernehmungen stark belastet, als habe sie ihm Tips für seine Einbrüche geliefert. Diese Belastung hält er nicht mehr aufrecht. Er hat ihr viel Schmuck aus den Einbrüchen geschenkt, aber er behauptet nicht mehr, daß sie von der Herkunft der Gegenstände etwas gewußt haben müsse. Er kann sie nicht leiden, denn „sie lügt wie gedruckt". „Ich wollte mich immer von ihr zurückziehen, aber sie lief mir nach. Ich habe niemals den Frauen gegenüber angegeben, daß ich ein vollkommen ehrlicher Mann sei. Ich ließ aber durchblicken, daß ich Juwelenschiebereien mache. Sie wußte, daß ich vorbestraft sei, aber ausdrücklich von den Einbrüchen habe ich nur mit einem Fräulein G. gesprochen."

Mit Frau A. lag es wieder anders. Mit ihr hat er nur platonisch verkehrt, er wollte sie heiraten und hatte ihr bereits seine Papiere für das Aufgebot übergeben. Er hatte ihr 10 000 Mark anvertraut, die ihr nach der Eheschließung gehören sollten. Zu ihr blickte er in gewisser Beziehung auf. „Sie war mir geistig überlegen, ihre Schulbildung war die größere, und sie ließ mich zuweilen den Unterschied spüren." Die 10 000 Mark sind später beschlagnahmt worden, ebenso die weiteren 3000 Mark, die auf einer Bank deponiert waren. Die Freundschaft mit Frau A. ging allmählich in die Brüche. Sie war ihm zu anspruchsvoll, sie wollte 500 Mark als Wirtschaftsgeld im Monat haben, und er sah ein, daß er auf diesem Fuß nicht von seinen Zinsen werde leben können. Der Vorsitzende fragt ihn: „Sie haben heute noch Geld hinter sich?"

Fritz Wald lächelnd: „Nein, ich habe nichts."

Der Vorsitzende hält ihm die Momente vor, aus denen unbedingt geschlossen werden müsse, daß er noch Helfer und Geldgeber habe. Wald beharrt bei seiner Aussage.

Immer wieder fragt der Vorsitzende, warum Wald, der doch offenbar über so große Geschicklichkeit und Energie verfüge, sich nicht doch schließlich einem besseren Leben zugewandt hätte, und sucht nach gewissen moralischen Triebfedern seines Tuns. Und Wald sagt: „Ich empfand sehr stark die Ungerechtigkeit, die darin liegt, daß es so viel reiche Leute und so viel Arme gibt. Ich sagte mir, daß die reichen Leute sehr gut ihren Schmuck entbehren könnten, und im übrigen verloren sie doch auch nichts, da sie ja meist versichert waren und so den Schaden sofort ersetzt erhielten. Ich gebe aber zu, daß es nicht logisch war, so zu denken; denn ich habe ja selbst meine Beute nie an die Armen verteilt. Ich habe niemals Gewalt angewendet; ich habe in einem Falle in Hamburg, als ich im Schlafzimmer einer Dame nach Schmucksachen suchte, mich wieder entfernt, ohne etwas genommen zu haben, weil ich mich mit der Frau gut unterhalten hatte, und diese Frau auch nicht wollte, daß ich ihren Mann störe. Ich habe es auch abgelehnt, wenn mir andere Verbrecher Anträge machten, mit Gewalt gegen Opfer vorzugehen. Mein Bestreben war, mir Geld zu sparen, um davon später ein Geschäft zu kaufen."

BELEIDIGUNGEN

DER KAVALIER

Auf den Korridoren des Kriminalgerichts strömt nicht gerade Lebenslust. Armselig, grau, zerknittert von der Sorge des Tages stehen und sitzen die Wartenden herum. Kleider, Wäsche, Gesichter sprechen von der bittersten Entbehrung. Aber diese Menschen hungern nicht bloß. Sie sind auch noch beleidigt. Indessen könnte man vielleicht auch sagen: Das Beleidigtsein ist ihr letzter Luxus, den sie sich gönnen dürfen. Die Ehre – nein, sie duldet keinen Flecken. Ein Beleidigungstermin ist viel billiger als zum Beispiel ein Stück Seife. Der Termin kostet 7500 (siebentausendfünfhundert) Mark. Kann man sich dafür ein Hemd waschen lassen? – Nein – aber die Ehre!

Frau Pieseke aus der Ackerstraße, hochgewachsen, noch ziemlich frisch, nicht ohne letzten Schimmer besserer Tage, rauscht in die Gerichtsstube vor den Richter und die Schöffen. Der gleichgültige Herr Piefkowski, der Vorsitzende des Mieterrates ihres Hauses, hat sie beleidigt. Hat er nicht etwas gemunkelt, es gehe in Frau Piesekes Wohnung zu wie in einem Absteigequartier? Jawohl, er hat gemunkelt. Und er ist nicht schlechter Laune, den Wahrheitsbeweis anzutreten. Schon strömen die Zeugen: die kleine Dicke, die autoritative alte Jungfer, und die Magere, die schlechthin entrüstete alte Jungfer – die unter wippendem Federhut zwei so brennend hungrige Augen schweifen läßt. Mit dem unordentlich quellenden grauen Haar, der Hakennase, dem gelben sehnigen Hals und dem nach der vorletzten Mode fast bis an die Knie gehißten Rock ein Anblick von komischer Grausigkeit. Das uralte, fast völlig entkräftete Ehepaar – lauter Leute, von denen Frau Pieseke sagt, sie hätten sich Löcher in die Flurtüren gebohrt, nur um zu kontrollieren, wer bei ihr ein und aus gehe.

Endlos ist die Rede der Frau Pieseke: „Ich bin eine anständige Frau, ich ernähre mich und mein Kind von meiner Hände Arbeit. Natürlich kommt Herr Viereck zu mir, er ist mein verlobter Bräutigam und Vater meines Kindes. Und alle die Geschichten sind nur erfunden worden, um mir meinen Bräutigam abspenstig zu machen."

Der Richter gibt sich die größte Mühe, die Parteien zu einem Vergleich zu bewegen. Er ist unendlich wohlmeinend; er hat auch Humor, und er hat vor nichts größere Angst, als daß die armen Leute für ihren Quatsch auch noch viel Geld zahlen. So läßt er es vorläufig gar nicht zur Verhandlung kommen und vernimmt den Bräutigam Viereck zunächst „informatorisch". Herr Viereck ist ein Dreißiger in den besten Säften. Er hat eine energische Unterlippe und zwei fröhliche, neugierige, skeptische Augen.

„Na ja", sagt er. „Frau Pieseke ist meine Braut, und ich will sie auch heiraten. Ich habe auch schon allerhand gehört von Leuten, die zu Frau Pieseke kommen. Ich habe ja nicht viel auf das Gerede gegeben. Aber wenn's wahr wäre, würde sich natürlich manches ändern …"

Und er läßt die skeptischen Augen zum Fenster hinaus in die Ferne schweifen – als stände da draußen was ziemlich Angenehmes geschrieben.

Der Richter drängt zum Vergleich: „Der Beklagte hat ja gar nicht behauptet, daß Frau Pieseke ein Absteigequartier unterhält. Er ist sicher bereit, jede Ehrenerklärung abzugeben."

Der Beklagte nickt. Aber der Bräutigam blickt zweifelnd vor sich hin; er möchte doch gern wissen, was los ist. Dagegen ist Frau Pieseke mit der Ehrenerklärung schon ganz zufrieden.

„Na schön", sagt der Richter, „und die Kosten teilen Sie sich."

Da fährt Frau Pieseke auf. „Nein, ich bin eine anständige Frau, ich lasse auf meine Ehre nichts kommen."

Der Richter: „Aber Herr Piefkowski will Ihnen ja jede Ehrenerklärung geben."

Die Frau: „Aber dafür kann ich nichts zahlen – ich bin eine arme Frau, meine Mutter ist im Irrenhause."

Der Richter: „Aber es kann ja nicht viel kosten. Rechtsanwälte haben Sie nicht gehabt, der Termin kostet nur 7500. Und die Zeugengebühren werden nicht so hoch sein."

Man ruft die Zeugen in den Saal. Wirklich, Entschädigung verlangt nur einer. Aber alle verlangen Fahrgeld, auch das uralte Ehepaar, das sich zu Fuß hergeschleppt hat und unmöglich wieder zu Fuß nach der Ackerstraße laufen kann. Und die Straßenbahn für alle kostet an die 20 Millionen.

„Ausgeschlossen!" schreit Frau Pieseke.

Der Richter wendet sich an den beklagten Piefkowski – er soll das Ganze übernehmen.

„Ausgeschlossen!" schreit Herr Piefkowski. –

Der Richter findet noch einen Ausweg. Mit herzgewinnender Freundlichkeit spricht er zum Bräutigam: „Wollen Sie nicht vielleicht hier in die Bresche treten. Sie sind doch der Bräutigam."

„Ausgeschlossen!" sagt Herr Viereck.

„Nun, ich habe gemeint: Sie wollen Frau Pieseke heiraten – 20 Millionen sind doch eine Kleinigkeit – Sie als Kavalier."

„Was heißt Kavalier – in Geldsachen hört die Freundschaft auf."

„Na ja – Sie sind doch der Vater des Kindes."

„Schon – aber ich möchte schließlich auch mal wissen, was an dem Gerede ist …" Und wieder blickt er träumerisch und skeptisch in die Ferne.

Da – in höchster Not – stellt sich die Rettung ein. Man entdeckt, daß Frau Pieseke im Armenrecht klagt.

„Das ist ja großartig", sagt der Richter schmunzelnd, „so kostet Sie die Sache keinen Pfennig – Ihre Hälfte trägt ja der Staat."

Alles atmet auf und ist beglückt. Die letzten Formalitäten sind rasch erledigt.

„So", sagt der Richter in tiefster Heiterkeit des Herzens, „nun können Sie alle beruhigt nach Hause gehen!"

Die Gesellschaft verläßt den Saal. Als letzter der Kavalier. Sein Blick ist nicht mehr ganz so fröhlich. Um die sonst so energischen Lippen hat er ein verlegenes Lächeln. Er kommt sich ein bißchen blamiert vor. Die Ehre seiner Braut ist zwar gerettet, der Staat trägt die Kosten – aber er selbst, er weiß noch immer nicht, was los ist.

Und wird es nie wissen.

23.9.1923

DER SCHATTENRISS AN DER WAND

Es wurde wieder mal geschworen, aber feste …

Eine Beleidigung vor der Berufungsinstanz. Die Angeklagte Frau Treuenbold, eine Zigarrenhändlersehefrau, nicht mehr so ganz jung, aber auch nicht ohne einen gewissen aparten Reiz. Ihr gegenüber die Matrone Frau Hahnenklei, Klägerin und Widerbeklagte.

Der Richter gibt sich Mühe, zu einem Vergleich zu kommen. Beide Parteien sind in erster Instanz freigesprochen worden, beide haben Berufung eingelegt. Was wollen sie? Will etwa Frau Hahnenklei die Behauptung aufrechterhalten, ihr eigener Gatte habe mit Frau Treuenbold ein Verhältnis? Will etwa Frau Treuenbold die Behauptung aufrechterhalten, Frau Hahnenklei habe schon vor 31 (in Worten: einunddreißig) Jahren sich von ihrem Ehemann ertappen lassen?

Eigentlich will das keine der Parteien. Aber, sagt der Rechtsanwalt der Frau Hahnenklei, wir brauchen den Prozeß, wir brauchen die Beweisaufnahme für den Ehescheidungsprozeß, den nicht etwa Frau Hahnenklei gegen ihren angeblich ungetreuen Gatten angestrengt hat, sondern der von Herrn Hahnenklei angestrengt worden ist. Frau Hahnenklei will nämlich gar nicht geschieden sein, wohl aber Herr Hahnenklei, der freilich mit seinem Ehescheidungsanspruch in erster Instanz durchgerasselt ist. Worauf stützt der Herr Hahnenklei den Anspruch? Auf das Intermezzo von vor 31 Jahren? Nicht ganz. Das hat er nur hilfsweise hinzugezogen. Er will geschieden werden, weil seine Frau ihm fälschlich nachsagt, er unterhalte mit Frau Treuenbold unlautere Beziehungen. Außerdem habe sich seine Frau „ausgebettet" und koche nicht mehr für ihn. Das hat nun zur Ehescheidung nicht genügt; da aber das Urteil noch nicht zugestellt ist und Hahnenklei sich erst nach dem Urteil darüber klar sein will, ob er etwa in die Berufung geht oder nicht, können sich die Parteien im Beleidigungsprozeß nicht einigen. Frau Hahnenklei legt den größten Wert darauf, daß sie vor 31 Jahren nicht den geringsten Fehltritt begangen habe, und Frau Treuenbold will klar bewiesen haben, daß sie keineswegs zu Herrn Hahnenklei in unlauteren Beziehungen stehe.

Als erster kommt Hahnenklei zum Eide. Er ist trotz seiner 61 Jahre ein schöner Mann, Eisenbahnbeamter, stramm und feurig – man hielte ihn kaum für einen Fünfziger. Er schwört mit Emphase und sagt, daß er vor 31 Jahren als Artillerie-Vizefeldwebel in Garnison stand. Als er eines Abends zu seiner jungen Frau heimkehrte, fand er die Zimmertür verschlossen. Erst nach längerem Klopfen war ihm aufgemacht worden, und da saß bei seiner Frau stramm aufgerichtet der Kanonier Lickefett. Ob zwischen den beiden etwas Unerlaubtes geschehen sei, könne er freilich nicht sagen. Aber wenn er bedenke, wie sich seine Frau jetzt gegen ihn benehme, so müsse er schon sagen …

Der zweite Schwur gehört dem ehemaligen Kanonier Lickefett. Ein kugelrunder Mann, jetzt Bahnhofswirt im Mecklenburgischen. Er schwört mit Leidenschaft. Beziehungen zu Frau Hahnenklei? Ausgeschlossen, nie und nimmer. Er sei mit Frau Hahnenklei im Dorf zusammen aufgewachsen, sie waren Spielkameraden, er habe Frau Hahnenklei öfters besucht. Ob das Zimmer je verschlossen war, dessen könne er sich nicht mehr erinnern, aber er habe niemals auch nur das mindeste mit ihr gehabt. Lickefett läßt bei alledem goldigen mecklenburgischen Humor spielen. Aber der schöne Hahnenklei ist entsetzlich aufgeregt, so daß der Richter ihn fragt: „Sagen Sie, Sie regen sich so wegen der Geschichte heute auf, die vor 31 Jahren gespielt haben soll. Warum haben Sie sich nicht eigentlich damals aufgeregt, als die Sache noch frisch war?"

„Damals habe ich meine Frau zu liebgehabt – damals habe ich es ihr nicht zugetraut."

Nun kommt die andere Seite an, etwa zehn Zeugen, die über die ehewidrigen Beziehungen von Hahnenklei zu Frau Treuenbold aussagen sollen. Die ersten wissen wenig. Dann aber kommt eine junge Dame, die hat einen Schattenriß gesehen. Aus der Treuenboldschen Stube, die vom Parterre in den Hof hinabgeht, fiel das Licht immer auf eine gegenüberliegende weiße Remisenwand, und da konnte man sehen, wie die Profile der im Zimmer Anwesenden als Schattenrisse auf die Wand geworfen wurden. Und was hat man gesehen? Daß Herr Hahnenklei und Frau Treuenbold sich miteinander unterhielten, lange und eingehend. Eine zweite Zeugin geht einen Schritt weiter und sagt, die Profile hätten ganz nahe beieinander gestanden. Eine dritte Zeugin hatte gesehen, daß sich die Profile umarmten. Der Richter fragt, ob sie einen Kuß gesehen habe? Nein, einen Kuß nicht, aber das männliche Profil habe dem weiblichen Profil die Hand um den Hals gelegt.

Dann kommt eine ganz aparte junge Dame, Edith mit Vornamen – sanft melancholisch mit zwei geflochtenen Zöpfchen, die kurz und lockig rechts und links unter der Toque wie Mauseschwänzchen hervorstehen. Und sie sagt, unter ihrem Eide, sie habe Herrn Hahnenklei Weihnachten vorigen Jahres mit einer Dame im „Prälaten“ gesehen. Daß er zu ihr zärtlich geworden sei, habe sie nicht beobachtet. Sie könne nicht einmal sagen, daß es bestimmt Frau Treuenbold gewesen sei. Frau Treuenbold tut, was sie kann: Sie setzt ihren Hut ab, sie zieht ihren Mantel aus – dann macht sie halt. Auch an diese Gestalt kann sich Fräulein Edith nicht erinnern. Aber markig ruft Herr Hahnenklei in den Saal, daß er noch nie in seinem ganzen Leben den „Prälaten“ auch nur mit einem Fuß betreten habe.

Und schließlich kommt Treuenbold selbst. Ein schlanker Herr, etwas häßlich und sehr blond. Ob er vereidigt werden kann, darüber sind sich die Gelehrten nicht einig. Aber nachträglich beschwört er, daß es ganz ausgeschlossen sei, daß seine Frau mit Herrn Hahnenklei unerlaubte Beziehungen habe.

Nach etwa dreistündiger Dauer verkündet das Berufungsgericht, daß das erstinstanzliche freisprechende Urteil aufgehoben sei, daß ehewidrige Beziehungen der einen wie der anderen Partei, vorsintflutliche wie neuzeitliche, nicht nachgewiesen werden konnten, daß aber die Beleidigungen der Klägerin schwerer zu bewerten waren als die der Beklagten. Und so erhielten Frau Treuenbold 30, Frau Hahnenklei 60 Mark Geldstrafe.

Man trennte sich wohl in der Überzeugung, daß das Urteil erster Instanz billiger gewesen sei, aber erhoben und gerührt in der Erkenntnis, daß weder vor 31 Jahren noch auf der Remisenwand irgend etwas Unsittliches geschehen sei.

Bewiesen durch zwölf Eide.

INTERMEZZO

Die Skatrunde des Kolonialgroßhändlers L. konnte außergerichtlich nicht beigelegt werden. Man traf sich ein letztes – oder vorletztes? – Mal vorm Schöffengericht. Ist der Kolonialgroßhändler vom Flaschenkorkfabrikanten G. wirklich bemogelt worden? Der Kolonialhändler hatte es in einem Brief an die Frau des Fabrikanten behauptet. Der Fabrikant hatte Beleidigungsklage erhoben. Nun will der Kolonialhändler den Wahrheitsbeweis erbringen.

Der Kolonialhändler ist ein kleines, nervöses Männchen, das vor dem Richtertisch beweglich hin und her springt.

„Also", fragt der skatkundige Richter, „wie wollen Sie denn nun betrogen worden sein –"

„Der Kläger hat immer getuschelt, in die Karten geguckt, die anderen mit dem Fuß angestoßen. Außerdem hat er immer die Hand mit den Karten ganz fest auf die Stiche gelegt –"

„Was wollen Sie damit sagen?"

„Vielleicht hat er die Karten ausgewechselt …"

„Sie meinen, er hätte schon gespielte Karten wieder ins Spiel aufgenommen? Aber das hätten Sie doch merken müssen – man merkt doch, was raus ist?"

„Ich habe ja auch immer verloren –"

Der Rechtsanwalt des Klägers mischt sich ein: „Wie lange spielen Sie denn Skat?"

„Seit zwei Jahren –"

„Na, dann können Sie doch nicht sagen, Sie seien bemogelt worden, Sie können eben nicht Skat spielen –"

Drei weitere Skatbrüder treten als Zeugen auf.

„Erinnern Sie sich nicht –", wird der eine vom Beklagten gefragt, „einmal haben Sie am Ende des Spiels dem Kläger einen großen Krach gemacht. Er habe Ihnen heimlich geraten, eine Zehn reinzuwerfen, ich aber hatte noch einen Jungen und gewann …"

Der Verteidiger: „Na, seien Sie doch froh, wenn Sie *mal* gewonnen haben –"

„Man tuschelt aber nicht beim Spiel." Der Zeuge erinnert sich aber nicht des Vorfalls.

Der zweite Zeuge sagt, er habe nie etwas Unkorrektes bemerkt, sonst hätte er nicht weitergespielt.

Der dritte hat sich schon vor Jahren vom Spiel mit dem Kläger zurückgezogen, weil er zuviel verlor. Auch er sei erst Anfänger. Einmal sei er vom Kläger mit dem Fuß angestoßen worden. Er habe aber nicht gewußt, was der Kläger damit sagen wolle.

Dann sagt der Rechtsanwalt zum Beklagten: „Sehen Sie, der Herr hat doch auch aufgehört, als ihm der Verlust zu groß wurde; warum haben Sie es nicht ebenso gemacht?"

Der Kolonialgroßhändler seufzt: „Vorm Krieg hatte ich drei Freunde, die sind gefallen. Da habe ich mich vereinsamt gefühlt und angefangen, Skat zu spielen."

„Sie werden es nie lernen –"

„Wenn Sie so spielen, wie Sie verteidigen, Herr Rechtsanwalt, dann können Sie ooch nischt!"

Der Richter muß Ruhe stiften.

In seinem Plädoyer weist der Rechtsanwalt darauf hin, daß der Beklagte vielleicht gar nicht so boshaft sei. Aber er sei ein schlechter Skatspieler, der sich leicht aufrege. Er sei überdies ein wohlhabender Mann, der empfindlich bestraft werden müsse.

Der Angeklagte protestiert gegen die Behauptung, er sei wohlhabend.

Vorsitzender: „Na, was sind Sie denn?" Der Beklagte geniert sich. Der Rechtsanwalt produziert einen herrlich lithographierten Brief der Firma L. mit Telefon und Telegrammadresse.

Vorsitzender: „Na, als Kolonialgroßhändler muß es Ihnen doch ganz gut gehen?"

„Man hat sehr viel Ausgaben."

„Aber doch immerhin mehr Einnahmen als Ausgaben."

„Nee, mehr Ausgaben als Einnahmen –"

„Na, dann würde ich das Geschäft an Ihrer Stelle aufgeben –" und verurteilt ihn zu 50 Mark Geldstrafe, trotzdem natürlich auch er den bedeutungsvollen Fußtritt des Privatklägers als unschön empfindet.

Auch vor Gericht sollte Skat nie ohne Richard Straußsche Musik gespielt werden. Man vermißte sie empfindlich.

MIT FISCHEN IN DER HALLE …

Eine berlinische Madame Angot[5] hat einem ebenfalls in der Zentralmarkthalle beschäftigten jungen Mädchen eine schallende Ohr-

5 *(Figur des französischen Theaters, Prototyp der zu Reichtum gelangten Marktfrau)*

feige versetzt. Das geohrfeigte Mädchen erhob Anklage gegen Madame Angot.

Vergleichsverhandlungen scheiterten, da Madame Angot ihrerseits nicht zu bewegen war, Abbitte zu leisten. Oder mußte sie es sich dauernd gefallen lassen, daß das Fräulein ihren Ehemann, Monsieur Angot, seit Jahren zu Kaffeehausbesuchen und Bierreisen animierte? Madame Angot behauptet gar nicht, daß hierbei was Ehewidriges passiert sei. Sie ist vielleicht viel zu stolz, so etwas anzunehmen. Aber seitdem das Fräulein mit ihrem Mann bummelt, ist dessen Brieftasche dauernd leer. Das Fräulein animiert eben den Mann zu Geldausgaben, die für den Stand in der Markthalle wirtschaftlich nicht mehr tragbar sind.

Das Fräulein sieht sehr unschuldig drein; es hat für die Gerichtsverhandlung ein frischgewaschenes und tugendhaft gestärktes weißes Stickereikleid an. Nicht ohne kunstvolle Durchlöcherung.

Der Richter gibt sich die größte Mühe, die beleidigte Ehre wiederherzustellen – andererseits aber auch die Schuld gerechtermaßen zuzumessen.

Der Frau sagt er: „Was Sie da vorbringen, das spricht alles gegen Ihren Mann. Er ist doch schließlich erwachsen und braucht sich nicht mit jungen Damen einzulassen."

Zu dem Rechtsbeistande des Fräuleins aber sagt er mit nachdenklichem Lächeln: „Es kommt natürlich auf die Anschauungen dieser Kreise an, in denen ich nicht genau Bescheid weiß. Ist es nicht vielleicht in diesen Kreisen durchaus unstatthaft, daß ein junges Mädchen mit einem verheirateten Mann Cafés besucht? Der Kaffeehausbesuch mit verheirateten Männern ist natürlich nicht strafbar – aber es kommt doch bei der Beurteilung der strafbaren Züchtigung auch auf die in den betreffenden Kreisen geltenden Anschauungen an."

Es wird dann noch ein bißchen über die in der Zentralmarkthalle geltenden sittlichen Anschauungen debattiert; schließlich fällt der Richter sein Urteil: 150 Mark Geldstrafe wegen Körperverletzung und Beleidigung. An dieses Urteil des wohlmeinenden Richters soll keinerlei Kritik – nur eine Frage geknüpft werden: Wenn der Kaffeehausbesuch mit verheirateten Männern in den Kreisen der Halle als unstatthaft angesehen wird – ist nicht vielleicht die Ohrfeige in diesen Kreisen eine durchaus statthafte Ausdrucksform?

Doch dies nur nebenbei.

BERLINISCHES SATYRSPIEL

Auf der Anklagebank drei Pferdehändler wegen gemeinschaftlicher Körperverletzung des Gastwirts Düwel.

Richter: (zum ersten Pferdehändler): Also, Sie waren verfeindet mit dem Gastwirt Düwel und wollten ihn mal ordentlich verhauen?

Der erste Pferdehändler: Nee, Herr Richter.

Richter: Weshalb waren Sie denn verfeindet?

Der Erste: Det weeß ick nich mehr – is so lange her. Jedenfalls hat er mir danach aus sein Lokal jeworfen. Na scheen. Also wir sind nu natierlich nie wieder in sein Lokal jejangen, sondern immer zu Haase in der Spreestraße. Also *den* Tag fahren wir in unsa Fuhrwerk durch die Waitzstraße, wo Düwel jrade in de Tür steht vor sein Lokal, unn sieht uns, wie wir vorbeifahren unn zu Haarmann in de Spreestraße. Unn er nimmt sich 'ne Droschke unn fährt hinta uns her. Unn kaum sitzen wir bei Haase, kommt Düwel rein. Natierlich haben wir zuerst jar nich jetan, als ob er da ist, aba denn is er an unsern Tisch jekommen – hat sich durchaus mit uns *verdragen* wollen …

Richter: Und dann haben Sie sich vertragen.

Der Erste: Ick wollte mir ja gar nich vertragen – aber denn hat er 'ne Lage Bier jeschmissen und noch 'ne Lage Schnaps, und denn 'ne Lage Bier und denn 'ne Lage Schnaps – na, unn denn haben wa uns wieda vatragen; unn denn hab ick 'ne Lage Bier geschmissen, denn wieder er, denn wieder ick …

Richter: Und dann haben Sie ihn verhauen.

Der Erste: Nee, noch nich. Denn hat er wieda anjefangen, mir zu hänseln unn wieda zu hänseln …

Richter: Und das war so schlimm, daß Sie ihn verhauen mußten?

Der Erste: Da ha' ick 'n ja noch jar nich verhauen. Da wurde ick bloß ärjerlich unn sachte: Mit dir, Justav, kann man eben nich verkehren. Und ick bin aufjestanden und hab' mir an andern Tisch jesetzt mit mein' Bruder. Aber der Düwel is nachjekommen. Ick soll mir wieda mit ihm vatragen. Und denn hat er wieda 'ne Lage Bier geschmissen, denn haben wir uns wieda vertragen.

Richter: Na und dann?

Der Erste: Dann hat er wieder jehänselt.

Richter: Und dann haben Sie ihn verhauen.

Der Erste: Nee, denn haben wir uns wieder vertragen.

Richter: Na, aber wann haben Sie ihn denn verhauen?

Der Erste: Ick weeß nich, wieviel die Uhr war. Ick weeß überhaupt nich, wir waren alle so sternhagel – betrunken kann man ja nich sagen –, wir waren richtig besoffen.

Richter: Sie wissen nicht, wie spät es war – wann waren Sie denn in das Lokal gekommen?

Der Erste: So um einzen herum muß jewesen sind, mittags zwischen zwölf und einzen.

Richter: Und wann haben Sie das Lokal verlassen?

Der Erste: Det muß so um zehne abends jewesen sind.

Richter (zum zweiten Pferdehändler): Also erzählen Sie uns mal, weshalb hatten Sie sich denn mit Düwel überworfen?

Der Zweite: Det weeß ich nich – ich war ja jarnicht iebaworfen, det war ja mein Bruder – und nu kam Düwel hinter uns her und sachte, wir wollen uns vertragen – und da schmiß er erst 'ne Lage Bier, dann Schnaps, dann wieder Bier.

Richter: Das wissen wir ja schon.

Der Zweite: Und denn fing er an zu hänseln, und da jab's beinah Krach, und da sagt er, wir wollen uns wieder vertragen, da haben wir uns wieder vertragen.

Der Richter: Und wie es dann aber zur Hauerei kam, haben Sie mit auf Düwel geschlagen?

Der Zweite: Im Gegenteil, Herr Richter, ich wollte sie ja wieder trennen – ich hab' mir ja bloß dazwischenjestellt.

Der Richter (zum Dritten): Na und Sie?

Der Dritte: Ich war ja nich dabei – ick mußte inzwischen einen Jeschäftsjang machen – und als ick zurückkam, war allens vorbei.

Der Richter: Waren Sie auch betrunken?

Der Dritte: Betrunken wer ick wohl jewesen sind.

Der Richter (zum Zeugen Gastwirt Düwel): Weshalb hatten Sie sich denn mit dem Angeklagten überworfen?

Düwel: Ach, det war 'ne Privatanjelegenheit wegen irgendeen Pferd – det is schon lange her.

Der Richter: Sie sind dem Angeklagten nachgefahren?

Düwel (stolz): Ich fahr' ieberhaupt keen Menschen nich nach. Ick habe auch in dem Lokal von Haase verkehrt – und wie ich reinkomme, da sitzen sie drin, und denn haben wir uns vertrajen.

Der Richter (zum Zeugen Gastwirt Haase): Na, wer hat denn nun eigentlich angefangen?

Haase: Wie sie da miteinander reden und sagen, det se sich vertragen wollen, da merke ick doch: die Sache spitzt sich zu. Justav – sage ich zu Düwel – komm an andern Tisch. – Na, und da is die Hauerei schon losjejangen.

Der Richter: Vorher war aber doch eine große gemeinsame Kneiperei?

Haase: Ja, vorher is schon was orntlichs getrunken worden.

Der Richter: Wer hat denn eigentlich bezahlt?

Haase: Keen Mensch hat gezahlt – bis aufn heut'gen Tag ist die Zeche nich gezahlt!

Da braust ein helles befreites Lachen durch den Saal.

Als letzter Zeuge humpelt der alte Stellmacher *Stubbke* herein. Er hat von der Keilerei nichts gesehen, ist nur im Getümmel vom Stuhl gefallen und hat eine Rippe gebrochen.

Richter: Sie haben also nichts gesehen?

Stubbke: Nee, aber eine Rippe gebrochen.

Richter: Das ist sehr bedauerlich – leider ist Ihre Rippe nicht Gegenstand der Anklage …

Verteidiger: Herr Amtsgerichtsrat – ich verstehe wirklich nicht, warum hier öffentlich Anklage erhoben ist – die Parteien haben sich längst wieder vertragen.

Der Richter: Tut mir leid. Anklage ist erhoben, das Verfahren muß seinen Gang gehen.

Aber der Richter war milde, und mit Geldstrafen von 10 bis 50 Mark zogen sich die Angeklagten sehr befriedigt zurück.

19. 8. 1924

DER SCHÜLER ALS LEHRER

Auf der Anklagebank sitzt der Vorsitzende des Elternbeirats einer Lichtenberger Gemeindeschule. Ein „kleiner Mann", offenbar mit einer gewissen Anstrengung für den Tag des Gerichts angezogen. Auf einen Verteidiger hat er verzichtet, ihm genügt das eigene wohlgeübte Mundwerk. Ein paar juristische Stichworte und die dazugehörigen Paragraphen hat er sich aufgeschrieben.

Er hat in einer Versammlung des Schulbeirats einen Lehrer einen „Prügelpädagogen" genannt und dazu noch behauptet, dessen Wissen stünde unter dem einer Arbeiterfrau. Letztere Äußerung bestreitet er energisch. Er will nur gesagt haben: „Ich will nicht wiederholen, was jemand anders über einen andern gesagt hat. Aber man könnte glauben, daß das zutrifft."

So gewandt ist er. Denn trotz dieser rätselhaften Form wurde er verstanden. Auch das Wort „Prügelpädagoge" sei nicht so gemeint, als habe der Lehrer sein Züchtigungsrecht wesentlich überschritten. Der Lehrer sei eben mit dem Stock rasch bei der Hand gewesen, und seine ganze Art und seine Gesinnung, die gütliches Einvernehmen ablehne, kennzeichne den Lehrer als Prügelpädagogen.

Ein kleiner Wahrheitsbeweis wird versucht, und der Richter, der für die Jugend ein besonders warmes Herz zu haben scheint, läßt durchblicken, daß der Lehrer in der Tat reichlicher als nötig von dem Stock Gebrauch macht. Am Ende erfolgt doch die Verurteilung des Angeklagten wegen formaler Beleidigung zu 100 Mark Geldstrafe.

Soweit ist das alles nicht sehr wichtig. Aber man hatte zwei Schulkinder als Zeugen vernommen – ein zehnjähriges Mädchen und einen zwölfjährigen Knaben. Was sie in bescheidenem Ton vorbrachten, war nicht sehr erschütternd. Schulkleinigkeiten, die wir alle erlebt haben – ein, zwei Stockstreiche, die vielleicht besser unterblieben wären. Die Kinder hatten alle brav und sichtlich der Wahrheit entsprechend ohne Übertreibung berichtet. Dann begann der Staatsanwalt mit seinem Plädoyer, und man hörte staunend die Worte: „Der Junge wird schon seine Prügel verdient haben – das zeigte schon sein ganzes Verhalten vor Gericht."

Und man durfte sich fragen: Was hatte denn der Junge vor Gericht angestellt, um diesen Satz zu rechtfertigen? Und man erinnerte sich: Einmal hatte der Vorsitzende dem Knaben gesagt: „Nimm die Hände vom Rücken und lege sie an die Hosennaht, wie du es gelernt hast." Was der Knabe, etwas zitternd, sofort tat.

Ein anderes Mal hatte der Vorsitzende die Sprache auf eine Schulprügelei gebracht. Der kleine Zeuge sagte aus, ein Junge habe ihn wiederholt mit Füßen getreten, da habe er sich zur Wehr gesetzt, und als der Lehrer dazukam, habe es Stockschläge gegeben.

„Nun", sagt der Vorsitzende freundlich, „was würdest du wohl als Lehrer tun, wenn du zwei Jungens beim Prügeln erwischst?"

Der Junge besann sich keinen Augenblick, sondern sagte einfach und natürlich: „*Ich würde fragen, warum sie sich hauen.*"

Was der kleine Junge aus Lichtenberg da in aller Stille gesagt hat, ist vielleicht würdig, in (vergoldeten) Lettern in allen Lehrerkonferenzzimmern des Deutschen Reiches angeschlagen zu werden. Freilich sind es von jeher die Erfinder goldener Worte gewesen, von denen man gesagt hat, ihr ganzes Verhalten rechtfertigt die Prügel.

18. 4. 1925

DER BELEIDIGENDE SCHUPOMANN

Er war am Verfassungstage[6] 1924 entweder zu guter oder zu schlechter Laune. Als er mit seinem Kameraden auf dem Bülowplatz für Ordnung sorgte, ließ er nicht zwei Menschen ruhig auf der Straße stehen, ohne sie mit „Weitergehen" zu drangsalieren. Zuerst behelligte er zwei ordentliche Frauen, die ihren Zigarrenladen schlossen, dann zwei ordentliche junge Menschen. Dem einen sagte er: „Sie kenne ich schon lange." Der junge Mann wollte aufbrausen, wurde aber beruhigt und ging weiter. Nach ein paar Minuten kam es dennoch zwischen ihm und dem Polizisten zu einer derben Prügelei.

So klein der Anlaß – die Aufgabe des Gerichts war nicht leicht. Alle Zivilzeugen bekundeten, daß der angeklagte Schupomann stark

6 *(11. August; an diesem Tag trat 1919 die Weimarer Verfassung in Kraft.)*

betrunken war, daß er den Hauptzeugen provoziert und zuerst geschlagen habe. Der Kamerad des Angeklagten aber beschwor, daß von Trunkenheit nicht die Rede gewesen sei, daß der Zeuge an allem die Schuld trage.

Aber den Ausschlag gab die Feststellung, daß die Prügelszene nicht etwa auf dem Fleck des ersten Zusammenstoßes erfolgt war – daß die Beamten den Zeugen, als er längst weitergegangen und schon auf der anderen Straßenseite war, noch einmal belangten.

Das Gericht ging denn auch weit über den Antrag des Staatsanwalts hinaus. Dem Kameraden des Angeklagten hielt es bei seiner offenbar falschen Aussage zugute, daß er wohl selbst angetrunken gewesen sei und den Zustand der Trunkenheit bei seinem Kameraden nicht habe erkennen können. Dem Angeklagten selbst aber sei seine Bezechtheit nur *strafschärfend* anzurechnen. Die Beamtenschaft müsse vom Vertrauen des Volkes getragen sein, und Beamte, die dieses Vertrauen mißbrauchen, müssen scharf angepackt werden: drei Monate Gefängnis. – Aber der Angeklagte habe auch die Äußerung getan: *Sie kenne ich schon lange!* Eine solche Redensart sei im Munde eines Schutzmannes eine Beleidigung, denn der Angeklagte habe damit ausgedrückt, daß der Zeuge schon mehrfach mit der Polizei in Konflikt geraten sei. Dies aber sei nicht der Fall, und so habe auch wegen Beleidigung eine Bestrafung erfolgen müssen: 50 Mark Geldstrafe.

7. 6. 1925

HAUSFRIEDENSBRUCH AUF DER POLIZEIWACHE

Das liebe Leben, unerschöpflich im Hervorbringen neuer Varianten, gebar den Fall des Mannes, der anderthalb Minuten lang die Polizeiwache nicht verlassen wollte und so wegen Hausfriedensbruchs auf die Anklagebank gesetzt wurde.

Dieser Mann stand am höchsten jüdischen Feiertage während einer Pause des Gottesdienstes mit anderen Glaubensgenossen plaudernd vor dem Betsaal der Grenadierstraße, als plötzlich ein Schupomann erschien, um den Bürgersteig von herumstehenden Personen zu säubern. Hierbei soll der Beamte besonders barsch gegen zwei Frauen vorgegangen sein. Als ihn der Vorsänger der Gemeinde auf den Feiertag aufmerksam machte, sagte er (in der milderen Version): „Ich pfeife auf die jüdischen Feiertage" und führte den Vorsänger zur Wache. Über diese Festnahme geriet der jetzt angeklagte Repräsentant der Gemeinde in große Erregung, folgte dem Schutzmann und dessen Häftling zur Wache – wie er angibt, um sich über den Schupomann zu beschweren. Der dort anwesende Hauptwachtmeister behauptet, der Angeklagte habe sich nicht beschwert, sondern in aufgeregtem Ton und mit Fausthieben auf den Tisch die sofortige Entlassung des Vorsängers gefordert. Der Hauptwachtmeister will darauf den Angeklagten mehrfach zum Verlassen der Wache vergeblich aufgefordert haben, worauf er ihn durch zwei andere Beamte hinauswerfen ließ. Auf dem Hofe des Gebäudes soll dann der Angeklagte solchen Lärm geschlagen haben, daß man nun auch ihn festnahm. Nach der Bekundung eines Zeugen soll der Angeklagte den Namen des Beamten gefordert haben, der ihn die Treppe hinunterstieß. Der Angeklagte selber behauptet, in der Wache überhaupt nicht zu Worte gekommen, sondern gleich hinausgeworfen worden zu sein. Der Hauptwachtmeister bemißt die Zeit, die der Angeklagte (*vor* seiner Inhaftierung) mit der Begehung des Hausfriedensbruchs zugebracht hat, auf fünf bis sechs Minuten, der sistierende Oberwachtmeister bemißt sie auf vier bis fünf, ein jüdischer Zeuge auf zwei bis drei Minuten.

Die strafrechtlichen Folgen der Angelegenheit waren bisher die: der Vorsänger erhielt ein Strafmandat wegen Beleidigung des Schupobeamten, das er bezahlt hat, der Angeklagte wurde in erster Instanz wegen Hausfriedensbruches zu 100 Mark Geldstrafe verurteilt.

Die gestrige Berufungsinstanz verlief außerordentlich temperamentvoll. Der Verteidiger legte Wert auf die Feststellung des Verlaufs der Straßenszene und der Gründe, die zur Festnahme des Vorsängers führten, was aber der Vorsitzende nicht zulassen wollte, weil ja nur der Hausfriedensbruch zur Verhandlung stände. Der Verteidiger hält aber die Feststellung für wesentlich, um den Grad der berechtigten Erregung des Angeklagten dem Gericht klarzumachen, und der Staatsanwalt stimmt dem Verteidiger zu. Der Vorsitzende wendet sich zu den beiden Schöffen: „Interessiert Sie das?“ Beide Herren schütteln verneinend den Kopf. Der Verteidiger verlangt Protokollierung seiner Frage und Gerichtsbeschluß. Die Frage wird protokolliert, aber das Gericht beschließt, die Frage nicht zuzulassen, unterstellt jedoch dabei die Schilderung der Straßenszene als wahr. (Offenbar ohne Rücksicht darauf, daß der Schupomann eben unter seinem Eide bestritten hatte, gesagt zu haben: „Ich pfeife …“) Derselbe Schupomann erklärt sein Verhalten auf der Straße damit, daß er damals – in der Inflation –, wo die Grenadierstraße mit handeltreibenden Personen immer erfüllt war, besonders streng zur Säuberung angehalten war. Die Frage des Verteidigers, ob er nicht an den geschlossenen Läden, an der feiertäglichen Kleidung der Menschen gemerkt hatte, daß an dem Tage etwas Besonderes los war und keinesfalls gehandelt wurde, verneint er. Auf eine Frage des Staatsanwalts bekundet er, dienstlich nicht auf den Feiertag hingewiesen worden zu sein, gibt aber zu, bei früheren Anlässen, wo man Demonstrationen fürchtete, zur Bewachung der Synagoge beordert gewesen zu sein. Er kannte also das Publikum und seine feiertäglichen Gepflogenheiten.

Die entscheidende Bekundung war die des Hauptwachtmeisters, der angab, von dem Augenblick der Aufforderung zum Verlassen bis zum Hinauswurf seien etwa *anderthalb Minuten* vergangen. Nach der Ansicht des Verteidigers genügt wohl eine solche Zeit, aber auch eine kürzere, um einen preußischen Unteroffizier kehrt marsch machen zu lassen – nicht aber einen Menschen zur Sinneswandlung zu veranlassen, der sich (begreiflich erregt) im Rechte glaubt, an einem geeigneten Orte eine Beschwerde einzulegen.

Das Gericht folgte diesen Ausführungen und sprach den Angeklagten frei.

Soweit mag der schriftliche Bericht ausreichen, um eine sachliche Wiedergabe des Prozeßverlaufes zu geben. Wie sich aber die Schupobeamten vor Gericht verhielten – um das zu schildern, wäre die Hilfeleistung eines Phonographen wünschenswert gewesen. Schon die Eidesleistung des Hauptwachtmeisters war eine stimmliche Leistung. Der Ton aber, in dem er sich selbst zum Ankläger aufschwang, wie er, die sanfte Prozeßleitung benutzend, Fragen stellte und sich zu Bemerkungen meldete – vor allem das Wort, mit dem er eine seiner Bekundungen einleitete: „Hier muß ich weiter ausschweifen ...“, das war wert, phonographisch aufgenommen zu werden – während seine zitternde Erregung, die Leidenschaft mit Augenrollen, gesträubtem Schnurrbart und geblähtem Bauch dem Kinematographen ein würdiges Objekt gegeben hätten.

Zusammenfassend kann man sagen: Einem Beamten, der so vor Gericht auftritt, möchte man – Christ oder Jude, schuldig oder nicht – lieber nicht begegnen. Namentlich nicht im Traum.

18.9.1925

DER HOSENTROMPETER

Ein Tierarzt, in seiner Eigenschaft als Fleischbetrachter auf dem Zentralviehhof offenbar nicht sonderlich beliebt, betritt die Koje eines Großschlächters, mit dem er längere Zeit nichts zu tun gehabt.

Der Schlächtermeister begrüßt ihn mit den Worten: „Sie leben noch, Herr Doktor? Ich dachte, Sie wären längst tot.“

Worauf der Tierarzt erwiderte: „Ich denke nicht daran. Wenn's zum Sterben geht, überlasse ich Ihnen gerne den Vortritt.“

Nachdem das Gespräch so liebenswürdig begonnen und der Tierarzt mehrere Lungen und Nieren beanstandet hatte, endete die Unterhaltung damit, daß der Schlächter sich zu dem Ausruf hinreißen ließ: „Sie Hosentrompeter!“

„Wie meinen Sie?“ fragte empört der Tierarzt.

„Hosentrompeter!“

„Wiederholen Sie das Wort vor Zeugen!“

„Hosentrompeter“, wiederholte der Schlächtermeister.

Der Tierarzt stellte hierauf Strafantrag, und vor Gericht führte der Staatsanwalt aus, daß es sich zweifellos um eine öffentliche Beleidigung handle, da eine unbeschränkte Anzahl von Personen Zutritt zu der Schlachthalle hätte. Er beantragte 75 Mark Geldstrafe.

Der Anwalt des Beklagten dagegen sagte: „Mein Mandant ist ein Mann von 55 Jahren und immer noch völlig unbestraft. Der Zentralviehhof ist überhaupt ein Ort, an dem man nicht jedes Wort auf die Waagschale wirft. Im übrigen behauptet mein Mandant glaubhaft, das Wort gar nicht dem Kläger zugerufen zu haben. Es befand sich nämlich in der Nähe ein sogenannter Schleimer, ein Arbeiter, der Därme aufbläst. Und Därme sind ja auch so lange Dinger wie zum Beispiel Hosen. Als nun der Kläger das Wort ‚Hosentrompeter' zum ersten Mal hörte, sagte er zu meinem Mandanten: ‚Wie meinen Sie?' Worauf mein Mandant, der keine Ahnung hatte, daß der Kläger das Wort auf sich bezog, noch einmal sagte: ‚Hosentrompeter.' Der Herr Kläger verlangte nun ausdrücklich, daß der Beklagte das Wort wiederhole. Und da hat er es denn wiederholt.

So und nicht anders stellt sich der Vorgang dar. Sollte das Gericht aber dennoch der Überzeugung sein, daß – wegen des vorangegangenen Wortwechsels – der Kläger das Wort auf sich beziehen mußte, so wird dann doch noch festzustellen sein, inwiefern dieser Ausdruck eine Beleidigung darstellt. Es hat sich während der ganzen Verhandlung nicht der geringste Anhaltspunkt dafür ergeben, was etwa der Sinn dieses Wortes sei. Ich weiß es nicht, der Herr Staatsanwalt weiß es nicht – das Gericht weiß es vermutlich auch nicht. Wie kann ein Wort, dessen Bedeutung kein Mensch kennt, eine Beleidigung darstellen? Sein Sinn ist eben tatsächlich nur durch die Beziehung auf den Schleimer zu erklären, der sich seinerseits keineswegs beleidigt gefühlt hat.

Sollte das Gericht trotzdem zu der Überzeugung gelangen, daß es sich hier um eine Beleidigung gehandelt hat, so ist diese doch keineswegs eine öffentliche zu nennen, da in der Schlachthalle nur eine engbegrenzte Anzahl von Personen Zutritt haben. Ich bitte vor allem zu bedenken, daß mein Mandant immer noch nicht vorbestraft ist – und daß die Metzgermeister heutzutage keineswegs auf Rosen gebettet sind."

Das Gericht verurteilte den Schlächtermeister zu 45 Mark Geldstrafe – die Öffentlichkeit der Beleidigung nahm es an. Für den Sinn des Wortes „Hosentrompeter" wußte es freilich auch keine Erklärung.

20.11.1927

KLEINE SÜNDEN

DER NACKTE MANN AUF DER WIESE

In dem mächtigen Treppenhaus des Kriminalgerichts traf ich ihn suchend, irrend – mit dem wehenden, wallenden, prachtvoll gelockten Haupthaar. Natürlich war er hier nicht nackt, hatte einen sehr manierlichen Sportanzug, Ledergamaschen, Schiller-Kragen. Mantel trug er freilich nicht, und auch keinen Hut. Welche Größe paßte auch auf dieses Haupt! Er suchte krampfhaft nach Portal V. „Aber Mensch, Sie sind doch schon drin – jetzt brauchen Sie nur noch Zimmernummer 567." Dann fand sich auch die. Und nach einigem Warten erschien er vor der Berufungsinstanz.

Das Schöffengericht in Alt-Landsberg hatte ihn wegen Störung der öffentlichen Ordnung zu einem Monat Haft verurteilt, weil er die Angewohnheit hatte, auf dem von ihm gepachteten Wiesengrundstück völlig nackt herumzulaufen und zu arbeiten. Nun hatte er Berufung eingelegt – versehentlich nur gegen das Strafmaß, die begangene strafbare Handlung hatte er zugegeben. Doch verwehrt man ihm nicht, seinen Standpunkt klarzulegen.

Eigentlich ein schöner Mann, die niedrige, aber nicht unedle Stirn unter dem in der Mitte geteilten weichen Haar, das eigentümlich träumerische, große braune Auge, der kleine, schmale, etwas nach unten gebogene Schnurrbart – fast der Kopf eines jugendlichen Reiteroffiziers aus Wallensteins Armee. Aber wenn er den Mund auftut, quillt ein waschechtes, ungehobeltes Berlinisch – dennoch besänftigt, von innen heraus, durch irgendeine Weltanschauung.

Sie ist sehr einfach. Erstens arbeitet es sich in der Mittagshitze besser, wenn man nichts anhat, zweitens habe er doch auch nichts Unsittliches getan. Er habe genau in dem Kostüm gearbeitet, in dem er geboren sei. Auch sei kein öffentlicher Weg in der Nähe, und er verstünde nicht das Ärgernis, den Anstoß.

Der Vorsitzende bedauert, aus prozessualen Gründen darauf nicht eingehen zu können. Es sei ja nur gegen das Strafmaß Berufung eingelegt. Aber im übrigen sei er ja nicht wegen Erregung öffentlichen Ärgernisses, sondern nur wegen Störung der öffentlichen Ordnung verurteilt worden.

Der Lockenmann lächelt und sagt: „Wenn ich mit meinen langen Haaren über die Straße gehe und die Leute hinter mir herrufen – errege ich da nicht auch Anstoß oder störe die öffentliche Ordnung?“ Die Richter lächeln. Einer der Beisitzer fragt: „Können Sie sich denn nicht wenigstens eine Badehose anziehen?“

Und der Lockenmann lächelt wieder so milde. –

„Die Badehose ist ja det Scheedliche – an't Jeschlecht sollste jesund werden!“

Der Staatsanwalt beantragt kühl Verwerfung der Berufung.

Das Gericht aber wandelt die Haftstrafe in die höchste Geldbuße um: Zehn Milliarden.

Und fröhlich zieht der Landmann seines Wegs.

25. 11. 1923

DER JURIST UND DIE BAJADERE

Der junge, ernste Mann, Kandidat der Rechte, kam gerade vom Bockbiere, als er dem verlorenen schönen Kinde begegnete. Er folgte ihr in der Liebe Haus, wo sie ihm zunächst ihre Ansprüche mitteilte. Vor Gericht sagte sie denn auch: „Als Bajadere habe ich das Recht, im voraus zu fordern.“

Indessen war die Barschaft des Kandidaten eine so geringe, daß das verlorene schöne Kind auf den Gedanken hätte kommen können, einen Liebespreller vor sich zu haben. Da aber die Angelegenheit dringlich war, entschloß sich der Kandidat, seine Uhr zum Pfande zu geben. Trotz seiner leichten Umnebelung ließ er die Gelegenheit nicht ungenutzt, sich juristisch zu betätigen. Also er ließ sich die Mitnahme des Pfandes schriftlich bestätigen, wobei er mündlich in Aussicht stellte, die Uhr in einigen Tagen gegen Zahlung von fünf Mark einzulösen.

Jedenfalls nahm das Gericht später an, die Tatsache, daß er sich einen Schein ausstellen ließ, und die besondere Vorsicht, die er dabei bewahrte, sei ein Beweis für seine damalige Geistesklarheit. Es ist natürlich auch möglich, daß er aus einer spezifisch juristischen Trunkenheit heraus handelte. Durchaus denkbar der Fall eines Kandidaten, der nach langen theoretischen Studien und praktischen Übungen die erste Gelegenheit benutzt, in eigener Sache zu handeln, und – wenigstens für Minuten – die juristische Besessenheit über jenen anderen Trieb siegen läßt, dessentwegen er der Liebe Haus betreten hatte. So sah er „mit Freuden, durch tiefes Verderben“ eine juristische Möglichkeit.

Dann ging es zunächst eine Weile ungefähr nach Goetheschem Text.

Als er nach einigen Tagen wiederkam, war die Uhr nicht mehr da. Die Bajadere hatte sie verkauft oder versetzt und sechs Mark dafür gelöst. Der Kandidat gab ihr die sechs Mark zur Einlösung der Uhr. Der angebliche Käufer war aber nicht mehr aufzufinden, so sehr sich die Bajadere bemühte, die schließlich die sechs Mark dem Kandidaten wieder zurückgab.

Hierauf ging der Kandidat zur Polizei, zeigte die Bajadere wegen Unterschlagung an. Bei dieser Gelegenheit handelte der Kandidat vermutlich in völlig entfachter juristischer Wollust mit feinstem Sinn für kriminalistische Reize – ohne durch Bockbier oder Liebe oder die Erinnerung an genossene Freuden in der freien Bewährung seiner Menschlichkeit gehemmt zu sein.

Mit Spannung erwartete der Kandidat die erste Instanz, die sich entschloß, die Bajadere wegen Unterschlagung für zwei Wochen ins Gefängnis zu schicken. Sie legte Berufung ein.

Die zweite Instanz stellte zunächst fest, daß die Bajadere wegen einer Reihe kleinerer Diebstähle bereits vorbestraft sei. Dann berief sie, um die Angaben der Schönen nachzuprüfen, den Kandidaten als Zeugen.

Auf die Frage des Richters, ob der Kandidat den Eid in weltlicher oder religiöser Form leisten wollte, zögerte der junge Mann eine Sekunde. Vielleicht dachte er sich, daß dem Gegenstand des Prozesses der weltliche Eid Genüge leisten würde. Aber es fiel ihm noch zur rechten Zeit ein, daß der religiöse Eid auf Juristen immer den besseren Eindruck macht.

Und er schwor bei Gott „bei Gott“.

Seine Aussage differierte in mehreren Punkten von der der Bajadere. Im Gegensatz zu dieser behauptete er, daß die rechtlichen Auseinandersetzungen über das Pfand erst – wie soll man sich gemeinverständlich ausdrücken? – nach Verlesung des Goetheschen

Textes erfolgt seien. Später wurde er in diesem Punkte schwankend und meinte, es könnte auch vorher gewesen sein. Auch mußte er zugeben, daß der Wert der goldplattierten Uhr nur insofern 60 Mark betrug, als er – vor dem Jahre 1914 – diesen Betrag für die Uhr bezahlt hatte.

Kein Einverständnis wurde über den Begriff „versetzen“ erzielt. Die Bajadere behauptete, in ihrer sächsischen Heimat sei Versetzen und Verkaufen dasselbe, was ihr von seiten des Gerichts nicht geglaubt wurde. Die Behauptung der Bajadere, der Kandidat habe ihr bis zur Wiedereinlösung die Uhr als Eigentum übergeben – und die Einlösung sollte innerhalb dreier Tage erfolgen –, wurde von seiten des Kandidaten energisch bestritten. Eine genaue Festlegung der Daten ließ sich nicht mehr durchführen.

Dem Staatsanwalt – selbst noch nicht lange dem Kandidatenstande entwachsen – gelang die Bemerkung, daß es sich hier um ein trübes und bedauernswertes Sittenbild handele, aber er gab dem Verteidiger insofern recht, als dieser seine Klientin als eine minderwertige Person bezeichnet hatte, bei der man ein scharfes Bewußtsein für die Unrechtmäßigkeit ihres Handelns nicht voraussetzen dürfe. Er bat, das Urteil der ersten Instanz auf eine Woche Gefängnis zu ermäßigen.

Das Gericht ließ sich keineswegs in allgemeine moralische Betrachtungen ein, betonte auch nicht etwa, daß Treu und Glauben im deutschen Handel und Wandel unbedingt aufrechterhalten werden müssen. Es hielt sich vielmehr lediglich an den von der Bajadere unterschriebenen Schein, in dem die Uhr ausdrücklich als Pfand bezeichnet worden war (das nicht hätte verkauft werden dürfen), und an die Vorstrafen. Und es verwarf die Berufung auf Kosten der Bajadere.

Worauf der Kandidat befriedigt der Gerichtskasse zustrebte, um seine Zeugengebühren in Empfang zu nehmen. Daß diese später mal von der Bajadere bezahlt werden müssen – störte nicht, erhöhte sein Vergnügen.

Als ich nach dieser Verhandlung nachdenklich durch den Tiergarten wanderte, traf ich Mahadöh, den Herrn der Erde, der – ich weiß nicht, zum wievielten Male – mitzufühlen Freud’ und Qual herabgekommen war.

Ich fragte ihn, warum er dieses Urteil zugelassen habe. Und er sagte: „Damit die Bajadere 14 Tage Urlaub habe."

Ich fühlte die Weisheit tief, aber ich wagte noch ein Wort: „Herrlich, Erhabener. Aber wenn du das wolltest – warum die Umstände?"

Er tat, als habe er mich nicht gehört, und war verschwunden.

REGIERUNGSRÄTE IN MOABIT

Oben im dritten Stock plätschert die Angelegenheit Bartels sanft dahin. Dieser Regierungsrat ist – wenigstens vorläufig – in der Lage, die gegen ihn erhobene Anklage belächeln zu können. Die „Fälle", die man bis zur Stunde verhandelt hat, sind als Anklagepunkte nur zu verstehen, wenn man die in Moabit geltenden Anschauungen über die Ausländer im allgemeinen und die östlichen Einwanderer im besonderen kennt – das heißt, soweit sich diese was zuschulden kommen ließen. Es geschieht natürlich sehr oft, daß ein Ausländer aus objektiven Gründen freigesprochen wird. Muß er aber verurteilt werden, so geschieht es selten ohne eine allgemeine Bemerkung über die Schädlichkeit solcher Ausländer, die das verarmte deutsche Volk brandschatzen.

Tatsächlich hat Bartels als Leiter der Fremdenpolizei einige bereits verfügte Ausweisungen zurückgenommen und östlichen Einwanderern längere Aufenthaltsbewilligungen erteilt. Zum Beweise seiner angeblich strafbaren Handlungen werden die Aktenvorgänge genau durchforscht, und man findet – bisher – immer, daß es diesen Ausländern nach einer ausgesprochenen Ausweisung doch gelang, irgendeine andere Instanz (zumeist ein Ministerium) zu finden, die ein gutes Wort bei Bartels für sie einlegte. Politisch interessant ist dabei ein Gegensatz zwischen der deutschen Botschaft in Moskau und dem Berliner Fremdenamt. In einem besonderen Falle wird die Botschaft sehr ausführlich. Sie betont, daß die russische Regierung deutschen Staatsangehörigen (einschließlich der Botschaftsbeamten) überhaupt keine dauernde Aufenthaltsbewilligung ausstellt, und sie versichert, daß der in Frage kommende Russe nach der Art, wie er sein Vermögen erworben hat, zu den in Deutschland unerwünschten Ausländern gehört.

Bartels hat sich anders eingestellt. Er hat den Terror in Rußland miterlebt und will den Flüchtlingen, die hier zu einer eigenen Erwerbsquelle gelangen, deutsche Angestellte beschäftigen, die Existenz nicht unmöglich machen. Der von der deutschen Botschaft so schlecht beurteilte Ausländer aber war nachweislich ein Industrieller, der in engem Zusammenhang mit der deutschen Industrie in Rußland Schallplatten herstellte und vertrieb.

Vor allem aber: Irgendein Hinweis, daß – in den bisher verhandelten Fällen – Regierungsrat Bartels sich bei seinen Entschließungen von unsauberen Motiven leiten ließ, fehlt vollkommen. Er sagt lächelnd: „Es wäre mir auch sehr schwer geworden, da ich – nachweislich – vom ersten Tage meiner Tätigkeit an, ich weiß nicht, von wem, bespitzelt worden bin."

Geht es diesem Regierungsrat gut – seine Sache endet schließlich mit Freispruch –, einem andern, zwei Stockwerke tiefer, geht es schlechter. Was da steht, ist nur noch die Ruine eines Regierungsrates, angeklagt wegen einiger kleiner Darlehen, die er in betrügerischer Absicht aufgenommen haben soll. Man sieht einen früh gealterten Mann von 41 Jahren, merkwürdig vernachlässigt, auch in seiner Kleidung. Und doch hat seine Laufbahn unter glücklichen Aussichten begonnen. Als Sohn eines Geheimrats kam er zur Welt, durfte in Grenoble und Cambridge studieren, diente bei den Allensteiner Dragonern, kam zur Regierung nach Köln, machte den Krieg als Offizier mit, wurde dann als Regierungsrat Vertreter des Landrats in Helgoland – anderthalb Jahre lang. Dann wurde er nach Merseburg versetzt, bat aber hier um seinen Abbau, da er seiner geistigen Fähigkeiten nicht mehr sicher war.

Er war – durch den zufälligen Besuch eines Berliner Klubs – dem Spielteufel verfallen. Er sagt leise: „Das Spiel macht mir keine Freude – ich spiele unter Zwang."

Seine Beschäftigung ist heute die Berechnung „sicherer Systeme". Der Gerichtsarzt glaubt an einen langsam fortschreitenden Verfall der Geisteskräfte. Da zwei Geschwister des Angeklagten unheilbar verblödet im Irrenhaus sind, beantragt er eine dreiwöchige Untersuchung. Und das Gericht gibt diesem Antrage statt.

50 PROZENT

Er war Steuerbeamter und unterschlug im Jahre 1923 etwa 2000 Mark Steuergelder, die er eingezogen hatte. Die zu den Geldern gehörigen Urkunden vernichtete er.

Als es herauskam, wurde er geisteskrank. Der genaue Beginn der Geisteskrankheit ist nicht zu fixieren. Zwei Sachverständige untersuchten ihn genau, der eine beobachtete ihn sogar vier Monate lang. Ihre übereinstimmende Ansicht geht dahin, daß der Defraudant nicht etwa organisch geisteskrank sei, sondern lediglich psychisch. Erstens dürfte vielleicht die Tat selbst und dann aber hauptsächlich die Angst vor der Strafe seinen Geisteszustand verändert haben. Sehr stark habe dabei der Wunschgedanke mitgewirkt, als Unzurechnungsfähiger, als Verrückter sich der Verantwortung entziehen zu können. Auf diese Weise sei er nun tatsächlich verrückt geworden, wenn auch sicher heute in der Verhandlung der Angeklagte seine Verrücktheit übertreibe und wenig glaubhafte Anzeichen für angebliche Gedächtnisschwäche gäbe.

Die Frau des Angeklagten behauptet, daß ihr Mann schon vor zwei Jahren Zeichen geistiger Umnachtung gezeigt habe, und beruft sich auf das Zeugnis eines dritten sachverständigen Nervenarztes, der ihren Mann vor zwei Jahren wegen seines Geisteszustandes behandelt habe. Sie bekennt – und der Verteidiger kann es sogar aus einem Aktenvermerk beweisen –, daß sie vor zwei Jahren auf dem Finanzamt war und gebeten hat, ihren Mann nicht mehr mit Geldsachen zu beschäftigen, weil er mit dem Kopf nicht mehr ganz zuverlässig sei.

Der erste Sachverständige wird nunmehr gefragt, ob er es für möglich halte, daß der Angeklagte bereits vor zwei Jahren verrückt gewesen sei, was der Sachverständige energisch verneint. Der Angeklagte sei erst durch seine Tat in eine hysterische Depression verfallen, könne deshalb nicht schon vorher geisteskrank gewesen sein. Er stützt sich hierbei auf seine Erfahrung in ähnlichen derartigen Fällen und hält die Herbeiziehung des dritten Sachverständigen für überflüssig.

Das Gericht verzichtet nunmehr auf die Vernehmung des dritten Sachverständigen und verurteilt den Angeklagten – wie es sagt –

sehr milde zu sechs Monaten Gefängnis, indem es den verhältnismäßig harmlosesten Fall des § 351 als Tatbestand annimmt. Es bleibt bei der mildesten Strafe stehen, weil es annimmt, daß der Angeklagte von jeher ein psychopathisch veranlagter Mensch gewesen sei. Wenn er auch jetzt als Geisteskranker anzusehen sei, so übertreibe er doch ganz offenbar seine Krankheit, und er sei gewiß momentan nur zu 50 vom Hundert geisteskrank zu erachten. Da er aber zur Zeit der Begehung der Tat zweifellos nicht geisteskrank gewesen sei, so habe seine Bestrafung erfolgen müssen …

Fragen darf man sich, wenn man noch zu 50 vom Hundert geistesgesund ist, wieweit man als Geisteskranker für eine Tat verantwortlich gemacht werden kann, die man als Geistesgesunder begangen hat.

Vor Jahren sollte ein Massenmörder hingerichtet werden, der am Tage vor der Vollstreckung in geistige Umnachtung verfiel. Man unterließ die Hinrichtung. Was wäre geschehen, wenn dieser Mann nur zu 50 vom Hundert wahnsinnig geworden wäre? Es ist menschlich gedacht und gefühlt, wenn das Gericht dem Halbverrückten nur eine milde Strafe auferlegen will, aber der Halbverrückte ist ein untrennbar ganzer Mensch, und dem weisesten Richter wird es nicht gelingen, die gesunde Hälfte allein zu bestrafen – die kranke aber derjenigen Instanz zuzuweisen, auf die sie ein unbedingtes Anrecht hat: der Heilanstalt.

UM 20 MARK ZEHN JAHRE ZUCHTHAUS – UND FREIGESPROCHEN

Aus der Untersuchungshaft werden zwei noch junge Männer vor die Berufungskammer geführt. Die erste Instanz hatte jeden von ihnen zu fünf Jahren Zuchthaus und fünf Jahren Ehrverlust verurteilt. Die Anklage warf ihnen vor, den Arbeiter G. beraubt zu haben.

Was war geschehen? Die beiden Angeklagten, die sich selbst vorher nicht kannten, waren auf einer Bierreise mit dem schon etwas angetrunkenen Zeugen G. zusammengetroffen. G. hatte von einem Laubenverkauf Geld in der Tasche, hielt die beiden in verschiedenen Lokalen frei und wollte schließlich mit ihnen ein Tanzlokal in der Auguststraße aufsuchen. Dort war aber bereits Polizeistunde. Der Portier hieß sie gehen, aber G. skandalierte, wollte durchaus ins Lokal hinein und war nur schwer mit sanfter Gewalt auf die Straße zu befördern. Die beiden Angeklagten hatten ihn dabei untergefaßt. Auf der Straße angekommen, schrie G. nach der Polizei, er erklärte, von seinen beiden Zechbrüdern beraubt worden zu sein, worauf ihn diese nach der ganz nahe gelegenen Wache transportierten. Hier wiederholte G. seine Behauptungen. Er gab an, den Erlös für das Laubengelände in die Brieftasche gesteckt zu haben, weitere 20 Mark aber habe er in der Hosentasche verwahrt – diese sei nun vollkommen aufgerissen, und er bezichtigte die beiden Zechbrüder, ihm die 20 Mark gestohlen zu haben. Willig ließen sich die beiden auf der Polizeiwache untersuchen, man fand bei ihnen nur ganz geringe Geldbeträge. G. aber behauptete, sie hätten unterwegs einem Jungen die 20 Mark zugesteckt. Bei der Feststellung der Personalien ergab sich freilich, daß die beiden keine feste Wohnung hatten. Der eine war erst seit kurzem aus der Strafhaft entlassen. Der andere, wie der erste dreimal vorbestraft, war in den letzten Monaten nur gelegentlich beschäftigt.

In der zweiten Instanz konnte ein Nachtwächter als Zeuge für die Vorgänge an der Tür des Ballokals die Angaben der Angeklagten bestätigen. Er schilderte, wie schwer der Zeuge G. aus dem Hausflur zu entfernen war und wie er draußen plötzlich angefangen habe, nach der Polizei zu schreien. Trotzdem der Staatsanwalt die Verwerfung der Berufung beantragte, sah sich die Strafkammer genötigt, die beiden freizusprechen. Bestünde auch ein gewisser Verdacht, so sei doch die Aneignung eines fremden Gutes nicht nachzuweisen gewesen.

Der Freispruch befriedigt, gewiß. Aber die Verurteilung der beiden zu je fünf Jahren Zuchthaus ist damit für unser Gefühl nicht ganz aus der Welt geschafft. Der Freispruch bezieht sich – streng genommen – auf eine Anklage wegen Diebstahls. Denn im Vordergrunde des Interesses steht die Frage: Haben die beiden das Geld überhaupt genommen? Wenn sich das erste Gericht in diesem Punkte geirrt haben würde, so wäre es verzeihlich gewesen.

Gewiß, könnte man auch in diesem Falle sagen, die Beweise waren nicht sehr einwandfrei. Die Aussage eines Halbbetrunkenen kann niemals als ganz unzweifelhaft glaubwürdig angenommen werden. Die größere Summe, die G. in der Brieftasche trug, und anderes zerknittertes Papiergeld hatte sich in der Rocktasche vorgefunden – alles Anzeichen dafür, daß die beiden Angeklagten kaum die Absicht hatten, den G. um seine Barschaft zu erleichtern.

Wo aber waren die Tatbestandsmerkmale für den Raub gegeben? Das Gesetz verlangt dafür Gewaltanwendung, und die Judikatur erblickt ein Merkmal der Gewaltanwendung in dem Widerstand des Bestohlenen. Eine gewisse Gewalt war angewendet worden, um den G. aus dem Hausflur zu entfernen. Hierbei hatte sich der Portier des Ballokals in erster Linie beteiligt. Aber weder der Portier noch der Nachtwächter hatten gesehen, daß die beiden Angeklagten Gewalt anwendeten, um ihm Geld zu entreißen. Wenn sie selbst ein gewisses Getümmel benutzt hätten, um die 20 Mark aus der Tasche zu ziehen, so wäre es auch nur Diebstahl gewesen. Um sein Urteil einigermaßen zu begründen, erwähnt der erste Richter ausdrücklich, daß den beiden Angeklagten, da sie vorbestraft seien, die Tat wohl zuzutrauen sei, und um dieses Zutrauens willen wird in einer an sich höchst zweifelhaften Sache nicht nur das schwerste Delikt angenommen, es werden die mildernden Umstände versagt, so daß die Mindeststrafe für Raub – fünf Jahre Zuchthaus – zur Anwendung kommen muß; es wird wegen der bestätigten ehrlosen Gesinnung die Ehrenstrafe über fünf Jahre verhängt. Und es fiel diesem ersten Richter nicht einmal die Tatsache auf, daß die beiden Räuber den angeblich Bestohlenen persönlich zur Polizeiwache begleiteten – eine Handlungsweise, die selten zu den Gewohnheiten der Räuber gehört. Daß der Gegenstand des „Raubes" nur 20 Mark betrug, konnte bei der tiefen juristischen Einsicht des Vorderrichters nicht ins Gewicht fallen.

Man kann sich sehr frei fühlen von jeglicher Sympathie für die Angeklagten. Der eine hatte sich in den letzten drei Jahren immerhin straffrei geführt, der andere war eben aus dem Zuchthaus entlassen und hatte noch keine Zeit gehabt, bessere Grundsätze zu bewähren. Dies alles ist aber erst recht kein Grund dafür, daß man schwache Menschen durch ein leichtfertiges Urteil endgültig zu Zuchthäuslern stempelt.

EINER, DER NICHT MEHR HÖREN WILL ...

Wir sind unzweifelhaft eines der tüchtigsten Völker. So haben wir bereits bei der Staatsanwaltschaft ein eigenes Dezernat für Vergehen gegen das Funkgesetz. Einbrüche, Unterschlagungen und ein bißchen Blutschande kann jeder. Aber Funkvergehen, da kommt ein Spezialist angerückt, borgt sich von seinem Wald-, Feld- und Wiesenkollegen die Robe – und dann kann's beginnen.

Da also war ein braver Schlossermeister, dem es Spaß machte, sich einen eigenen wunderschönen Röhrenempfänger zu bauen. Gewiß nicht, um den Fiskus zu hinterhören, keineswegs. Er schickte seine Frau zur Post, die zahlte zwei Mark und bekam die Erlaubnis zum Hören mit Detektor. Das war natürlich ein Fehler. Denn der Schlosser hatte ausdrücklich in seinem schriftlichen Antrag von einem *Röhren*empfänger gesprochen; die Post hatte eben eine falsche Erlaubnis ausgeschrieben. Die ganze Post gehört auf die Anklagebank. Aber davon kann in unserm Ordnungsstaat beileibe nicht die Rede sein.

Drei Tage hörte der Schlossermeister mit Wonne fern. Dann kam ein Oberinspektor, sah die falsche Erlaubnis, konfiszierte den Apparat, erstattete Anzeige. Nicht gegen die Post, sondern gegen den Schlossermeister. Der Spezialist der Staatsanwaltschaft hat inzwischen gelernt, Strafbefehle auszuschreiben. Aber damals brachte er die Sachen noch gern ans Schöffengericht, schon aus prozessualen Gründen. Man will die Sachen doch durchfechten können, auch wissen die Richter noch zu wenig vom Funkgesetz. Sie müssen lernen.

Und als Versuchskaninchen sitzt der Schlossermeister auf der Anklagebank (an Stelle der Post). Ja, hat er denn nicht gewußt, daß die Detektorerlaubnis für den Röhrenempfänger nicht genügt? Und hat er – vor allem – nicht gewußt, daß er für eine Röhrenerlaubnis einem Verein beitreten muß? Ja, das ist eben bei uns nicht so einfach. Wer einen Röhrenempfänger selbst baut, muß einem Funkverein beitreten, sonst kommt er vor den Richter. Hat der Schlossermeister das nicht gewußt? (Die Post befürchtet nämlich Funkstörungen von ungeübter Hand, aber sie selbst befaßt sich nicht mit der Erteilung von Abiturientenzeugnissen für Selbstbauer von Röhrenempfängern. Sie verlangt das Zeugnis eines Funkvereins. Tretet bei, ihr Männerscharen!) Man muß ja sagen: Das Eintreten in Vereine geht viel zu freiwillig vor sich. Der Anfang von der Post ist vielversprechend. Man erwartet in Mitteleuropa mit Spannung die Verpflichtung, in Vereine von Briefselbstabholern zu treten.

Also der Schlossermeister war effektiv nicht Mitglied. Da aber der kontrollierende Oberinspektor eingesehen hatte, daß das eigentliche Versehen auf seiten der Post war, wurde der Schlossermeister – auf Antrag des Staatsanwalts – freigesprochen.

Ziemlich gegen den Schluß fragt der Richter den Angeklagten: „Sind Sie denn nun inzwischen einem Verein beigetreten?" – „Nee", sagt der Schlossermeister, „ick will nischt mehr hören ..."

Was man ihm nachfühlen kann.

7. 3. 1925

DAS DOPPELKINN DER FRAU T.

Seit drei Tagen verhandelt man in Moabit gegen den Arzt Dr. Kolb und die angeblich von ihm zum Meineid verleitete Frau Gerloff.

Es ist ein rasender Prozeß. Gelegentlich, wenn eine Spannung sich in lautem Lachen löst, mahnt der Vorsitzende zur Ruhe, mit dem gebräuchlichen Hinweis, das Gericht sei kein Theater.

Nein, das Gericht nicht. Aber dieser Prozeß ist ein hinrasender Filmstreifen. Der Vorsitzende, Landgerichtsdirektor Dransfeld, mit der größten Aufmerksamkeit bemüht, der Prozeßordnung in jedem Augenblick Genüge zu tun und auch der Verteidigung alle Freiheiten zu gewähren, kennt die Akten wörtlich auswendig und ist zugleich ein vorwärtsdrängendes Temperament. Technische Pausen gibt es nicht. Die Prozeßführung ist so geregelt, daß die Zeugen ohne eine Sekunde Zeitverlust einander ablösen. Die Zeugen werden gefressen. Ihre Einvernahme ist von virtuoser Konzentriertheit – man sieht die Zeugen, hört sie für Minuten sprechen – dann rast das Filmband weiter.

Trübe Menschlichkeiten werden aufgerollt, abgerollt. Ist es ein Meineidsprozeß oder eine Wohnungsschieberei? Ist es ein Ehescheidungsprozeß oder gar deren drei? Handelt es sich noch um das operierte Doppelkinn der Frau T. – oder um die Art, wie der angeklagte Arzt seiner Patientin zur Sicherstellung seiner Forderung den Pelzkragen von der Schulter riß? Hat die Angeklagte es gesehen? Hat sie ein Verhältnis mit dem Arzt gehabt? Davon ist nun eigentlich wenig mehr die Rede. Aber immerhin: Hat die Zeugin Sch. (jetzt mit dem einstigen Ehemann der Angeklagten verheiratet) vom Bürgersteig der Augsburger Straße gesehen, daß die beiden Angeklagten abends in den Parterreräumen der Arztwohnung Zärtlichkeiten tauschten? Warum machte sie so eifrige Beobachtungen? *Konnte* sie es überhaupt sehen? (Ein Lokaltermin soll in letzter Stunde darüber Gewißheit geben.)

Hat die frühere Wirtschafterin des Arztes (jetzt auf Grund seiner Anzeige wegen Diebstahls in Strafhaft) Intimitäten gesehen? Drang genug Licht vom Korridor ins Schlafzimmer, um das zu beobachten? Wo war die Korridorbeleuchtung angebracht, war das Licht überhaupt angeknipst? War überhaupt eine Frau in dem Schlafzimmer, und wenn, war es die Angeklagte? Oder macht die Frau Z. ihre Angabe aus Gehässigkeit? Ist sie glaubwürdig, hat sie nicht auch anderwärts gestohlen? War sie nicht Morphinistin?

Man macht die größten Anstrengungen, um die Glaubwürdigkeit einer Belastungszeugin festzustellen. Mehrere Zeugen werden darüber vernommen, ob dieses Mädchen sich in einer Sommernacht 1923 auf dem Balkon einer Wohnung in spärlicher Toilette gezeigt habe. („Sie war sehr bedürftig angezogen –", sagt die Zeugin.)

Zwei Krankenschwestern sprechen sich darüber aus, daß der Angeklagte, ohne zu ihnen Beziehungen zu unterhalten, sie gelegentlich spaßhaft geduzt hat. Und ein halbes Dutzend Zeugen schwirren an, um zu bekunden, ob die (inzwischen geschiedene, jetzt die Nichtigkeit der Ehe anstrebende) Ehegattin des Angeklagten eine hysterische Frau war oder nicht – in welchem Geisteszustand sie darauf verfiel, Ärzte zu holen, um den – wie sie glaubte – ausgebrochenen Wahnsinn ihres Gatten festzustellen.

Und dann – als eigentlich letzte Zeugin des Prozesses, nach dreitägigem, qualvollen Harren – die Ehefrau selbst. Mit ihren 48 Jahren von noch unzerstörter, fast rührender Anmut. Und diese angeblich so hysterische Frau macht ihre Angaben mit einer Ruhe und Sicherheit, die sie auch im Maschinengewehrfeuer der Verteidiger nicht verliert. Was diese zarte und nobel erscheinende Frau je zu dem Angeklagten geführt hat, weiß man nicht. Über ihn vor dem Urteil kein Wort. Aber die Tatsache, daß diese Ehe möglich war, läßt auf eines schließen: Die Instinkte dieser Frau sind nicht sicher, oder sie ist anders, als sie scheint, oder die Ehe und die Erlebnisse dieser Ehe haben ein Zerstörungswerk angerichtet, das äußerlich nicht sichtbar wird. Kein Zweifel, daß für diese Frau die Auseinandersetzung mit diesem Ehemann (der heute, vor Gericht, „Sie" zu ihr sagt) Lebensinhalt geworden ist. Peinlicher, schmerzvoller, nicht auszuschöpfender Lebensinhalt.

Die beiden Angeklagten sind ruhig. Die blonde, schlanke Frau, auch merkwürdig jugendlich noch in der Erscheinung, zeigt oft ein verwundertes Lächeln. Der Arzt, ein farbloser älterer Herr mit klugen, braunen Augen, zeigt wenig Erregung. Nur als sein Verteidiger ihn auf seinen Geisteszustand untersucht haben will, wehrt er sich energisch, fast wütend. Das Gericht lehnt denn auch den Beweisantrag ab. Nur zum Schluß werden an den Arzt Dr. von Hirsch-Gereuth, der den Angeklagten behandelt hat, einige Fragen gestellt.

„Haben Sie bemerkt", fragt einer der Verteidiger, „daß der Angeklagte im Zustand der Erregung zuweilen Worte gebraucht, die er nicht voll verantworten kann?"

„Das habe ich bei allen Menschen bemerkt", antwortete der Arzt, „soweit sie nicht Philosophen sind."

DIE LIEBE AUF KÜNDIGUNG

Wenn die Frau, die ohne Hut im abgetragenen Kleid hinter ihrem Verteidiger sitzt, den Mund öffnet, hört man wildes, derbes, unartikuliertes Berlinisch. Ihr Weinen ist laut und kreischend; man will nicht von ihr gerührt werden. Aber wenn sie schweigt – so steht sie in Flammen. Das ist nicht mehr das Gesicht der Arbeiterin aus Berlin N. Das braune, schlicht im Nacken geknotete Haar hat einen roten Schimmer. Unter der sehr weißen, klug gewölbten Stirn zwei gerade, starke, schwarze Brauen, die ein kleines, aber blau leuchtendes Augenpaar schützen. Eine gerade, kühne Nase, der Mund, etwas eingesunken – aber noch leuchtend in seiner Frische, in dem zarten, weißen, verweinten Gesicht.

Als Diebin ist sie vorbestraft. Nicht nur als Diebin ist sie wieder angeklagt. Ihr eigener Liebster hat sie bezichtigt – auch der Urkundenfälschung. Also dieser Liebste: ein handfester Arbeiter, aber kein Revolutionär, ein gesetzter Mann von höchst bürgerlicher Einstellung, die ihn nicht hinderte, Frau und Kinder zu verlassen, um mit der Angeklagten dreieinhalb Jahre zusammenzuleben und ein Kind zu zeugen …, was ihn wiederum nicht hinderte, mit einer dritten anzubandeln.

Hierüber war es zu Zerwürfnissen gekommen. Dreieinhalb Jahre des Zusammenlebens aus einem Portemonnaie – beide ihrer Arbeit nachgehend, das Kind im Hause bei einer alten Frau untergebracht –, nun war alles zu Ende.

Der Mann erklärt seinen höchst männlichen Standpunkt: „Es ging mit ihr nicht mehr. Ich sagte, sie soll ziehen. Sie zieht nicht. Ich sage, morgen machst du, daß du rauskommst. Sie sagt Montag. Montag zieht sie wieder nicht. Dienstag sagt sie, sie hätte vierzehntägige Kündigung."

„War sie denn Ihr Dienstmädchen?" fragt der Richter.

„I wo …"

„Im Konkubinat gibt's doch keine Kündigung."

Endlich ging sie, packte in ihren Korb, was nur hineinging, nicht nur ihre eigenen Sachen – auch die des Mannes. Zuvor hatte sie ihm des öfteren ein oder zwei Mark aus der Tasche genommen. Ihre Hauptschuld bestand darin, daß sie einen Einschreibbrief für ihn in Empfang genommen, die Quittung mit seinem Namen unterschrieben hat. Den Inhalt des Briefes, zehn Dollar, aber hat sie für sich behalten.

„Nicht für mich – für das *Kind!*" schreit sie. Und sie plädiert weiter: „Wer hat das Kostgeld für das Kind wöchentlich gezahlt? – Ich. Wer hat die Hebamme, das Bettchen, die Wäsche, den Kinderwagen gezahlt? *Ich!* 525 Mark für Alimente ist er noch schuldig!"

Er lächelt bloß, hat er es noch nötig, sich zu verteidigen? Ist man nicht ein Mann – muß ein Mann nicht vor solchen Personen geschützt werden? Ist man nicht unter Männern? Nein, nicht ganz. Auf dem einen Schöffenstuhl sitzt eine Dame, eine sehr alte Dame mit einem Gesicht voller Erfahrungen, voller Mitleid.

Und der Verteidiger: „Hat dieser Mann nicht dreieinhalb Jahre mit dieser Frau gelebt – hat er sie nicht überall als seine Frau ausgegeben? Haben sie nicht aus derselben Kasse gelebt? Da soll strafbar sein, was unter Ehegatten nicht strafbar ist – nur, weil es diesem Manne gefällt, seine Liebste zu denunzieren?“

Der Referendar, der den Staatsanwalt vertritt, sagt mit heiterer Manneswürde: „Ja.“ Er sieht nicht so aus, als ob ihm dieses Ja das Herz abdrückt, und er beantragt frisch und fröhlich fünf Monate Gefängnis.

Das Gericht sagt auch – „Ja“, beläßt es bei drei Wochen Gefängnis und stellt Strafaufschub in Aussicht.

Die Frau versteht das Urteil nicht, bricht weinend zusammen. Ich verstehe es auch nicht, aber ein kluger Anwalt sagt mir: „Der Richter *mußte* verurteilen – schon aus praktischen Gründen. Gegen einen Freispruch hätte der Staatsanwalt Berufung eingelegt, und der Richter konnte besorgt sein, ob die zweite Instanz ebenso milde sein würde. Besser so.“

10.6.1925

MÄNNLICHES URTEIL

Der junge blonde Mann soll dem kleinen Fräulein aus Berlin O – beinahe – Gewalt angetan haben. Sie ist 20 Jahre alt. In ihrem zarten dunkelhäutigen Gesicht stehen zwei glänzende graue Augen; die vollen, etwas aufgeworfenen Lippen lassen fast an Negerblut denken. Aber sie spricht Berlinisch wie der Angeklagte; und sie erzählt unter Tränen ihr Erlebnis. Nach eingehender Beweisaufnahme beginnen die Plädoyers.

Der *Staatsanwalt*: Der Angeklagte hat zweifellos die Grenzen des Erlaubten überschritten. Die Angaben der Zeugin tragen durchaus den Stempel der Wahrheit – sie sind auch von dem Angeklagten im wesentlichen nicht widerlegt. Der Angeklagte hätte den Widerstand der Zeugin spüren müssen. Daß der Chauffeur der Droschke die Hilferufe nicht gehört hat, ist nicht zu verwundern, wenn man bedenkt, daß der Angeklagte die Zeugin am Schreien verhindert hat. Ich beantrage sechs Monate Gefängnis.

Der *Verteidiger*: Nicht alle Angaben der Zeugin ließen sich aufrechterhalten. Vor allem aber muß man eines bedenken. Der Angeklagte hatte die Zeugin am Vormittag auf der Straße kennengelernt und sich gleich für 9 Uhr abends mit ihr verabredet – einer Zeit, in der Bürgerstöchter mit jungen Leuten für gewöhnlich nicht ausgehen. Dann war sie mit ihm in ein Lokal gegangen, sie tranken mehrere Gläser Bier und Schnaps. Beide waren weniger oder mehr angetrunken. Das junge Mädchen ließ sich im Lokal von dem Angeklagten küssen. Er durfte also annehmen, daß dem Mädchen auch weitergehende Gunstbeweise nicht unangenehm waren, und brauchte den angeblichen Widerstand – von dem der Chauffeur sicher etwas hätte merken müssen – nicht allzu ernst zu nehmen. Ich beantrage deshalb Freisprechung oder wenigstens eine ganz milde Strafe wegen Beleidigung.

Der *Richter*: Wenn die Zeugin sich bereits am ersten Abend der Bekanntschaft mit dem Angeklagten traf und im Verlaufe des Zusammenseins küßte, konnte der Angeklagte in der Tat annehmen, daß er auch weitergehen durfte. Wenn die Zeugin ihm dann, sehr spät, doch einen gewissen Widerstand geleistet haben sollte, muß sich der Angeklagte schon in einem Zustande befunden haben, der eine freie Willensbestimmung ausschloß. Er wäre deshalb auch aus § 51 freizusprechen gewesen, wenn das Gericht nicht schon so zu der Überzeugung gekommen wäre, daß eine Verfehlung des Angeklagten *nicht* vorliegt. Er war deshalb *freizusprechen*.

10.9.1925

WENN ICH VERTEIDIGER WÄR ...

Der Fensterputzer F. stand unter der Anklage, Zuhälterei getrieben zu haben. Er hatte keinen Verteidiger bei sich. Wie gerne hätte ich diese Rede gehalten:

„Es ist erwiesen, daß der Angeklagte das damals obdachlose Kontrollmädchen Schulz bei sich aufgenommen hat. Er trieb zu jener Zeit einen nächtlichen Wursthandel, das Geschäft ging immer schlechter, er war einige Tage ganz ohne Verdienst, bis er nach Aushilfsarbeiten jetzt seit Monaten wieder der Angestellte einer Fensterreinigungsanstalt ist. Es kann nicht bezweifelt werden, und der Angeklagte stellt es ja auch nicht völlig in Abrede, daß er an einigen Tagen, da er gar keine Arbeit hatte, auch das Geld der Zeugin Schulz mitverzehrt hat. Ob der Angeklagte genau gewußt hat, woher dieses Geld stammte, ist vielleicht nicht mit völliger Sicherheit erwiesen. Immerhin war ihm bekannt, daß die Schulz früher einen lockeren Lebenswandel geführt hat. Vielleicht geht der Herr Amtsanwalt in der Annahme nicht fehl, daß der Angeklagte, der ja bei seinem nächtlichen Wursthandel seine Freundin kaum genügend beobachten konnte, sich wenigstens denken konnte, welches die Erwerbsquelle war. Objektiv mag also der Tatbestand der Zuhälterei gegeben sein.

Indessen bitte ich auch, die Angelegenheit vom Standpunkt des Angeklagten und seines Milieus zu beurteilen. Rein äußerlich betrachtet gleicht der Angeklagte keineswegs dem Bilde, das man hier allgemein von Zuhältern macht. Sie sehen in ihm einen ruhigen, besonnenen, bescheiden, aber anständig sich kleidenden und aufführenden Mann, der eigentlich den Eindruck eines besseren, ja, etwas nachdenklichen und von Sorgen heimgesuchten Handwerkers macht. Der Angeklagte ist allerdings kein unbeschriebenes Blatt, wenn auch seine Vorstrafen lange zurückliegen: einmal war es ein kleines Eigentumsdelikt, ein andermal hat er einen unzüchtigen Plan von Berlin auf den Straßen feilgeboten. Das war gewiß nicht schön von ihm.

Aber er ist heute ein reifer Mann; er war lange Jahre verheiratet, dann ließ er sich scheiden. Er hat in der Folge verschiedentliche Versuche unternommen, eine neue Frau zu finden: eine Braut starb ihm, dann nahm er die Zeugin für zwei Monate bei sich auf, es folgte eine dritte, die – wie man erzählt – nur vereinzelte Tage bei ihm blieb, dann eine vierte, die er inzwischen wirklich geheiratet hat.

Der Angeklagte hat in seiner ruhigen Art vorhin zu Ihnen, Herr Amtsgerichtsrat, gesagt: ‚Ick weeß nich, Herr Richter, ob Sie sich in *die* Verhältnisse rindenken können!'

Und die ‚Verhältnisse' wurden in der Tat sehr treffend beleuchtet durch die Aussage der Nachbarin Frau Degenhardt. Wir haben gehört, wie freundschaftlich diese selbst arbeitende Frau eines Arbeiters mit der Zeugin Schulz verkehrte, bis der Mann – nach längerer Duldung dieses Verkehrs – ein Veto einlegte.

Der Herr Vorsitzende hatte zu Frau Degenhardt gesagt: ‚Wie konnten Sie, eine anständige Frau, mit dieser Person befreundet sein?'

Und Frau Degenhardt antwortete: ‚Ich kann diese Mädchen nicht verurteilen, man muß doch wissen, wie sie dazu kommen.' Übrigens hat der Ehemann Degenhardt den Verkehr nicht strikte verboten, er hat nur seiner Frau gesagt, *zur Einsegnung der ältesten Tochter solle die Schulz nicht kommen.* Frau Degenhardt hat daraufhin die bereits eingeladene Schulz wieder ausgeladen, und die Schulz hat dann die Degenhardtsche Wohnung nicht mehr betreten.

Man sieht gerade an dieser Episode, wie hier in diesen Verhältnissen eine gewisse Weitherzigkeit und dann wieder ein ganz natürliches Schicklichkeitsgefühl sich die Waage halten.

Wir können es deshalb nicht als verdächtig ansehen, daß der Angeklagte dieses Mädchen zu sich nahm, obwohl ihm seine Vergangenheit bekannt war. Es sind eben Verhältnisse, in die wir uns schwer hineindenken können. Wir müssen mit der Möglichkeit rechnen, daß er wirklich in ihr nichts gesucht hat als eine Kameradin. Und diese Kameradin hat, als die Not groß war, zum gemeinsamen Haushalt beigetragen. Auf ihre Weise, gewiß. Aber wenn wir uns überhaupt in die Seele dieses Mannes hineindenken können, der schon zu Beginn einen so geringen Wert auf Ausschließlichkeit des Besitzes legte, so müssen wir auch verstehen lernen, daß in diesen Kreisen gelegentliche Verstöße nicht tragisch genommen werden. Der Angeklagte hat sich später von der Zeugin getrennt – aber nicht Eifersucht war sein Motiv, sondern die Tatsache, daß die Schulz liederlich und faul war und sein Hauswesen nicht in Ordnung hielt. Bezeichnend ist, daß er die Zeugin nie mißhandelt hat, sie nie auf den Weg schickte, ja sogar die Auflösung des Verhältnisses nicht mit roher Hand, sondern durch eine gewisse List bewirkte, die eine peinliche persönliche Aussprache überflüssig machte. Dieses gewiß nicht idyllische, aber schließlich doch begreifliche Sittenbild wird gestört durch einen Blick auf die lange Reihe der Verhältnisse, die der Angeklagte in den letzten Monaten unterhalten hat. Ich verkenne nicht die vom Herrn Amtsanwalt berührte Möglichkeit, daß er doch von dem traurigen Erwerb seiner Geliebten lebte – ja, es kann einem Kenner dieser Verhältnisse nicht ausgeschlossen erscheinen, daß seine jetzige Heirat auch nur eine Fassade ist, hinter der er sein schändliches Gewerbe um so sicherer treibt. Aber bewiesen ist davon kein Wort.

Als Verteidiger habe ich kein Interesse daran, einen Schuldigen der Strafe zu entziehen. Aber wir wissen nicht, in welchem Maße dieser Angeklagte schuldig ist. Der Herr Amtsanwalt beantragte zwei Monate Gefängnis. Das ist sehr wenig, wenn hier ein wirklicher Zuhälter vor uns steht; das ist vielleicht zuviel, wenn wir die Dinge so milde betrachten können, wie ich sie dargestellt habe. Der Angeklagte ist heute in Stellung. Daß eine zweimonatige Gefängnisstrafe seine wirtschaftliche Lage und damit seine Moral heben wird, ist nicht anzunehmen. Vielleicht kommen wir dem Zweck der Strafe näher, wenn das Gericht eine etwas härtere Buße ausspricht, dem Angeklagten aber vorläufig eine Bewährungsfrist gibt, so daß er seinem Berufe nicht entzogen wird. Stellt es sich dann heraus, daß er wirklich von einem so traurigen Handwerk lebt, so möge ihn das Gesetz in voller Schwere treffen. Vielleicht aber bringt ihn auch die stets drohende Strafe noch einmal auf den rechten Weg."

Da niemand so gesprochen hat, beließ es das Gericht bei der bedingungslosen Milde und verurteilte den Angeklagten zu zwei Monaten Gefängnis.

24. 11. 1925

DAS BOTHMER-URTEIL

Auch das Berufungsgericht hat die Gräfin Bothmer schuldig gesprochen. An der Tatsache, daß die Gräfin eine Reihe von Diebstählen begangen hat, kann kein Zweifel bestehen. Über Einzelheiten mögen unterschiedliche Meinungen berechtigt sein; aber diese Abweichungen spielen keine wesentliche Rolle.

Man wird dem Berufungsgericht zustimmen, wenn es sein Urteil wesentlich milder ausfallen läßt, als die erste Instanz getan hat. Denn es handelte sich am Ende um Familiendiebstähle. Um so mehr wird man durch die Tatsache befremdet, daß die Gräfin, nachdem das Gericht eben die Haftentlassung ausgesprochen hat, wegen der Urkundenfälschung sofort wieder in Gewahrsam genommen worden ist. Sicher erfordert auch die Urkundenfälschung ihre gerichtliche Sühne, namentlich schon deshalb, weil diese Straftat mehr als die anderen die Kennzeichen einer undelikaten Gesinnung trägt. Aber wenn die Untersuchungshaft der Gräfin in dem ersten Prozeß gerechtfertigt war durch ihre eigenen Bestrebungen, den Tatbestand zu verdunkeln – in der Urkundenfälschungsangelegenheit besteht eine solche Gefahr nicht. Die Gräfin selbst hat die Tat schließlich zugegeben, und irgendwelche Verschleierungen sind nicht mehr möglich.

Auch der Staatsanwalt befürchtet wohl gar nicht Kollusionsgefahr, vielmehr scheint ihm Fluchtverdacht vorzuliegen. Gewiß ist die schwere Urkundenfälschung der Gräfin mit einer so schweren Strafe – evtl. mit Zuchthaus – bedroht, daß ein Fluchtverdacht und damit auch die Untersuchungshaft formell gerechtfertigt erscheint. Andererseits befinden wir uns mit Bezug auf die Untersuchungshaft nicht erst seit dem Fall Höfle in einer Art Mauserung unserer Anschauungen. Die Mehrzahl der des Meineides Angeklagten zum Beispiel werden bis zur Verhandlung in Freiheit gelassen. Ob die Gräfin, die heute vollkommen mittellos und von allen Verwandten und Freunden verlassen in der Welt dasteht, im eigentlichen Sinne fluchtverdächtig ist, kann bezweifelt werden, und so bedeutet die neuerliche Verhaftung doch zweifellos eine Härte.

In der Tat ist das Gericht nicht das einzige Forum, vor dem die Gräfin Bothmer ihre Handlungen zu verantworten hatte. Noch zwei andere Instanzen sind es, die sich ihr Urteil gebildet haben oder die es vielleicht erst tun werden.

Das zweite Forum ist „die Gesellschaft". Sie hatte schon lange vor dem Prozeß eine Art Vor-Urteil abgegeben. Man war von der Gräfin längst abgerückt, da man an ihrem Lebenswandel Anstoß nahm. Indessen ist die Prozedur der formellen Ausschließung erst erfolgt, als der Graf zwischen den beiden gerichtlichen Instanzen die Ehescheidungsklage einreichte. Man möchte diese Klage weniger als eine persönliche Auseinandersetzung denn als einen Akt gesellschaftlicher Natur werten. Nach der Beweisaufnahme des ersten Prozesses ist anzunehmen, daß der Graf gewiß nicht von den Diebstählen, wohl aber von den ehelichen Verirrungen seiner Frau Kenntnis hatte. Er hat diese Verirrungen aus irgendwelchen Gründen dulden zu müssen geglaubt, und er stellte sich ja noch im ersten Prozeß ausdrücklich vor seine Frau. Auch diese Ritterlichkeit war mehr gesellschaftlicher denn persönlicher Natur, es war die Handlung eines Mannes, der unter allen Umständen, so widersinnig es sein mochte, in der „Korrektheit" ein wesentliches Lebensziel sieht. Nachdem die Eheirrungen seiner Frau gerichtsnotorisch geworden waren, erschien es ihm wiederum „korrekt", sich von seiner Gattin zu trennen. Gewiß mag Persönliches mitgespielt haben: vor allem die Hoffnung, nach seiner Scheidung die Beamtenkarriere fortsetzen zu können, was den unschuldigen Kindern dieser traurigen Ehe zu gönnen ist. Wenn aber einmal die Ehe geschieden ist, dann steht die Gräfin gesellschaftlich im leeren Raum. Was aus ihr wird, vermag niemand zu sagen.

Das dritte Forum ist das, was ich das „Herz der Welt" nennen möchte. Dieses Herz hat um das Schicksal der Gräfin sonderbar heftig gezittert. Tatsächlich sind die Berichte über den ersten Prozeß durch den Draht in alle Länder und Weltteile geschickt worden. Daß Potsdam, daß Berlin sich erregte, war noch verständlich. Aber daß man sich in weiter Ferne so brennend für die Diebstähle einer deutschen Gräfin interessierte, erscheint auf den ersten Blick weniger begreiflich – namentlich, wenn man bedenkt, daß es sich um eigentlich ganz geringe Werte handelte.

Blättert man in der nur wenige Monate alten Prozeßgeschichte zurück, so erscheint manches erklärlich: Die Sache fing mit dem rätselhaften Selbstmordversuch eines gräflichen Regierungsrates an; man erfuhr von sittlichen Verfehlungen seiner Frau, dann langsam von anderen. Die Polizei, sonst nicht immer zur Hand, wenn es sich um größere Werte handelt, stellte die Gräfin unter genaueste zeitraubende Beobachtung. Verdunkelungsversuche der Gräfin, die Briefe an die katholischen Geistlichen, die Hinzuziehung des „Zeugen" Stange erhöhten die Spannung. Es ist schon nach dem ersten Prozeß gesagt worden: Hätte die Gräfin alles gestanden, der Prozeß hätte wenige Stunden gedauert und wäre vermutlich viel glimpflicher ausgegangen. Es lag aber in der Phantasie dieser merkwürdigen Frau, andere Wege zu gehen, Verwirrungen zu schaffen, die ihr letzten Endes nicht genutzt, sondern nur geschadet haben.

Aber was sagt nun – nach dem Spruch der zweiten gerichtlichen Instanz – das „Herz der Welt"? Verwirft es die Gräfin, läßt es Milde walten? Erscheint ihm die Gräfin als eine unverbesserliche Verbrecherin, oder hat es doch noch in einem seiner Winkel etwas von der hoffenden Zärtlichkeit, die schöne Sünderinnen so oft zu erwecken und lebendig zu erhalten wissen? Der alte Präsident Rieck hat gestern, als ihn einer der sachverständigen Ärzte fragte, gesagt: „Wir haben nicht alles für wahr gehalten, was die Gräfin gesagt hat, aber wir haben über ihre kleinen Ungenauigkeiten gelacht." Und der alte Präsident, der einst ein strenger und energischer Strafrichter war, ließ durchblicken, daß gerade diese kleinen Unstimmigkeiten sehr viel zum behaglich heiteren Familienverkehr beigetragen haben. Freilich hatte man damals keine Ahnung, daß diese harmlosen Unstimmigkeiten zu schwereren Verfehlungen führen würden. Einer der früheren Freunde der Gräfin schilderte mir ihr eigentümlich begeisterungsfähiges Wesen, die rasche Güte, die sie ausgezeichnet, die fast ins Krankhafte gesteigerte Sucht, kostbare Geschenke zu machen. Daß sie entgleist ist, daran ist nicht zu zweifeln. Daß sie aber auch gewisse positive Eigenschaften hatte, daß sie diese sogar auf der Anklagebank bestätigte, ist nicht zu leugnen. Man möchte hoffen, daß – sie ist ja noch nicht alt – sie imstande sein möge, nach der furchtbaren Erfahrung, die sie gemacht hat, ihre positiven Eigenschaften zu fördern und zu entwickeln.

Einem befreundeten Juristen, der mir eine gewisse Sympathie für die Gräfin zum Vorwurf machte, mußte ich sagen: Da die Gräfin gestohlen hat, so muß sie ihre Strafe erhalten wie jeder andere Dieb, und dagegen wage ich kein Wort zu sagen. Aber ich weiß, daß es im

Kerne schlechtere Menschen gibt als diese leichtfertige und spielerische Frau und daß diese schlechteren Menschen Böseres getan haben – Böseres, das eben nur nicht strafrechtlich zu fassen ist. Von diesen böseren Dingen weiß das Herz der Welt, und diese Wissenschaft schwingt oft mit, wenn ihm ein juristisches Urteil zur inneren Stellungnahme vorgelegt wird.

23. 12. 1925

VERSPIELT

Man erlebte es nicht ohne Erschütterung: Ein Rechtsanwalt mußte die Verteidigerbank mit der des Angeklagten vertauschen. Der kleine Anwalt war sicher nie als eine Größe unter seinen Kollegen angesehen. Freilich er hatte wenigstens seine Spezialität: Er verteidigte alle Spieler. Wer da irgendwo sich einen Klub aufgemacht hatte, nahm sich ihn als Anwalt – und er hatte sicher auf diesem Gebiet die größten Spezialkenntnisse –, weil er selbst ein Spieler war und ein Verspieler dazu. Das Vermögen seiner wohlhabenden Frau floß dahin, es kam zu einer sehr peinlichen Scheidung, im Anschluß daran (vor Jahren) zu einer strafrechtlichen Verfolgung. Damals, als der kleine Anwalt seelisch vollkommen zusammengebrochen war, konnte ihm der gerichtliche Sachverständige den Schutz des § 51 zubilligen. Die an sich nicht einwandfreien geschäftlichen Dispositionen, die ihm vorgeworfen wurden, fanden keine strafgesetzliche Ahndung.

Der kleine Anwalt spielte weiter. Zweimal mußte er den Offenbarungseid leisten, schließlich erfolgte eine Anzeige, weil er in drei Fällen Geld, das ihm für seine Mandanten eingezahlt war, trotz mehrfacher Mahnungen nicht abgeführt hatte. Es handelte sich um ganze 300 Mark. Er konnte sie nicht aufbringen. Das Schöffengericht verurteilte ihn wegen Untreue zu sechs Monaten Gefängnis und erkannte ihm die Fähigkeit zur Bekleidung öffentlicher Ämter auf drei Jahre ab.

Schwache Menschen sind oft gut zu leiden. Auch dieser kleine Rechtsanwalt genoß Sympathien, die man ihm nicht entziehen will. Auch wenn er nun verurteilt werden mußte. Es gibt unter den Rechtsanwälten manche Existenz, deren Leben der Würde dieses Standes nicht entspricht. Wenn man aber hört, daß im vorigen Jahr in Berlin 80 Rechtsanwälte den Offenbarungseid leisten mußten, so gewinnt man doch die Überzeugung, daß es einer verhältnismäßig großen Anzahl von Anwälten heute nicht mehr gelingen will, sich die Mittel zu einer standesgemäßen Lebensführung zu erarbeiten. Das Unglück trifft ja vermutlich nicht so sehr immer die schwächeren Talente wie die schwächeren Charaktere. Es mag auch keine leichte Aufgabe für die Anwaltskammer sein, hier zu unterscheiden und immer die richtigen Maßnahmen zu treffen, die eine Sicherheit des Publikums verbürgen.

Der Fall des kleinen Rechtsanwalts zeigt überdies, daß es nicht immer der schlechteste Mensch ist, der am Ende mit dem Strafgesetz in Konflikt gerät. Der Leichtsinn hat ihn zu Fall gebracht, nicht in jungen Jahren, als angehenden Fünfziger, der nun eigentlich hätte in der Lage sein sollen, die Früchte seiner Mühen zu sammeln.

Wenn nicht vor dem Berufungsgericht ein Wunder geschieht, so dürfte er ausgespielt haben. Er wird nicht mehr, wie einst, mit den Karten in der Hand den Schöffen dieses oder jenes Spiel vormachen, um zu beweisen, daß es kein Glücksspiel sei. Er wird nun einsehen, daß es doch immer aufs Glück ankommt. Und er hat keins gehabt.

KAWRULEIT

Der auf der Anklagebank ist ein hübscher, adretter, junger Mann, der einst zur Schupo gehörte. Eines Abends befand er sich – in Uniform – auf dem Heimweg. Da rief ihn ein Hausbesitzer an. Im Hause nebenan sei solcher Lärm, er möge Ruhe stiften.

Nebenan war der alte Portier Kawruleit, der hatte sich über seine Wirtin geärgert und – sanft angetrunken, wie er war – ein bißchen mit ihr geschimpft. Dann war er in seine Wohnung gegangen. Nun erschien der junge Schupomann, stieg unter Getöse hinauf in Kawruleits Wohnung, durchstieß die Tür, gab einen Schuß in die Wohnung ab, schleppte den sich sträubenden alten Mann auf die Straße hinunter, schlug ihn mit dem Seitengewehr blutig, brachte ihn zum Verbinden auf die Unfallstation, ließ ihn dann laufen.

Warum das alles? Der junge Schupomann sagt, Kawruleit habe so geschimpft und gedroht, daß er glaubte, ihn in Schutzhaft nehmen zu müssen. Dann freilich hatte er mehr als eine Woche gewartet, ehe er Anzeige erstattete, die fruchtlos verlief. Dagegen hatte Kawruleit, der nun den Schupomann anzeigte, mehr Erfolg: Der Schupomann wurde in erster Instanz zu neun Monaten Gefängnis verurteilt.

Nun würde die Berufungsverhandlung nichts anderes erweisen als die Tatsache, daß ein junger Mann sich in Ausübung seines Amtes eine sehr grobe Ausschreitung hat zuschulden kommen lassen. Aber in der Geschichte steckt ein sonderbar versöhnliches Motiv. Der Arzt von der Rettungswache, über seinen Eindruck befragt, sagt nämlich aus: Die beiden hätten, wie sie auf der Wache erschienen, einen durchaus harmonischen Eindruck auf ihn gemacht. Sie hätten sich sogar geduzt. Und Kawruleit erklärt das: Er kennt den kleinen Schupomann von Kindheit an. Der bestreitet es. Aber auch nachher, auf der Straße, hat Kawruleit seinen Peiniger zu einem Glase Bier eingeladen.

Kawruleit erklärt alles. „Das ist bei uns Arbeiter so. Eben hauen wir uns, fünf Minuten später vertragen wir uns wieder. Ick wollte mir mit ihm versöhnen – außerdem sollte er ein bißchen ausjestopft werden.“

Die Bedeutung des Wortes „ausjestopft“ bedurfte wiederum der Erläuterung. Man verstand unter „ausstopfen“ verhauen. Aber Kawruleit erklärt: „Nee, bloß ’n bißchen sticheln.“

Kawruleit, der wie ein Sechziger aussieht, aber kaum fünfzig ist – ein herrlicher Typ. Seine Hausbesitzerin, die gnädige Frau, sagt von ihm: Wenn er betrunken ist, unausstehlich – wenn er nüchtern ist, der beste Mensch von der Welt.

„Warum trinken Sie soviel?“

„Herr Gerichtsrat, ich bin Speicherarbeiter. Das macht soviel Staub!“

Der Verteidiger des Schupomanns sucht zu beweisen, daß Kawruleit schon mehrfach wegen Widerstandes vorbestraft ist. Er bittet, das Strafregister zu verlesen. Da wird Kawruleit lebendig.

„Nich vorlesen – Herr Jerichtsrat!"

Der Richter stellt sechs Vorstrafen wegen Widerstandes, Körperverletzung, Hausfriedensbruch fest.

„Nich vorlesen." Er legt die Hände zum Schalltrichter geformt vor den Mund und flüstert dem Vorsitzenden zu: „Nich vorlesen – ich habe Ihnen doch jeschrieben – nich vorlesen, meine Frau derf nischt wissen."

Und der Vorsitzende: „Ich habe doch nur die Vorstrafen für Ihre Roheitsdelikte verlesen – die anderen Sachen nicht."

Nun ist Kawruleit zufrieden.

Der Verteidiger will noch die Vereidigung Kawruleits verhindern, er sei auch heute betrunken.

„Nee", sagt Kawruleit, „ick habe bloß ein Glas Bier jetrunken, und was ick sage, kann ick beschwören. Ich will doch nich nach Brandenburg[7]."

Er wird vereidigt – die Berufung des Schupomanns verworfen.

Aber auf dem Korridor flüstert Kawruleit mir ins Ohr: „Scheen dumm es er jewesen. Firn Jlas Bier und een halbet Monatsgehalt hätte ick die Schnauze jehalten. Warum zeigt er mir an?"

Adieu, Kawruleit, versöhnliche Seele. Er verzeiht so gern, weil er sich selber soviel verziehen hat. Kawruleit, dich sollte man zum Feinde haben!

13. 1. 1926

EIN UNGETREUER POSTSCHAFFNER

Vor der Berufungsstrafkammer steht ein Postschaffner. Er hat beim Sortieren einige Briefe in seine Tasche verschwinden lassen, um ih-

7 *(Kawruleit meint das Zuchthaus in Brandenburg.)*

ren Wertinhalt an sich zu bringen, wurde von einem Vorgesetzten beobachtet, der die (noch ungeöffneten) Briefe wieder hervorzog. Der Postschaffner kann für seine Handlungsweise immerhin einen mildernden Umstand anführen: Er lebt mit Frau und drei Kindern in Berlin, ist aber in Dresden stationiert, hat also zwei Wohnungen. Zu dem ihm ausgezahlten Gehalt von zirka 160 Mark treten 80 Mark Spesen, so daß er für zirka 240 Mark sein etwas kompliziertes Leben bestreiten muß. Er genoß also auch nicht ständig den wohltätigen Einfluß des Familienlebens. Er kam in Verlegenheit, beging den törichten Streich, der keinem Menschen Nachteil brachte.

Er muß bestraft werden, darüber sind sich alle einig. Und der Angeklagte selbst, ein schwindsüchtig aussehender Mann, verschließt sich nicht der Einsicht.

Aber wie muß er bestraft werden?

Das Gericht erster Instanz erkannte auf ein Jahr Zuchthaus – was nach der geltenden Judikatur die Mindeststrafe darstellt.

Wie aber diese geltende Judikatur zustande kommt, erfuhr man in diesem Prozeß.

Das Strafgesetzbuch enthält einen Paragraphen, der auf den Fall des Postschaffners vollkommen zu passen scheint. Dieser § 354 besagt:

„Ein Postbeamter, welcher die der Post anvertrauten Briefe oder Pakete … eröffnet oder unterdrückt … wird mit Gefängnis nicht unter drei Monaten bestraft." Fälle wie der des Postschaffners wurden denn auch jahrelang nach diesem § 354 abgeurteilt – bis zu dem Augenblick, wo das Reichsgericht eine geniale Entdeckung machte. Es stellte nämlich fest, daß ein Brief nicht nur ein Brief ist, sondern eine Urkunde, aus deren amtlichem Stempel Aufgabeort und -zeit zu ersehen seien. Der Beamte, der eine Urkunde vernichtet oder beiseite schafft, wird nach § 348 mit mindestens einem Monat Gefängnis bestraft. Geschieht dies aber in gewinnsüchtiger Absicht, so bestimmt § 349: Zuchthaus bis zu zehn Jahren. Die Mindeststrafe beträgt also ein Jahr Zuchthaus.

Diese Entscheidung des Reichsgerichts war einige Jahre in Schwung, bis sie in Vergessenheit geriet und so den harmloseren und nach menschlichem Ermessen allein zutreffenden § 354 wieder zu Ehren brachte. Ebermayer sagt denn auch in seinem Kommentar (1922): „Das Unterdrücken eines Briefes enthält nicht notwendigerweise das Beiseiteschaffen einer Urkunde. Der Vorsatz des Täters ist im Falle des § 348 auf Beseitigung eines Beweismittels, im Falle des § 354 auf Beseitigung eines Beförderungsgegenstandes gerichtet. Die abweichende Reichsgerichtsentscheidung ist aufgegeben."

Da kamen die Justitiare der Reichspost im Jahre 1926 auf die Idee, die alte Entscheidung wieder in Erinnerung zu bringen – und sie hatten Glück, das Reichsgericht erinnerte sich seines eigenen Genies: Seitdem werden alle unterdrückten Briefe als Urkunden angesehen, alle ungetreuen Postbeamten werden nach den §§ 348 und 349 zur Mindeststrafe von einem Jahre Zuchthaus (unter Ausschluß mildernder Umstände) verurteilt. Vergebens bemühen sich Anwälte und Gerichte niedrigerer Instanz, gegen diese Judikatur anzukämpfen. Denn, sowie die Sache vors Reichsgericht kommt, zwingt dieses zur Anerkennung seiner Judikatur.

Auch in diesem Falle sah sich die erste Instanz zu der platonischen Feststellung gezwungen, daß die Strafe äußerst schwer sei. Die Berufungsstrafkammer empfand dies ebenfalls. An dem Urteil konnte sie nichts ändern, aber sie wandte eine ministerielle Verfügung an, wonach es ihr möglich war, dem Angeklagten für die Hälfte dieser Strafe Bewährungsfrist zu bewilligen.

Man kann sehr wohl auf dem Standpunkt stehen, daß Veruntreuungen von Postbeamten, trotz ihrer miserablen Entlohnung, streng geahndet werden müssen, und man wird doch mit Schärfe gegen ein Reichsgericht protestieren, das höchst willkürlich mit den Paragraphen spielt, um schärfere Bestrafungen durchzudrükken. Was soll sich wohl der Gesetzgeber bei der Abfassung des § 354 gedacht haben, wenn er in dem vorliegenden Falle keine Anwendung finden sollte?

Wie unsinnig das Verfahren ist, sieht man aus folgendem: Ein Postbeamter, der ein Paket unterdrückt, kann nur nach dem § 354 bestraft werden, weil dieses Paket keinen amtlichen Stempel trägt. Löst aber ein Beamter aus philatelistischer Leidenschaft eine Briefmarke von einer Paketadresse – so beseitigt er eine Urkunde und muß zu einem Jahr Zuchthaus verurteilt werden. Tatsächlich – wie mir von sachkundiger Seite mitgeteilt wird – sind solche Urteile bereits gefällt worden.

Aber die Einsicht der niedrigeren Gerichte kämpft vergeblich gegen den genialen Geist von Leipzig.

LIEBE UND GEMEINHEIT

DER RÜSTIGE WITWER UND DAS FRÄULEIN VOM AMT

Der rüstige Witwer saß zu Hause, mopste sich und tat, was alle tun, die sich mopsen – er hob den Hörer vom Telefon. Die Telefondame hatte kaum ihr Amt genannt, als die Seele des rüstigen Witwers in erotische Schwingungen geriet. Er bat das Fräulein um ein Stelldichein, sie gewährte es. Man sah sich und war gegenseitig keineswegs enttäuscht. Das Fräulein vom Amt fühlte sich in dem eleganten Restaurant wie eine verzauberte Telefonistin neben einem Prinzen. Sie war entführt der Welt der Klinken und der Schläuche – endlich ein leibhaftiger Mann, der nicht nur aus einer Nummer und einer Glühlampe bestand, und wenn er gesagt hätte: „Ich will Sie heiraten –", so hätte sie geantwortet: „Ich bin Ihnen sofort verbunden –"

Allein, er sagte es nicht. Er gab ihr zwar im Auto einen Kuß, er war sogar gewillt, ihr mehr zu geben. Aber sie war ein anständiges Mädchen, und sie kannte nicht die Judikatur eines gewissen Schöffengerichts, das da meint, wenn man mit einem Herrn im Auto sitzt, müsse man das Weitere als selbstverständlich betrachten.

Der rüstige Witwer bestand übrigens nicht auf seiner Forderung, er hatte bloß kein Interesse an allzu großem Anstand. Heiraten wollte er auch nicht, und so löste er die Beziehung. In der Folge aber bekam seine langjährige Wirtschafterin eine Reihe anonymer Briefe, zuletzt einen, der mit dem Namen eines Kriminalbeamten gezeichnet war. In diesen Briefen wurde die Wirtschafterin vor dem ausschweifenden, ja perversen Lebenswandel ihres Brotherrn gewarnt, sie selbst aber schließlich mit einer Anzeige wegen Kuppelei bedroht, wenn sie das Treiben des rüstigen Witwers länger dulde.

Erst lange nachdem die Briefstellerin aufgehört hatte, sich bemerkbar zu machen, ging man zu Gericht. Für eine Beleidigungsklage war es allerdings zu spät. Nun aber setzte man das Telefonfräulein unter Anklage wegen Urkundenfälschung und Amtsanmaßung.

Das Fräulein bestritt lebhaft, die Briefschreiberin zu sein, obgleich der Schreibsachverständige sie an dem verdächtigen l und dem noch verdächtigeren r mit Bestimmtheit erkennen wollte. Der Staatsanwalt ging aber auf dieses Gutachten schon deshalb nicht ein, weil er in den Briefen weder eine Urkundenfälschung noch eine

Amtsanmaßung erkennen konnte. Er beantragte Freisprechung, und der Verteidiger schloß sich an – aber nicht nur aus rechtlichen Gründen. Er räumte sogar ein, daß der Schreibsachverständige auf gewisse Ähnlichkeiten der Handschrift hingewiesen habe. Indessen gäbe es eine Ähnlichkeit nicht bloß bei Handschriften – auch bei Menschen. Sogar Menschen würden miteinander verwechselt. Niemals dürfe die Ähnlichkeit einer Handschrift allein maßgebend für eine Verurteilung sein. Und welche Indizien gäbe es noch? Gar keine. Ja, wenn die Angeklagte die einzige Dame gewesen wäre, mit der der Zeuge Liebesbeziehungen unterhielt. Der rüstige Witwer habe aber unter seinem Eide ausgesagt, daß er einen ziemlich umfangreichen Damenverkehr gehabt habe, und da könne es wohl sein, daß irgendeine andere unter den Verlassenen, die vielleicht mehr Grund zum Ärger gehabt habe als die Angeklagte, diese Briefe geschrieben habe.

Das Gericht schloß sich – trotz einiger Verdachtsmomente – dem Verteidiger an und sprach die Angeklagte frei. Diese war von dem Freispruch so beglückt und fand es vor Gericht so anheimelnd, daß sie die Anklagebank mit der Zuhörerbank vertauschte und gleich dablieb.

DER MANN VON 40 JAHREN

Vor dem Berufungsrichter stand ein 45jähriger Postassistent, ein kleiner, unansehnlicher Mann, schüchtern, dürftig, sorgenbeladen. Er hatte sein bescheidenes Leben als Beamter und Familienvater vorwurfsfrei geführt, bis zu dem Tage, da an seinem Schalterfenster der Kopf eines Mädchens erschien, das nicht ohne symbolische Tücke den Namen Frisch trug. Sie war Österreicherin. Die Liebe entbrannte in furchtbarem Ausmaß. Als er von seinem ersten Zusammensein nach Hause kam, erklärte er seiner Frau, er müsse sich sofort von ihr scheiden lassen, denn nun habe er gefunden, was ihm immer gefehlt. Die Frau weigerte sich. Der Mann war nicht zur Vernunft zurückzuführen. Seinen Dienst versah er tadellos, aber er verkaufte fast den ganzen Haushalt, um der Geliebten willen. Am Ende fälschte er eine von ihm selbst an die Geliebte aufgegebene Postanweisung von 15 auf 115 Mark. Er machte das nicht ohne Raffinement. Aber kaum war das geschehen, so packte ihn die Reue. Er schickte die 100 Mark eilends an die Post zurück – es war zu spät. Der Leiter des Postamtes hatte die Fälschung bereits entdeckt: „Rücktritt vom Versuch" kam nicht mehr in Frage. Das Urteil der ersten Instanz lautete auf die Mindeststrafe: ein Jahr Zuchthaus – strikt nach dem Gesetz, das für diesen Fall keine mildernden Umstände kennt.

In der Berufungsinstanz versuchte die Verteidigung den Nachweis, daß der Angeklagte bei Begehung der Tat nicht in vollem Maße Herr seiner geistigen Kräfte war. Der Angeklagte hatte mehrere Monate lang an Urämie gelitten und sei erst im Mai – sehr geschwächt – aus der ärztlichen Behandlung entlassen worden. In diesem Zustande habe er der Verführung nur einen geringen Widerstand entgegensetzen können und sei in einen Zustand sexueller Hörigkeit verfallen. Eine weitere Vorbedingung für diesen Zustand sei das unbefriedigende Eheleben an der Seite einer braven, aber freudlosen Frau, während er sich von der sehr erfahrenen Geliebten zum ersten Male erotisch verstanden fühlte. Ohne diese besonderen Reizwirkungen hätte der Angeklagte sich nicht an ein wenig vorwurfsfreies Mädchen gehängt, das inzwischen von der Polizei ausgewiesen worden ist.

Der behandelnde Arzt bestätigte die Krankheit des Angeklagten, konnte aber mit einzelnen Daten nicht dienen, weil er sich über Kassenpatienten keine Notizen macht.

Ein Psychiater führte aus, daß die Urämie oft genug über die Verstandestätigkeit des Kranken einen eigentümlichen Schleier werfe. Man müsse aber annehmen, daß zur Zeit der Tat diese urämischen Zustände längst abgeklungen waren. Sinnlose Leidenschaft könne aber nicht als eine Geisteskrankheit im Sinne des § 51 angesehen werden. Wohl komme es vor, daß eine gesteigerte Leidenschaftlichkeit in Verbindung mit einem krankhaften Zustand, zum Beispiel beginnendem Greisenschwachsinn, eine seelische Verfassung hervorrufe, die unter den Schutz des § 51 gestellt werden müsse. In diesem Falle aber könne der Sachverständige einen solchen pathologischen Zustand nicht anerkennen.

Der Verteidiger wies darauf hin, daß das Gericht nicht an die Ausführungen des Sachverständigen gebunden sei. Der Angeklagte habe seine Schuld nie geleugnet, er habe aber auch aus der Haft Briefe geschrieben, die nur mit völliger Hörigkeit zu deuten seien. Er appellierte an die psychologische Einsicht der Richter und empfahl – für den Fall der Verurteilung – einen Akt der Gnade.

Der Staatsanwalt bat um Verwerfung der Berufung. Von einem balzenden Auerhahn, der die Vorsicht gegenüber dem Jäger außer acht läßt, könne man auch nicht behaupten, er sei geisteskrank.

Das Gericht folgte dem Gutachten des Sachverständigen. Der Angeklagte habe bei seiner Tat so viel Raffinement angewendet, daß an seiner geistigen Klarheit nicht zu zweifeln sei. Aber auch das Mitleid des Gerichts habe der Angeklagte nicht gewinnen können, da er mit der größten Rücksichtslosigkeit gegenüber seiner Frau und seinem 15jährigen Sohne gehandelt habe. Auch die Tatsache, daß er seine Liebe an ein so unwürdiges Geschöpf verschwendet habe, nehme gegen ihn ein, so daß vorläufig von einem Akt der Gnade nicht die Rede sein könne. Der Angeklagte habe ein schweres Verbrechen als Beamter begangen, indem er eine ihm zugängliche Urkunde zugunsten seiner Geliebten fälschte – er müsse die Tat büßen.

Der Angeklagte nahm die Strafe sofort an.

An der Korrektheit des Urteils ist nicht zu zweifeln, ja, der Richter hätte vielleicht einen Rechtsirrtum begehen müssen, um zu einem andern Ergebnis zu kommen. Und dennoch: Es ist furchtbar, furchtbar, furchtbar! Zunächst schon deshalb, weil es durch einen Zufall bedingt ist. Noch war die Tat nicht eigentlich ruchbar geworden – der Postvorsteher hatte sie eben entdeckt, als der Angeklagte sie wiedergutmachte. Eine Viertelstunde hätte vielleicht genügt, um den Tatbestand zu verändern.

Dann aber: Die Tat ist ein typisches Beispiel für den temporären „moralischen Verfall“, den der Gesetzgeber endlich in den Bereich menschlicher Erwägungen ziehen soll. Gewiß ist von Geisteskrankheit keine Rede. Aber wir Menschen sind nicht nur geistig gesund oder krank. Auch unsere sittliche Verfassung ist Attacken ausgesetzt. Und könnte man auch sagen: wir sind uns ja einig, daß alle Verbrecher moralisch krank sind, so ist doch ein Unterschied zwischen dem Menschen, der, von schlechthin niedriger Gesinnung geleitet, strafbare Handlungen begeht – und dem andern, unbescholtenen, der unter Einwirkung besonderer Umstände oder eines besonderen Erlebnisses zu einer einmaligen verbrecherischen Tat geführt wird.

Es gibt keine noch so verabscheuenswerte Tat, die nicht unter gewissen Umständen in einem mildernden Lichte erscheinen kann. Und wenn man zu prüfen hat, ob eine Strafe dem gewollten Zwecke entspricht, so muß man auch abwägen, ob sie nicht weit über das Ziel hinausschießt. Ich glaube nicht, daß das in diesem Falle zwangsläufig urteilende Gericht gleich mir der Ansicht ist: Für diesen Menschen ist Zuchthaus – und Todesstrafe identisch.

P. S. Was den Wert oder Unwert des Objektes einer Liebe betrifft – – meine Herren Richter!

ERDGEIST

Wo diese Lulu lernte, Männer zu vernichten, ging aus der Gerichtsverhandlung nicht hervor. Leider war sie selbst nicht anwesend, sie zog der Anklagebank einen vermutlich sehr fröhlichen Aufenthalt in Paris vor, bei dem sie, wie man annehmen darf, auch weiterhin zahllose Männer ruiniert.

Geboren ist sie in Dingolfing in Bayern als Tochter eines Tagelöhners, kann nicht orthographisch schreiben und heißt Maria Fürst – was ihre Liebhaber veranlaßte, sie Fürstin zu nennen. Ob à conto dieses Fürstinnentums Hochstapeleien versucht wurden, wurde nicht recht ersichtlich. Gelegentlich erhob man sie sogar zur Göttin. Aber als Göttin bekommt man nichts geliehen, und in diesem Punkte wäre sie sicher freigesprochen worden. Schade, daß sie nicht auf der Anklagebank saß. Man hätte sich doch so gern hinreißen lassen.

So mußte man sich mit den beiden Männern begnügen, die sie unglücklich gemacht hat. Der eine erschien im Krankenkittel des Gefängnislazaretts als Angeklagter, der andere, der die ganze Sache zur Anzeige gebracht hatte, war der Hauptbelastungszeuge. Zwei hörige Männer, aber wenn man zuweilen glauben mochte, sie seien aus einem Romankapitel Balzacs herausgeschnitten, so mußte man sich bald korrigieren. Auch in der Dämlichkeit fehlt ihnen der Zug zur Größe.

Der kranke Mann auf der Anklagebank, ein weicher, nicht unsympathischer Ungar, angeblich Journalist. Wenn man ihm glauben soll, so hat er mitten in der Inflation das Glück gehabt, 60 000 Dollar zu erben, die er teils in Spekulationen in Griechenland an den Mann, zum anderen Teil an Lulu brachte. Er hatte in Berlin längere Zeit eine Wohnung, später übersiedelte er mit der Geliebten in eines unserer ersten Hotels. Frau und Kinder hatte er außerdem, aber nicht in Berlin. Einige Monate lang hatte er in einer der größten Berliner Industriefirmen eine glänzend bezahlte Stellung. Und wenn er Dollars wechseln wollte, ging er zu dem angesehensten Berliner Privatbankhaus und freundete sich dadurch mit einem der jüngeren Kassierer an; nennen wir diesen Herrn Knopf. Auf diese Weise lernte auch Lulu Herrn Knopf kennen und machte ihn sich untertänig. Es muß eine schlimme Zeit für den kranken Ungarn gewesen sein. Äußerlich lebte er in Saus und Braus, hatte im Hotel mehrere Zimmer, besaß zwei Autos. Aber nicht er durfte als der bevorzugte Liebhaber Lulus auftreten. Er war durch Lulus majestätisches Gebot zum Diener degradiert, mußte in einer Livree herumlaufen. Tafelten Knopf und Lulu in einem Restaurant, so mußte er – nennen wir ihn August – als Diener erscheinen und melden: „Das Auto ist vorgefahren." Wenn August Herrn Knopf ein Buch überbringen mußte, so wurde er nicht etwa zum Sitzen aufgefordert, sondern nach langem Warten an der Tür grob abgefertigt. Ja, der reiche August, der vormittags seine Devisen einwechselte, bekam abends fünf Mark Trinkgeld, lediglich als Symbol seiner Erniedrigung. Und wenn August Herrn Knopf nicht freiwillig die Hand küßte, so wurde mit der Peitsche gedroht.

Über all diese traurigen Lebensumstände beklagt sich eigentlich weniger August als Knopf. Der nämlich gab seine gute Stellung in dem vornehmen Bankhause auf, verpflichtete sich für die Berliner Filiale einer inzwischen verkrachten Hamburger Bank, an deren Ruin er nicht unbeteiligt gewesen sein soll. Heute behauptet er, 120 000 Goldmark der Fürstin geopfert zu haben. Auf die Frage, wie er zu dem Geld gekommen sei, verweigert er nach einigem Hin und Her die Aussage. Jedenfalls hat in dieser Sache ein Verfahren gegen Herrn Knopf geschwebt – über den jetzigen Stand der Angelegenheit konnte nichts Genaues festgestellt werden.

Knopf aber, um sich für die Vernichtung seiner Existenz als anständiger Kaufmann zu rächen, zeigte Lulu und August wegen Betruges an. Er behauptet, Lulu und August hätten sich überhaupt nur zusammengetan, um ihn auszubeuten. Das Geld, das er gegeben, sei nur ein Darlehen gewesen.

Knopf und August machen den Eindruck zweier Kleinbürger, denen die Großartigkeit ihrer Liebe weit über den Kopf gewachsen war. Den Hauch der großen Welt verspürten sie erst aus den Sarkasmen des Richters. Und als Knopf beteuerte, daß er mit der Rückzahlung des Geldes gerechnet hatte, muß er das Wort des Richters hören: „Wo die Liebe anfängt, hört die Rückzahlung auf."

Der jugendliche Staatsanwalt eifert: „Auch durch die Liebe wird der Tatbestand des Betruges nicht aufgehoben."

Aber der Richter schüttelt den Kopf und sagt: „Es ist ein Milieu, in dem alles vorkommt, nur kein Betrug."

Und während der junge Staatsanwalt mit Todesverachtung auf zwei Jahre und vier Monate Gefängnis plädiert, kommt das Gericht zum Freispruch.

WIDUWILT

Widuwilt, so heißt er. Und kann von dem herrlichen Namen so selten Gebrauch machen. Er sitzt nämlich meistens im Gefängnis oder im Irrenhaus. Man kann sich eine Dame vorstellen, die flüstert: „Mit wem habe ich das Vergnügen?" Und lautet die Antwort süß und mild: „Widuwilt –" – wie sollte sie da widerstehen?

Das Merkwürdigste aber: Er nennt sich in den seltensten Fällen mit diesem schönen und bewegenden Namen. Er sagt viel einfacher Koch oder Schulze – und die Sache klappt auch. Er ist nämlich Heiratsschwindler. Nur wenn er wahnsinnig ist, dann genügt ihm weder Schulze noch Widuwilt, dann nennt er sich den flammenden Sohn Zarathustras.

Der Fall, der zur Anklage steht, betrifft eine verwachsene Dame von einigen 40 Jahren, Kriegerwitwe. Sie erzählt sehr warmherzig und naiv: „Nach dem Kriege war ich im Reichswirtschaftsministerium, dann wurde ich abgebaut. Beim Abschied sagte man mir im Ministerium, ich solle mich wieder verheiraten." Also sah sie sich um und erspähte Widuwilt.

Ein Teil ihres Vermögens bestand aus Zwanzigmarkstücken mit dem Bilde Kaiser Friedrichs. Als der Krieg ausbrach, lieferte sie sie der Reichsbank ab, unter der Bedingung, daß man sie ihr nach dem Kriege wiedergäbe. Da ruhten sie während der schrecklichen Zeit in den Tresors der Jägerstraße – und am Ende gab man sie ihr wirklich zurück. Dann aber kam Widuwilt; kam, sah weg, siegte. Und nahm die schönen Goldstücke.

Die Sache liegt prozessual verwickelter, als es den Anschein hat. Widuwilt ist auch in leidlich gesunden Tagen ein schwerer Psychopath, das bekunden die Ärzte, fügen aber hinzu, daß er für seine verbrecherischen Handlungen verantwortlich ist. Sowie er aber im Gefängnis sitzt, wird er wirklich wahnsinnig, dann bricht eine unzweifelhafte Psychose bei ihm aus. Also wandert er ins Irrenhaus. Entläßt man ihn, so wird er sofort wieder gesund und begeht einen Heiratsschwindel nach dem andern. Nimmt man ihn fest, wird er gleich wieder wahnsinnig.

Sogar seine Strafakten haben etwas Widerwilliges an sich; man kann sie nicht zusammenbekommen. Niemand weiß recht, wie und wo er schon verurteilt wurde. Und man zögert, ihn wegen der verwachsenen Dame extra zu verurteilen. Offenbar hat er zur gleichen Zeit viel Ähnliches begangen und ist schon im einzelnen abgeurteilt worden, so daß der Richter geneigt ist, wegen offenbar fortgesetzter Handlung das Verfahren einzustellen. Also wird vorläufig vertagt.

Widuwilt hat ja auch keine Eile. Er sitzt im Irrengefängnis, ist leidlich wahnsinnig und wartet ab, was die außerhalb der Anstalt Befindlichen im Namen der Vernunft über ihn beschließen. „Ein unglücklicher Mensch" – sagt der weise und gütige Psychiater.

Ach ja.

Nur möchte man bemerken: Ist auch mit den Wahnsinnigen nicht viel anzufangen – gäb's doch ein Mittel, das wenigstens die Vernünftigen verständig macht!

INTERMEZZO AMOROSO

Nun sitzen am Amtsgerichtstisch nur noch drei Männer: Richter, Staatsanwalt, Gerichtsschreiber. Die Schöffen sind verschwunden. Nur in besonderen Fällen zieht sich der Richter allein zum Nachdenken zurück. Zuweilen entscheidet er unmittelbar nach dem Plädoyer des Staatsanwalts und verkündet das Urteil, indem er es dem Schreiber diktiert. Den Zuschauer beklemmt das Verfahren – auch wenn er sehr rasch die Überzeugung gewinnt, daß das Verantwortungsgefühl des Richters nur gesteigert ist. Oft sind es ja nur Lappalien – dann aber kommt doch wieder ein Fall von besonderem Wurf. –

Aus dem Untersuchungsgefängnis wird der Artist Hugo vorgeführt. Gebeugt geht er, mit eigentümlich schlurfendem Schritt, auf die Anklagebank zu. Nun erst sieht man ihn: ein bleicher und eigentümlich schöner Kopf. Wie gut ist die hohe Stirn gebildet, wie fein, sanft gebogen die Nase gezeichnet, wie fein auch der Mund unter dem netten blonden Bärtchen. Aber die kleinen hellen, tiefliegenden Augen sind merkwürdig, jeden Ausdrucks fähig. Bescheidenheit und Frechheit, Sanftmut und Gewalttätigkeit, Liebenswürdigkeit und Zynismus – das wechselt in jedem Blick dieser Augen. Aber die Augen verraten auch, daß dieser Mann leiden – ganz richtig, menschlich, seelisch leiden kann.

Der Richter liest seine Vorstrafen. Eine endlose und dennoch höchst unvollständige Liste. Vor wenigen Wochen ist er erst wieder zu sechs Jahren Zuchthaus verurteilt worden, und eine Reihe schwerer Diebstähle ist noch gar nicht abgeurteilt worden. Vor dem Schöffengericht gibt Hugo, der an höhere Instanzen gewöhnt ist, nur ein Gastspiel. Ein, zwei kleine Erlebnisse, für die er gerade Zeit hatte zwischen Zuchthaus und Zuchthaus.

Eigentlich will er sich gar nicht verteidigen. Es hat ja doch keinen Zweck. Aber der Richter fragt so dringend, und als wär's nur, um dem Richter das Amt zu erleichtern, erzählt er, wirft mühelos eine unartige Lustspielfabel hin – eine sehr unartige. Übrigens sollte er eigentlich den Mund nicht öffnen. Solange der nicht spricht, könnte man ihn ebensogut für einen Offizier wie für einen Künstler halten. Seine Sprache ist ein ungehobeltes, brutales Berlinisch.

Die Fabel: Es war einmal ein Dienstmädchen, das hieß Rosa und ging mit Herrn Jung und hatte dem aus Liebe einen Ring geschenkt. Der Herr Jung aber verlobte sich mit der auswärts wohnenden, in Scheidung lebenden Frau Grün. Infolgedessen ging nun Rosa mit dem Angeklagten Hugo. Da erfuhren sie, daß Jung von der Polizei gesucht wurde, und Rosa sagte: Wenn du dir von Jung den Ring verschaffst, kannst du ihn behalten. Da ging nun Hugo zu Jungs Eltern, sagte, daß ihr Sohn von der Polizei gesucht würde, und forderte den Ring. Sofort hielt man Hugo für einen Kriminalkommissar und gab ihm den Ring. Aber bei dem Besuch hörte Hugo, daß Jungs Braut, Frau Grün, bereits ihr Silber zu den zukünftigen Schwiegereltern geschafft habe und daß es von dort gerade gestohlen sei. Sofort fuhr er nach auswärts zur Frau Grün, sagte ihr, daß ihr Silber futsch sei, sie soll mal mit ihm nach Berlin kommen, dort werde er es ihr schon wieder verschaffen. Und sie fuhr mit, vertraute ihm ihre Uhr und ihr Täschchen an. In Berlin war's aber schon zu spät, nach dem Silber zu suchen. Also gingen sie mal erst ins Ballhaus, dann noch wohin und schließlich – aus lauter rasch geschlossener Freundschaft – in ein Hotel. Da nun geschah, was zu geschehen pflegt, worauf er für einen Augenblick das Zimmer verließ, um sich Zigaretten zu kaufen, kam aber nicht wieder, sondern verduftete mit der ganzen Barschaft der Frau Grün. Nein, er beschönigt nichts. „Was ich gemacht habe, habe ich gemacht."

Dann die beiden Frauen als Zeuginnen. Nach ihrem Eide war's doch anders. Er hat sich ihnen als Kriminalbeamter genähert, der Rosa noch einen zweiten Ring und ein Armband abgeschwindelt, der Frau nicht nur das anvertraute Täschchen, sondern auch Geld aus dem Muff gestohlen. Und von Zärtlichkeit sei überhaupt keine Rede gewesen. Sie ist nicht schön, die kleine, noch junge Frau Grün, und Rosa ist auch kein edles Gewächs, nur eine massige Dienstmagd, auf deren Mutterwitz er allerdings nicht gerechnet hatte. Er wollte sie, mit der er doch ging, gerade zu einer Silvesterfeier abholen, die in seiner Familie stattfand. Da ließ sie ihn irgendwo ein bißchen warten, kam aber mit einem Schutzmann, und der verhaftete ihn.

„Was haben Sie zu erwidern?“ fragt ihn der Richter.

Hugo zuckt die Achseln. „Hat ja alles keinen Zweck, die haben ja geschworen.“ Dann rechnet der Amtsanwalt ein Jahr Gefängnis, und noch ein Jahr, und Diebstahl im Rückfall macht zwei Jahre Zuchthaus, macht zusammen drei Jahre, sechs Monate Zuchthaus.

Der Amtsrichter geht für wenige Minuten ins Beratungszimmer. Er rechnet nicht viel anders: drei Jahre, vier Monate Zuchthaus.

Hugo ist sehr bleich geworden, er schließt die Augen, es ist, als schnappe er nach Luft. Ist es ihm wirklich ernst? Kommt es ihm noch darauf an? Der Richter: „Beruhigen Sie sich bei dem Urteil?“

„Nein!“ Hugo brüllt es hinaus – er will noch mehr sagen. Aber plötzlich beherrscht er sich wieder und wankt mit einer lässigen Bewegung aus dem Saal.

Das Intermezzo amoroso ist zu Ende. Der junge Richter greift nach neuen Akten. Er hat nach bestem Wissen seine Pflicht getan. Aber die Verantwortung ist schwer. Das fühlen wir alle mit ihm.

20.1.1924

EINBRUCH UND LIEBE

Zuweilen ist die Anklagebank mit ihrer Schutzwehr ein Balkon. Auf dem sitzen fünf junge Leute und sehen hinab auf die grüne Wiese der Freiheit, dargestellt durch den gefüllten Zuschauerraum. Die grüne Wiese ist nicht blumenlos, denn da sind zwei, drei ausnehmend hübsche Frauengesichter; man kann unter der Anklage des Einbruchdiebstahls auf der Anklagebank sitzen und dennoch plötzlich auf die Idee kommen, mit dem süßen Mädel zu kokettieren, das man in besseren Tagen in seinen Armen hielt. Unter diesen Umständen kokettiert man sogar mit seiner eigenen Frau.

Von den fünf jungen Leuten auf der Anklagebank hat jeder seine besondere Note. Nummer 1 ist dunkel und kaltblütig, er spricht nicht viel, hat wohl auch besondere Gründe, sich zurückzuhalten. Nummer 2 hat irgendwie abgeschlossen. Er sieht aus, als sei er überzeugt, daß das Einbrechen ein miserables Geschäft ist – und daß man dennoch schwer sagen kann, wovon sonst zu leben ist. Nummer 3 mit der zurückgedrückten Stirn und dem weit vorspringenden Kinn hat Chancen, freigesprochen zu werden. Kommt er zum Sprechen, so macht er den Hofschauspieler, wie um zu beweisen, daß das reinste Berlinisch nicht ungeeignet ist zu pathetischem Ausdruck. Nummer 4 hat eine spitze Nase, aber seine Augen sind noch spitzer. Jeder Blick ein Nadelstich – schmerzend, kalt und scharf für jeden auch zufällig Getroffenen.

Aber der fünfte, ach der fünfte ..., der einzige in blauer Sträflingskleidung, weil er gerade neun Monate absitzt – und dennoch sonderbar schön. Idealkopf eines deutschen Jünglings – und eigentlich schön erst durch das, was eingezeichnet ist: Leiden, Leidenschaft, Güte, Verworfenheit – durch das, was aufzuckt: Leichtsinn, Liebenswürdigkeit, jäher Schmerz, Weinen, Verzweiflung. Und seine hübschen Augen suchen die eigene Frau, die hübscheste. Er im blauen Gefängniskleid, ohne Kragen – sie im neuen resedafarbenen Kostümchen, mit grünschillernden seidenen Strümpfen, mit dem diskreten modefarbenen Hütchen. Darunter das unregelmäßige, aber anziehendste Gesicht: die schattenhaft dunkeln, melancholischen Augen im Gegensatz zu dem vollen, so gern lachenden Munde.

Und die Augen der beiden finden sich. Der Richter verhandelt, Nummer 5 aber ist ganz bei dieser Frau, bittet um Verzeihung, sein Mund spitzt sich – aber ist sie denn böse?

Der Richter redet immer von Einbruch. Die Sache ist ja so klar – beinah klar. Der Kriminalkommissar hatte seine besondere Nachrichtenquelle über den Einbruch im Herrenmodengeschäft. Da war's denn kein Kunststück, die ganze Gesellschaft zu fassen, auch den lockenköpfigen Klavierhändler (Nummer 6) und die schwachsinnige Zimmerwirtin (Nummer 7), bei denen man gestohlene Hemden fand. Wer aber ist die Nachrichtenquelle? Der Kommissar will sie nicht verraten, denn für ihn ist die ganze Kriminalpolizei pleite, wenn man Quellen nennt. Der Verteidiger aber sagt, es sei die größte Wichtigkeit, denn wie – wenn es ein Racheakt wäre? Und plötzlich ist es raus: die Ehefrau Nummer 1 ist es, die aus Wut den eigenen Mann angezeigt hat und nachher bereuend zum Verteidiger läuft und ihn honoriert. Da sitzt sie im Zuschauerraum mit ihrem Anhang – schon steht sie als Zeugin vor Gericht. Dick, hübsch, aufgeplustert, gewöhnlich. Wie sie aussagte? Nur *eine* Sache möchte sie sagen. „Alles oder nichts", entscheidet der Vorsitzende – „Nur eines." – Also nichts. – Sie verschwindet wieder nach hinten.

Einzeln sucht sich jeder auszureden. Nummer 3 weist auf ein reizendes Alibi, das süße Mädel. „Waren Sie verlobt, oder gingen Sie nur mit ihm?" – „Ich war verlobt." – „Mit Ring?" – „Nein, Ring hatten wir noch nicht." Aber sie wohnten doch zusammen, und sie kann sich beim besten Willen keiner Nacht ohne ihn erinnern. Und das süße Mädel muß lächeln, kann nicht anders, als sei Lächeln der hübscheste Beruf der Welt. Und der Richter sagt von ihr nachher, sie habe einen vorzüglichen Eindruck gemacht.

Auch die Frau von Nummer 5 spricht – weich, zart, klug, musikalisch. Kann sie ihn retten? Will sie ihn denn überhaupt retten? Und sie hätte es so leicht. Man flüstert es sich im Gerichtssaal zu: Er war aus gutem Hause, hätte beinahe den Ingenieur gemacht, schwere Kriegsverletzung, wegen Geisteskrankheit entmündigt. Nun ist alles in diesem jungen Menschen zu erklären – man möchte am liebsten zu den beiden hinspringen, ihnen helfen. Aber man fühlt, besser nicht. Heute sieht noch ihr Schicksal bei aller zuckenden Tragik so hübsch und apart aus. Morgen wird es banal sein. So banal wie das trauliche Gespräch der lachenden Frau mit den andern lachenden Bräuten.

Der Staatsanwalt beantragt gegen 1 bis 5 Zuchthaus, gegen 6 und 7 Gefängnis. Die schwachsinnige Zimmervermieterin springt auf, reißt den Hut vom Kopf, wirft die Tasche in den Saal, wird mit Mühe beruhigt. Nummer 5 weint, es weint auch seine Frau.

Das Gericht aber hält nur die Schuld von 1 und 2 erwiesen; der lokkenhäuptige Klavierhändler kommt mit Geldstrafe davon. Die andern werden frei. Nummer 3 kann mit seinem hübschen Alibi gleich wieder losziehen. Nur Nummer 5 muß erst die alte Strafe absitzen, noch einmal streckt er die Hand aus nach der Frau – ein paar Worte werden gewechselt. Dann geht sie ihren Weg hinaus, im resedafarbenen Kleidchen, hübsch und munter in den hübschen Frühling.

22. 5. 1924

BERLINISCHE TRAGÖDIE

Der Sattler Karl, ein bleicher, schmächtiger Mann mit einem Kneifer über den dunkeln, klugen und ruhigen Augen, heiratete eine geschiedene Frau. Erst später erfuhr er, daß diese Frau längere Zeit ein Verhältnis mit dem Müllkutscher Schneider unterhalten hatte, der zur Zeit der Eheschließung gerade eine fünfeinhalbjährige Zuchthausstrafe abbüßte. Der Sattler mußte diesen Sachverhalt hinnehmen. Er trug sogar einen alten Anzug auf, den Schneider bei seiner einstigen Geliebten zurückgelassen hatte.

Nach zwei Jahren einer friedlichen Ehe kam Schneider aus dem Zuchthaus und suchte sofort die alte Freundin auf. Ein großer, starker Mann mit grauen, willensstarken Augen unter der fast anormal vorgewölbten Stirn. Ein Mann, vielleicht gewöhnt, über Frauen zu herrschen – ein Gegensatz zu dem schmalen Sattler, dessen hohe weiße Stirn eher die Rolle des intellektuellen Liebhabers bezeichnet. Schneider kam, hatte eine Unterredung mit den beiden, nahm die Frau gleich mit sich und blieb mit ihr die Nacht fort.

Am nächsten Morgen lieferte er sie selbst bei dem Ehemanne wieder ab. Der Sattler forderte seine Frau für sich, der Müllkutscher ging seines Wegs. Aber der Friede der Ehe war gestört, es kam zu Szenen, und nach ein paar Tagen schickte die Frau zu dem Müllkutscher Schneider wie um Hilfe. Der kam auch. Der Sattler Karl vertrat energisch seine Rechte: „Emma ist jetzt *meine* Frau, laß ihr in Ruhe!"

Hierauf bekam er von Schneider eine schallende Ohrfeige. Er steckte sie ein, er fühlte sich zu schwach gegenüber dem mächtigen Nebenbuhler. Das war am Morgen. In der Nacht, zwischen drei und vier, klopfte es an der Wohnung des Ehepaares. Draußen stand Schneider mit einem Hund. Wie er sagt, wollte er sich nur erkundigen, ob die Frau auch nicht mißhandelt wurde. Jedenfalls sprach er einige Minuten mit der Frau und ging dann wieder fort.

Am nächsten Morgen verließ die Frau ihren Mann, um – wie sie sagte – einen Krankenbesuch zu machen. Als sie bis zum Nachmittag nicht wieder da war, ging Karl auf die Suche. Er glaubte das Paar in irgendeiner Kneipe zu finden, und so zog er von Lokal zu Lokal. Überall trank er ein paar Glas Bier und einige Schnäpse. Zunächst traf er sie nicht, sondern nur einen entfernten Verwandten der Frau. Nun suchten die beiden – kneipend – weiter, bis sie in später Nachtstunde wirklich das Paar in einem Lokal fanden. Der Müllkutscher und die Frau hatten nun auch schon allerhand getrunken, der Sattler und sein Begleiter waren sehr bezecht. Lärmend forderte er abermals seine Frau. Da sagte der Müllkutscher: „Nu wer' man nich drollig, sonst schmeiß ick dir durch die Fensterscheibe!"

Der Sattler Karl mußte es wieder schlucken, ja er mußte zusehen, daß sich das Paar aufmachte, um in die Wohnung des Verwandten zu gehen – während dieser mit dem gekränkten Ehemann zurückblieb. Die Frage, warum das Paar die Wohnung des Verwandten aufsuchte, ist nicht völlig geklärt. Der Müllkutscher behauptet, der Verwandte sei völlig betrunken gewesen. Sie seien in seine Wohnung gegangen, damit ihm nichts passiere. Der Verteidiger des Sattlers deutet auf die Unglaubwürdigkeit dieses Motivs hin. Denn um einen Betrunkenen zu schützen, bleibt man doch bei ihm und geht nicht in seine Wohnung.

Nun aber raffte sich Karl auf und zog den Verwandten mit sich. Zuerst gingen die beiden in des Sattlers Wohnung, nahmen dort ein Küchenbeil an sich. Dann gingen sie in die Wohnung des Verwandten. Die Frau erschien in der Tür. Der Ehemann trat ein. Der Müllkutscher saß auf dem Bett. Als der den Sattler sah, machte er eine Bewegung – wie der Sattler annimmt, um ihn zu schlagen. Da ließ Karl das Beil auf den Schädel Schneiders niedersausen. Nun fielen sie alle dem Sattler in den Arm, so daß er nicht weiter schlagen konnte. Der Müllkutscher war schwer verwundet, er mußte lange im Krankenhaus liegen und ist noch heute zu schwerer Arbeit unfähig.

Die Frau hat den Mann für immer verlassen. Vor Gericht macht sie von ihrem Recht der Zeugnisverweigerung Gebrauch. Sie ist keine schöne Frau, sie ist auch nicht jung. Aus dem knochigen, mageren Gesicht sprechen zwei dunkle, kluge, harte Augen. Aber sie ist sehr ordentlich, sauber, mit einem Stich ins Modische angezogen; kokett setzt sie den wohlgeformten, gutbeschuhten Fuß vor. Aber sie schweigt. Selten sah man eine Frau mit solcher Kraft schweigen.

In erster Instanz war der Sattler wegen vorsätzlicher Körperverletzung mit einem gefährlichen Instrument zu zweieinhalb Jahren Gefängnis verurteilt worden. In der Berufungsinstanz machte der Verteidiger noch Gründe für eine mildere Beurteilung geltend: Der Sattler hat bisher – wenn man von einer kleinen Geldstrafe absieht –

ein vorwurfsfreies Leben geführt. Sein Nebenbuhler war ein Zuchthäusler, ein gewalttätiger Mensch. Der Ehemann war aufs äußerste gereizt und in seiner Mannesehre gekränkt. Er hatte die Ohrfeige einstecken müssen, ihm war angedroht worden, durch eine Fensterscheibe geworfen zu werden. Wenn er nun noch einmal die Frau für sich forderte, war es begreiflich, daß er sich mit einer Waffe versah, und begreiflich auch, daß er die unwillkürliche Bewegung seines Gegners als einen Angriff betrachtete. Er habe zweifellos in Notwehr gehandelt ..., außerdem sei er im Zustand der Trunkenheit gewesen.

Der Staatsanwalt beantragt Verwerfung der Berufung. Von Notwehr könne keine Rede sein, auch macht in den Kreisen des Angeklagten Trunkenheit nicht viel aus. – Das Gericht konnte sich nach langer Beratung auch nicht für die Notwehr entscheiden. Aber es ließ mildernde Umstände walten. Es erkannte auf ein Jahr Gefängnis, Haftentlassung und stellte Bewährungsfrist in Aussicht. –

Die berlinische Leidenschaft ist in einer Zeichnung, nicht in einem Gemälde auszudrücken. Es löst sich von ihr keine Melodie – nicht die eines Bizet, nicht einmal die Mascagnis. Keine schöne und besänftigende Natur gibt ihr den Rahmen. Einmal angebrochen, streicht sie durch die Straßen, zwischen steinernen Wänden hin. Läßt sich nähren und befruchten von dünnem Bier und ätzenden Schnäpsen.

Das leidende Herz ist kein anderes in Italien, Paris oder Berlin. Aus der Leidenschaft sizilianischer Bauern erblüht eine Oper. Dasselbe Motiv in der Pariser großen Welt führt zum glänzenden Freispruch des Ehemannes. Aber in unserm nüchternen Berlin bleibt nichts als die Feststellung eines Staatsanwalts, daß in den Kreisen des Angeklagten Trunkenheit nicht viel ausmacht. Woraus jeder geruhsame und leidlich gestellte Bürger die Überzeugung schöpfen mag, daß in *seinen* Kreisen die Trunkenheit denn doch etwas ausmache.

16. 8. 1924

DER HEILSAME SCHUSS

Der angeklagte Heilgehilfe ist ein blasser junger Mann von 25 Jahren, glattrasiert, mit einem kaum zu bändigenden rotblonden Lockenhaar. Auch seine niedliche Frau steht noch im Mai des Lebens. Sie hat es überhaupt mit dem Mai zu tun. Am 11. Mai ist sie geboren, am 16. Mai 1922 lernte sie ihren Mann kennen und lieben, am 11. Mai 1923 heirateten sie, und am 23. Mai 1924 schoß er ihr eine Kugel durch die Brust.

Der Vorsitzende des Schwurgerichts stellte in seinem Urteil fest, daß die eigentlich Schuldigen auf der Zeugenbank säßen: die Schwiegermütter, deren Eifersüchteleien Unfrieden in die junge Ehe gebracht hätten. Der junge Gatte liebte sehr heiß, das Frauchen war etwas schnippisch. Es war zu Handgreiflichkeiten gekommen; da hob der Mann die Gemeinschaft auf, zog weg – und konnte es dennoch nicht ohne die Frau aushalten. Von einem Freunde borgte er sich zu drei verschiedenen Malen unter einem Vorwande einen Revolver. In Wirklichkeit mit der Absicht, das erste Mal sich selbst, das zweite Mal seine Frau und sich, das dritte Mal wieder sich selbst zu erschießen. Indessen war es anders gekommen – er war bei ihr, um ihre Versöhnung zu erbitten. Sie sang dazu: Ausgerechnet Bananen. Er wollte sie, die sich gerade frisierte, umfassen. Da schlug sie ihn – vielleicht versehentlich – mit der Bürste. Und nun schoß er – lief weg, blieb eine halbe Treppe tiefer bewußtlos liegen, bis er von einem Schupomann abgeführt wurde.

Der Schuß war merkwürdigerweise nicht tödlich, die Kugel konnte entfernt werden. Die junge Frau steht rund und gesund als Zeugin vor Gericht. Wesentliche Meinungsverschiedenheiten über Vorgeschichte und Tatbestand sind nicht vorhanden. Da fragt der Vorsitzende, wie es denn mit dem Scheidungsprozeß stünde. Und die junge Frau sagt: „Ich habe die Prozeßvollmacht an den Rechtsanwalt nicht unterschrieben. Es ist wohl am besten, wenn wir wieder zusammengehen."

„So – Sie haben ihm verziehen?"

„Ja, ich glaube, das ist besser so."

Der medizinische Sachverständige erklärt den Angeklagten trotz gewisser ohnmachtähnlicher Zustände für geistig gesund. Er habe seine Tat sicher nicht im Zustande der Unzurechnungsfähigkeit begangen. Wohl aber sei er ein Mann von schwacher Energie und großer Entschlußlosigkeit. Gerade aber solche Leute, die sich schwer zu etwas Entscheidendem aufraffen können, neigen zu plötzlichen verhängnisvollen Aufwallungen. Der Angeklagte habe durchaus keinen Entschluß fassen können, um sich dem Kampf der Schwiegermütter zu entziehen. Er habe geschwankt und gelitten, um dann jäh die Waffe gegen die junge Frau zu richten.

Der Staatsanwalt hielt ein sanftes Plädoyer und beantragte zwei Jahre, fünf Monate Gefängnis – für versuchten Totschlag und unerlaubtes Waffentragen. Das Schwurgericht war milder und erkannte auf zwölf Monate Gefängnis, lehnte zwar die vom Verteidiger beantragte Bewährungsfrist ab, empfahl jedoch, nach sechs Monaten Strafaussetzung zu beantragen.

Nach sechs Monaten – dann ist, wenn er im November die Strafe antritt, wieder Mai – und das Leben ist wieder blank und neu. Vielleicht. Hoffentlich.

12.10.1924

DAS HÄHNCHEN IM KORBE ODER DIE VERFÜHRTE VERFÜHRERIN

Das Pankower Schöffengericht hat über die Frage zu entscheiden, ob die 53jährige Kindergärtnerin Helene Stegemann den jetzt 14jährigen Otto Daniels verführt hat – oder ob, wie die Angeklagte behauptet, Otto dem alternden Mädchen seinen männlichen Willen aufgezwungen hat.

Dieses zu beurteilen scheint ohne gründliche Besprechung höchst peinlicher Details nicht möglich, und es ist selbstverständlich, daß das Gericht sich der sehr heiklen Pflicht unterzog. Aber im Laufe der Verhandlung stellte sich sehr bald heraus, daß Fräulein Stegemann vielleicht nach dem Buchstaben des Gesetzes zu bestrafen ist, daß sie aber dennoch, so unglaublich es vielen scheinen mag, in einem höheren Sinne freizusprechen ist. Die Tragödie dieses alten Mädchens ist ja gar nicht selten, sie ist vielleicht sogar typisch, wird freilich nur in den wenigsten Fällen Gegenstand einer Gerichtsverhandlung.

Das eigentliche Leben dieser alten Jungfer ist Liebe – Liebe, die nicht weiß, worum es sich handelt. Sie ist mit ihren 53 Jahren noch heute nicht ohne Anmut, vielleicht sogar hat das herannahende Alter diesen regelmäßigen und reinen Zügen erst die Verklärung gegeben. Es ist das Mädchen, das aus kleinen Lebensumständen heraus nach dem Schönen sucht, dem die Harmonie des Elternhauses die höchste Vollkommenheit bedeutet, das sich in jungen Tagen schwärmerisch einem Lehrer, dann einer Freundin zuneigt. Die kurz währende Brautschaft mit einem jungen Kaufmann ist erfüllt von Gesprächen über Kunst und Literatur – als der Liebhaber stürmisch wird, versagt sie.

Diese Lebensgeschichte erzählt das alte Fräulein in einem kindlichen Ton, mit einem so kindlichen Vertrauen auf das Interesse der Richter, daß niemand an der Wahrheit zweifelt. Hier steht ein Mensch, vielleicht gar nicht ganz unbegabt – auch die schriftliche Erzählung ihres Lebens zeigt eine natürliche Fähigkeit, die Umwelt und das eigene seelische Erleben darzustellen –, der aber dennoch irgendwie zurückgeblieben und verkümmert ist, der ewige, nie aufgeblühte und nie zur Reife gelangte Backfisch.

Die Idylle des Elternhauses endet jäh. Der alte Stiefvater, der sie einst so liebte, ein knorriger, pensionierter Lokomotivführer, löst nach dem Tode der Frau den Haushalt auf. Helene Stegemann liegt auf der Straße und ist froh, in einer Flüchtlingsbaracke ein Unterkommen zu finden. Helene ist Kindergärtnerin gewesen; früh war sie als Erzieherin zu adligen Familien aufs Land gekommen. Ein oft auftretendes Lungenleiden macht sie nun wieder arbeitsunfähig. Natürlich, daß sie sich hier in der Baracke wieder den Kindern näherte, vor allem dem 14jährigen Otto Daniels. Als sie ihre Beziehungen zu ihm schildert, fällt der fast schwärmerische Ton auf. Sie erzählt von seinen Tiergeschichten, die er schrieb und die sie als Zeichen von ganz besonderer Begabung pries. Sie, die nie die sinnliche Liebe gekannt, hat sich eigentlich auch nie Kinder gewünscht, wie andere Leute sie haben. Nur einem besonderen Menschen wollte sie das Leben geben – und allmählich erschien ihr Otto zunächst als das Kind, das sie hätte haben wollen, dann als der Mann, der mit ihr dies Kind hätte zeugen können.

Man ist versucht, so etwas zu belächeln oder für unglaubhaft zu halten. Denn der schmucke kleine Friseurlehrling, der heute als Zeuge gegen seine einstige Freundin auftritt, ist – bei allem netten Aussehen – nur schwer für ein männliches Ideal anzusehen. Aber das Lächeln verschwindet, wenn man den einstigen Lehrer über Otto reden hört – fast in dem Ton der alten Lehrerin. Ihm war Otto der liebste Schüler, und nicht nur ihm, sondern der ganzen Klasse, die ihn verhätschelte. Es war eine gemischte Klasse: Buben und Mädchen – und alle hatten ihn gleich lieb: das Hähnchen im Korbe. Als Schüler war Otto mittelmäßig, nur in einer Beziehung überragte er alle, wenn es galt, freie Erzählungen zu schreiben. Oft zweifelte der Lehrer daran, daß Otto die Arbeiten selbständig gemacht habe. Jetzt in der Gerichtsverhandlung stellte es sich heraus, daß Fräulein Stegemann Otto zwar bei den richtigen (und sehr mittelmäßigen) Aufsätzen geholfen hatte, nie aber bei den – wie der Lehrer sagt – vollkommen druckreifen freien Geschichten. Und nun wird alles so glaubhaft – wie die alte Jungfer an dem begabten Hähnchen Gefallen fand, und wie sie es freiwillig und ohne Entgelt im Englischen unterrichtete, ihm bei den Schularbeiten half – wie sie ihn verwöhnte, ihm Leckerbissen zusteckte! Hat man jemals aus dem sicheren Parkett des Opernhauses an den erotischen Unterströmungen zwischen Hans Sachsens Lehrbuben und Magdalene gezweifelt? Hat man nicht das Verhältnis der beiden mit so besonderer Rührung betrachtet, weil gerade diese Beziehung von den meisten von uns erlebt ist?

Im Falle der Helene Stegemann und des Otto Daniels wurden die Störungen frei. Das seelische Spiel wurde zum körperlichen.

Das Bild, das man von der Verhandlung erhielt, ließ es fast gleichgültig erscheinen, wer von den beiden durch das Schicksal zusammengetriebenen Menschen das Spiel begann, zumal Dr. Magnus Hirschfeld als Sachverständiger eine starke Herabminderung der Zurechnungsfähigkeit konstatierte. Sogar der Staatsanwalt gelangte zu der fast paradoxal klingenden Anschauung, daß die Angeklagte mit ihren 53 Jahren eigentlich vor einen Jugendgerichtshof gehöre. Um so erstaunlicher, daß dieser selbe Staatsanwalt unter Zubilligung mildernder Umstände ein Jahr, sechs Monate Gefängnis beantragte.

Das Gericht war bedeutend milder – sein Urteil lautete auf acht Monate Gefängnis; sechs Wochen wurden auf die Untersuchungshaft angerechnet, für fünf Monate wurde der Angeklagten Bewährungsfrist zugebilligt, so daß sie nur noch anderthalb Monate zu verbüßen hat – anderthalb Monate, die freilich immer noch grausam genug sind, wenn man sich vorstellt, daß die Verurteilung allein auf das Zeugnis eines noch nicht eidesfähigen Knaben von 14 Jahren begründet ist. Behauptung stand gegen Behauptung, und die besondere Art dieser Angeklagten hätte das Gericht wohl veranlassen müssen, auf die gegebene Brücke des „Non liquet“[8] zu treten.

21. 1. 1925

EINE DAME VON DER LIEBE

Aus der Tür, die zu den Haftzellen führt, wankte sie herein, mit unbedecktem naturblondem Bubikopf, im langen Mantel, hübsch beschuht und bestrumpft. Erst als sie auf der Anklagebank saß, merkte man, daß sie was Besseres sei – wenn auch nicht eine Dame von Welt, so doch von Liebe.

Weil aber die Männer es gerne haben, Damen von Welt und Vermögen zu lieben, so dichtete sie sich beides an. Mal nannte sie sich so, mal anders, sie sprach gerne von ihren Lederfabriken und ihren Autos; die klügeren ihrer Freunde glaubten es nicht, aber sie ließen sie gewähren. Denn sie war hübsch, gutmütig und nicht mal unbescheiden; einige große Herren der Berliner Geldwelt unterstützten sie, versuchten auch diesmal im letzten Moment, ihre Verbindlichkeiten zu ordnen. Zu spät. Denn nun saß sie wegen einiger Hotelrechnungen, wegen ein paar Läpperschulden auf der harten Anklagebank, sie, die eigentlich gewöhnt war, in den weichen Fauteuils der schönsten Hotels zu thronen.

8 *(Begriff aus dem römischen Recht zur Begründung eines Freispruchs; dem Sinn nach: „nichts ist geklärt / nichts ist bewiesen“)*

Unter der freien weißen Stirn zwei blaue, herrlich trügerische Augen, ein kühnes witziges Näschen, ein voller roter Mund, der klug und angenehm zu plaudern weiß. Sie ist leidend, oft krümmte sie sich in Schmerzen, die sie mit sichtbarer Energie niederzwingt, dann aber wieder muß sie lachen, so, wie wir alle lachen müssen: der Verteidiger, der Schreiber, der Richter, sogar der Referendar, der den Staatsanwalt macht.

Denn als Zeuge steht da Herr Dr. Stehl, der sie eines Abends auf der Straße ansprach, sie zu sich nahm, für die nächsten drei Monate bei sich behielt – bis ...

Herrn Dr. Stehl, einem jungen, strebsamen Volkswirt, Bücherrevisor und Syndikus, hätte die Sache sicher nicht so viel Spaß gemacht, wenn sie ihm gesagt hätte, sie sei die Tochter eines Schuhmachers. So gab er sich gern der Illusion hin, eine Dame der Gesellschaft und eine Fabrikbesitzerin zum Verhältnis zu haben; und je länger die Sache dauerte, desto mehr festigte sich in ihm der Plan, sie zu heiraten. Er ließ sogar Verlobungskarten drucken. Die Verbindung sollte im Anschluß an einen Familientag, den die Freundin in Hannover mitmachen wollte, öffentlich werden. Leider haperte es mit der Garderobe der reichen Frau ein bißchen, also „puppte" er sie neu ein – dann fuhr sie voraus und nahm des Doktors Reisenecessaire gleich mit. Aber vergebens wartete der Doktor auf die Nachricht aus Hannover, sich dem Familientag vorstellen zu dürfen – am Ende erfuhr er, daß die Dame seiner Wahl mit einem korpulenten Herrn auf und davon sei. Nun fühlt er sich um 500 Mark, ein Reisenecessaire und einen Pyjama geschädigt.

Herr Dr. Stehl fühlt sich nicht wohl als Zeuge. Er entschuldigt sich: „Ich muß als Junggeselle die Möglichkeit haben, Damen kennenzulernen – wenn es sein muß, so auf der Straße." Der Richter meint: „Sie haben doch die Gunst der Angeklagten genossen – Sie wissen doch, daß man dafür Opfer bringt." Das eben will dem Dr. Stehl nicht in den volkswirtschaftlichen Kopf. Denn daß sie so rasch die Seine wurde, das hat er längst vergessen, auch die reizende Reise im Segelboot ist seinem Gedächtnis halb entschwunden. Je länger er sie liebte, desto mehr dachte er an ihre Lederfabriken und die Autos – er ist schon gar nicht so unwirtschaftlich, der Volkswirt. Und gerade im Zentrum seiner Hoffnungen mußte er enttäuscht und betrogen werden ...

Und noch ein Mann hatte sich gemeldet – vor Gericht war er leider nicht erschienen, der Herr Kunstmühlenbesitzer aus der Provinz, der sich ursprünglich um 1200 Mark geschädigt fühlte. Er suchte nämlich eine reiche Frau, und einer seiner Freunde führte ihm diese zu, die wenigstens in der Phantasie reich war. Sie besuchte ihn in seiner dicken Provinz, und als sie ihm erzählte, daß sie eine Zahlung von 35 000 Mark erwarte, bat er sie gleich, 30 000 in sein Geschäft zu stecken. Vorläufig aber liebten sie sich so und fuhren schließlich nach Berlin. Im „Kaiserhof" wollten sie absteigen; da er aber einen Lodenmantel und Stulpenstiefel anhatte, sagte sie ihm: „Nun zieh dich erst mal anständig an." Mehrere hundert Mark verwendete der Hoffnungsvolle auf seine Garderobe. Als er später einsah, betrogen zu sein, stellte er auch noch seine neuen Kleider in Rechnung …

Der junge Staatsanwalt sah die Sache milde an. Er wollte überhaupt nur die kleinen Hotelschwindeleien gelten lassen, nicht aber die Läpperbeträge, die von den glücklich unglücklichen Liebhabern gespendet waren. Er könne es auch nicht verstehen, daß ein akademisch gebildeter Mann wie Dr. Stehl, nach allem, was zwischen ihnen beiden passiert war, noch ernsthaft an eine Ehe habe denken können – wobei eben der junge Herr einen Moment die Lederfabriken außer acht ließ.

Der Richter konnte – bei aller Courtoisie – nicht so einfach verfahren, schon deshalb nicht, weil die Angeklagte wegen ähnlicher Dinge bereits im Gefängnis gesessen hat. Auch habe sich die Angeklagte über die Noblesse der Männer in einem schweren Irrtum befunden; es gäbe aber doch welche, die genauer rechnen und zum Gericht gehen, wenn sie sich in ihrer Hoffnung auf eine reiche Frau betrogen fühlen. So kam er zu einer Gesamtstrafe von sechs Monaten, erachtete drei Monate verbüßt und hob den Haftbefehl auf.

So wird sie denn noch heute ihr blondes Köpfchen wieder in die Welt hinaustragen – zum Segen einiger und zum Fluch anderer, welche rechnen, wenn sie lieben.

6.5.1925

LIEBE UND GEMEINHEIT

Man ist zuweilen geneigt, da noch zu verstehen und zu entschuldigen, wo Richter ihr „Schuldig“ sprechen müssen. Selten erlebt man schurkische Gesinnung, wie es heute geschah. Aber die Träger dieser Gesinnung saßen nicht auf der Anklagebank, sie erschienen als Zeugen vor Gericht. Mit Not entgingen sie der Gefahr der sofortigen Verhaftung. Als sie aber das Gericht verließen, wurden sie von den Zuhörern erwartet, die ihnen ins Gesicht schrien, was rechtens ist. – In diesem Falle muß man Namen nennen. Der ehemalige Ingenieur eines großen Berliner elektrischen Unternehmens Harmel – zur Zeit befand er sich noch in seiner Stellung – war von seiner jungen, wohl in mancher Beziehung schwachen, aber feiner organisierten Frau auf deren Klage in erster Instanz geschieden worden. In diesem Prozeß spielte das Dienstmädchen eine gewisse Rolle, das unterm Eide aussagte, der Ehemann Harmel habe es unsittlich berührt und weitere Nachgiebigkeit verlangt. Die Szene hatte sich beim Feuermachen im Badezimmer abgespielt und war von dem jungen Bruder der Frau halb und halb belauscht worden.

Der Ehemann legte gegen das Scheidungsurteil Berufung ein. Er ging aber noch einen Schritt weiter. Um zu beweisen, daß das Dienstmädchen einen Meineid geschworen hatte, fädelte er mit einigen Bekannten – darunter Ingenieuren seiner Gesellschaft – folgende Intrige ein: Einer der Kumpane sollte sich mit dem Mädchen befreunden, um ihm das Geständnis des Meineids zu entlocken. Bestimmt hierzu wurde ein Mechaniker namens Albert Hartmann. Er näherte sich auf Anweisung Harmels dem ihm bis dahin unbekannten Mädchen, dem er sich als Filmschauspieler mit falschem Namen vorstellte und ihr Beschäftigung im Film in Aussicht stellte. Das Mädchen war rasch erwärmt und begann, sich für den Filmschauspieler zu interessieren.

Man wurde zärtlich; und unter Küssen brachte Hartmann das Gespräch auf einen Prozeß, der ihn und einen angeblichen Filmdirektor sehr beschäftigte. In diesem Prozeß hinge alles von einer Zeugenaussage ab. Und nun fragte er, ob sie, das Mädchen, auch schon mal geschworen habe. Das Mädchen erzählt, was es erlebt und wie sie es beschworen – vollkommen gleichlautend.

Hartmann wird zärtlicher. Alles komme darauf an, jenen Zeugen zu einem Meineide zu bewegen, und es würde auf diesen sicher einen Eindruck machen, wenn das Mädchen ihm erzählte – also vorlog –, daß es selbst einen Meineid geschworen habe.

Die Zärtlichkeiten tun ihre Wirkung. Das Mädchen war entflammt, gab, was es zu geben hatte – sogar noch etwas mehr, als der junge Mann verlangte, wie er nach einigen Tagen zu seiner Pein bemerkte. In ihrer Liebe ließ sich das dumme Ding bewegen, ging mit in eine Wohnung, wo beide von einem Herrn erwartet wurden. Das war der sogenannte Zeuge, dem es angeblich so schwerfiel, einen Meineid zu leisten. Und auf den Wunsch des Geliebten log sie ihm vor: Ja, sie habe einen Meineid geleistet. Das Falschschwören sei gar nicht so schwer, man müsse nur einfach nicht alles so sagen, wie es ist.

Das Mädchen ahnte nicht, daß die Ingenieure der großen Elektrizitätsfirma ein *Mikrophon* eingebaut hatten, das jedes ihrer Worte im Nebenzimmer deutlich hören ließ. Im Nebenzimmer aber saßen Harmel und die übrigen Kumpane, die ihre Aufzeichnungen machten. Denn das Geständnis des Meineids war gerade das, was Herr Harmel hören wollte. Nun erstattete er gegen das Mädchen *Anzeige wegen Meineides*, der erst jetzt zur Verhandlung kam, obgleich inzwischen – eine Versöhnung der Ehegatten stattgefunden hatte.

Vor Gericht beteuerte das Mädchen, alle Angaben über das Verhalten Harmels wahrheitsgemäß gemacht zu haben. Nur aus Liebe zum „Filmschauspieler" habe sie jenes falsche Geständnis abgelegt.

Die Ingenieure treten als Zeugen auf, noch voll männlicher Entrüstung über die Meineidige. Aber der Hauptschauspieler dieses Films, Albert Hartmann, muß zugeben, daß er das Theater nicht umsonst gemacht habe. 200 Mark für sein „Zeitversäumnis" waren ihm versprochen. Später wurde das Honorar noch um 50 Mark erhöht – für die notwendig gewordenen Kurkosten.

Der Ehemann selbst ist anfänglich nicht an Gerichtsstelle. Die junge Frau sagt zaghaft, er sei verreist – nach einer halben Stunde meldet sie sich: Ihr Mann sei doch schon in Berlin, er sei aber doch verreist gewesen, als die Ladung erfolgte. Sie habe ihm nichts von der Ladung gesagt, weil sie neue Unannehmlichkeiten in ihrer Ehe fürchtete. – Die junge Frau hatte noch gerade zur rechten Zeit gesprochen; um eines Haares Breite war sie am Meineid vorbeigegangen.

Pause. Der Mann, der Bruder werden geholt. Der Bruder wiederholt seine Wahrnehmungen von der verdächtigen Situation im Badezimmer. Und der Ehemann, ein bleicher, lang aufgeschossener Mensch, der seinen Charakter nicht verbergen kann, gibt – kaum noch verklausuliert – zu, das Mädchen berührt zu haben.

Man prägt sich den Anblick eines Menschen ein, der ein Mädchen berührt, es dann zu einem falschen Geständnis verführen läßt, um es zugunsten eigener finanzieller Vorteile des Meineides zu bezichtigen.

Der Staatsanwalt selbst nimmt dem Verteidiger die Arbeit ab. Er plädiert auf Freispruch des Mädchens und bezeichnet die Zeugen als Schurken. Der Verteidiger regt die sofortige Verhaftung der Hauptzeugen an. Wegen wissentlich falscher Anschuldigung – auch liege der Verdacht eines Meineides in der heutigen Verhandlung nahe.

Das Gericht spricht die Angeklagte *frei* – gibt dem Antrage auf Verhaftung nicht statt. Und so haben die beteiligten Herren Gelegenheit, sich an die Gerichtskasse zu verfügen und ihre Zeugengebühren in Empfang zu nehmen.

28.1.1926

DIE SCHÖNHEIT

Angeklagt war der frühere Geschäftsführer des Berliner Ratskellers, ein stattlicher Mann von einigen 30 Jahren, wegen Unterschlagung von etlichen 40 000 Mark, mitangeklagt seine Freundin, mit der er das Geld verjubelt hatte und der man nun den Vorwurf machte, von dem unrechtmäßigen Erwerb des Geldes gewußt zu haben. Nachdem der Verteidiger so ziemlich alles angeführt hatte, was man zur Entschuldigung des Angeklagten erwähnen konnte – seine Herkunft aus gutem Hause, seine hervorragenden Kriegsdienste, die Krankheiten, die er sich aus dem Felde geholt, die Tüchtigkeit, mit der er sich aus offensichtlicher Notlage zu einer hervorragenden Stellung emporgearbeitet hat, den durch seinen Beruf veranlaßten und durch seine Krankheiten gesteigerten Alkoholgenuß und die damit verbundene Schwäche gegenüber dem weiblichen Geschlecht –, war man versucht, diesen Ausführungen noch folgende Worte hinzuzufügen:

„Der Herr Vorsitzende hat in seiner sanften menschlichen Art und doch mit einer betonten Verwunderung auf die großen Summen hingewiesen, die der Angeklagte in Gesellschaft seiner Freundin ausgegeben hat, und er hat der Mitangeklagten selbst zu verstehen gegeben, daß sie doch bei einem Verbrauch von 40 000 Mark innerhalb eines Vierteljahres hätte ahnen müssen, woher das Geld stammt. Er hat der Angeklagten nicht mißverständlich zum Vorwurf gemacht, daß sie trotz dieser Summen mit ihrem früheren Liebhaber in Verbindung stand und diesen zur Hergabe von größeren Summen veranlaßte.

Es wäre zweifellos besser gewesen, wenn der Angeklagte seiner Frau treu geblieben wäre, und – wenn er sie betrog, so wäre es besser gewesen, er hätte seine freie Zeit mit einem Mädchen verbracht, das mit einem vielleicht annehmbaren Äußeren auch eine gewisse Herzens- und Geistesbildung verband, so daß das Zusammensein der beiden nicht nur beherrscht gewesen wäre von dem Gedanken an gemeinschaftliche materielle Genüsse.

Indessen bitte ich Sie, meine Herren Richter, die Erscheinung der Angeklagten einer eingehenden Prüfung zu unterziehen, wenn ich auch die Angeklagte davor warnen möchte, in ihrer Verteidigung so weit zu gehen, wie es ihre große Vorgängerin Phryne getan hat.[9] Was man sieht, genügt ja auch. Die wenigen Worte, die die Angeklagte gesprochen, ihr saloppes Berlinisch, ihr geistloses, gleichgültiges Gestammel heben nur die eine Tatsache hervor, daß dieses Wesen an Stelle von Geist und Herz fast im Übermaß von der Natur mit dem ausgezeichnet worden ist, was wir Schönheit nennen. Selbst die schwarze Hornbrille, die sie zur Verhandlung aufgesetzt hat, vermag nicht den Fluß der einfachen, edlen, klassischen Züge

9 *(Die schöne Griechin Phryne war der Gottlosigkeit angeklagt, weil sie behauptet hatte, ihre Schönheit wäre der der Aphrodite vergleichbar, und zog sich zum Beweis vor ihren Richtern aus.)*

zu stören. Sehen Sie im Profil diese starke gerade Nase, dieses kräftige Kinn, diesen wundervollen Halsansatz, und sehen Sie hier en face diesen kleinen, unerhört feingezeichneten Mund; betrachten Sie diese schimmernde weiße Haut, und – was die Gestalt betrifft, so gehe ich auf Einzelheiten gar nicht ein. Aber sehen Sie auch die lässige Grazie, mit der sie den kostbaren Pelzmantel zu tragen versteht, und sehen Sie, wie selbstverständlich auf diesem blühenden Fleisch die echte Perlenkette schimmert.

Die Angeklagte stammt aus den einfachsten Verhältnissen. Wäre sie als Herzogin geboren, so würde sie als eine der schönsten Frauen der europäischen Aristokratie gelten – und diese Gabe der Schönheit verirrte sich nun – darf man sagen, verirrte? – in das Haus, in die Familie eines armen Handwerkers. Sie haben recht, meine Herren Richter, wenn Sie sagen, daß die Schönheit dieses jungen Mädchens nicht hätte hindern dürfen, in einer Fabrik, in einer Schreibstube ehrliche Arbeit zu tun. Vielleicht hätte sie auch da ihr Glück gemacht und wäre die Mutter von Generationen schöner Kinder geworden. Es sollte nicht sein. Die Natur muß es irgendwie anders vorgehabt haben, sie gab ihr die Schönheit nicht nur als Schmuck, sondern auch als Verführung. Sie brauchte nicht intellektuelle Mittel anzuwenden, um sich unrechtmäßigerweise zu bereichern. Sie trat in Erscheinung, sie verführte und wurde verführt. Die jungen Lebemänner wetteiferten darum, sie mit kostbaren Geschenken zu verwöhnen – sie nahm es hin, gelassen, dumpf, wie etwas, das ihr zukam und über das sie sich nicht wunderte. Kurze Zeit lang hat sie einen Beruf ausgeübt. Zuletzt war sie Reisedame der Konfektion, das heißt ein reisendes Mannequin.

Meine Herren Richter, ich weiß wirklich nicht, ob wir die Erscheinungen unseres Lebens immer vom moralischen Gesichtspunkt betrachten dürfen. Und das erscheint mir gerade dann unzulässig, wenn wir diese Erscheinungen in einem größeren Zusammenhang selbst als gegebene Notwendigkeiten unseres Wirtschaftslebens betrachten. Niemand wird die Wichtigkeit der Konfektion für unsere Wirtschaft bezweifeln. Wenn aber die Konfektion notwendig ist, so ist auch das Mannequin notwendig – das heißt, es besteht ein Bedarf an jungen, schönen Frauengestalten, und dieser Bedarf wird zum großen Teil von den Töchtern des Proletariats geliefert. Das Mannequin aber in seiner Blütezeit ist selbst ein Konsument schöner Dinge, ein Konsument, auf den weder unsere Juweliere noch unsere Pelzhändler, noch unsere großen Schneiderateliers verzichten können. Noch schließlich unsere sogenannten Luxusrestaurants, in denen der Angeklagte mit seiner Freundin den größten Teil des unterschlagenen Geldes verpraßte.

Noch einmal: Gewiß, wenn der Angeklagte mit seiner Geliebten Gespräche von innerem Gehalt geführt hätte, anstatt Champagner zu trinken – die beiden säßen heute nicht hier. Aber wir wollen uns darüber klar sein, daß gerade dem Luxus der verfeinerten Hetärenexistenz eine Verführung innewohnt, dem mancher Mann in einer bestimmten Gemütslage nicht widerstehen kann. Der Angeklagte hat durch sein Verschulden sein Leben zerstört. Man kann bei ihm nicht von einer krankhaften Störung seiner Verantwortung sprechen, aber, wenn Sie dennoch geneigt sind, seine Taten milde zu beurteilen, weil diese Frau ihn verführte, so seien Sie gegen ihn nicht milde auf Kosten dieser Frau, die auch eine Verführte ist, die außer dem bißchen Goldfarbe in den Haaren, außer dem bißchen Puder und Lippenschminke nichts dazu getan hat, ihre Schönheit auf eine betrügerische Weise zu erhöhen, die an dieser Schönheit so unschuldig ist, wie wir an unserem Gesicht, und die schließlich den ganzen Fluch dieser Schönheit zu tragen verurteilt ist. Wir wissen alle, daß dieser Fluch sich auswirken muß, wir kennen das Ende, aber wir haben keine Ursache, es mit Beschleunigung herbeizuführen. Immerhin haben wir das Wirken dieses Fluches heute schon festgestellt – der Angeklagte, in langen Monaten der Untersuchungshaft den Einflüssen dieser Frau entzogen, hat sich dazu bequemt, seine einstige Freundin zu belasten. Es erscheint auf den ersten Blick menschlich unschön – aber es ist in Wirklichkeit nur die natürliche Folge eines Rausches, der sich nur an körperlicher Schönheit sättigen konnte und der zu Ernüchterung und Haß schließlich führen mußte.

Ich verteidige beide, aber ich sage, die Belastung dieses Mannes kann für das Gericht ausschlaggebend sein. Deshalb bitte ich Sie, seien Sie milde zu dem Mann, aber sprechen Sie die Frau von der Anklage frei – diese arme Frau, die den Weg des Vergnügens gehen muß, der im Elend endet."

7.3.1926

DER SEGEN DER LIEBE

Schrieb ich nicht schon einmal über den vielfachen Liebhaber aus Dänemark, der die Herzen deutscher Mädchen dutzendweis gewann, und nicht nur die Herzen, auch die Portemonnaies? Die erste Verhandlung konnte nicht durchgeführt werden, weil die Hauptzeugin fehlte.

Diesmal ist sie da. Ein rundliches braunes Persönchen mit feurigen dunklen Augen und einem sehr verlockenden Mund. Überhaupt, er hat Geschmack, der Herr – nennen wir ihn Hansen. Und die Vorliebe der Damen ist nicht unbegreiflich: ein stattlicher Mann von fast 50 Jahren, mit jugendlich hellen Augen in dem kräftigen und gut geschnittenen Gesicht. Er hat auch als Angeklagter einen Freimut, der ihn ziert; eine weltmännische Gelassenheit und ein volles Verständnis für die Komik der Situation – acht Damen marschieren als Zeuginnen vor ihm auf, und das sind eigentlich nur Stichproben. Eine Leporelloliste – angeblich zu geschäftlichen Zwecken angelegt, soll aber Dutzende von Namen enthalten. Er aber lächelt und zeigt gerade dabei, wie er's macht, wie er zaubert. Und wenn er erst den Mund öffnet und sein hartes Dänisch-Deutsch laut werden läßt …

Manche Damen, heiratslustig, wie sie waren, hatten annonciert. Mit einer anderen bandelte er an, als sie hinterm Schalter der Untergrundbahn Dienst versah. Mit einer dritten schloß er Bekanntschaft, als er beinahe von einem Auto überfahren worden wäre. Es war die hübscheste von allen, ein kleines, zartes, blondes Bubiköpfchen. Ob er ihr die Ehe versprochen hat?

„Nein", sagt die Kleine mit klugem Lachen. „Er sagte, vor der Verlobung müsse ich seine Bedingung erfüllen. Und das tat ich nicht."

Seine Bedingung? Aus dem Munde der rundlichen Braunen erfahren wir sie: er wünschte, die jungen Damen, ganz, aber auch ganz genau kennenzulernen, bevor er sich zu einem Eheversprechen bequemte. Vorsichtiger Mann. Ach, die Braune und die meisten anderen gingen darauf ein, bereuten es bitter. Bei der Braunen wurde es fast tragisch – tragisch deshalb, weil das Mädel seinen Versuchungen so viel vernünftigen Widerstand entgegengesetzt hatte. Als „journalistischer Doktor" hatte er sich ihr vorgestellt und ihr erzählt, daß er schon mit einer Baronin verlobt gewesen sei.

„Da sagte ich ihm, das wäre dann wohl nicht das Richtige zwischen uns – weil ich aus kleinen Verhältnissen bin. Er aber sagte: ‚Das macht nichts, dann werden wir ein Auto weniger haben.' Dabei hatte er überhaupt nichts. Ich führte ihn zu meinen Eltern, die ihn beköstigten. Jeden Morgen, wenn ich ins Amt ging, holte er mich ab, dann brachte ich ihm Stullen mit für den ganzen Tag. – Er sagte, er sei Kartoffelgroßhändler. Dabei kann er überhaupt keine Geschäfte machen. Ich habe ihn ja dabei beobachtet. Schließlich bat er mich um Geld, und ich verschaffte mir von meiner Mutter 1000 Mark für ihn."

Sie gab ihm mehr, sie erfüllte seine „Bedingung".

Der Richter machte ihm darüber Vorwürfe. Er aber lispelte liebenswürdig in seinem berauschenden Dänisch-Deutsch: „Das ist keine ungewöhnliche Sache in Deutschland. Etwas mehr oder weniger, das spielt doch keine Rolle."

Und das ging so, bis eine von der anderen erfuhr und alle von allen wußten, daß er das gepumpte Geld der einen benutzte, um mit der andern auszugehen.

Der Braunen versiegen rasch die Tränen, die eben kommen wollten. Sie lächelt über ihre Torheit, das andere halbe Dutzend lächelt auch.

Aber merkwürdig! Nur die kleine Braune und das Fräulein von der Hochbahn erklären sich geschädigt und getäuscht. Da sind vier andere, die anders über den Fall denken, heiter, versöhnlich, wie geheilt von einer großen Torheit.

Eine aber sagt, was auch drei andere sagen, ganz ernst. Es ist eine zarte schlanke Dame, kaum hübsch, aber sehr anziehend, nicht mehr jung, und doch sehr anmutig. Sie spricht mit ihrer feinen Stimme sehr leise und sehr bestimmt: „Ich war mit ihm verlobt, und ich habe ihm Geld gegeben. Aber ich gab es nicht, weil ich auf eine Ehe hoffte, sondern weil ich Mitleid mit ihm hatte. Er war in großer Not, er hatte in Geschäften Unglück gehabt, und er wäre ohne mich verhungert."

„Hätten Sie ihn auch unterstützt, wenn es nicht Ihr Bräutigam gewesen wäre?"

„Ja."

„Und wenn er heute wieder zu Ihnen käme?"

„Wenn er in Not ist, würde ich ihm wieder geben."

„Geben Sie jedem, der in Not ist?"
„Das kommt darauf an."
„Haben Sie Geld von ihm wiederbekommen?"
„Nein."
„Haben Sie ihm noch gegeben, als Sie wußten, daß er mit anderen Frauen verkehrte?"
„Ja – er war doch in Not."
„Und warum ist aus der Ehe nichts geworden?"
„Das ist wohl Privatsache."
Man hört das stolze Wort, und es wird ganz still im Saal. Man fühlt plötzlich: Dieser Mann ist geliebt worden. Die ernste Falte seines Gesichts, von der Nase zum Mundwinkel, vertieft sich kaum merklich. Er empfindet den Segen der Frauen. Die Majorität ist für ihn: Sie sprechen ihn frei.

Der Richter kann nicht umhin, ihn in einem Falle für schuldig zu erklären. Drei Monate Gefängnis, durch die Untersuchungshaft verbüßt, und 1000 Mark Geldstrafe.

Er ist gerichtet. Und dennoch gerettet. Er hat nämlich jetzt eine gute Margarinevertretung und will in einem Monat alles zurückzahlen – soweit es sich zurückzahlen läßt.

27.10.1926

DER BÖSE MANN UND DIE BÖSE FRAU

Hinterhaustragödie von Berlin SO. Nach sechs Jahren einer unglücklichen Ehe schlug die Frau mit dem Beil auf den Kopf des Mannes. Er blieb am Leben, sie mußte sich nun wegen versuchten Totschlages verantworten.

Zwei stattliche Menschen: er Fahrstuhlführer in einem Warenhaus, sie nebenbei durch Aufwartung nebenher verdienend. Als er aus dem Felde nach Hause kam, suchte er in der Zeitung eine Kriegerwitwe mit eigenem Heim, und sie meldete sich, denn sie suchte Ersatz für den im Felde gefallenen ersten Mann. Sie wurden ein Paar;

anfangs ging die Ehe gut – dann wurde sie schlechter und schlechter. Aus welcher Ursache? Die Frau redet viel, sie spricht nicht ganz richtig, aber sie spricht nicht schlecht. Unter ihrer schön gewölbten Stirn hat sich tausendmal Gedachtes zu festen Formen gefügt. Ein unbewußtes Drängen nach Gestaltung gibt dann den Aussprüchen theatralische Prägnanz: „Ich wurde geschlagen, bevor ich geboren wurde, und zerschlagen stehe ich vor Ihnen." Sie deutet damit an, daß der Vater ihre Mutter – deren 15. lebendgeborenes Kind sie ist – zwei Tage vor ihrer Geburt in der Trunkenheit furchtbar mißhandelt hat. Trostlose Jugend – traurige Ehe. Spielte der Fall in Kreisen, denen Literatur geläufig ist, ließe sich sagen: Sie gehört in den Ibsenschen Kreis der unverstandenen Frauen, er in den Strindbergschen der gemarterten Männer.

Aber um was quälten sie sich? Sie spricht von seinem Zynismus, seiner Roheit. Indessen hat er sie kaum mißhandelt. Nur einmal gibt er es zu. Als er sie nach einem mißglückten Selbstmordversuch im Gasdunst betäubt vorfand, gab er ihr rechts und links ein paar Ohrfeigen, weigerte sich auch anfangs, den Arzt kommen zu lassen. Er spricht von den ewigen „Gewittern", die über ihn hereinbrachen, wenn er vom Dienst erschöpft heimkehrte. Mehr weiß er kaum zu sagen. Er erinnert sich auch nicht, zu „Mäuschen", dem Hunde, allerlei Böses gesagt zu haben, wie: „Mäuschen, hat sie uns auch kein Gift ins Essen getan?"

Die Gatten waren mehrfach getrennt: zuweilen mußte er in die Lungenheilstätte, sie nach einer Kopfgrippe in eine Nervenheilanstalt. Einmal verließ er sie für acht Wochen, als es unerträglich war. Dann versöhnten sie sich doch wieder, für wenige Tage. An einem Sonnabend – behauptet sie – ließ er sie das Beil holen, als ein Mann zu Besuch da war. Er zeigte dem Freunde das Beil, als wollte er sagen: Mit dem wird sie mich erschlagen. Am Sonntag gab es auf dem von ihren Ersparnissen gekauften Laubengelände wieder Krach. Sie fuhren vorzeitig heim – ohne daß er für sie die Fahrkarte kaufte. Er warf sich zu Hause auf die Chaiselongue, sie sich aufs Bett, erschöpft vom Kampf. Dann stand er auf, aß. Sie wollte ihm noch Kartoffeln kochen. Er soll es mit einer häßlichen Redensart abgelehnt haben. Aber alles das, wie das weitere, ist unklar. Sie will die Stimme der Mutter gehört haben, als riefe die ihr zu: „Nimm das Beil." Sie kämpfte – dann will sie nichts mehr wissen, bis zu dem

Augenblick, wo sie in Strümpfen auf der Polizeiwache stand, heulte, klagte, kein Wort über die Lippen brachte: Sie hatte die Sprache verloren.

Und so schildert es auch der Polizeibeamte: Die Angeklagte war in Strümpfen auf die Wache gelaufen, konnte kein Wort sprechen. Durch Gebärden machte sie verständlich, daß zu Hause was passiert sei. Man zählte ihr eine Reihe der benachbarten Straßen auf, bis man ihre Straße, ihre Hausnummer, ihr Stockwerk nannte – dann nickte sie.

Im Hause fand man den schwerverletzten Mann; auch die Frau mußte man ins Krankenhaus bringen, wo sie erst nach Tagen die Sprache wiederfand. Und heute weiß sie nicht, wie es geschehen ist: „Ich hab's getan und hab' es nicht getan!"

Was war es mit den beiden? Der Vorsitzende spricht das Wort zu ihr: „Hätten Sie nicht ein bißchen liebenswürdiger sein können?"

Sie sagt: „Ich hab' mir ihm zu Füßen geworfen und hab' ihn angefleht: ‚Was hast du gegen mir?'"

Und der Vorsitzende: „Er war kein Romantiker und kein Dichter, er war Fahrstuhlführer."

Es war vielleicht wirklich die Tragödie der Unliebenswürdigkeit. Eine erotische Bindung war kaum vorhanden. Vielleicht darbte sie an der Seite des durch Krankheit früh erschöpften Mannes. Aber auch das dringt bei ihr kaum ins Bewußtsein. Auch sie ist keine Romantikerin. Sie liest keine Romane, hat aber ein Bedürfnis nach „bildender" Unterhaltung.

Und in dieser Ehe gab es keine Unterhaltung, kein abendliches Ausgehen, kein Kino, keinen Tanz. Es waren zwei stille, ordentliche, arbeitsame, aufs Sparen bedachte Leute. Die Eintönigkeit wurde der Feind ihrer Tugenden. Sie wußten nicht, was sie entbehrten – das Leben mit seinen Spielen, mit der Entspannung im Genuß. Und da sie nicht ins Kino gingen, kam es zu ihnen, mit Mord und Totschlag. Das ungelebte Leben brach aus der Frau heraus. Von dem Ton, der zwischen beiden herrschte, gibt ein Brief Kunde, den der Mann geschrieben hat. Der Inhalt ist belanglos. Aber er überschreibt ihn: „Meine böse Frau –", und er unterschreibt: „Dein böser Mann". Es ist so armselig ernst gemeint, so ungeschminkt, ohne einen schmeichelnden oder besänftigenden Oberton. Berlinisches Volkslied.

Das Gericht bewilligte der Angeklagten mildernde Umstände und verurteilte sie wegen versuchten Totschlags zu anderthalb Jahren Gefängnis, mit voller Anrechnung der Untersuchungshaft.

9.11.1926

MÄRCHENHAFTES

Es war einmal ein vernünftiges Urteil, ein besonders vernünftiges, das es wagte, der geltenden Rechtsprechung zu trotzen. Infolgedessen durfte es nicht lange leben; die Staatsanwaltschaft legte Berufung ein, und die zweite Instanz brachte es glücklich zur Strecke.

Der Wirt eines kleinen Hotels am Bahnhof Charlottenburg war von einer Mietpartei des Hauses angezeigt worden, weil er angeblich unverheirateten Pärchen Unterschlupf gewährte. Die Folge für den Wirt war Schließung des Hotels, Beschlagnahme durch das Wohnungsamt, Anklage wegen Kuppelei.

Die zu entscheidende Frage: Hat der Wirt gewußt, ob die Paare verheiratet waren oder nicht und was sie trieben?

Der erste Richter nahm als erwiesen an, daß unverehelichte Paare in dem Hotel abgestiegen sind. Er betonte auch, daß der Richter nach dem geltenden Gesetz Recht sprechen müsse, aber er lehnte es ab, sich in der Auslegung des Gesetzes von den Anschauungen früherer Zeiten leiten zu lassen, wie sie in den Reichsgerichtsentscheidungen niedergelegt seien. Denn das Reichsgericht bezeichnet jeden außerehelichen Verkehr als Unzucht, und jemand, der dem außerehelichen Verkehr Vorschub leistet, müsse wegen Kuppelei bestraft werden.

Es sieht nur auf den ersten Blick so aus, als handle es sich um eine Sache widerstreitender Weltanschauungen. In Wirklichkeit ist das Ethos an dieser Sache nur insofern beteiligt, als man zu entscheiden hatte, ob irgendein vielleicht sittlich anstößiger, aber praktisch nicht zu behebender Übelstand mit Hilfe der Gesetzgebung nur dann (und stets völlig unzureichend) unterdrückt oder irgendein

Beteiligter mit Strafen belegt werden soll, wenn es irgendeinem Denunzianten paßt, die Angelegenheit anzuzeigen.

Das will sagen: Die Polizei weiß Bescheid und war auch in diesem Fall informiert. Sie hatte aus anderen Gründen die Gäste dieses Hotels unzählige Male revidieren lassen und eine ganze Reihe von Mädchen zur Wache gebracht – und dennoch nie die Angelegenheit der Staatsanwaltschaft unterbreitet, weil sie ja durch die Umstände gezwungen ist, unzählige Betriebe dieser Art zu dulden. Da kam die Denunziation – die Staatsanwaltschaft mußte eingreifen.

Es ist verständlich und erfreulich, daß es ein Einzelrichter ablehnte, wider sein besseres Weltwissen der bisherigen Rechtsprechung zu folgen. Er hatte den Mut, in seinem Urteil auseinanderzusetzen, daß die veränderten Zeitverhältnisse, namentlich die Wohnungskalamität, dann aber auch die Unmöglichkeit, in jungen Jahren Ehen zu schließen, es unangebracht erscheinen lassen, jeden unehelichen Verkehr als Unzucht zu bezeichnen. Es gäbe unzählige Menschen, die aus tieferen Ursachen innerster Zusammengehörigkeit zu einem geschlechtlichen Ausleben getrieben seien. Tatsächlich hätten eine ganze Reihe der bei den Revisionen getroffenen Hotelgäste in dauerndem Verhältnis zueinander gestanden, und der Wirt könne nicht in jedem Falle unterscheiden, welcher Art das Verhältnis der in seinem Hotel Absteigenden wäre. Deshalb lehne er es ab, den Kuppeleiparagraphen anzuwenden, und spreche den Wirt frei.

Gegen dieses Urteil legte die Staatsanwaltschaft Berufung ein, sie brachte auch noch Material herbei, aus dem hervorging, daß eine Reihe von Prostituierten in dem Hotel getroffen wurden, was dem Vorderrichter nicht bekannt war. Die Beweisaufnahme ließ andererseits eine ganze Reihe von Zeugen erscheinen, die in dauernden Beziehungen zueinander standen.

Der Staatsanwalt machte eine Reihe von Tatsachen geltend, die darauf schließen lassen, daß der Wirt um die Art des Verkehrs in seinem Hause gewußt hat. Nach den zahlreichen Kontrollen hat er annehmen müssen, daß sein Betrieb den geltenden Gesetzesvorschriften widerspreche. Wenn auch vielleicht das neue Strafgesetzbuch eine Änderung des Kuppeleiparagraphen bringe, so könne diese noch höchst ungewisse Zukunft das Gericht nicht hindern, nach den geltenden Gesetzesbestimmungen zu verfahren. Der Vorderrichter sei zweifellos – „den Verhältnissen weit vorausgeeilt". Im übrigen empfahl er den Angeklagten, einen alten Mann, der zahlreiche Ehrenämter im Kommunaldienst innehatte, der Milde des Gerichts und beantragte anstatt einer verwirkten Gefängnisstrafe 105 Mark Geldstrafe. Der Verteidiger betonte, daß man mit demselben Recht die Inhaber der vornehmsten Berliner Hotels auf die Anklagebank setzen dürfe, denn nirgends werde eine Prüfung vorgenommen, ob die absteigenden Paare wirklich verheiratet seien oder nicht. Im übrigen habe das Reichsgericht auch entschieden, daß die Vermietung der Räume an sich noch nicht eine Kuppelei darstelle, sondern daß Kuppelei erst angenommen werden müsse, wenn der Wirt von dem außerehelichen Verkehr Kenntnis gewonnen hätte. Diese Kenntnis in jedem einzelnen Falle zu gewinnen sei aber dem Wirt nicht möglich. Im übrigen wies er auf den neuen Entwurf des Strafgesetzbuches hin, der in beiden Fassungen die Tat des Angeklagten ungesühnt lassen würde. Das Gericht kam zu einer Verurteilung des Angeklagten. Selbst wenn er von seiten der Polizei keine Verwarnung bekommen hätte, habe er aus den zahlreichen Kontrollen Gewißheit über die Zustände seines Hotels schöpfen müssen. Eine Freisprechung aus den Gründen des Vorderrichters sei schon deshalb untunlich, weil das Kammergericht sich bestimmt auf den Standpunkt des Reichsgerichts stellen würde. Der Angeklagte habe gewußt, was vorging, er habe zwei Augen zugedrückt, er habe das – vielleicht durch Not gezwungen – gewohnheitsmäßig und aus Eigennutz getan. Immerhin sei das Gericht zu einer milden Auffassung – 100 Mark Geldstrafe – gelangt und wolle auch die schriftliche Urteilsbegründung so abfassen, daß dem Angeklagten die Konzession nicht entzogen werde. – – –

Es war einmal ein vernünftiges Urteil … und nun ist es gewesen.

DIE KLEINE VOM GROSSHERZOG

Der Großherzog nannte sie nun mal seine Kleine, und es konnte nicht verhindert werden, daß dies vor dem dritten Zivilsenat des Kammergerichts zur Sprache kam: weder durch die strengen Mienen der Herren Richter noch durch den mit großen, erschreckten Augen hereintretenden Alten Fritzen – so hängt er gemalt an der Wand. Eigentlich müßte das Bild geändert werden – etwa dahingehend, daß Fridericus diesen Saal fluchtähnlich verläßt ... diesen Saal einer Ehescheidungskammer, in der fortwährend von Liebe die Rede ist.

Bevor die Angelegenheit der Condesa de Matzenau zur Sprache kommt, erlebt man denn auch den Prozeß eines sehr eleganten Schauspielerehepaares.

„Wollen Sie bestreiten, daß Sie mit Fräulein Soundso Motorrad gefahren sind?"

„Im Gegenteil, ich bin mit dem ganzen Landestheater Motorrad gefahren. Im übrigen besteht meine Ehe tatsächlich seit drei Jahren nicht mehr, und – ich bin ein Mann." –

Also der Großherzog war auch einer. Adolf Friedrich V. bewahrte sich seine Lebensfreude bis ins Greisenalter. Die „Kleine" war Choristin am Hoftheater, auf Talent legte er offenbar keinen übertriebenen Wert. Er schenkte ihr im Laufe der Jahre außer schönem Schmuck mehrere hunderttausend Mark, machte sie zur Besitzerin einer sehr eleganten Grunewaldvilla und schrieb ihr schließlich am 1. Januar 1914 einen furchtbar netten Brief, in dem er ihr 20 000 Mark jährliche Rente aussetzte. Diese ist denn auch durch Vermittlung eines dem Großherzog befreundeten Bankiers – – halt!

(Die Angelegenheit ist vor dem Kammergericht schon mal besprochen worden. Bei dieser Gelegenheit erwies es sich, daß einer der Beisitzer, Kammergerichtsrat Caspary, der ehemalige Berliner Stadtverordnetenvorsteher, ein Verwandter jenes Bankiers ist. Der Anwalt der Fürstinnen lehnte nun Herrn Caspary wegen Befangenheit ab. Das Gericht aber wies die Ablehnung als unbegründet zurück.)

– – diese Rente ist also immer bezahlt worden, bis sie in der Inflationszeit der allgemeinen Entwertung verfiel. Nun verklagt die Condesa die Erben des Großherzogs, das heißt dessen Witwe und Tochter, Militza von Montenegro, auf eine hundertprozentige Aufwertung.

Der Anwalt der Großherzoginnen betont zunächst, daß die Condesa keineswegs eine Mätresse im Stile des 18. Jahrhunderts war. Sie war nie am Hofe, sondern lediglich die „Kleine“ des Großherzogs, wie andere ältere Herren auch ihre Kleine haben, ohne daß man das ihnen verübeln dürfe. Die Echtheit des Briefes bestritt er keineswegs. Aber er bestritt, daß dieser Brief ein Testament sei, denn die Testamente der Großherzöge seien immer sehr feierliche und formelle Akte gewesen. Die Forderung der Condesa sei keine rechtlich begründete, sondern eine moralische, und man habe einer Anstandspflicht genügt, als man aus Pietätsgründen den Willen des Großherzogs ausführte.

Selbst wenn man aber den Brief als Testament betrachtet, so müsse sich die Klägerin an den eigentlichen Erben des Großherzogs wenden – und das sei der Staat Mecklenburg-Strelitz. Der Anwalt ließ sich nun in sehr lange historische Erörterungen ein. Tatsächlich habe der Fürst in Mecklenburg-Strelitz bis zur Revolution Eigentumsrecht am ganzen Lande gehabt – ein Wert, der auf eine bis eineinhalb Milliarden geschätzt wurde. Dann habe der Staat vom ganzen Dominium Besitz ergriffen und sich mit der Familie, dem Russenprinzen Karl Michael und dem Prinzen Christian Ludwig abgefunden. In dem Abkommen mit den mecklenburgischen Damen befinde sich der ausdrückliche Passus, daß die Familie nicht von dritten Personen belangt werden könne. Deshalb hätten die Damen in der Angelegenheit der Condesa dem mecklenburgischen Staat den Streit verkündet. Es kamen dann noch längere historische Erörterungen, in deren Verlauf der Anwalt bedauerte, eine sehr peinliche Sache zur Sprache bringen zu müssen. Man spitzte die Ohren: Es war das langobardische Lehnsrecht, das dem Anwalt, so sehr es ihn genierte, recht zu geben schien. Jedenfalls – meinte er – dürfe er seinen Auftraggeberinnen nicht zumuten, sich mit der Condesa zum Offenbarungseid an einen Tisch zu setzen.

Der Anwalt der Condesa hingegen ließ die Langobarden auf sich beruhen. Für ihn existiert nur das BGB. Nach diesem sowie nach dem mecklenburgischen Hausgesetz selbst sei der Brief des Großherzogs ein eigenhändiges Testament, dem Folge zu leisten sei. Ob der Staat Mecklenburg hierfür hafte oder nicht, sei eine zweite Frage. Zunächst müsse sich die Vermächtnisnehmerin an die Erben halten, die übrigens noch immer sehr reich seien. Der 9000 Morgen große Grundbesitz bringe bei vernünftiger Bewirtschaftung 300 000 Mark jährlich, ganz abgesehen von einer reichen englischen Erbschaft der Herzogin von Cambridge, die noch immer – vermutlich – in den Tresors der Bank von England ruhe. Der Condesa hingegen ginge es sehr schlecht. Sie wohne zwar noch in ihrer Villa, weil sie sie nicht verkaufen könne. Aber sie habe sie vermietet und sitze in der Mansarde. Ihr Mann habe eine kleine Anstellung gefunden, und sie müsse ein Schmuckstück nach dem anderen verkaufen.

Worauf der Anwalt der Großherzogin auseinandersetzt, seinen Mandantinnen ginge es auch sehr schlecht. Der Grundbesitz gehöre überhaupt dem kleinen Prinzen von Lippe, bringe höchstens 20 000–30 000 Mark, die Prinzessin Militza habe nicht mehr als 300 000–400 000 Mark im Vermögen, und um die Reste der englischen Erbschaft, 80 000 Mark, werde lebhaft gekämpft. Für das großherzogliche Silber habe man sehr wenig bekommen, und der ganze Familienschmuck sei nichts wert, denn er bestehe aus Barockperlen, die heute niemand kaufe. Und er, der Anwalt, sei mit dem Klagen sehr vorsichtig, weil die Damen die Gebühr nicht bezahlen können.

Das Kammergericht wird sich vermutlich tagelang den Kopf über die Angelegenheit zerbrechen; uns aber, die all dem Elend zuhören mußten, brach das Herz.

DIE WELT DER KUNST UND DES GEISTES

DIE SCHRIFTSTELLERINNEN

Die Sache wurde schon auf dem Korridor des Gerichtsgebäudes interessant durch ein Strumpfband, offenbar weiblichen Geschlechts, das dort herrenlos herumlag.

Angeklagt und durch einen überaus fröhlichen Schutzmann dem Gericht zugeführt wurde eine Schriftstellerin, deren Name die Vorstellung an die wonnigste Zeit des Jahres wachruft. Der Name Äquinoktialsturm wäre angesichts dieser Dame eine unangebrachte Schmeichelei, nennen wir sie Fräulein November. Die Anklage lautete auf Nötigung, Hausfriedensbruch, Beleidigung und Diebstahl.

Wie sie nun da stand, mit den kleinen bösen Augen in dem massigen Gesicht, den kraftvollen Unterkiefer beim unausgesetzten Reden auf- und niederklappend, glich sie einem jener grotesken Fische, die im Aquarium an den Glaswänden ihre tropischen Schnauzen kühlen.

Indessen – als sie nun dastand, sah man aus dem auf alle Fälle etwas zu kurzen Rocke das andere zerfranste Ende jenes herrenlosen Strumpfbandes weiblichen Geschlechts, wodurch wenigstens die auf diesem Gebiete aufgescheuchte Sucherseele ihre Beruhigung fand.

Fräulein November hatte, sich selbst mit einem Kämmerchen begnügend, ihre Zweizimmerwohnung an eine andere Schriftstellerin mit Kind vermietet. Es war zu Differenzen gekommen. Fräulein November war in Abwesenheit ihrer Mieterin in deren Räume eingedrungen, hatte zur Sicherstellung ihrer Forderungen Habseligkeiten der Mieterin an sich gebracht und sie angeblich auch dem nachforschenden Gerichtsvollzieher nicht in vollem Umfange ausgeliefert. Dann aber hatte sie auch sehr häßliche Reden über das Liebesleben der Mieterin geführt und ihre Behauptungen in einem Schreibmaschinenbrief wiederholt. Der Vorsitzende möchte gern wissen, was nun eigentlich Fräulein November für eine Schriftstellerin sei.

„Ich bin Redakteurin."

„Wo?"

„Das sage ich erst in der Berufungsinstanz." Im übrigen ist es bei der Angeklagten nicht leicht, den Tatbestand festzustellen, da sie immer wieder von dem Liebesleben ihrer Mieterin spricht.

„Und mit einem verheirateten Manne!"

„Das soll schon mal vorgekommen sein", sagt der Richter mild.

Nun huscht die Mieterin als Hauptzeugin in den Saal: die Schriftstellerin – hier vor Gericht natürlich ohne Kind. Nein, auch sie ist nicht mehr in erster Jugend und eigentlich kaum hübsch. Ein schweres und leidvolles Leben ist in ihr Gesicht geschrieben, aber es hat die Anmut einer schwebenden Seele nicht verwischt.

„Was schreiben denn Sie?"

„Ich bin Lyrikerin."

„Sind Ihre Gedichte schon in Büchern gedruckt?"

„Nein – nur in Zeitschriften."

Lieb und leise klingt die Stimme durch den Raum. Aber Fräulein November läßt nicht locker: „Und Gesellschaften hat sie gegeben, bei denen das Licht ausgedreht wurde …"

„Aber Fräulein November", mahnt der Richter.

„Wenn jemand bei mir ist, wird nie das Licht ausgedreht!"

Was wahr sein mag, aber schrecklich.

Am Ende wird Fräulein November zu 150 Mark Geldstrafe wegen Nötigung, Hausfriedensbruch und Beleidigung bestraft. Sofort will sie Berufung einlegen.

„Überlegen Sie sich's", meint der Richter.

„Nein", sagt November, fegt davon, und Frühlingssonne flutet in den Saal.

Der neugierige Chronist konnte es nicht unterlassen nachzuforschen, auf welchem Gebiet der Literatur die Besitzerin des abgerissenen Strumpfbandes sich bewegt.

Nach glaubhaften Mitteilungen ist Fräulein November – Modeschriftstellerin.

14. 1. 1925

DER PHANTASIST

In einer Winternacht stieg er durchs Fenster in die Jerusalemer Kirche. Vorher war er beobachtet worden, wie er an der Kellertür der

Kirche rüttelte, wie er mit großer Eleganz versuchte, durch die anderen, sehr hoch gelegenen Sakristeifenster einzudringen. Als er drinnen war, holte der Beobachter die Polizei, die den Eindringling unter einer Bank versteckt fand. Gestohlen war nichts – aber die Ausreden, die der bleiche junge Mann vor dem Gericht produzierte, mußten lächerlich erscheinen. Er will in sinnlos betrunkenem Zustand an der Kirchenwand emporgeklettert sein – nein, so was glaubt man nicht einem Menschen, der schon als 16jähriger wegen schweren Diebstahls bestraft worden ist.

Aber irgend etwas empfahl ihn der Milde des Richters, der sich nicht dem (Zuchthaus beantragenden) Staatsanwalt anschließen wollte. War es die nette, bescheidene Haltung des jungen Menschen, der mit offenbar ernsten Tränen die Tat, die er ableugnete, bereute?

Es war vielleicht etwas anderes. Auch seine Wirtin war als Zeugin vernommen worden. Sie bezeichnete ihn als einen *Phantasisten*, der nachts viel stöhnte, am Tage viel las und schrieb. Er habe sich mit Theaterkritiken und Gedichten versucht. Von einem wußte die gute Frau noch den Anfang: „Schau in die Nacht …"

Das Merkwürdige war nun das Verhalten des Dichters zu seinen Geschöpfen. Den Einbruch hatte er mit einer gewissen Rührung abgeleugnet, doch immerhin seine Ruhe bewahrt. Als aber die Rede auf seine Gedichte kam, wurde er schrecklich nervös. Er verleugnete sie nicht, aber er schlug mit der Hand auf die Holzschranke, rief einmal über das andere: „Das gehört nicht hierher!" Ein anderer hätte vielleicht gesagt: „Ich bin zwar nur ein einfacher Arbeiter – aber ich fühle mich als Dichter – ich bin stellungslos, und ich arbeite dennoch, für mich, literarisch – meine Phantasie quält mich Tag und Nacht – dann muß ich stöhnen und schreiben – schreiben und stöhnen – immer abwechselnd – und dann plötzlich weiß ich nicht, wie mir wird – vielleicht ist es der Hunger, vielleicht auch nur die Phantasie – dann treibt es mich von Hause fort – dann jagt es mich zu Abenteuern – und plötzlich findet man mich in einer Kirche, und ich weiß nicht, wie ich hingekommen bin."

So würden andere sprechen, so würde jeder Schriftsteller sprechen – aber dieser wahre Phantasist tat das nicht. Er wollte nicht zugeben, daß seine Gedichte etwas mit der Tat zu tun haben, er schnitt seinem Verteidiger das Wort ab, und, als dieser noch weiter davon redete, kehrte er schweigend, trauernd, schämig das Gesicht zur Wand.

Der Richter sah die Tat als erwiesen an und war gewiß geneigt, sie streng zu bestrafen. Aber dieses tadellose literarische Verhalten diktierte ihm mildernde Umstände in die Feder. Mit Recht; denn, wer so zu seinen Gedichten steht, hat die bürgerlichen Ehrenrechte noch nicht verwirkt.

2.5.1925

DR. HAUCK

Der Gelehrte, Archivdieb Dr. Hauck, und sein Genosse Hohenlochner standen vor dem Berufungsrichter. Man ist geneigt zu sagen: das mäßig interessante Kapitel eines miserablen Romans, der den Titel trägt: Der Mann mit der Maske.

Es stellte sich heraus – die Maske war mir bekannt, irgendwie in Verbindung mit einer schönen Münchener Zeit vor 25 Jahren. Die Maske wird nicht nur durch den unglaublich dichten Schnurr- und Kinnbart gebildet. Das aufrechte Haupthaar wirkt wie eine Kapuze; und sogar die Augenhöhlen sind so dunkel, daß man kein Auge sieht, sondern zwei schwarze Löcher. Es ist, als sei das alles nur dazu da, eine abnorme Häßlichkeit zu verdecken. Jedenfalls, seelische Erregungen werden auf diesem Gesicht nicht erkennbar.

Ich glaube, ich habe diese Maske jahrelang jeden Tag auf der Münchener Ludwigstraße gesehen, ohne mir sehr den Kopf über sie zu zerbrechen. Sie war damals jünger, studentischer, aber sie brachte Gelehrtenhochmut durch eine sehr stolze Haltung prononciert zur Geltung. Ich empfand diesen Menschen abstoßend und einprägsam, aber ich kam nicht auf den Gedanken, seinen Namen zu erfragen.

Jetzt weiß ich es: Dr. Hauck. Und den Gelehrtenhochmut hat er mit auf die Anklagebank gebracht. Er wird von den ein Jahr, sechs Monaten Gefängnis der ersten Instanz einiges herunterhandeln, und es ist ihm ernst darum. Aber leidenschaftlich wird er erst, wenn er den sachverständigen Leitern der Archive, die er bestohlen, etwas am Zeuge flicken kann. Immer noch will er beweisen, daß er die an Händler weiterverkauften Autogramme nicht gestohlen hat – obgleich er nicht leugnet, die großen Mengen gestohlen zu haben, die man bei ihm in seiner Wohnung fand. Tja, wäre bei ihm nichts gefunden worden, so stände es günstiger um ihn. Denn das wenigste von dem, was in den Archiven ruht, ist mehr als ein- oder zweimal gelesen worden. Hauck hat – so meinen die Sachverständigen – vielfach die aufgeklebten Adressen der Briefe entfernt. Und wenn der adressenlose Brief irgendeines Potentaten im Handel auftaucht, so wissen oft nicht einmal die bestohlenen Archivare, ob das Stück zu den ihnen gehörigen Schätzen gehört.

Das Bild im Gerichtssaal ist merkwürdig genug: vor dem Richtertisch ein großer Koffer, voll von den gestohlenen Dokumenten. Die Archivare, zumeist jüngere Herren, breiten die Schätze auf dem Richtertisch aus, suchen zu beweisen, was Hauck zu widerlegen trachtet. Aber wenn dann mal ein einzelnes Stück gezeigt werden soll, kommen die jungen Herren in große Verlegenheit – es ist ein so großes Durcheinander. Immerhin einiges wird produziert: Briefe Wallensteins und Friedrichs des Großen; sogar ein schriftliches Überbleibsel Marias der Blutigen, Gattin Philipps des Zwoten, gelangte auf diese Weise nach Moabit.

Nichts aber kränkte wohl Haucks Stolz tiefer als der Vorwurf, er habe die gestohlenen Dinge ohne alle Sorgfalt eines Sammlers und Gelehrten aufbewahrt, sie in Staub und Unordnung verkommen lassen.

Darin wird das Problem von der neuropathischen Seite her untersucht. Die Doktoren Dyrenfurth und Magnus Hirschfeld sprechen. Nach eigener Angabe hat Hauck zum ersten Male bei einer Handschrift Gortschakows[10] eine erotische Empfindung gehabt. Wenn man bedenkt, daß er seitdem Tausende von Briefen gekauft, gestohlen und verkauft hat, muß er eigentlich trotz seiner finsteren Maske ein ganz vergnügtes Innenleben geführt haben.

Magnus Hirschfeld spricht über Fetischismus und Sammlerleidenschaft. Er schildert auch den Sammler, der allmählich zum Ama-

10 *(Die Fürstenfamilie Gortschakow stellte im 19. Jahrhundert mehrere bekannte russische Feldherren und Minister.)*

teur-marchand wird. Aber der Vorsitzende, Landgerichtsdirektor Siegert, fragt, ob der berüchtigte Zopfabschneider, der 300 Zöpfe sammelte, einen davon verkauft habe? Hirschfeld weist auch darauf hin, daß der Fetischismus und die homosexuelle Veranlagung des Angeklagten zweifellos auf derselben neuropathischen Grundlage beruhen. Aber wenn er auch glaubt, die Veranlagung beeinträchtige die Verantwortung, so sei diese doch nicht im Sinne des § 51 aufgehoben.

Alles käme eben darauf an, zu wissen, was im erotischen Sinne beseligender ist: das Kaufen, das Stehlen oder das Verkaufen von Autogrammen? Aber das könnte nur Dr. Hauck beantworten, und auf dessen Objektivität kann man sich nicht genau verlassen.

Selbstverständlich – auch er, wie alle, die mit Grund die Anklagebank drücken, ein objektiv unglücklicher Mensch. Ein höchst unordentlicher Gelehrter, ein ungeordneter Gelehrter, in dem Sammelwut, krankhafte Veranlagung, diebisches Geschick sich ein seltsames Stelldichein gaben. Wer weiß, vielleicht erforderte aber gerade seine homosexuelle Veranlagung Opfer, die er auf keine ehrliche Weise mehr aufzubringen verstand. Er sagte es nicht – seine Maske legte er nicht ab.

Die Strafkammer verschärfte die Strafe gegen Dr. Hauck von eineinhalb auf zweieinhalb Jahre Gefängnis, nahm bei Hohenlochner einfache Hehlerei an und erkannte gegen ihn ebenfalls auf zweieinhalb Jahre Gefängnis. Beide Angeklagten wurden sofort in Haft genommen.

KUNST, KITSCH ODER SONSTWAS

Drei Tatsachen: *Erstens:* Ein Polizeibeamter in Zivil läuft durch die Straßen Berlins, bleibt vor jedem Papierladen stehen oder auch vor Rahmen- und Spiegelhändlern, die Bilder ausstellen, und konfisziert, was ihm anstößig im Sinne des § 184 erscheint, so auch Bilder des Kunstmalers Brüning.

Zweitens: Vor der Berufungsinstanz in Sachen Brüning stehen zwei Sachverständige, ein Kunsthistoriker und ein berühmter Maler, und sprechen sich darüber aus, ob die drei beschlagnahmten Bilder, die auf dem Gerichtstisch liegen, Kunst oder Kitsch sind. Das führt zu sehr grundsätzlichen Darlegungen über die Frage, was überhaupt Kunst und was überhaupt Kitsch sei. Der eine Verteidiger, selbst kunsthistorisch sehr interessiert, holt Zeichnungen des Künstlers aus der Mappe, und die Sachverständigen kommen mit kleinen Abweichungen zu dem Schluß, daß Brüning zwar ein künstlerisch veranlagter Mensch sei und daß mehrere seiner Zeichnungen in den Bereich der Kunst gehören, daß aber die inkriminierten Blätter als Kitsch zu bezeichnen seien, als eine leicht verkäufliche Dutzendware mit Spekulation auf den Sinn eines gewissen Publikums für schlüpfrige Dinge.

Drittens: Das Gericht lehnt die Entscheidung darüber, ob Herr Brüning Künstler sei oder nicht, ab, erachtet das eine Bild für nicht unzüchtig, die anderen beiden für unzüchtig und verurteilt den Künstler zu 200 Mark Geldstrafe.

Hierzu einige erklärende Worte: Die Sachverständigen haben recht – es handelt sich um das, was man eben so Kitsch nennt, um glatte, süßliche Dinge, die nicht im eigentlichen Sinne obszön sind, aber galant, mit deutlicher erotischer Betonung. Wenn Richter und Schöffen ihr geschlechtliches Schamgefühl durch diese Bilder verletzt fühlen, so haben sie nicht nur das Recht, sondern auch die Pflicht, den Angeklagten zu verurteilen. Das Merkwürdige ist nur das Folgende: Bildliche Darstellungen mit erotischer Betonung hängen in Tausenden von Exemplaren in tausend Läden. Schauspielerische Darstellungen mit erotischer Betonung sieht man auf jeder Revuebühne. Und wenn man alle diese Dinge mit den Arbeiten des Herrn Brüning vergleicht, wird man vielleicht finden, daß Herr Brüning der harmloseste aller Sünder ist. Das Gericht hat von seinem Standpunkt aus aber ganz recht, alle diese Tatsachen gar nicht in vergleichende Beziehung zueinander zu setzen. Es hat seinen Tatbestand, sein Schamgefühl und seine Paragraphen. Es ist nur die Frage: Wie kommt das Gericht dazu, sich gerade mit dieser isolierten Tatsache des erotischen Geschehens von seiten des Herrn Brüning zu beschäftigen? Und die Antwort: Nur, weil Herr Kriminalkommissar X. durch die Berliner Straßen läuft und sucht, was ihm anstößig erscheint. Der Herr Kriminalkommissar ist ein sanfter, etwas dürftig aussehender Herr. Da alle Prozeßbeteiligten auf seine Vernehmung verzichteten, kam er leider nicht dazu, den Mund aufzumachen, und doch war er eigentlich die interessanteste Erscheinung des Prozesses.

Es ist immerhin erstaunlich, einen Mann zu sehen, der von seiner Behörde ausgeschickt wird, als der nach sicherlich langem Suchen und reiflicher Prüfung glücklich gefundene, außerordentlich seltene Normalmensch, der auf erotisch betonte Bilder den Vorschriften des Gesetzes entsprechend reagiert. Wieweit es seine vorgesetzte Behörde mit ihrem Gewissen vereinbaren kann, einen so braven Mann dauernd den Verletzungen seines geschlechtlichen Schamgefühls auszusetzen, das ist ihre Sache. Aber bewundern wir auch in diesem Exemplar altpreußische Pflichttreue, die lieber an der Seele Schaden nimmt, als daß sie darauf verzichtete, vor einem Bilderladen haltzumachen.

4.11.1925

DAS LEBEN EIN FILM

Es ist einige Zeit her, daß man von dieser Filmregisseuse hörte. Sie machte alle möglichen Anstrengungen, um zu einer neuen Filmproduktion zu kommen. Sie gründete eine Aktiengesellschaft auf ihren Namen, sie kaufte sich einen Nutriapelz, kostbare Wäsche, zog ins Paradieshotel mit ihrer Zofe, lebte dort sechs Monate, richtete Filmmanuskripte ein, empfing Aufsichtsratsmitglieder, Schauspieler, Agenten, bekam eine Lungenentzündung, schwebte vier Wochen zwischen Himmel und Erde (mit Unterstützung einer Krankenschwester), wurde wieder gesund – und das alles mit dem Erfolg, daß sie unter Anklage des Betruges in Untersuchungshaft genommen wurde.

Nun stand sie vor ihren Richtern. Keine junge Frau mehr, aber ein nobel tragisch geschnittenes Gesicht, eine kluge Stirn unter dem rötlichen, lockenreichen Bubikopf, zwei schwere, ernste Augen. Die Gestalt schlank und zart. Sie trug ein sehr einfaches Kleid, ebenso dezent wie wirksam: schwarz mit weißen Aufschlägen und Passepoils. Kurzer Rock, wohlgefüllte Seidenstrümpfe, nur etwas zu kokettes Schuhwerk.

Was hatte sie getan? Gott schenkte ihr einen Sekretär von Impresario, der, jung und hübsch, gelegentlich über Geldmittel verfügte. Als der neue Film gedreht werden sollte, bugsierte er die ganze Aktiengesellschaft, bestehend aus Regisseuse und Zofe, ins Paradieshotel. Wenigstens zu den Mahlzeiten fand auch er sich ein.

Wie es nun kam, daß die ganze Aktiengesellschaft auf Kredit lebte, wurde eigentlich nicht klar. Andern Sterblichen wird nach drei Tagen eine Rechnung vorgelegt – bei dieser Diva gab es in der Hotelleitung das erste Stirnrunzeln, als sie 1000 Mark schuldig war; die Direktion griff ein, als die Schuld auf 6000 stieg, und sie gewährte weiter Kredit bis über 16 000 Mark. Inzwischen war der Zusammenbruch der Künstlerin erfolgt – geschichtlich und gesundheitlich.

War es Betrug? Der Staatsanwalt meint, die Künstlerin könne nicht mehr an den eigenen Stern geglaubt haben. Der Generaldirektor vom Paradies, wie sein großer Vorgänger ein würdiger alter und gemütvoller Herr, erklärt, er habe kein Interesse an der Bestrafung. Er hatte ja auch nicht die erste Anzeige erstattet. Das war die Krankenschwester gewesen, die sich für geschädigt hielt, weil sie anstatt der verlangten 15 Mark nur 8 Mark pro Tag erhalten hatte. Aber sie war ja gar nicht von der Kranken, sondern von dem Sekretär gerufen und bestellt worden.

Nein, das Schwerste bleibt die Hotelrechnung. Der Paradiesdirektor sagt, sie habe ihn immer vertröstet auf ihre großen Einnahmen, und er habe ihr geglaubt. Er zweifle auch nicht daran, daß sie selbst an eine glückliche Wendung glaubte, denn gewisse Kapitalisten, die in ihrem Aufsichtsrat waren, hatten ihr wohl gesprächsweise Geldmittel in Aussicht gestellt.

„Aber", sagt der Richter, „wie konnten Sie die Rechnung so hoch anwachsen lassen?"

Der Direktor lächelte gütig: „Wenn man viel Besuch bekommt und den Gästen Speise und Trank vorsetzt, geht das sehr rasch."

„Aber warum haben Sie sie nicht aus dem Hotel gewiesen?"

Und der Paradiesdirektor lächelt noch gütiger. „Sie ging doch nicht." Väterlich setzt er hinzu: „Gewalt wollten wir nicht anwenden."

„Nun, es gibt doch noch andere Mittel. Man konnte ihr doch die Verpflegung sperren."

„Das haben wir auch versucht, aber es nützte nichts. Sie war doch krank."

Der Verteidiger kann nachweisen, daß es sich um eine Frau von geachtetem Namen handelt, die zweifellos sehr bemüht war, zu einem Erfolge zu gelangen. Der Staatsanwalt sieht mehrere Betrugsfälle als erwiesen an und beantragt fünf Monate Gefängnis. Das Gericht, dessen milde Gesinnung schon in der Verhandlung zutage trat, verkündet den Freispruch. Es konnte betrügerische Absicht in keinem der Fälle erkennen.

Schon während der Verhandlung war man geneigt, die Haltung der armen Frau zu bewundern. Von den Genüssen des Hotels war keine Erinnerung in diesem Gesicht zu lesen. Hotel, Pelz, Wäsche – das mag nicht Luxus für sie gewesen sein; das waren Filmattribute, das war Ausstattung, Wertung. Das waren auch Attribute des Ruhmes, den sie vielleicht nur in bescheidenem Maße hatte, den sie sich aber einbilden mußte, um arbeiten zu können. Und in dieser Stunde vor Gericht erlebte sie – man las es von ihrem Gesicht – die ganze Vergeblichkeit ihres Bemühens, ihrer Arbeiten und vielleicht auch ihres Fehlens.

Als sie den Freispruch hörte, konnte sie die Fassung kaum noch aufrechthalten. Das Gericht hatte natürlich die sofortige Haftentlassung verfügt. Aber noch einmal mußte sie wegen der Formalitäten ins Gefängnis zurück.

Ich weiß nicht, ob diese Frau als Schauspielerin je was geleistet hat. Ich glaube auch nicht, daß sie in diesem befreienden und doch erschütternden Augenblick daran dachte, zu spielen.

Aber gerade, indem sie mit äußerster Energie versuchte, die wilde Bewegung ihres Gemüts zurückzudrängen, schien es, als binde sie auf ihrem letzten Gange ins Gefängnis ihr Gefühl durch künstlerische Mittel. Die Wirkung war – ich gestehe – eine überwältigende. Letzte Durchdringung von Erlebnis und Kunst. Oft genug von der Kunstseite her versucht, zuweilen mit Glück. Von der Seite der Erlebnisse her – für mich – zum ersten Male gesehen. Unvergeßlich.

Das Gericht möge verzeihen, wenn ein simpler Prozeßbericht in eine Filmkritik ausartet. Aber eine gute Kritik ist das einzige, was einer solchen Frau helfen kann. Und wir wollen ihr doch alle helfen.

Also: Sie war ausgezeichnet.

19. 1. 1926

REMBRANDT UND DIE ZIRKULATIONSFURCHE

Ein Schwindel, von dem man sagen kann, daß er mit höchstem Raffinement unsere politische Konstellation zu benutzen verstand. Vier Menschen brachte er auf die Anklagebank, zwei andere sind geflüchtet – ein siebenter endete durch Selbstmord.

Die vier auf der Anklagebank: Prophet rechts, Prophet links, zwei Weltkinder in der Mitten. Die Hauptperson fehlt: der Deutsch-Amerikaner Schlacht. Er war im Jahre 1920 nach Berlin gekommen und mit einigen Leuten in Verbindung getreten, die er faszinierte. Er soll sehr großzügig gewesen sein, Männer und Frauen unter seinen Einfluß gezogen haben. Die beeinflußten Männer behaupten, er habe sie beim Alkohol kirre gemacht. Mehr noch als nach Alkohol roch wohl der smarte Amerikaner nach Dollar. Wenn seine Opfer soweit waren, bat er sie um eine kleine Gefälligkeit, die sich folgendermaßen auswirkte:

Beim Reichsausgleichsamt[11] liefen von einer Londoner Firma Forderungen ein auf Bezahlung von Bildern, die ihr Reisender Neumann unmittelbar vor Ausbruch des Krieges in Berlin verkauft haben sollte. Es waren dies Originale von Ruysdal, Poussin und anderen großen Meistern zu einem Preise von durchschnittlich 6000 Mark – gar wenig, wenn sie echt waren, gar viel, wenn es Kopien sein sollten. Im ganzen handelte es sich um eine Reihe von Beträgen, die zwischen 2000 und 4000 Pfund schwankten. Nachdem

11 *(Das Reichsausgleichsamt beschäftigte sich mit der Wiedergutmachung von Schäden, die im Ersten Weltkrieg an ausländischem Kapital oder Sachbesitz entstanden waren.)*

die englische Firma ihre Berliner Käufer bezeichnet hatte, bestätigten diese auf den vorgeschriebenen Formularen des Reichsausgleichsamtes ihre Schuld – von der sie behaupten, der plötzliche Kriegsausbruch habe die Begleichung verhindert. Nun aber zeigten sie sich durchaus bereit, den Schuldbetrag zu zahlen, und zwar aus folgendem Grunde: Das Reichsausgleichsamt mußte die Londoner Gläubiger in richtigen englischen Pfunden befriedigen, während damals die deutschen Schuldner ihre Schuld in Papiermark an das Reichsausgleichsamt zahlen durften. Zur Zeit der beginnenden Inflation war das natürlich ein glänzendes Geschäft, und die englische Firma konnte es sich leisten, die paar Schillinge über den Kanal zu schicken, die ihre angeblichen Schuldner instand setzte, das Reichsausgleichsamt zu befriedigen.

Das Amt roch den Schwindel, aber es dauerte Jahre, um ihn wirklich zu beweisen. Verdächtig erschien von vornherein der Preis der Bilder. Auch konnte niemand recht angeben, wo die Bilder hingekommen seien – obgleich natürlich anzunehmen war, daß Werke solcher Meister dem offiziellen Kunsthandel nicht unbekannt geblieben wären. In einem Fall wurde ein Käufer angegeben, ein Münchener Sammler, der die Angaben auch zunächst bestätigte – dann sich aber das Leben nahm. Um Klarheit zu gewinnen, vernahm das Reichsausgleichsamt drei der Gläubiger eidlich. Zwei unbescholtene Kaufleute beschworen genau das, was Schlacht, der den ganzen Schwindel inszenierte, von ihnen verlangt hatte. Der eine aber kam verhältnismäßig bald zur Besinnung. Er merkte, daß ein Betrug gegen das Reich geplant war, und er machte seine Angaben so, daß auf seine Aussage hin eine Auszahlung nie erfolgen konnte. Der zweite tappte in die Geschichte hinein, wie er sagt, ohne daß er über die Folgen sich klar wurde. Das waren die beiden Weltkinder.

Mit den Propheten steht es etwas anders. Der zur Linken, ein älterer Mann, der kunsthistorischen Wissenschaft als Original nicht ganz unbekannt; er hat das „heimliche Monogramm" in den Bildern der großen Meister erfunden, das ihm gestattet, mit mathematischer Sicherheit die Echtheit festzustellen. Er hat auch ein dikkes Buch über Rembrandt geschrieben, in dem er nachgewiesen haben will, daß Rembrandt ganz jemand anders gewesen sei. Daß es einem solchen Mann nicht schwerfiel, während des Krieges eine

Erfindung zu machen, die imstande gewesen wäre, die ganze englische Flotte zu vernichten, kann nicht bezweifelt werden. Dieser Mann hat nicht geschworen, er ist bloß mit Schlacht nach London gefahren und hat dort vor dem Schiedsgericht bestätigt, all die Bilder gesehen zu haben, die jener Neumann kurz vor dem Kriege in Deutschland verkauft hat. Da er in Wirklichkeit die Bilder nicht gesehen hat, konnte er auch das berühmte Monogramm auf ihnen weder suchen noch finden, und, da er geständig ist, so hat er – vielleicht nichts gegen Rembrandt – wohl aber bewiesen, daß Neumann nicht Neumann ist.

Der vierte Fall ist ernsthafter. Der Prophet ist eine Prophetin, nicht unbekannt wegen ihrer Bemühungen um die Chiromantie. Sie hat im Laufe ihres Lebens 500 000 Abdrücke von Händen gesammelt und sie systematisch geordnet, namentlich interessante Zusammenhänge der Linien mit körperlichen Erkrankungen festgestellt. Sie hat während ihrer Untersuchungshaft sämtliche ihr nahe kommenden Hände geprüft, auch die des sie untersuchenden medizinischen Sachverständigen; und sie hat bei ihm dieselben Anlagen zur Schüchternheit herausgefunden, an der sie selbst einst gelitten haben will. Sie hat aber an sich selbst die Schüchternheitsfurche so lange massiert, bis sie ihre Schüchternheit überwunden hat. Der Sachverständige schildert sie als eine intelligente, aber sehr phantasievolle Person, die sich besonders dadurch auszeichnete, daß sie sich im Untersuchungsgefängnis überaus wohl fühlte, daß sie von der allgemeinen Sauberkeit und Pünktlichkeit sehr entzückt war und sich namentlich darüber freute, im Untersuchungsgefängnis endlich einmal Ruhe zur Arbeit gefunden zu haben. Zwar sei selbstverständlich das Entzücken über die Sauberkeit und Pünktlichkeit nicht auf Rechnung der Phantasie zu setzen – aber es sei doch kennzeichnend für den Gemütszustand der Frau. Auch ihr Verteidiger betont, daß die schon in reiferen Jahren stehende Dame durch das Verfahren gemütlich in keiner Weise alteriert sei. Sie betrachte es nach wie vor als eine Bagatelle. Im übrigen ist sie die einzige, die den ihr zur Last gelegten versuchten Betrug ebensowenig anerkennt wie den Meineid. Sie behauptet, die Bilder wirklich gekauft zu haben, sie hat den nicht existierenden Neumann gesehen, und sie meint, sie habe keinen Meineid geleistet, weil alles von ihr Beschworene auch wahr sei.

In der Pause konnte ich mich nicht enthalten, der klugen Frau meine Hand zur Untersuchung entgegenzustrecken. Sie untersuchte mich mit dem größten Vergnügen – „das lenkt ab". Sie sagte mir viele richtige Dinge über meine rasche Auffassungsgabe, meine Energie, meine Anpassungsfähigkeit, mein Zielbewußtsein. Sie sagte auch etwas sehr Richtiges über mein Organisationstalent, an das (außer mir) bisher niemand geglaubt hat, und, was das erfreulichste war, sie hält mich für einen sehr gesunden Menschen, der sich nur vorm Dickerwerden in acht nehmen muß, da sonst in etwa sechs Jahren gewisse Zirkulationsstörungen eintreten dürften. Sie riet mir, in jedem Jahr einen Monat lang nur Obst zu essen, und sagte, es wäre am besten, ich finge gleich heute an.

Wahrscheinlich hat die Frau vollkommen recht, ihre Diagnose stimmt mit der meines Arztes vollkommen überein. Und vermutlich hat sie auch mit dem Obstessen recht. Lieber wäre es mir natürlich gewesen, sie hätte mir meine Zirkulationsfurche einfach wegmassiert. Warum geht das bei der Schüchternheit – warum nicht bei der Beleibtheit?

23. 6. 1926

DER UNVERSTÄNDLICHE BRANDSTIFTER

Der junge Mann, der sich vor den Geschworenen wegen vorsätzlicher Brandstiftung verteidigen muß, hat ein merkwürdig charaktervolles Gesicht. Sein glattes Haar, etwas üppig nach Art dilettierender Kunstaspiranten, umschließt eine sehr weiße Stirn, von den dichten, schwarzen Brauen geht eine sehr gerade Nase zu dem festgeschlossenen, schmallippigen Mund. Blickt man ihm gerade ins Gesicht, so sieht man sehr tiefliegende, große, helle Augen, die im Verein mit dem stark zurückweichenden Oberkiefer diesem 21jährigen Menschen etwas sonderbar Eulenhaftes geben. Hinter der Anklageschranke wirkt er wie ein Käuzchen, das mit der denkbar größten seelischen Reserve seine Gefangenheit trägt.

Er hat also Charakter; es fragt sich bloß, was für einen? Das einzige Kind eines braven Monteurs, der sich und seiner Frau die größten Entbehrungen auferlegte, um dem Jungen eine höhere Schulbildung zu geben. Der brachte es auch zu einem glänzenden Einjährigenzeugnis[12], hielt sich auch noch in der kaufmännischen Lehre ganz gut. Dann geriet er in schlechte Gesellschaft; ein nicht sehr schweres Sittlichkeitsdelikt führte zu einer Vorstrafe. Einmal beobachtete er einen Straßenunfall, meldete ihn einer Berliner Zeitung, bekam dafür zehn Mark Honorar, und das machte ihm Mut, sich im Journalismus zu versuchen. Er wurde Mitarbeiter von Vorstadtzeitungen, auch Gerichtsberichterstatter, schließlich Sport- und Lokalredakteur, draußen im Osten Berlins, wo er wohnte.

Zu dieser Zeit wütete in Berlin eine Brandstiftungsepidemie. Februar 1926. Sie flaute gerade etwas ab, als der junge Journalist für sein Blatt oder für seine Kasse eine neue Sensation brauchte. Auf der Treppe des Hauses, in dem er bei den Eltern wohnte, versuchte er zweimal, ein Feuer anzulegen. Das erste Experiment mißlang völlig, das zweite Mal bekam er es mit der Angst und löschte es selbst. Das dritte und letzte Mal legte er es auf dem Boden des Hauses mit dem Erfolg an, daß die Feuerwehr alarmiert werden mußte. Ein Schaden trat nicht ein. Den Vorfall aber meldete er einem Berliner Blatt, das ihm dafür – vier Mark zahlte. Ein Kriminalkommissar fand, daß für das Feuer eine Holzsorte verwendet wurde, die sich nur im Besitze der Eltern des jungen Mannes befand. So kam es an den Tag.

Der Angeklagte ist im wesentlichen geständig – er behauptet, die Tat im halbbetrunkenen Zustand ausgeführt zu haben, weil er eine Sensation brauchte.

Vom journalistischen Standpunkt ist die Tat auf das entschiedenste zu verurteilen. Wo käme man hin, wenn wir Journalisten bei einer absteigenden Kriminalitätskurve Verbrechen begingen, nur um mangelnde Sensationen zu liefern?

Andererseits wird man zur Milde gestimmt durch die primitive Ehrlichkeit des Angeklagten, der sich nicht etwa verleiten ließ, um des schnöden Mammons willen eine Falschmeldung zu machen. Hätte er's getan, er stünde wegen eines harmlosen Betruges vor dem

12 *(Der mittlere Bildungsabschluß wurde im Kaiserreich als „wissenschaftliche Befähigung für den Einjährig-Freiwilligen Militärdienst" bezeichnet.)*

Alleinrichter. Er aber wollte die Wahrheit melden, also schuf er sie, und über sein Schicksal befinden Geschworene.

Der Staatsanwalt nennt den Angeklagten ein psychologisches Rätsel. Eine Brandstiftung in Verbindung mit einem Versicherungsbetrug sei nicht schön, aber doch menschlich verständlich. Die vier Mark Meldelohn könne er als ein plausibles Motiv nicht gelten lassen, und so sei die Tat nur zu erklären durch die Lust an Büberei, Niedertracht und Bosheit. Das Gesetz kenne für vollendete schwere Brandstiftung keine mildernden Umstände. Er beantrage eine kurze, aber schwere Strafe: zwei Jahre Zuchthaus, drei Jahre Ehrverlust – zumal eine geistige Anomalität bei dem Angeklagten nicht nachgewiesen werden könne.

Ein Psychiater war nicht dabei, und es ist fraglich, ob er den Angeklagten gerettet hätte. Aber eines ist merkwürdig: Bei solchen Brandepidemien sprechen die Sachverständigen theoretisch gewöhnlich von dem pathologischen Ursprung dieser Freveltaten. Das Feuer wirkt sonderbar auf die Phantasie gewisser Individuen – die, ohne ein sonstiges Motiv als eben Lust am Feuer, unsere Großstädte in Angst versetzen. Daß gerade solche Menschen durch schwere Strafen abgeschreckt werden, weiteres Unheil zu stiften, ist wahrscheinlich. Die Brände hören ja auch nach einer Weile wieder auf. Daß der Staatsanwalt die schwere Strafe beantragte, ist verständlich – nur scheint die Lösung des „psychologischen Rätsels“ durch Annahme der Büberei und der Niedertracht keine Lösung.

Die Wahrheit steckt vermutlich woanders. Der Täter ist 21 Jahre alt, also „zuchthausreif“. In Wirklichkeit ist kindisches Wesen nicht so genau an eine Altersgrenze gebunden, die Altersgrenze läßt sich nicht so gerade ziehen wie ein Strich auf der Tafel. Eine dumme böse Kinderei ist begangen worden, für die der Jugendrichter zuständiger gewesen wäre als die Geschworenen.

Das Gericht verurteilte den Angeklagten wegen versuchter Brandstiftung und wegen Brandstiftung zu einer Gesamtstrafe von einem Jahr, zwei Monaten Zuchthaus und fünf Jahren Ehrverlust. Zwei Monate wurden auf die Untersuchungshaft angerechnet.

9.7.1926

DER BETRIEBSUNFALL DES DICHTERS

Vor den Schöffen saßen gestern als Angeklagte die Schriftsteller Erich *Weinert* und Carl von *Ossietzky*. Der blonde, stämmige Weinert ist der Lyriker des „Montag-Morgen", der die humoristische Ecke seines Blattes mit gereimten politischen Satiren versieht. Herr von Ossietzky trägt die preßgesetzliche Verantwortung. Inkriminiert ist ein Gedicht, das auf die Erlebnisse des deutschen Kreuzers „Hamburg" an der Westküste Amerikas anspielt.[13] Die deutschen Offiziere und Mannschaften waren Gäste der Filmstadt Hollywood, und sie sahen in Los Angeles Amerikaner als Gäste an Bord, die bei dieser Gelegenheit Bier tranken. Man erinnert sich, daß damals einige Flaschen Bier von Bord an Land gebracht wurden, daß die Sache ruchbar wurde und daß schließlich die amerikanische Regierung eine Untersuchung des Falles bei den deutschen Behörden anregte. Andererseits erschienen in den deutschen Zeitungen viele Bilder, die die deutschen Gäste im Kreise der amerikanischen Gastgeber – Arm in Arm mit Filmschauspielerinnen – darstellten und dartun sollten, welcher Beliebtheit sich die deutsche Marine im Ausland erfreut und welch guten Eindruck die Marine macht, wo sie sich auch zeigt.

Der gute Eindruck bei den amerikanischen Bürgern und der schlechte Eindruck bei den amerikanischen Prohibitionsbehörden regte in Herrn Weinert ein Gedicht an, das einerseits die alkoholische Entgleisung und andererseits die freie Liebesbetätigung von Matrosen im Auslande zu der propagandistischen Bewertung solcher Auslandsreisen in Beziehung setzte. Vielleicht wäre dieses Gedicht vollkommen unbeanstandet geblieben, wenn Herr Weinert für die freie Liebesbetätigung eine einwandfreie Bezeichnung gefunden hätte. Vielleicht hatte er auch eine gefunden, aber die reimte sich nicht; und da er durchaus ein Wort brauchte, das sich auf Marine reimte, so schrieb er Konkubine – was in jedem Fall, ob strafbar oder nicht, einen dichterischen Betriebsunfall darstellte. Die Marineleitung, die bisher alle tatsächlichen Erörterungen der Presse

13 *(Erich Weinert, Kreuzer Hamburg, in: Der Montag-Morgen, 19. 6. 1926, Beilage „Blauer Montag", Ausgabe B)*

über die westamerikanischen Vorgänge unbeanstandet hatte passieren lassen, erstattete Anzeige, und die Staatsanwaltschaft erhob schwungvoll Anklage, indem sie behauptete, daß in diesem Gedicht der deutschen Marine der Vorwurf der Völlerei und der Unzucht gemacht würde. Die Verteidigung ihrerseits beschritt den Weg des Wahrheitsbeweises, und so ergab sich ein Prozeß, der alle beteiligten Parteien in ein sanft komisches Licht setzte. Denn es ist kein Glück für einen Dichter, sich damit verteidigen zu müssen, daß er keinen anderen Reim gefunden habe als jenes inkriminierte Wort. Es ist aber auch kein Glück für einen Staatsanwalt, das ganze schwere Geschütz nationaler Entrüstung auffahren zu müssen, um ein recht unbeträchtliches Gedichtlein zu treffen.

Hauptgegenstand des Wahrheitsbeweises war die Bierangelegenheit von Los Angeles. Der Zeuge, Kapitänleutnant von Lambsdorff, bekundete nach amtlichen Berichten, daß es damals Prohibitionsagenten gelungen sei, zwei Stewards von der Feldwebelmesse zur Hergabe von einigen Flaschen Bier, und zwar gegen Bezahlung von einem Dollar pro Stück, zu bewegen. Diese Agenten seien gewissermaßen als Spitzel an Bord gewesen, haben ihren Bericht an die amerikanische Regierung gemacht. Die Stewards wurden von den deutschen Marinebehörden bestraft. – Das ist der Tatbestand, der von den beiden Parteien höchst verschieden bewertet wurde. Die Staatsanwaltschaft stellte ihn als einen recht belanglosen Vorgang hin; Unkorrektheiten kämen überall vor; während die Verteidigung die amerikanische Auffassung in den Vordergrund rückte und meinte, wie man auch in Deutschland über das Prohibitionsgesetz denke, so habe eben der Flaschenbierverkauf in Amerika einen schlechten Eindruck gemacht.

Bei diesem Hin und Her mochte es aber scheinen, als ob ein sehr wesentlicher Punkt im Dunkel gelassen wurde. Gewiß wird niemand – hüben und drüben – die „Erfolge" einiger Spitzel sehr tragisch nehmen. Der Zeuge von Lambsdorff setzte auseinander, daß ein deutsches Schiff genauso deutscher Boden sei wie die Deutsche Botschaft in Washington, wo der Botschafter seinen Gästen Alkohol kredenzen könne, ohne gegen die Gesetze des Landes zu verstoßen. Es scheint aber, als sei das auf dem Kreuzer „Hamburg" von amerikanischen Gästen getrunkene Bier nicht eigentlich gastfrei „kredenzt", sondern gegen Entgelt abgegeben worden. Das ist vielleicht auch im amerikanischen Sinne nicht strafrechtlich zu beanstanden, aber es ist gelinde gesagt eine Taktlosigkeit, die in ihrem Eindruck viel schwerer wiegt als die kleine Missetat von zwei leichtverführten Stewards. Gerade weil diese gesetzlich nicht faßbaren Vorgänge sich an Bord abgespielt hatten, waren offenbar die Agenten an Bord gekommen, um nun die Bierflaschen im Triumph nach Hause zu tragen. Unter diesem Gesichtspunkt erscheint das Vorgehen der Spitzel entschuldbarer als das derjenigen Organe, die die Aufsicht an Bord innehatten. Schließlich ist ein deutsches Kriegsschiff keine Stehbierhalle, und das Preßvergehen der Herren Weinert und von Ossietzky wird dem unbewaffneten Auge immer unerkennbarer.

Natürlich blieb der Staatsanwalt bei seiner These und beantragte 500 Mark Geldstrafe für jeden der beiden Angeklagten, und das Gericht folgte seinem Antrage. In der Begründung heißt es, daß die Beweisaufnahme nicht den geringsten Beweis für die Richtigkeit des Vorwurfs ergeben habe, daß sich die deutsche Marine im Auslande zum Nachteile des Vaterlandes aufgeführt habe. Im Gegenteil seien die ausländischen Zeitungen des Lobes voll gewesen über das anständige Benehmen der deutschen Matrosen. Der Wahrheitsbeweis, soweit er überhaupt angetreten sei, sei nicht geglückt. Zugunsten der Angeklagten spreche ihre bisherige Unbescholtenheit und die damalige Schärfe des politischen Kampfes, auf der anderen Seite sei aber wegen der Schwere der erhobenen Angriffe eine empfindliche Strafe am Platze.

11. 2. 1927

ENTFÜHRER, TANZGIRL, HUNGERKÜNSTLER

Die Geschichte ist keineswegs so erfreulich wie ihr Titel. Sie ist stofflich der Kolomak-Angelegenheit[14] verwandt, also wie diese eine je-

14 *(Ein Prozeß, der von Carl von Ossietzky auf Grund der Prüderie der Richter am 21. 6. 1927 in der „Weltbühne“ als „Bremer Kupplerkomödie“ bezeichnet wurde.)*

ner grausamen Verzerrungen, wie sie sich das Leben mit Hebbels Maria Magdalena zu machen erlaubt.

Meister Anton ist in diesem Falle der äußerlich noch etwas knorrige mittlere Verwaltungsbeamte Schulze, der seiner Tochter Ingeborg immerhin erlaubt, als Tanzgirl zur Revue zu gehen. Die Rollen der Jünglinge vereinigt in sich der moralisch offenbar defekte Sohn eines sehr bekannten Künstlerpaares, dem dieser jetzt 23jährige Sprößling schon so manche Sorge gemacht hat. Ein Köpfchen, das die embryonale Bildung heute noch aufweist, ein schwacher, verzärtelter Mund, phantastisch weich, haltlos.

Er liebte Ingeborg leidenschaftlich, und da deren Eltern durch die Verbindung für die Theateraussichten ihres Kindes Günstiges erhoffen konnten, so gaben sie ihre Einwilligung zur Verlobung der 16jährigen mit dem 22jährigen. Sie gaben auch ihre Erlaubnis zu einer mehrtägigen Verlobungsreise – natürlich unter der Voraussetzung, daß nichts passiere. Ingeborg kehrte denn auch von dieser Reise zurück, verließ aber das Haus der Eltern – dem sie schon vor der Verlobung einmal mehrere Tage ferngeblieben war – zu zwei weiteren Malen. Sie trieb sich mit ihrem Verlobten einmal zwölf Tage herum, ohne daß Meister Anton überhaupt etwas davon bemerkte. Das zweite Mal blieb sie wochenlang weg. In diesem Falle ging die Mutter zur Polizei, meldete ihre Tochter als vermißt, obgleich sie mit Recht annahm, daß das Mädchen bei seinem Bräutigam war. Den erwischte man schließlich, steckte ihn ins Gefängnis. Dann fand man auch die Tochter.

Soweit wäre die Geschichte bei allem trübseligen Leichtsinn ziemlich banal, wäre nicht der Bräutigam im Gegensatz zu seinem literarischen Vorbild ein Mann, der darüber hinwegkommt. Ingeborg nahm es mit der bräutlichen Treue nämlich durchaus nicht genau. Sie hatte sich in einem Falle flüchtig mit einem sehr berühmten Hungerkünstler eingelassen und von diesem sogar Geld erbeten und erhalten. Der Bräutigam erfuhr davon, aber in seiner Willenlosigkeit nahm er dies nicht als Anlaß, um mit dem Mädchen zu brechen. Im Gegenteil: Er sagte dem Mädchen, daß die Eltern von dem amourösen Zwischenfall erfahren hätten und daß sich Ingeborg nicht mehr nach Hause zurückwagen dürfe, weil die strengen Eltern ihr keinen Bissen Brot mehr reichen würden. Ob es das einzige Motiv war, das die Tochter vom Hause fernhielt, mag dahingestellt bleiben. Es genügte aber, um ein Verfahren gegen den jungen Mann wegen Entführung einer Minderjährigen einzuleiten. Der § 235 verlangt, daß eine *List* angewendet werde, um die Minderjährige aus dem Elternhause zu entfernen. Das Reichsgericht erachtet es für gleichgültig, aus welchen Motiven das Mädchen über die Wirkung der List hinaus bei dem Entführer bleibe.

In der Verhandlung schienen sich die beteiligten Juristen nicht vollkommen klar darüber, welcher Partei irgendeine Spur von Sympathie zugewendet werden könne. Der *Staatsanwalt* entschied sich für die Eltern, der *Vorsitzende* folgte ihm namentlich in dem Augenblick, als der Verteidiger gegen die Eltern Partei nahm und die Minderwertigkeit und Hörigkeit des Entführers in den Vordergrund zu schieben trachtete. Vielleicht machte noch den nettesten Eindruck der Hungerkünstler, der behaglich und wohlgenährt auf der Zeugenbank saß. Von den Eltern muß man sagen, daß sie besser daran getan hätten, die Geschichte nicht dem Gericht zu übergeben. Da sie es aber taten, so unterschieden sie sich nicht sehr bedeutend zu ihrem Vorteil von dem jungen Menschen, der in seiner Haltlosigkeit so weit gegangen war, die Eltern des Mädchens zu denunzieren – und zwar wegen Kuppelei. Für das Mädchen aber konnte man sich auch kaum einsetzen, trotzdem es behauptete, daß bei all den Reisen noch immer nichts passiert sei – auch nicht mit dem Hungerkünstler, der das Vorkommnis aber auf seinen Eid genommen hatte.

Das Gericht schob denn auch alle ethischen Wertungen beiseite, prüfte kühl den juristischen Sachverhalt, sah die Voraussetzungen des § 235 als gegeben an und verurteilte den Jüngling, der darüber hinwegkommt, zu drei Wochen Gefängnis.

Freilich konnte das Gericht sich nicht verhehlen, daß durch die Entführung an dem moralischen Zustand Ingeborgs kaum etwas verschlechtert werden konnte, aber es tröstete sich mit der rechtlichen Ausführung, daß der § 235 ja nicht so sehr zum Schutz der Minderwertigen selbst als zum Schutz des Aufsichtsrechts der Eltern ersonnen sei.

Das sieht dem § 235 ganz ähnlich.

19. 8. 1927

DER PELZ DER TSCHECHOWA[15]

In den düsteren Hallen von Moabit verbreitete sie für einige Stunden Anmut ohne Heiterkeit. Warum sollte sie auch heiter sein, da ihr der Pelz gestohlen war? Und doch hätte sie heiter sein können, denn sie hatte ja schon wieder einen an. Der jetzige ist ein Maulwurfspelz, der gestohlene war ein Fehpelz. Übrigens trägt sich doch Feh schlecht.

Die beiden Jünglinge, die den Pelz im „Adlon" während eines Gesellschaftsabends gestohlen haben sollen, waren die Brüder Knuth. Der eine, von dem man annahm, daß er der eigentliche Dieb sei, ein sozusagen prächtiger junger Mann aus Kiel, der es schon wagen durfte, sich um eine Stelle als Berufstänzer zu bewerben. Die Wartezeit verbrachte er angeblich mit dem An- und Verkauf von Goldsachen, ja auch Pelzen. Und als er in einer Novembernacht 1926 in seinem Spielklub eine Dame traf, die durchaus ihren Fehpelz beliehen haben wollte, gab er ihr 600 Mark, in der Hoffnung, am nächsten Tage von der Dame 650 Mark wiederzubekommen. Er nahm – so sagt er – den Pelz auf den Arm, ließ die Dame ziemlich entblößt in ihr Auto steigen. Namen und Adresse hatte sie ihm nicht angegeben, sie holte auch am nächsten Tag den Pelz nicht mehr ab, und Knuth verkaufte ihn dann einem Händler, nachdem er ihn vorher vergebens der Tochter seiner Wirtin zum Kauf angeboten hatte.

Und just in derselben Nacht hatte Olga Tschechowa ebenfalls bar allen Pelzes vor dem „Adlon" ihr Auto besteigen müssen.

Preisfrage: War der Pelz aus dem Spielklub identisch mit dem aus dem „Adlon"? Einiges deutet darauf hin. Die Tochter der Wirtin schildert ihn dem Schnitt nach ähnlich wie Frau Tschechowa. Dabei spielt ein Randbesatz des Futters eine gewisse Rolle: ein Samtband, eingefaßt mit zwei Gold- oder Silberstreifen. Auf die Frage, wieviel der Pelz gekostet habe, kann Frau Tschechowa nur ihre anmutigen Achseln zucken. Sie weiß es nicht mehr, vielleicht 3000, vielleicht 4000 Mark. Sie hat ein beneidenswert schlechtes Gedächt-

15 *(Die Filmschauspielerin Olga Tschechowa, 1897–1980, stand bei Erscheinen des Artikels noch am Beginn ihrer großen Karriere.)*

nis. Ich weiß zum Beispiel noch ganz genau, daß die Nutriamütze, die ich zu meinem zwölften Geburtstag bekam, 15 Mark gekostet hat. Wozu behalte ich mir so etwas? Andere Dinge wären doch sicher viel wichtiger.

Als aber die Tochter der Wirtin bekundete, der ihr gezeigte Pelz sei am Halse schon etwas verschwitzt gewesen, da sagte die Tschechowa einfach: „Nahein!"

Es war ein gelachtes „Nahein", ein verächtlich gelachtes „Nahein", ein so vernichtendes „Nahein", daß es eigentlich genügt hätte, die beiden Angeklagten von jeder Schuld freizusprechen.

„Nahein", von dieser Seite sah die Sache nicht sehr gefährlich aus, wohl aber von seiten des „Adlon"-Personals. Dieses hatte nämlich bemerkt, wie Frau Tschechowa mit einem Herrn unter Zurücklassung des Pelzes in den Nebensaal zum Tanzen ging. Als nun nach einer Weile ein Herr, von dem man im Moment nicht genau sagen konnte, ob er mit dem Begleiter der Frau Tschechowa identisch war oder nicht, den Pelz und die Handtasche an sich nahm, bat man ihn um Begleichung der Rechnung. Dieser Herr beglich nicht, sagte, er käme im Augenblick wieder und erklärte noch draußen im Vestibül, er warte nur einen Augenblick auf eine Dame. Dann war es ihm tatsächlich gelungen, sich plötzlich einer anderen Gesellschaft anzuschließen, um mit dem Pelz über dem Arm in einem Auto zu verduften. Gleich darauf wurde der Pelzdiebstahl bekannt.

War nun der Pelzdieb mit Knuth identisch? Der Empfangschef hält es für möglich, will es aber nicht auf seinen Eid nehmen. Auch die Kellner glauben ihn wiederzuerkennen. Der Chef des Spielklubs stellte aus den Listen fest, daß die beiden Brüder Knuth an dem fraglichen Abend nach 11 Uhr den Klub besucht hätten. Kriminalkommissar Birker gibt an, daß Knuth sich vom ersten Augenblick der Vernehmung an in Widersprüche verwickelt habe, und besonders gravierend mußte es erscheinen, daß Knuth sich dem Kommissar gegenüber bereit erklärte, den Pelz für 800 Mark wieder herbeizuschaffen. Er tat dabei sogar die Äußerung: „Ich kann den Händler nicht nennen, weil ich sonst aus dem Zuchthaus nicht mehr herauskomme."

Das Gericht hielt die beiden Angeklagten für überführt und verurteilte Wilhelm zu vier Monaten, Paul Knuth zu drei Monaten Gefängnis.

Frau Tschechowa sah zwar dauernd hübsch, aber nicht so aus, als ob sie ihre Moabiter Stunden zu den interessantesten ihres Lebens rechnete. Und wer sie fragen wollte, ob sie sich heute in Moabit amüsiert habe, bekäme sicher nichts zu hören als ein verächtliches „Nahein“.

16. 3. 1928

DAS BILD

Die Verhandlung fand hinter geschlossenen Türen statt. Nachdem der Einzelrichter sich zur Beratung zurückgezogen hatte, wurde die Öffentlichkeit wiederhergestellt. Der ahnungslos Eintretende fand folgende Situation: auf der Zeugenbank am Fenster ein älterer Herr, Kopf, Wangen, Lippen, Kinn mit schwarzgrauen Locken dicht bewachsen; also Charakterkopf eines vielerprobten Arztes.

Gegenüber auf der Anklagebank derselbe Herr, aber in Öl gemalt. In Lebensgröße, ohne Rahmen. Sehr ähnlich; aus impressionistischer Routine gemalt – der alte Herr liegt auf einem Sofa, hat im Rücken eine sonderbar farbige Bibliothek. Das Merkwürdigste: Aus den gemalten Locken ragen zwei kurze Hörner hervor, der untere Teil der Beine ist in Bocksfüße umgewandelt. Oben am Rand ist ein Kärtchen angeheftet, auf dem mit Maschinenschrift steht: „Der Gelehrte als Satyr.“

In der Nähe des (nicht gemalten) Herrn auf der Anklagebank eine blonde Dame von bezaubernder Anmut, jedem Eintretenden ein gütiges Lächeln schenkend.

Auf der anderen Zeugenbank, gegenüber dem jetzt leeren Richtertisch, noch eine junge Dame, im ärmellosen schwarzen Sommerkleid, mit frisch verwelkten Vergißmeinnichttuffs an Hut und Gürtel. Diese Dame ist nicht so herzgewinnend wie die erste. Sie ist – was man so nennt – interessanter; das Gesicht ist groß und regelmäßig geschnitten, die fremden Augen sind ungewiß, mehrdeutig, der kleine (gutgefärbte) Mund scharf bewußt.

Was ist hier los? Beleidigung? Kunstschwindel? Betrug? Sittlichkeitsverbrechen? Wer ist überhaupt angeklagt?

Man orientiert sich: Ladendiebstahl mit Familienkatastrophe. Angeklagt ist die interessante Dame mit den erloschenen Vergißmeinnichts. Sie ist die Pariser Nichte jenes graubärtigen deutschen Herrn, also Französin, Malerin von Beruf. Urheberin des Bildes ihres Onkels. Man hat sie mehrfach bei Ladendiebstählen ertappt; auch jene engelgleiche Dame auf der Zeugenbank ist nur das Mannequin eines großen Warenhauses und hat gesehen, wie Mademoiselle ein Kleidchen vom Bügel nahm und unter ihrem Mantel versteckte. Das Bild aber hat die ärmellose Malerin mitgebracht, um einen großen Skandal zu veranstalten; der Onkel, den sie gemalt, habe sie verführt – und sie gehe immer mit dem Bild über den Kurfürstendamm, um den Onkel zu kompromittieren.

Der Richter hat sich beraten, nun erscheint er wieder. Die Malerin stellt sich ärmellos vor ihr Bild an die Anklagebank, der Richter verkündet: „Die Angeklagte ist wegen Ladendiebstahls und Hausfriedensbruches zu sieben Monaten Gefängnis verurteilt. Sie ist in einer Anzahl von Fällen überführt und geständig. Zu ihrer Entschuldigung gibt sie zweierlei an: erstens wisse sie nicht, wie sie zu ihren Taten gekommen sei – sie sei Kleptomanin, zweitens aber behauptet sie, sie habe nur gestohlen, um ihren Onkel zu kompromittieren, um einen großen Skandal zu entfachen. Eine Kleptomanin weiß nicht, daß und warum sie stiehlt. Wenn die Angeklagte aber stahl, um einen Skandal hervorzurufen, so wußte sie, daß und weshalb sie stahl. Sie war also zu bestrafen. Da die Angeklagte als Ausländerin fluchtverdächtig ist, hat das Gericht beschlossen, sie in Untersuchungshaft zu nehmen. Die Angeklagte ist abzuführen."

Einen Augenblick sieht es aus, als verliere die Angeklagte ihre Fassung. Der Richter sagt noch einmal: „Sie müssen hierbleiben." Dann aber wird er nachdenklich. Er sieht auf das Bild und sagt: „Was mit dem Bild geschieht, weiß ich nicht." Die Dame aber denkt gar nicht an ihr Bild, die sagt sehr lebhaft in gebrochenem Deutsch: „Und was geschieht mit dem Kind?"

Wer ist das Kind? Wer ist der Vater? Doch nicht der alte Herr, der unter seinem Eide alle Beziehungen verneint hat?

„Was geschieht mit dem Kind?" fragt die Angeklagte noch einmal.

Der Richter sagt: „Ich weiß es auch nicht."

Und die Dame mit den nackten Armen verschwindet im Gang, der zum Gefängnis führt.

8.5.1928

REIGEN

DER NEUE „REIGEN"-PROZESS

(Ende 1920 erfolgte das Verbot der Aufführung von Arthur Schnitzlers „Reigen" durch die 6. Kammer des Landgerichts III in Berlin-Moabit, wogegen der Theaterdirektor Maximilian Sladek und die Schauspielerin Gertrud Eysoldt Anfang des Jahres 1921 Einspruch erhoben. Am 22. Februar 1921 versuchten im Kleinen Schauspielhaus in den Räumen der Berliner Hochschule für Musik Angehörige des Deutschvölkischen Schutz- und Trutzbundes und des Verbandes nationalgesinnter Soldaten durch Radau und Werfen von Stinkbomben die Aufführung des „pornographischen" Stückes zu verhindern. Konservative und deutschnationale Kultusbeamte, vor allem der Herausgeber der amtlichen „Monatsschrift zur Bekämpfung des Schundes und Schmutzes" Karl Brunner, erkannten eine „sittliche Gefährdung der Jugend" und eine „empfindliche Verletzung des Schamgefühls des deutschen Volkes". Das Zivilgericht im 1. „Reigen"-Prozeß am 22. Juni 1921 war diesen Argumenten gefolgt, Stück und Aufführung seien „unzüchtig" und deshalb zu untersagen.)

Jemand hat eine sitzende Justitia aus Stuck mit dem Rücken auf die Decke des Schwurgerichtssaals geklebt, ihr überlassend, wie sie da kleben und sitzen soll. Der für den Bau des Justizpalastes verantwortliche Geheimrat sitzt immer noch nicht auf der Anklagebank, weil er durch Gewährung von Vorteilen oder Mißbrauch der Gewalt die Vornahme unsinniger Handlungen verursachte, sondern Gertrud Eysoldt, weil sie durch Gewährung von Vorteilen oder Mißbrauch der Gewalt unzüchtige Handlungen vornehmen ließ …

Ein Vorsitzender, kühl, korrekt, von der Absicht geleitet, der Verteidigung Spielraum zu lassen, aber streng in der Prozeßführung, vielleicht ein wenig zu streng gegenüber dem Publikum, das ein-, zweimal geräuschvoll heiter ist, bezwungen von einer plötzlich aufzuckenden überwältigenden Komik.

Ein Staatsanwalt, leise, vorsichtig, nüchtern. Sein Versuch, die Öffentlichkeit auszuschließen, mißlingt.

Zwei Bänke mit Sachverständigen, geführt von Gerhart *Hauptmann*. Hinter ihm ein Dutzend Männer, die Mittler und Anwälte des Schönen Geistes. Und noch einer, Professor Brunner, groß, finster, mit dem Schönen Geist nur insofern beschäftigt, als dieser gegen Paragraphen verstößt.

Die Anklagebank, sonst ein Ort des Schreckens, dank der erstklassigen Besetzung mit einem anmutigen und fröhlichen Künstlervolk eine Augenweide. Auch der Direktor spielt mit, würdevoll, in die Breite wachsend, spricht hinab wie vom Balkon eines Schlosses. Und dann die Führerin Gertrud Eysoldt – klug, zart, beseelt spricht sie aus einem inneren Anstand, der feierliche Stille verbreitet. Sie sagt das schöne Wort: „Indem der Dichter von irgendeinem Erlebnis oder einem Vorgang zu einer *Idee* geführt wird, entfällt die Wirklichkeit, wird Vorgang oder Erlebnis von der Wirklichkeit erlöst und kann keine Handlung mehr darstellen, die unzüchtig genannt werden kann, weil sie keine Handlung im Sinne der Wirklichkeit mehr ist."

Im Anfang der Verhandlung ist der Raum zwischen Gerichtshof, Sachverständigen und Angeklagten erfüllt von der dunklen Menge der Anstoß nehmenden Zeugen. Aus dem surrenden Geschwätz, während der Gerichtshof sich zurückgezogen hat, ein wortgetreu wiedergegebener Dialog:

Herr zu einer Dame: „Nur keine Angst, nur keine Angst!"

Dame: „Ich habe keine Angst!"

„Das wäre ja noch schöner, wenn wir uns von den Juden unser deutsches Vaterland …! Die Knochen müßte man ihnen einschlagen – im Schützengraben waren sie nicht – aber hier machen sie sich breit."

„Noch sind wir Deutsche!"

Die Zeugen werden hinausgeschickt, die Vernehmung der Angeklagten beginnt. Direktor Zladek holt aus zu einer breit angelegten Verteidigungsrede. Der Vorsitzende führt ihn auf das Beweisthema, und an Hand des Regiebuches wird festgestellt, welche Worte, die irgendwie hätten Anstand geben können, gestrichen worden sind. Die Schauspieler erklären, daß man sie zur größten Dezenz angehalten hat. Der Darsteller des Soldaten erzählt ein Beispiel. Als Süddeutscher habe er eine Nuance aus dem süddeutschen Soldatenleben gewählt, dem Mädel einen freundschaftlichen Klaps auf die Rückseite gegeben. Das sei ihm vom Direktor sofort verboten worden.

„Das war der süddeutsche Zug?" versichert sich der Vorsitzende.

Die meisten erklären, den Beschluß des Landgerichts III, daß hier objektiv unzüchtige Handlungen vorlägen, gekannt zu haben. Einige, die ihn nicht kannten, erklären mutig – auch wenn sie ihn gekannt hätten, sie würden gespielt haben, denn sie seien sich bewußt, Künstler zu sein. –

Der spaßig-nervöse Schauspieler und Komponist Forster-Larrinaga hat sich gegen den ungeheuerlichen Vorwurf zu verteidigen, die von ihm komponierte Bühnenmusik stelle den Rhythmus einer unzüchtigen Handlung dar.

„Als ich im Jahre 1907 meinen ‚Todeswalzer' komponierte, der hier als Bühnenmusik verwendet wurde, ahnte ich nicht, daß mir die größte Entdeckung gelungen war: der Normalrhythmus für …"

Nur zwei Zeugen an diesem ersten Tage: Frau v. Braunschweig, deren Entrüstung eine sozusagen allgemeine ist – sie hatte das Stück gar nicht gesehen. Und Herr Professor Faßbender, dem es offenbar nicht ganz leichtfällt, sich zu erinnern, woran er eigentlich im speziellen Anstoß genommen – um so verwunderlicher, als er zugibt, seit Jahr und Tag nur ins Theater zu gehen, wenn es sich darum handelt, Unsittlichkeiten festzustellen. Nur einmal war er in letzter Zeit zum Vergnügen im Theater: Er sah „Hamlet". Mit dem Erfolg, daß das Experiment nicht wiederholt wurde. Welchen Zweck hätte es auch, die Worte Hamlets zur Ophelia über die geeignetste Position zum Genuß von Schauspielaufführungen anzuhören, wenn kein Gericht darauf brennt, die Meinung eines Sachverständigen der Sittlichkeit darüber zu befragen.

6. 11. 1921

DAS GERICHT VOR DEM „REIGEN"

Die Sonder-Vorstellung des „Reigen" nahm dank der glänzenden Regie des Justizapparates einen außerordentlich ordentlichen Verlauf. Ein Kriminalbeamter und zwei Justizwachtmeister nahmen die Zuschauer in Empfang. Der Gerichtshof, die Sachverständigen und die Zeugen waren sämtlich zur Stelle. Niemals saß man sicherer im Theater. Die Mahnung des Vorsitzenden, keinerlei Bei- oder Mißfallen zu äußern, wurde mit peinlichem Gehorsam befolgt.

Eine Einzelheit sei festgehalten. Der Vorsitzende des Gerichts hatte angeordnet, daß die Musik, von der behauptet wird, sie stelle den Rhythmus – wie soll man sich ausdrücken? –, den Rhythmus aller Rhythmen dar, vor dem Beginn des Stückes im Zusammenhang gespielt werde. Der Herr Vorsitzende ging begreiflicherweise von der Annahme aus, daß – bei dem jeweiligen bedeutungsvollen Fallen des Vorhangs – irgendeine andere Stelle des Forster-Larrinagaschen „Tragischen Walzers" ertöne. Und es wäre zweifellos interessant gewesen …

Die Musik hebt an. Die Violine beginnt auf der G-Saite die langsame Melodie des Walzers in Moll, schwebt in die Höhe, ein kurzes Ritardando, nach acht Takten bricht die Musik ab.

„Ich dachte, wir hören die Musik im Zusammenhang?" fragt der Vorsitzende.

„Es war die ganze Musik – im Zusammenhang." Schweigen – doch welch erfülltes Schweigen! Lachte wirklich jemand? Ich vernahm eher jene große feierliche Ruhe, die sich einstellt, wenn ein Witz die Grenze des Lächerlichen überschreitet und sich eingliedert in die Geschichte des menschlichen Irrens.

7.11.1921

„REIGEN" VOR GERICHT

Dies sind Redeblüten aus der gestrigen Vernehmung der Belastungszeugen:

Herr *Steinweg* (vom Zentralausschuß für innere Mission): Gift bleibt Gift, ob es in der Kristallschale des Künstlers oder im Blechbecher des Klempners gereicht wird.

Fräulein *Rheinek* (von der Bahnhofsmission): Die Tatsache, daß das Stück künstlerische Werte und geistvolle Stellen hat, macht es nur noch gefährlicher für junge Leute. (Auf die Frage des *Vorsitzenden*, was sie unter jungen Leuten verstehe): Leute von 16 bis 25 Jahren.

Frau v. *Arnim:* An den künstlerischen Qualitäten der Darsteller zweifle ich nicht – ich bin sogar der Überzeugung, daß die Darsteller den sexuellen Akt selbst auf künstlerische Weise darstellen würden.

Bankbeamter *Litzmann:* Mit 20 Jahren hätte mir das Stück vielleicht gefallen – als 30jähriger Mann und Vater muß ich empört sein. Ich habe immer an meine Tochter gedacht und mir vorgestellt, wenn sie so was mal sieht ... *Vorsitzender:* Wie alt ist Ihre Tochter? Vier Jahre.

Lehrer *Grade:* Ich nahm insbesondere Anstand daran, daß in der Szene zwischen dem jungen Herrn und der verheirateten Frau der junge Herr vorher soviel Kognak trinkt.

Dr. *Schreiber* (Direktor der evangelischen Missionshilfe): Ich nahm Anstoß als Berliner, Preuße und Deutscher und fühlte mich beleidigt als Mann. Es gibt Männer, die den außerehelichen Verkehr vor, innerhalb und nach der Ehe als unzüchtig betrachten und dementsprechend ihre Maßnahmen treffen. – Man hat es den jungen Leuten angesehen, wie sie durch das Stück angeregt wurden. Ich stand auf der Straßenbahn, da waren zwei sehr lustige junge Leute, die auch im Theater gewesen waren. Sie zeigten sich sehr animiert und beschlossen, noch am selben Abend in die und die Straße zu gehen. *Vorsitzender:* In welche Straße? *Zeuge:* Das weiß ich nicht mehr. *Vorsitzender:* Was erschien Ihnen als besonders anstößig? *Zeuge:* Daß der Graf nur den Säbel abschnallt ... *Vorsitzender:* Das ist besonders? *Zeuge:* Ja, die Verschleierung.

Lehrer *Rost:* Der *Vorsitzende* fragt: Können Sie mir eine unsittliche Handlung nennen, deren Zeuge Sie waren? *Zeuge:* Nachdem der Vorhang wieder aufgegangen ist, knöpft die eine Schauspielerin ihre Bluse zu. *Vorsitzender:* War denn die Bluse vorher offen? *Zeuge:* Das habe ich nicht gesehen.

Frau Hauptmann *Müller:* Ich nahm daran Anstand, daß unserer Jugend solche Stücke vorgesetzt werden. (Auf den Vorhalt, daß die Zeugin ihre beiden 20- und 21jährigen Söhne mit in die sonntägliche Gerichtsaufführung mitgebracht habe): Weil ich meinen Söhnen das Leben zeigen wollte, wie es ist, weil sie sehen sollten, wie tief unser sittliches Leben verdorben wird, um sie zu stählen für den großen Kampf! – Der *Vorsitzende* bemerkt abschließend: Also zu ihrer weiteren Ausbildung.

9.11.1921

„REIGEN" VOR GERICHT

Die Gutachten der Sachverständigen

Die Luft im Gerichtssaal wird immer schlechter, sie wird unerträglich, und die Verhandlung schleicht in den Vormittagsstunden träge und zähflüssig hin. Sie erhält erst etwas Kontur, als der Sachverständige Prof. *Brunner* in die Debatte gezogen wird. Bei der Vernehmung der Zeugin Gerke-Leitgäbel stellt Rechtsanwalt Heine die Frage, ob es der Zeugin bekannt sei, daß der Sachverständige Brunner aus dem Fonds des Wohlfahrtsministeriums Gelder zum Besuch des „Reigen" an Privatpersonen gegeben habe. Die Zeugin erwidert, ihr sei nur bekannt, daß Brunner derartige Mittel zum Besuch des *Apollotheaters* zur Verfügung gestellt habe, um einer Reihe von Personen einen Eindruck der dortigen Bühnenvorgänge zu ermöglichen. Ob das auch im „Reigen" der Fall gewesen sei, ist ihr unbekannt.

Die Vernehmung des Landgerichtsrats *Jenne* rückt das Problem Brunner noch näher. Herr Jenne ist Ehescheidungsrichter und deutschnationaler Politiker, der mit Herrn Brunner des öfteren zusammenkommt. Hat Herr Brunner, als er Herrn Jenne von den bevorstehenden „Reigen"-Demonstrationen sprach, diese gebilligt? Hat er, als er Herrn Jenne anregte, an einer Protestversammlung gegen die Verhaftung der Ruhestörer teilzunehmen, über die Ruhestörungen sich billigend oder mißbilligend geäußert? Die Verteidiger bearbeiten den Zeugen mit allen Mitteln ihrer dialektischen Künste, und es ergibt sich: Herr Brunner hat die Ruhestörungen nicht mißbilligt.

Das führt zur Zeugenvernehmung Brunners selbst. Er ist erregt und bittet, das zu entschuldigen. Man veranstalte gegen ihn ein Kesseltreiben, man wolle ihn zu Falle bringen, aus seiner Stellung entfernen, das rechtfertige seine Erregung. Im übrigen habe er die Protestbewegung nicht organisiert – wenn er auch zugibt, an der Formulierung eines weitverbreiteten Protestes mitgewirkt zu haben. Es sei seine Dienstanweisung gewesen, mit Organen der Jugendpflege und so weiter die Verbindung aufrechtzuerhalten. Von der Demonstration habe er vorher nichts gewußt. Als sein Sohn ihm davon sprechen wollte, habe er ihm gesagt, er wolle davon nichts wissen. Stinkbomben habe er immer verworfen. (Man beachte: verworfen!) Er sei kein Antisemit, sondern habe in jüdischen Jugendorganisationen über Sittenfragen gesprochen mit dem Erfolge, daß jüdische Jünglinge ihm erklärt hätten: Er habe gesprochen wie ein Rabbiner.

Unter den letzten Zeugen ein von der Staatsanwaltschaft gestelltes Mechanikerehepaar, Mann und Frau sagen aus, daß sie sich im „Reigen" sehr gelangweilt haben. Anstößiges hätten sie nicht wahrgenommen.

Staatsanwalt: „Hätten Sie Ihre 15jährige Tochter mitgenommen?"

Zeugin: „Ich habe keine Tochter."

Staatsanwalt: „Nun, Ihre Kusine oder Schwester?"

Zeuge: „Nein, das Stück ist zu langweilig."

Endlich ist die Zeugenliste erschöpft, und am späten Nachmittag kommen die Sachverständigen zu Wort.

Felix *Hollaender* macht den Anfang, erzählt als Zeuge, wie Max Reinhardt ursprünglich das Stück für das Deutsche Theater angenommen habe und wie es dann dem befreundeten Kleinen Schauspielhaus zur Verfügung gestellt worden sei. Sein Gutachten ist kurz: Der „Reigen" sei ein Kunstwerk, Kunst aber sei nie unsittlich.

Dann Ludwig *Fulda*, weit ausholend, warmherzig, literaturhistorisch dozierend: Darstellung des Erotischen in der Literatur und Kunst, Meisterwerke der Weltliteratur … Seit wann sei es eine Gemeinheit, das Gemeine künstlerisch darzustellen? Shakespeare wäre sonst der gemeinste Mensch gewesen. Ein Kunstwerk habe es im Prinzip nicht nötig, Ethisches zu wollen. Der „Reigen" aber habe eine ethische Tendenz: die Nichtigkeit des allzu flüchtigen Genusses darzustellen.

Ihm folgt der Präsident des Bühnenvereins Baron *Putlitz*. Er habe nichts Anstößiges bemerkt – auch seine Frau nicht. Ein Theaterleiter müsse auch bei literarischen Werken die materielle Erträglichkeit prüfen.

Dann Prof. Alfred *Klaar*: Das Unsittliche sei nicht gleichbedeutend mit dem Unanständigen. Unsittlich sei auch Mord und Totschlag, werde aber nicht vom Zuschauer als wirklich empfunden, weil ein zweites Bewußtsein ihm sage, daß auf der Bühne der wirkliche Mord nicht stattfinde. Anders sei es mit dem Unanständigen – da falle Bühnenvorgang und Wirklichkeit zusammen. Indessen habe sich die Aufführung des „Reigen" von jeder Unanständigkeit ferngehalten.

Alfred *Kerr* beginnt mit der Frage an den Staatsanwalt, warum er nicht auch die Geiger und Flötisten, die Ausführenden der anstößigen Musik, auf die Anklagebank habe setzen lassen? Dann spricht er von der Zeit, in der der Dichter das Buch als Privatdruck hatte erscheinen lassen, mit dem Vorwort: Er halte die Zeit des öffentlichen Erscheinens noch nicht für gekommen, da immer noch Dummheit und böser Wille in der Nähe sind … Kerr stellt dar, daß Schnitzlers „Reigen" in seiner Eigenart nicht vereinzelt in der Weltliteratur dastehe, und verweist insbesondere auf Voltaires „Candide" …

Es sprechen weiter im gleichen Sinne Max *Hochdorf* und Herbert *Ihering*. Den Beschluß machte die Aussage des Oberverwaltungs-Gerichtsrats Dr. *Lindenau*, dessen Gutachten als Vorsitzender des Bühnen-Oberschiedsgerichts besonderes Interesse erweckt. Dr. Lindenau sagte aus, daß er, wenn sich wirklich ein Schauspieler aus Sittlichkeitsgründen geweigert hätte, in dem Stück zu spielen, zweifellos den Schauspieler zum Spielen verurteilt hätte, weil in dem Stück nichts Unsittliches vorkomme. Im übrigen erklärte der Sachverständige, der ja auch mehrere Jahre in der Zensurbehörde gearbeitet hat, daß man sich irrt, wenn man immer wieder behaupte, daß eine Zensurbehörde bei der Polizei nicht mehr existiere. Die Polizei habe selbstverständlich noch heute die Möglichkeit, die anstößige Aufführung eines unsittlichen Stückes zu inhibieren, was sie auch in diesem Falle hätte tun können.

Nach neunstündiger Dauer wurde die Verhandlung abgebrochen und auf Sonnabend 9 Uhr vormittags vertagt. Es ist kein Zweifel, daß sie am Sonnabend zu Ende geführt werden wird.

11. 11. 1921

FREISPRUCH IM „REIGEN"-PROZESS

Das Urteil im „Reigen"-Prozeß wurde heute verkündet. Es lautete auf Freisprechung der sämtlichen Angeklagten unter Übernahme der Kosten auf die Staatskasse.

[...] Das Gericht entschied: Das Stück hat einen dichterischen Wert und eine ethische Tendenz, indem es den liebeleeren Geschlechtsverkehr verurteilt. Diese Tendenz ist so stark, daß das gewisse Beiwerk, das an sich als anstößig empfunden werden könnte, vollkommen in den Hintergrund gedrängt wird. Die Aufführung selbst aber in ihrem stilisierten Rahmen sei so dezent gewesen, daß selbst die Belastungszeugen den Schauspielern keine einzige anstößige Gebärde hätten nachweisen können. Und das Gericht selbst hatte sich durch den Augenschein von diesen Tatsachen überzeugt. Es hat normal empfunden. Von juristischer Bedeutung ist überdies die Anerkennung, daß auch in subjektiver Beziehung die Schauspieler sich keiner strafbaren Handlung bewußt zu sein brauchen. Damit ist ebenfalls einer der Hauptstützpunkte der Anklage zusammengebrochen. Wenn auch der Gerichtsbeschluß vom 22. Juni, der die beteiligten Schauspieler außer Verfolgung setzte, das Stück selbst und die Aufführung für unzüchtig erklärte, so durften die Schauspieler bei der Verschiedenheit der vorliegenden Gerichtsurteile sowie angesichts der ihnen bekannten Meinung von hervorragenden Kritikern und Sachverständigen der Überzeugung sein, keine unsittliche Handlung begangen zu haben.

Der Freispruch der Künstler wird aber seinen prinzipiellen Wert erst in der Folge erzeigen. Denn mit diesem Freispruch sind diejenigen Methoden gerichtet, die man angewendet hat, um das Gesetz und seine Lücken zu mißbrauchen. Der Verurteilte ist Herr Professor Brunner. Man braucht auch diesem ehemaligen Gymnasiallehrer, von dem man nicht genau weiß, ob er nun eigentlich dem Polizeipräsidium oder dem Wohlfahrtsministerium angehört, an sich die Aufrichtigkeit und Ehrlichkeit seiner Überzeugungen nicht abzusprechen. Er mag in seiner Zentralstelle zur Bekämpfung der Schundliteratur nützlich gewirkt haben. Aber darüber hinaus ist sein Treiben in höchstem Maße verderblich. Zunächst weil er einfach nicht die Sachkenntnis literarischer und künstlerischer Dinge hat, die ihn zu maßgeblichen Beurteilungen derartiger Erzeugnisse befähigen. Sein wirrer, ewig abschweifender, von Selbstüberhebung strotzender Vortrag war an sich ein Beweis für seine Unzulänglichkeit. Um so bedenklicher muß es erscheinen, daß diesem Manne für die Erreichung seiner Ziele jedes, auch das zweifelhafteste Mittel recht ist.

Um die Tätigkeit Prof. Brunners richtig einschätzen zu können, muß man sich vor Augen halten, daß die Zensur durchaus nicht völlig abgeschafft ist. Die Polizei hat heute noch die Möglichkeit, ein anstößiges Werk von der Bühne zu entfernen. Im Falle des „Reigen" tat sie es nicht. Aber Professor Brunner begnügte sich nicht mit der Entscheidung der ihm sonst so nahestehenden Behörde. Er unterhielt sich mit den Vorständen von allen möglichen Verbänden über einen Protest, den er selbst mit Angehörigen rechtsstehender Parteien formulierte, das heißt, er bediente sich politischer Mittel zur Propagierung seiner Meinungen.

Das ist natürlich sein gutes Recht als *Staatsbürger*; wer aber sich politischer Mittel zum Kampf für seine Meinungen bedient, darf sich nicht wundern, wenn seine politischen Gegner ihn bekämpfen. Ist nun ein politischer Kämpfer, wie Professor Brunner, zugleich Beamter, so darf die Frage aufgeworfen werden, ob die politische Betätigung des Beamten im Sinne der Regierung ausgeübt wird, bei der er angestellt ist.

Herrn Professor Brunners Tätigkeit gegen den „Reigen" war mit der Formulierung des Protestes nicht erschöpft. Er hat bestritten, sich an dem Arrangement der Theaterkrawalle beteiligt zu haben, aber es ist erwiesen, daß er von dem Plan dieser Störungen Kenntnis hatte. Er hatte sich über diesen Plan in billigender Weise seinem Gesinnungsgenossen Landgerichtsrat Jenne gegenüber ausgesprochen, ebenso über eine spätere Protestveranstaltung des Herausgebers der „Staatsbürgerzeitung" gegen die Verhaftung der Ruhestörer.

Rechtsanwalt Heine hat bei dieser Gelegenheit die Frage aufgeworfen, ob es nicht die Pflicht Professor Brunners als Beamter gewesen wäre, das ihm nahestehende Polizeipräsidium auf die Gefahr der Krawalle aufmerksam zu machen und so für die öffentliche Ruhe und Sicherheit besorgt zu sein. Herr Professor Brunner bestritt das lebhaft. Er wollte nicht Denunziant an Leuten werden, die seinem Standpunkt nahestehen. Aber die Sache hat noch eine andere Seite. Wie festgestellt ist, wurden die Krawalle zum Teil von einer Reihe junger, ja halbwüchsiger Burschen ausgeübt. Nun haben die meisten Gegner der „Reigen"-Aufführung betont, daß ihre Gegnerschaft ja hauptsächlich gegeben sei, weil sie *die Jugend* vor dem Besuch eines solchen Theaterstückes bewahren wolle. Da Herr Professor Brunner die ersten Mitteilungen von den bevorstehenden Krawallen durch seinen Sohn bekam, wußte er, daß die Ruhestörungen in erster Linie von jungen Leuten, die seiner Meinung nach nicht in dieses Stück gehen durften, ausgeübt werden sollten. Herr Professor Brunner, der Beschützer von Zucht und Sitte, hat sich nun also nicht veranlaßt gesehen, alle Mittel zu ergreifen, um die jungen Leute von dem Besuch des Stückes fernzuhalten, sondern er hat das ganze Vorhaben Herrn Landgerichtsdirektor Jenne gegenüber gebilligt.

Nun kommt aber noch eines hinzu: Herr Brunner wußte, daß der Plan zu den Ruhestörungen vom Deutschvölkischen Schutz- und Trutzbund ausging; das heißt, er wußte, daß es sich hier um eine Wiederholung ähnlicher Kundgebungen wie in München und Wien handelte. Er wußte, daß die Kreise des Deutschvölkischen Schutzbundes dem Theater an sich ziemlich indifferent gegenüberstehen, daß sie überhaupt erst dann in Aktion treten, wenn es sich um die Möglichkeit handelt, einen Vorwand für politische Demonstrationen antisemitischen Charakters zu finden. Nun ist Herr Professor Brunner Beamter einer Regierung, die Rassen- und Klassenhaß verurteilt und vielmehr eine Versöhnung der vielfach bestehenden Gegensätze anstrebt. Im Sinne einer solchen Regierung mußte sich Herr Professor Brunner sagen, daß die Verquickung seines Kampfes gegen den „Reigen" mit der maßlosesten antisemitischen Propaganda eine Unmöglichkeit darstellte. Er mußte, um seines eigenen Zieles willen, eine reinliche Grenze ziehen, ja, selbst im Falle, daß Herr Professor Brunner Antisemit wäre (er behauptet, es nicht zu sein), mußte er als Regierungsbeamter alle Schritte unternehmen, um die krawallmäßigen Äußerungen seiner eigenen Meinung zu verhindern. Er brauchte dabei gar nicht als Denunziant auf das Polizeipräsidium zu gehen, er durfte seinem eigenen Einfluß auf die ihm nahestehenden Vereine so weit vertrauen, daß er sich sagen konnte, sein Einspruch hätte genügt, um die Krawalle zu verhindern. Er hat das nicht getan, er hat sich über die bevorstehenden Ruhestörungen sympathisch geäußert, er hat geduldet, daß diese Krawalle von Jugendlichen ausgeübt wurden, und er hat damit nur eines bewiesen: daß ihm zur Erreichung seiner politischen Ziele oder um seine sittlichen Anschauungen durchzusetzen, jedes, auch das nichtsittliche Mittel recht ist.

Ein solcher Mann muß zur Beruhigung unseres öffentlichen Lebens an eine Stelle versetzt werden, die ihn nicht mehr verlockt, amtliche und parteipolitische Betätigung zu verquicken. Man darf aber auch hoffen, daß das Urteil des Landgerichts durch seine Schwerkraft Herrn Brunner und seinen Anhängern praktisch die Möglichkeit nimmt, auch weiterhin mit den bisherigen Mitteln an der Vergiftung unseres politischen Lebens mitzuwirken.

18. 11. 1921

RECHTS UND LINKS

MEINEID FÜR NICHTS UND WIEDER NICHTS

STAATSANWALT: *Geisteskrank zu sein, behauptet der Angeklagte selbst nicht.*

Das in Deutsch-Eylau erscheinende „Westpreußische Tageblatt" berichtet über einen seltsamen Meineidsfall: Das Schwurgericht Elbing verurteilte den sozialdemokratischen Stadtverordneten, früheren Reichsbannerführer Maurer Alwin Weiland unter Berücksichtigung des Strafmilderungsparagraphen 157 wegen wissentlichen Meineides zu einem Jahr Gefängnis.

Merkwürdig ist der Fall, weil dieser Meineid – formell ist vermutlich an dem Urteil nicht das mindeste auszusetzen – tatsächlich für ein Nichts geschworen wurde, von einem Menschen, der als Gesamtpersönlichkeit trotz aller Schwächen Interesse verdient.

In einer Reichsbannersitzung hatte jemand behauptet, der Stahlhelm-Führer Calmbach habe mit gezogenem Degen an einer Trauerparade teilgenommen. Als hieran Zweifel geäußert wurden, sprang Weiland auf und behauptete, er selbst habe Calmbach bei dem Trauerzug gesehen, und zwar mit gezogenem Säbel – das könne er beschwören. Auf diese Behauptung hin machte der Vorsitzende des Reichsbanners einen Bericht an das Königsberger Reichsbanner, das wiederum für die Veröffentlichung dieser Angelegenheit im „Königsberger Volksblatt" Sorge trug. Die Folge davon war eine Beleidigungsklage des Herrn Calmbach gegen den Redakteur des „Volksblattes". Weiland wurde in der Verhandlung als Zeuge gehört, erklärte aber nunmehr, von der ganzen Angelegenheit nichts zu wissen – er habe Calmbach bei anderen, aber nicht bei dieser Gelegenheit mit gezogenem Degen gesehen, und im übrigen habe er von diesem Fall erst durch die Veröffentlichung des „Volksblattes" etwas erfahren. Hierauf wurde zwischen Calmbach und dem „Volksblatt" ein Vergleich geschlossen, und damit hätte nach menschlichem Ermessen die Angelegenheit erledigt sein können, wenn nicht der Staatsanwalt noch eine Unstimmigkeit entdeckt hätte, die unbedingt in Ordnung gebracht werden mußte. Als Weiland vor Gericht gestand, er habe von dem Vorfall nichts gesehen, hat er unbedingt der Wahrheit die Ehre gegeben. Wenn er aber behauptete, er habe erst durch die Veröffentlichung des „Volksblatts“ von der ganzen Geschichte erfahren, so mußte das gelogen sein, denn drei andere Mitglieder des Reichsbannervorstandes beschworen, daß erst auf die Mitteilung Weilands hin die ganze Veröffentlichung des Falles angeregt worden sei. Also mußte Weiland einen Meineid geleistet haben. Es gibt natürlich ein sehr plausibles Motiv für diesen Meineid. Weiland hätte nämlich das Recht gehabt, seine Aussage zu verweigern, weil er sich durch die erste Behauptung, er habe Calmbach mit dem Degen gesehen, selbst der Beleidigung schuldig gemacht hätte. Das wollte er nicht zugeben – fiel nun aber erst recht in die Netze des Staatsanwalts.

Solche Verwicklungen, die aus der politischen Zerrissenheit unserer Tage resultieren, können in jeder Partei vorkommen. Das Merkwürdige ist das Charakterbild, das nicht nur die Freunde, nein, auch die politischen Gegner, Calmbach selbst, von Weiland entwerfen: ein Arbeiter, der durch die Revolution in die Höhe geworfen wurde, Mitglied des Arbeiter- und Soldatenrats, dann sozialdemokratischer Parteisekretär, schließlich Stadtverordneter und Reichsbannerführer. Der Bürgermeister stellt ihm ein glänzendes Zeugnis aus. In allen ehrenamtlichen Stellungen habe sich der Angeklagte als ein sachlicher und schätzenswerter Mitarbeiter von großer Intelligenz erwiesen, und er habe wertvolle Arbeit für Kommune und Kreis geleistet. Calmbach, mit dem er sich oft politisch gezankt hatte, sagt, daß er diese politischen Zusammenstöße niemals tragisch genommen habe, daß Weiland mit ihm in allen Kommissionen usw. stets tüchtig gearbeitet habe. Andererseits steht fest, daß Weiland ein politischer Hitzkopf ist, daß er bei den vielen Sitzungen, die er im öffentlichen Interesse mitgemacht hat, immer sehr viel Bier getrunken hat und daß er überhaupt zuweilen nicht recht unterscheiden konnte, was er nun selbst gesehen hatte oder was ihm hinterbracht worden war, so daß er bei einem früheren Beleidigungsprozeß von dem Richter mit den Worten entlassen wurde: „Plappern Sie nicht immer alles nach, was Ihnen andere vorplappern.“ Im übrigen war Weiland nichts als ein bescheidener Maurer, der gelegentlich auch unter Arbeitslosigkeit zu leiden hatte und in diesen Zeiten ebenfalls etwas mehr trank, als er vertragen konnte. Auch im Termin suchte Weiland die Sache so darzustellen, als sei er bei der fraglichen Sitzung, in der er seine Zeugenschaft angeboten hatte, etwas bezecht gewesen. Tatsächlich sei ihm die ganze Angelegenheit erst durch die Veröffentlichung im „Königsberger Volksblatt" zur wirklichen Kenntnis gekommen.

Der Staatsanwalt konnte nur feststellen, daß die Aussage Weilands eine falsche war. Geisteskrank zu sein, behauptet der Angeklagte selbst nicht, und von einer Trunkenheit im Augenblick der Eidesleistung könne nicht die Rede sein. Der Meineid sei deshalb wissentlich geleistet worden. Über Trunkenheit während der Reichsbannersitzung sagte der Staatsanwalt, daß die Zeugen von einer solchen Berauschtheit nichts bemerkt hätten. Die Verurteilung des Angeklagten erfolgte also durchaus gesetzmäßig, nach allen Regeln der Kunst. Die Frage ist nur, mußte wegen einer solchen Lappalie, die im übrigen ja durch den Vergleich ihre Erledigung gefunden hatte, wirklich noch Anklage wegen Meineides erhoben werden? Es ist ja durchaus nicht so, daß nun alle Staatsanwälte in jedem Fall, wo Zeugen sich in Widersprüche verwickeln oder ihnen kleine Wahrheitswidrigkeiten nachgewiesen werden, sofort die Meineidsmaschine in Bewegung setzen. Im allgemeinen dürften sich die Staatsanwälte hierbei wohl auch von allgemein menschlichen Erwägungen leiten lassen. Sie werden zugreifen, wenn ein Mensch aus Gewinnsucht oder Gehässigkeit meineidig geworden ist, wenn das Charakterbild die Züge eines Schädlings der menschlichen Gesellschaft aufweist. Ein solches Charakterbild aber bietet Weiland durchaus nicht. Er hat in der Hauptsache der Wahrheit die Ehre gegeben, nur in einer Nebensache den Rückzug etwas zu weit getrieben. Er ist ein nützliches Mitglied der menschlichen Gesellschaft, freilich ein Mensch von nicht sehr starkem Charakter und von nicht immer sicherer Selbstbeherrschung.

Bei solchen Menschen pflegt es in erster Linie die Staatsanwaltschaft selbst zu sein, die ein Auge zudrückt. Sollte in diesem Falle das Auge nicht zugegangen sein, weil es sich um einen Sozialdemokraten und Reichsbannermann handelte? Der Senatspräsident a. D. Baumbach hat sich vor kurzem über die politischen Gnadeninstanzen beschwert. Solche Beschwerden haben erst Sinn, wenn feststeht, daß die übrigen Organe der Justiz politisch ohne Harm sind.

DAS SCHIESSEN IM WALDE

Vor den Geschworenen erschien der 21jährige Kommunist Arbeiter Herbert Olsson unter der Anklage des versuchten Totschlags und des Widerstands gegen einen Forstbeamten in Ausübung seines Amtes. Olsson war mit einem älteren, verheirateten Genossen in den Forst gegangen, um sich im Kleinkaliberschießen zu üben. Die Schüsse wurden von dem Förster gehört, der sofort erkannte, daß es sich nicht um Wilddiebe handelte; da aber das Scharfschießen im Forste verboten ist, so rief der Förster die Leute an. Über das, was nun folgte, liegen zwei verschiedene Darstellungen vor. Der Förster gibt an, daß, als er mit angelegtem Gewehr auf die beiden Schützen losging, von diesen zuerst auf ihn geschossen worden sei, während der Angeklagte behauptet, der Förster habe zuerst geschossen. Es wurden also Schüsse gewechselt. Der jetzt Angeklagte sprang sofort hinter einen Baum, während der zweite Schütze sich auf den Bauch warf, um kriechend die Deckung zu erreichen. Der Förster schoß auf den Kriechenden, der in die Schulter getroffen wurde und infolge der Schußverletzung nach einigen Stunden starb. Der Angeklagte Olsson schoß noch einige Male hinter dem Baum hervor, ohne zu zielen und ohne zu treffen. Der Förster selbst sagte als Zeuge, daß ein Zielen unmöglich gewesen sei, denn der Angeklagte hätte dabei den Kopf hinter dem Baum hervorstecken müssen, was für ihn äußerst gefährlich gewesen wäre. Der Förster hat auch weder das Pfeifen naher Kugeln noch das Geräusch von Einschlägen in seiner Nähe gehört. Nach wiederholter Ermahnung und dem ausdrücklichen Versprechen des Försters, nicht mehr zu schießen, trat Olsson hinter dem Baum hervor und lieferte seine Waffe ab.

Die Straftat, die der Angeklagte begangen hat, konnte verschieden gewürdigt werden. Die Anklage lautete ursprünglich nur auf Totschlag und Widerstand. Der Staatsanwalt zog aber in seinem Plädoyer noch den § 214 heran, der mit Zuchthaus nicht unter zehn Jahren oder mit lebenslänglichem Zuchthaus unter Ausschluß mildernder Umstände denjenigen bestraft, der, um sich der Ergreifung auf frischer Tat zu entziehen, vorsätzlich einen Menschen tötet. In diesem Falle lag nach Ansicht des Staatsanwalts der Versuch zu einem solchen Verbrechen vor, und er beantragte eine Gesamtzuchthausstrafe von fünfeinhalb Jahren. Das Schwurgericht folgte den Ausführungen des Staatsanwalts im Prinzip, ging aber wegen der Jugend des Angeklagten auf die Mindeststrafe von zweieinhalb Jahren Zuchthaus hinunter, zu der es wegen Widerstandes noch drei Monate hinzufügte.

Es ist natürlich in einem solchen Falle ganz in das subjektive Ermessen des Gerichts gestellt, welche Straftat es als begangen ansehen will. Zweifellos haben sich die beiden Kleinkaliberschützen der Feststellung entziehen wollen und bei dieser Gelegenheit von der Waffe Gebrauch gemacht. Das Schießen im Walde aus Waffen, zu deren Tragen sie nicht berechtigt waren, stellt eine strafbare Handlung dar, auch wenn man annehmen will, daß sie sich der Strafbarkeit ihres Tuns nicht sehr bewußt waren. Sie waren in den Wald gegangen, gerade um andere Menschen durch ihr Schießen nicht zu gefährden. Andererseits wird man geneigt sein, einen Unterschied zu machen zwischen diesen beiden Schützen und etwa einem Einbrecher, der auf frischer Tat ertappt den Revolver zieht und auf einen Polizisten schießt. Es ist an sich denkbar, daß die beiden Schützen in ängstliche Erregung gerieten, als sie den Förster mit angelegtem Gewehr auf sich zukommen sahen, und daß sie, gerade mit Schießübungen beschäftigt, ganz instinktiv und fast automatisch von der Waffe Gebrauch machten, die sie gerade in Händen hatten. Ob sie dabei subjektiv von dem Vorsatz beseelt waren, den Förster zu töten oder ihn nur zu verletzen oder, wie der Angeklagte behauptet, nur zu erschrecken, ist eine Frage, deren Lösung unmöglich ist.

Wenn man auf dem Standpunkt steht, daß die strafwürdige Handlung des Angeklagten eine Sühne fordert, so wird man andererseits vielleicht geneigt sein, die Sache milder anzusehen, weil ja tatsächlich dem Förster nichts geschehen ist, weil ein planmäßiges Zielen überhaupt nicht stattfand und weil der Angeklagte, als er sich am Ende beruhigte, sich den Händen des Forstbeamten auslieferte. Hätte das Gericht nicht auf den § 214 zurückgegriffen, so wäre hauptsächlich deshalb, weil ja kein Schaden eingetreten ist, eine mehrmonatige Gefängnisstrafe wohl allgemein als eine ausreichende Sühne angesehen worden.

Das schwere Urteil ist von einem Schwurgericht gefällt worden, das gelegentlich schon mildere Auffassungen betätigt hat, so erst jüngst gegen die beiden Angeklagten, die sich wegen des angeblichen Komplottes gegen das Leben Stresemanns zu verantworten hatten. Es ist bei dem damals erfolgten Freispruch an dieser Stelle keine Beschwerde über zu große Milde geführt worden. Es wurde nur die Frage aufgeworfen, wie etwa diese beiden Angeklagten davongekommen wären, wenn sie sich zur Zeit der Monarchie gegen das Leben eines Ministers verschworen hätten. Nur mit Mühe weist man den Gedanken von sich, daß das Urteil gegen den Kommunisten Olsson eine Antwort auf diese Frage enthält. Auch im Falle des angeblichen Stresemann-Komplottes kam bei der Beurteilung alles auf das subjektive Ermessen des Gerichts an. Damals hatte der eine Angeklagte in einem Briefe davon Kenntnis gegeben, daß bereits ein Komplott bestehe, daß der Plan finanziert und daß alle Vorbereitungen getroffen seien. Er hatte zwei Arbeitskameraden zur Teilnahme an dem Verbrechen der Beseitigung eines republikanischen Ministers aufgefordert, und es kam nun darauf an, alle diese Handlungen zu bewerten. Die Frage, ob § 51 vorlag, war von den Ärzten verneint worden, und trotzdem kam das Gericht zu der Überzeugung, daß es sich hier nicht um eine planmäßige Vorbereitung handelte, sondern zum Teil um Großsprecherei, zum andern Teil um rein theoretische Erwägungen. Richtig, theoretische Erwägungen darüber, wie man einen Minister tötet, sind an sich nicht strafbar. Wieweit man das in dem Brief niedergelegte Bekenntnis des einen Verschwörers als den Beweis für eine Tatsache oder als eine Großsprecherei ansehen will, war in das Ermessen des Gerichts gestellt. Sie ist zugunsten des Angeklagten beantwortet worden. Die Tatsache der „theoretischen Erörterung" konnte für ein anderes Gericht sehr leicht ein Beweis dafür sein, daß die in dem Brief behaupteten Tatsachen auf Wahrheit beruhten. Wenn aber ein Gericht die jedenfalls im Kern bestehende Absicht, einen politischen Gegner kaltblütig aus dem Wege zu räumen, so milde beurteilt – wie milde mußte es den Fall eines Menschen ansehen, der ohne jegliche Tötungsabsicht in den Wald gegangen ist, der in plötzlicher Verwirrung einige ziellose Schüsse abgab, um sich schließlich dem Beamten zu stellen.

Die Schießübungen mit kleinkalibrigen Waffen gehören zum Lieblingssport der rechts- und linksradikalen Jugend. Es wäre interessant zu wissen, wie sich das Gericht dazu stellen würde, wenn einmal ein rechtsradikaler Schütze in eine ähnliche Situation geriete wie der gestrige Angeklagte. Wahrscheinlich besteht aber für ihn gar nicht die Möglichkeit einer solchen Situation, da er sich rechtzeitig in ein Revier begeben wird, wo er mit freundlicher Duldung der Obrigkeit seine Schießübungen vornehmen kann.

DIE GESINNUNG DER REICHSWEHR

Ein Nachklang aus der Zeit des Rathenau-Mordes

Vor der 4. Strafkammer des Landgerichts I spielte gestern ein Prozeß, an dem nichts so merkwürdig ist als die Tatsache, daß er überhaupt stattfand. Anderthalb Jahre ist Rathenau tot, und anderthalb Jahre ist es her, daß der Schriftsteller Otto Lehmann-Rußbüldt in seiner Eigenschaft als Sekretär der Deutschen Liga für Menschenrechte einen etwas energisch gefaßten Brief an den Reichswehrminister Dr. Geßler schrieb. Unmittelbar unter dem Eindruck des Mordes hatte das Reichskabinett angeordnet, daß die Reichsministerialgebäude auf Halbmast zu flaggen hatten. Herrn Lehmann war es aufgefallen, daß das Haus des Stabes der III. Division nicht geflaggt hatte; er war in das Haus hineingegangen und erfuhr, daß kein diensthabender Offizier anwesend war. Er glaubte im Nichtflaggen und in der Abwesenheit der Offiziere eine bestimmte Absicht zu erkennen und äußerte in einer Kneipe gegenüber einem Soldaten, man müsse alle monarchistischen Offiziere aus der Reichswehr werfen. Von dem Minister aber forderte er in einem Briefe, daß er bis Dienstag (dem Beisetzungstage Rathenaus) die Flaggung sämtlicher militärischer Gebäude anordne, widrigenfalls er „bei der Demonstration darauf hinweisen werde und es den republikanischen Volksmassen überlassen müsse, sich zu überlegen, wie man die monarchischen Offiziere der Reichswehr zum Gehorsam gegenüber der Republik erzieht“. Aus dieser Briefstelle sah der Reichswehrminister und mit ihm der Staatsanwalt eine *Drohung*. Über die Tatsache, daß an einem so aufgeregten Tage der Stab der III. Division ohne jeden Offizier war, schrieb er: „Wenn es der Stab der III. Division absichtlich darauf anlegen würde, bei einem Putsch der politischen Freunde der monarchistischen Offiziere nicht zur Stelle zu sein, so könne es nicht anders eingerichtet sein, als ich es mit eigenen Augen sah." In dieser Stelle sieht die Anklage eine Beleidigung der Reichswehroffiziere. Mit den an die Soldaten gerichteten Worten soll Herr Lehmann-Rußbüldt eine Aufforderung zum Ungehorsam getätigt haben.

All das liegt anderthalb Jahre zurück. Der Angeklagte hat inzwischen eine Erklärung abgegeben, in der er jede Absicht der Beleidigung abweist. Als der Vorsitzende dem als Zeugen vor Gericht erschienenen Reichswehrminister nahelegt, den Beleidigungsantrag zurückzuziehen, sieht sich Herr Geßler hierzu außerstande. Der Angeklagte betont in seiner Vernehmung, daß er niemals daran gedacht habe, irgendwelche Tumulte hervorzurufen, daß die Liga für Menschenrechte jede Gewalttat nicht nur ablehne, sondern verabscheue. Der Reichswehrminister erklärt als Zeuge, daß er den Brief nicht anders habe verstehen können, als daß der Angeklagte eine Verhetzung des Volkes gegen die Reichswehroffiziere beabsichtigt hatte. Im übrigen habe das Reichskabinett nur die Beflaggung der ministeriellen Gebäude vorgeschrieben, es sei also keine Veranlassung gewesen, das Flaggen nachgeordneter Stellen zu befehlen. Aus der weiteren Vernehmung der als Zeugen erschienenen Reichswehroffiziere ergibt sich, daß die Abwesenheit der leitenden Offiziere auf Urlaub und Dienstreisen zurückzuführen war.

Immerhin sieht sich der Verteidiger veranlaßt, den Reichswehrminister zu fragen, ob er immer noch – auch nach dem Falle Lossow[16] – von der absoluten Zuverlässigkeit des Offizierskorps überzeugt sei. Der Minister bejaht diese Frage. Einen der als Zeugen erschienenen Generale fragt der Verteidiger, ob er Monarchist sei. Der General antwortet mit dem Hinweis auf seinen auf die Verfassung geschworenen Eid. Die Frage, ob er Republikaner sei, wird von dem Gerichtshof abgelehnt. Ebenso eine andere Frage. Der General versah zur Zeit des Kapp-Putsches[17] Grenzdienst im Westen. Ihm war von Stettin aus mitgeteilt worden, daß die Reichsregierung zurückgetreten sei, und es wurde ihm aufgetragen, die Presse auf ihre

....

16 *(Der bayerische Reichswehrgeneral von Lossow unterstützte im November 1923 den Hitler-Ludendorff-Putsch in München.)*

17 *(1920)*

Freundlichkeit gegenüber der neuen Regierung hin zu überwachen. Der General hatte in Unkenntnis der Tatsache, daß die alte Regierung nicht zurückgetreten war, dem Befehle gehorcht. Nun wird an ihn von der Verteidigung die Frage gestellt, ob er auch so oder anders gehandelt hätte, wenn er gewußt hätte, daß die Mitteilung vom Rücktritt der Regierung falsch war. Das Gericht lehnt die Frage mit der Begründung ab, der General werde heute darüber keine Aussage mehr machen können, weil er vielleicht inzwischen seine politische Überzeugung geändert habe.

Verteidiger: „Herr General, haben Sie inzwischen Ihre politische Gesinnung geändert?"

Zeuge: „Nein!"

Der Prozeß endete mit der Verurteilung des Angeklagten zu 400 Milliarden Geldstrafe. Insofern hat also Reichswehrminister Geßler seinen Zweck erreicht, als er den ihm zugegangenen Brief der Staatsanwaltschaft zur Verfolgung behändigte. Aber zu welch höheren Zielen er das Verfahren anstrengte, bleibt unerfindlich.

Der Brief des Angeklagten war sicher nicht sehr geschickt in der Wahl der Worte. Seinem Inhalt nach aber hatte er die Billigung eines Vorstandsmitgliedes der Liga für Menschenrechte, des Grafen Harry Keßler, gefunden. Anderthalb Jahre hatte man Zeit, sich darüber zu vergewissern, ob der Angeklagte und die von ihm vertretene Liga gefährlichen Volksaufwieglern zuzurechnen seien, was bestimmt nicht der Fall ist. Die Ehrenerklärung des Angeklagten hätte für eine Zurücknahme des Strafantrages der Beleidigung genügen müssen.

Was konnte der Prozeß außer der Verurteilung des Angeklagten noch erbringen? Nichts als die Beleuchtung des Komplexes: Gibt es monarchistisch gesinnte Offiziere, und wie handeln diese, wenn ihre Gesinnung mit ihren Pflichten im Widerspruch steht? Eine Antwort auf diese Frage gibt natürlich nur die Praxis in jedem einzelnen Falle, und so hat Herr von Lossow eine Antwort gegeben. Das Reichswehrministerium aber mußte sich sagen, daß die Aufrollung einer solchen Frage keine strafwürdige Handlung ist, wenn sie von einem Mann ausgeht, der in ehrlicher Sorge um das Wohl der Republik gewisse Vernachlässigungen wahrzunehmen glaubt. Er kann sich in seinen Wahrnehmungen getäuscht haben, er kann sich auch im Ausdruck etwas vergriffen haben – aber soviel mußte

Herrn Dr. Geßler klar sein, daß es sich um eine Betätigung der Gesinnung handelt, die unser Vaterland gerade besonders nötig hat.

Daß tatsächlich sehr viele Reichswehroffiziere sich in dem oben bezeichneten Gewissenskonflikt befinden, ist bekannt. Es ist auch daran nichts zu ändern, und wir wissen alle, daß dieser Konflikt an sich diesen Offizieren durchaus nicht zur Unehre gereicht, sondern im Gegenteil. Wenn aber ein ebenso anständiger und in seinen Gesinnungen unantastbarer Anhänger der Republik in seinen Worten etwas fehlgreift, so macht man besser daraus keine große Sache, sondern sucht durch persönliche Beeinflussung die in jenen Tagen verständliche Erregung zu mildern.

Tatsächlich hatte am Tage der Beisetzung, wie alle anderen Dienstgebäude auch, das Stabsgebäude der III. Division geflaggt, und so waren denn die Amtshandlungen, die der Angeklagte durch eine angebliche Drohung erzwingen wollte, am nächsten Tage tatsächlich höhererseits angeordnet worden. Daher scheint es wirklich überflüssig, ihn wegen dieser „Drohung" nachträglich noch verurteilen zu lassen.

26. 11. 1923

WAS KANN DAS KOSTEN?

Im Jahre 1912 ist er wegen Neurasthenie aus dem Postdienst entlassen worden, der Herr Oberpostassistent. Seitdem ist er Händler – mit oder ohne Neurasthenie – und lebt davon. Er hat einen schelmischen Zug um die blauen Augen.

Und mit dieser Schelmerei im Herzen und um die blauen Augen schimpft er in einer Kneipe öffentlich auf die Judenverfassung und auf die schwarz-rot-goldene Fahne – mit Ausdrücken, die man hier nicht wiedergeben kann. Einige ruhige Bürger warnten ihn. Er aber dachte sich: Was kann das schon kosten? Schimpfte weiter, bis man ihn zur Wache führte.

Vor dem Gericht hat er wieder seinen schelmischen Zug. Ob denn nicht Professor Preuß[18], der die Verfassung gemacht hat, ein Jude sei – und er habe gar nicht die Reichsfarben beschimpfen wollen, sondern die Organisation „Reichsbanner"[19].

Der Staatsanwalt erklärt, wieso die Beschimpfung eine öffentliche gewesen sei, warum Judenverfassung ein beleidigender Ausdruck sei, von den anderen Ausdrücken ganz zu schweigen. Andererseits sei kein großer Schaden entstanden, etwas anormal sei der Angeklagte auch, also beantrage er einen Monat Gefängnis.

Der Angeklagte hat plötzlich keinen schelmischen Zug mehr, aber zehn Minuten später verkündet der Richter das Urteil: 50 Mark Geldstrafe (an Stelle einer verwirkten Strafe von zwei Wochen Gefängnis).

Da lächelt der Angeklagte siegesgewiß – mit der vollen Schelmerei seines Herzens. Hat er nicht recht gehabt, was kann das schon kosten in dieser langmütigen, ausgezeichneten Republik? Die zu beschimpfen kaum teurer ist, als einen Hund ohne Maulkorb laufen zu lassen.

Und er kam nach Hause und konnte seinen Kindern erzählen, er sei einer öffentlichen Belobigung mit knapper Not entgangen.

19.3.1925

NACHTS VOR DER WAHL

Dies Prozeßlein war zeitgemäß. Es handelte sich um die Nacht vor der Reichstagswahl am 4. Mai[20]. Damals wurde eine kommunistische Klebekolonne auf einer Polizeiwache verprügelt. Das ist nun

18 *(Hugo Preuß, 1860–1925, Mitbegründer der Deutschen Demokratischen Partei, „Vater der Weimarer Verfassung")*

19 *(Das Reichsbanner Schwarz-Rot-Gold war der 1924 gegründete Kampfbund der demokratischen Parteien.)*

20 *(1924)*

fast ein ganzes Jahr her. Es wäre übertrieben, wollte man behaupten, daß die Gerichte mit atemberaubender Schnelligkeit arbeiten. Immerhin man kam zurecht, um für die heutige Wahl[21] ein Warnungsfeuerchen anzuzünden.

Angeklagt war ein junger Wachtmeister, der die Zeugen verprügelt, ja über Stühle gelegt hat und nach Kommando exerzieren ließ. Der einzig Beteiligte war er sicher nicht, aber seine Kollegen, die auf der Wachtstube waren, erinnerten sich an nichts, sie hatten nichts gehört oder nichts gesehen. Es ist offenbar eine Berufskrankheit; wie es Nacht- oder Farbenblindheit gibt, so grassiert unter Leuten, die auf der Straße scharf aufzupassen haben, die Wachtstubenblind- und -taubheit. Zwanzig Leute sollen in der Wachtstube gewesen sein, und nach einem Jahr emsiger Vorbereitung hat man die drei, vier Schupos als Zeugen gewonnen, die – eben wachtstubentaub und -blind sind.

Das Gericht aber ließ sich von dem beklagenswerten Gesundheitszustand der grünen Zeugen wenig beeinflussen, hielt vielmehr die Aussagen der Mißhandelten für glaubhaft – auch seien ja die Wachtstubenprügeleien gerichtsnotorisch, man müßte mit dem Unfug endlich aufräumen –, verurteilte den Angeklagten zu sechs Monaten Gefängnis und aberkannte seine Amtsfähigkeit auf die Dauer von drei Jahren.

Eine Kleinigkeit ist anzumerken. Ein Oberwachtmeister, der gefragt worden war, ob er in der Nacht Gummiknüppel an die Mannschaft ausgegeben habe, und der immerhin die Möglichkeit hierfür zugegeben hatte, meldete sich kurz vor Schluß der Beweisaufnahme noch einmal zum Wort: Er habe gar keine Genehmigung zur Aussage von seiten seiner vorgesetzten Behörde gehabt und ziehe deshalb seine Aussage zurück. Das ging nun freilich nicht mehr. Aber die Fälle scheinen sich zu häufen. Vor einigen Tagen erst weigerten sich Kriminalbeamte, in einer sehr gleichgültigen Angelegenheit auszusagen, weil ein Erlaß des Präsidiums ihnen das verboten habe. Es entstand ziemliche Aufregung im Gerichtssaal, und der Richter konnte durch telefonische Anfrage sofort feststellen, daß

21 *(Am 26. April 1925 fand nach dem gescheiterten ersten Wahlgang im März, bei dem kein Kandidat die notwendige Mehrheit erreicht hatte, der zweite Wahlgang zur Reichspräsidentenwahl statt, woraus Paul von Hindenburg als Wahlsieger hervorging.)*

es sich um ein Mißverständnis handle; nur über interne Angelegenheiten der Polizei sei den Beamten ohne vorherige Erlaubnis die Aussage verboten.

Von diesem Mißverständnis scheint fortan mit besonderer Vorliebe Gebrauch gemacht zu werden. In der Tat scheinen aber derartige Erlasse nicht ungefährlich zu sein, weil sie vielleicht nur zu geeignet sind, die Wachtstubentaub- und -blindheit in geradezu lebensgefährlicher Weise (für die Inhaftierten) zu verschlimmern.

26. 4. 1925

DER BOLSCHEWISTENHASSER

Ein russischer Herr kam nachts vom Spielklub heim. Als er das Vorgärtchen seines Hauses geöffnet hatte, sprang aus dem Dunkel ein Mann auf ihn zu, schlug ihm mit einem Gummiknüppel zehnmal über den Kopf, würgte ihn, versuchte, ihm sein Taschentuch als Knebel in den Mund zu stopfen. Als sie beide auf der Erde lagen, griff der Attentäter auch nach Uhr und Brieftasche. Der Überfallene wehrte sich kräftig, Leute kamen dazu, man nahm den Strolch fest.

Als es sich herausstellte, daß der Strolch ein junger litauischer Gutsbesitzer war, der unter den Baltikumern und später in Oberschlesien gekämpft hatte, ließ man ihn nach zwölf Tagen frei und stellte ihn unter Anklage wegen gefährlicher Körperverletzung. Der Einzelrichter erkannte sofort, daß es sich um einen versuchten Raub handelte, und erklärte sich für unzuständig. Nun kam die Sache vor die Schöffen.

Hier zeigte sich, daß dieser nächtliche Attentäter seine bisher so milde Behandlung von seiten der Behörden einem klug angelegten Verteidigungsplan verdankte. Er behauptete nämlich, er hasse die Bolschewisten, weil sie ihn vom Grund und Boden vertrieben hätten; und der Überfallene sei ein Bolschewist. Auch in der jetzigen Verhandlung machte diese Behauptung genug Eindruck, um eine längere Unterhaltung über die Gründe und Auswirkungen des Bolschewistenhasses zu rechtfertigen. Es stellte sich aber heraus, daß der Überfallene gar kein Bolschewist war, daß er vielmehr als ein wohlhabender russischer Kaufmann galt, den der Angeklagte – vom Sehen wie vom Hörensagen – aus einem Spielklub kannte, bei dem er Geld und Wertsachen vermuten durfte.

Der Staatsanwalt hielt auch versuchten Raub für gegeben, billigte aber mildernde Umstände zu, weil der Angeklagte bisher unbestraft war – ferner, weil er vielleicht doch glaubte, einen Bolschewisten vor sich zu haben. Der Antrag lautete auf drei Monate Gefängnis.

Der Angeklagte, der ohne Verteidiger erschienen war, erklärte, durch den Antrag des Staatsanwalts tief erschüttert zu sein; der Ton seiner durchaus bescheidenen Verwunderung ließ erkennen, daß er bisher geglaubt hatte, nächtliche Überfälle auf Bolschewisten seien in den Augen preußischer Justizbeamten gefällige Werke.

Das Gericht nahm denn auch auf die politische Gesinnung des Angeklagten gar keine Rücksicht. Es erklärte vielmehr, daß es sich hier um den Versuch eines der schwersten Verbrechen handelte, die das Strafgesetzbuch kennt. Wollte der Angeklagte einen politischen Gegner treffen, so hätte er ihm offen entgegentreten müssen. Wäre es dem Angeklagten geglückt, dem Herrn die Uhr zu entreißen, so wäre ihm das Zuchthaus sicher gewesen. Die Beweisaufnahme habe ergeben, daß der Angeklagte seinem Opfer stundenlang aufgelauert habe. Der Angeklagte habe aber das große Glück gehabt, daß der Überfallene stark und geistesgegenwärtig genug gewesen sei, sich des Angriffs zu erwehren, so daß es beim Versuch geblieben sei. Immerhin billigte man dem Angeklagten, da er unbestraft war, mildernde Umstände zu, so daß es bei drei Monaten Gefängnis mit Anrechnung der zwölf Tage Untersuchungshaft blieb.

Der Angeklagte, immer noch sanft erstaunt, erklärte, sich bei dem Urteil nicht beruhigen zu können.

Man kann die Bemerkung nicht unterdrücken: Andere Strolche, die sich ähnliche Straftaten haben zuschulden kommen lassen, werden es tief bedauern, daß es ihnen nie eingefallen ist, als litauische Gutsbesitzer auf die Welt zu kommen und die Bolschewisten zu hassen.

27.3.1926

UNVERSCHWORENE VERSCHWÖRER

Die Berliner Politische Polizei deckte im Dezember 1925 einen Attentatsplan gegen den Reichsaußenminister Stresemann auf. Die Urheber des Planes, zwei den Rechtsparteien angehörende Berliner Arbeiter, die zuletzt in Siemensstadt beschäftigt gewesen waren, wurden verhaftet: der Prüffeldhelfer Karl Kaltdorff und der Bürogehilfe Werner Lorenz. – Stresemann sollte erschossen werden. – Nach der Tat sollte ein Automobil die Täter nach einem Flugplatz hinausbefördern, von dort wollten sie im Flugzeug das Ausland erreichen.

Das Gesetz zum Schutze der Republik[22] bedroht mit Zuchthausstrafe denjenigen, der „an einer Vereinigung oder Verabredung teilnimmt, zu deren Bestrebungen es gehört, Mitglieder einer republikanischen Regierung des Reichs oder eines Landes durch den Tod zu beseitigen".

Die beiden ehemaligen Siemensangestellten Karl Kaltdorff und Werner Lorenz, die beide vor den Geschworenen des Landgerichts III sich gegen eine Anklage aus dem Republikschutzgesetz sowie aus dem § 49 a des Strafgesetzbuches zu verteidigen hatten, haben zweifellos Anspruch auf einen Titel: Arme Teufel! Ihr Werdegang hat in einem Punkte sehr große Ähnlichkeit. Sie galten in ihren Familien als minderwertig, waren mehrmals in psychiatrischer Beobachtung und Behandlung, waren beide jahrelang entmündigt, bis auf ihr eigenes Betreiben die Vormundschaft wieder aufgehoben wurde. Bei Kaltdorff spricht man von manischen Geistesstörungen, die sich unter gewissen Umständen einstellen, bei Lorenz muß es sich in der Jugend um eine ausgesprochene Geisteskrankheit gehandelt haben; jetzt hat man es bei ihm mit einer Defektheilung zu tun. Normal seien – so sagen die Sachverständigen – beide nicht; aber wohl seien sie, wenn auch vermindert, für ihr Tun verantwortlich zu machen.

Kaltdorff ist der intelligentere, der sich vielfach politisch interessiert zeigte. Bevor er völkisch wurde, war er an der bayerischen Räteregierung beteiligt und ist wegen der Teilnahme auch bestraft.

22 *(Dieses Anti-Terror-Gesetz existierte nur von 1922 bis 1929.)*

Lorenz ist – zumeist unter dem Einfluß anderer – mehrfach in Eigentumsdelikten straffällig geworden.

Der Ausgangspunkt der Anklage ist der auch von Lorenz mit einem „Heil und Sieg“ unterschriebene Brief Kaltdorffs an den Münchener Rechtsanwalt Dr. Goetz, der den Brief der Staatsanwaltschaft übergab:

„Lieber alter Goetz! Ich lebe noch, habe mich durchgerauft. Es war ein kleines Kunststück, hier anzukommen, und ich habe nun die Chance, heraufzukommen. Zwei Ingenieure haben meinen Eintritt gemanagt. Natürlich Parteisache. Und nun: Ich habe einen Reim gemacht nach bekannten Mustern: Stresemann, verwese man! Du verstehst! Ich habe zwei Offiziere, die mitmachen, und auch die Finanzierung ist all right. Es wäre mir sehr lieb, wenn Du ein paar Zeilen schreiben würdest, daß ich für die Sache gut bin. Du kennst meine Vergangenheit und weißt, was von mir zu halten ist. Natürlich, wenn Du mir auch noch als Referenz dienst, so ist das eine wichtige Unterstützung für mich. Verwese man! Das Schwein muß gekillt werden! Ein Flugzeug ist auch zur Verfügung. Aus diesen Andeutungen weißt Du, um was es geht. Die Industrie ist auch gegen den Verräterhund, zum Beispiel Kirdorff im ‚Lokal-Anzeiger‘. Die Tat geht auf mein Konto. Die zwei Offiziere, deren einer sehr erprobt ist, machen mit. Heil und Sieg! Mit treudeutschem Gruß!“

Kaltdorff beteuert, diesen Brief nur als Ulk geschrieben zu haben. Er habe sich wegen eines Romans über die technischen Möglichkeiten eines solchen Mordes mit Freunden besprochen, aber nur theoretisch. Lorenz sagt, er habe die Redeweise Kaltdorffs nie für sehr ernst gehalten, er hielt Kaltdorff für einen Wichtigtuer oder für verrückt.

Die Zeugen Gräuslich und Funke, zwei Arbeitskollegen, denen Kaltdorff und Lorenz ebenfalls vom Plane Mitteilung machten, drücken sich jetzt weniger bestimmt aus als vor dem Untersuchungsrichter. Sie erinnern sich nicht mehr genau. Gräuslich hatte immerhin das Gefühl, zum Mittun aufgefordert zu sein. Die Unterredung, in der es geschah, war aber nur kurz und wurde durch das Hinzukommen eines Dritten gestört. Er sollte noch einer weiteren beteiligten Persönlichkeit vorgestellt werden, was aber nicht geschah, da inzwischen die Verhaftung der beiden erfolgte. Gräuslich hatte unmittelbar nach der Unterredung einem anderen Kollegen von dem Plan Mitteilung gemacht. Sie erörterten schon die Anzeige, wollten aber Weiteres abwarten. In der Verhandlung sagt Gräuslich, er habe eigentlich doch mehr den Eindruck, daß es nicht sehr ernst war.

Ein völlig klares Bild war in der Hauptverhandlung nicht zu erzielen. Es machte in der Tat einen merkwürdigen Eindruck, daß Kaltdorff und Lorenz von dem Plan an Kollegen Mitteilungen machten, die sie offenbar erst ganz kurz kannten, wie ja auch der Brief an den Münchener Rechtsanwalt Goetz eine unglaubliche Unvorsichtigkeit vom Standpunkt eines Attentäters darstellt. Immerhin, von seinem alten Schulkameraden Goetz wußte Kaltdorff, daß er rechtsgerichtet war, und glaubte wohl, vor einem Verrat sicher zu sein. Man hätte natürlich gern gehört, ob die Einweihung von Gräuslich und Funke sich aus politischen Gesprächen irgendwie organisch entwickelte oder ob die mehr oder minder deutliche Aufforderung zur Teilnahme wirklich so abrupt geschah, wie es in der Hauptverhandlung erschien. Von Lorenz erfuhr man immerhin, daß er etwas ernst nahm: den Geldpunkt. Vielleicht, daß er den angeblich in Aussicht gestellten Lohn von 10 000 Mark gern empfangen hätte, um noch vor der Tat auszukneifen.

Aber war Kaltdorffs Plan wirklich ein Plan? Hatte er Vorbereitungen getroffen? Stand er mit anderen, gewichtigeren Persönlichkeiten in Verbindung? Man weiß es nicht, es wurde nicht erwiesen. Hatte er die anderen auf Grund der angeblich bereits erfolgten Vorbereitung, vor allem der Finanzierung des Planes, zur Mitwirkung heranzuziehen versucht, so setzt die Strafbarkeit wohl voraus, daß die Vorbereitung tatsächlich erfolgt war. Anders, wenn man sich erst zur Vorbereitung zusammengefunden hätte. Dann wäre ja wohl die „Teilnahme an einer Vereinigung oder Verabredung“ erwiesen gewesen. Da aber die Unterlage der Mitteilung vollkommen fehlt, kann man das Ganze, wenn man will, für einen Ausfluß der Großsprechereien eines Psychopathen halten, der Kaltdorff erwiesenermaßen ist.

Die Sache ist zweifelhaft – und der Zweifel muß dem Angeklagten zugute kommen. Man kann sagen, daß die Zweifel, wenn es sich um eine derartige Anklage wegen eines Attentatsplanes auf einen Minister zur Zeit der Monarchie gehandelt hätte, vermutlich unterdrückt worden wären. Die Republik ihrerseits hat gar keinen Ehrgeiz, Märtyrer zu schaffen. Andererseits kann eines nicht verkannt werden: wenn auch der Zeuge Gräuslich seine früheren Bekundungen nicht in vollem Umfange aufrechterhielt, so hat er doch erwiesenermaßen die Äußerungen Kaltdorffs für ernst genug genommen, um sie sofort weiterzuerzählen – wie auch Dr. Goetz pflichtgemäß den Brief der Staatsanwaltschaft übergab. In der Hauptverhandlung wurde das Schicksal der Angeklagten insofern in das subjektive Ermessen der Hauptzeugen gelegt, als man diese immer wieder danach fragte, ob sie denn die Sache ernst genommen hätten. Nicht immer wird so prozessiert. Nicht immer legt man diesen subjektiven Eindrücken von Zeugen so viel größeren Wert bei als den positiven Anhaltspunkten einer Anklage.

21.10.1926

BESUCH BEI MAX HÖLZ

Ein Brief an den preußischen Justizminister

(Der Kommunist Max Hoelz – so die korrekte Schreibweise des Nachnamens – war im Juni 1921 wegen Totschlags an dem Gutsbesitzer Heß zu lebenslänglicher Zuchthaushaft verurteilt worden. Schon damals hatte die „Vossische Zeitung“ anonym, vermutlich war es aber Sling, die mangelhafte Prozeßführung beklagt. Später stellte sich auch der tatsächliche Täter namens Friehe. Hoelz' Freilassung im Juli 1928 wurde aber vor allem durch breiten Protest von Bertolt Brecht, Martin Buber, Otto Dix, Albert Einstein, Lion Feuchtwanger, Heinrich und Thomas Mann und vielen anderen erreicht. Hoelz emigrierte kurz danach auf Einladung Stalins nach Rußland, wo er 1933 gewaltsam ums Leben kam.)

Sehr geehrter Herr Minister!

Ich bin dem Neutralen Komitee für Max Hölz beigetreten, weil nach meiner Überzeugung kein Deutscher wegen seiner politischen

Überzeugung Unrecht leiden darf: kein Kommunist und kein Nationalsozialist, kein Deutschnationaler und kein Demokrat.

Ich begreife es durchaus, daß im politischen Kampf unterliegende Unruhstifter, die sich gegen die bestehenden Gesetze vergangen haben, nach Maßgabe der geltenden Bestimmungen angeklagt und verurteilt werden. Ich verstehe weiterhin, was gleichwohl nicht zu beschönigen ist: daß in einer Zeit tiefgehender Erregung die Justiz nicht mit jener letzten Sicherheit und Sorgfalt funktioniert, die wir gemeinhin von ihr verlangen. Ich weiß aber auch – und das erschütternde Buch Max Alsbergs „Justizirrtum und Wiederaufnahme" hat mich davon überzeugt –, daß die deutsche Justiz auch in ruhigen Zeiten schwer dazu zu bringen ist, ein einmal gefälltes Urteil zu revidieren. Die bisherige Behandlung des Falles Friehe ist nur ein neuer Beleg für die alte Erfahrung.

Meine Überzeugung, daß das über Max Hölz gefällte Urteil einer Nachprüfung bedarf, datiert allerdings nicht von dem Auftauchen Friehes. Die Delikte, die man Hölz zur Last legte, sind zahllos: er selbst bekannte sich zu einer großen Anzahl von Taten, die das Gesetz mit den schwersten Strafen belegt; Brandstiftung, Sprengung, Plünderung, Erpressung hat Hölz als verantwortliches Haupt eines Aufrührertrupps auf sein eigenes Konto genommen – genug, um ihn als einen Schrecken für friedliebende Bürger gelten zu lassen.

Indessen gestehe ich, daß das physische, geistige und moralische Bild, das ich von Max Hölz in seinem Prozeß gewann, sehr wenig dem des Mordbrenners glich, den man zu sehen erwartete.

Darf ich an dieser Stelle wiederholen, was ich unter dem Eindruck des ersten Verhandlungstages über Hölz an dieser Stelle schrieb:

„Das Bild, das man bisher aus den Zeitungsberichten gewonnen hatte, war schwankend. Zuweilen glaubte man an den rohen Verbrecher, dann wieder an den romantischen Räuberhauptmann mit den Allüren eines Revolutionsgewinnlers. Der allererste Eindruck scheint der ersten Annahme recht zu geben: ein kleiner Mann in blauer Gefängniskleidung ohne Kragen; Jacke und Hemd sind offen und lassen die Brust frei. Ein magerer reckiger Kopf, dessen schwarzes, kurzgeschnittenes Haar tief in die niedere Stirn vorspringt, die Ohren etwas zurückstehend, die Augen in tiefen Höhlen, ein bleiches, bartloses Gesicht. Aber kaum hat dieser Mann auf der Anklagebank Platz genommen, so sieht man, daß er weder den Typ des rohen Verbrechers noch den des Romantikers darstellt. Diese niedere Stirn, die nur an den Ecken höher hinanzeigt, hat ihre besondere Wölbung, die grauen Augen blicken scharf, doch nicht ungut, der Mund ist überaus fein und ernst geschnitten und weiß im Gespräch mit seinen Verteidigern klug und witzig zu lächeln. Die langen, sichtlich gepflegten Hände unterstützen das Gespräch auf eine geistige Art – und der Beginn der Verhandlung läßt keinen Zweifel, daß dieser Prozeß ein geistiger Kampf werden wird. Nicht über die kommunistischen Ideen wird der Angeklagte mit dem Gericht streiten, aber aus seinen ersten Worten geht hervor, daß er auf den prozessualen Kampf geistig vollkommen gerüstet ist. Er spricht mit seiner dunklen, weichen, angenehmen Stimme außerordentlich klar und scharf, ziemlich rasch und doch sehr überlegt. Er macht nicht den mindesten Sprachfehler, und der sächsische Dialekt ist bis auf einen fernen Anklang völlig ausgetilgt, seine Darstellungen sind plastisch, klar gegliedert, der Periodenbau seiner Schilderungen ist vollkommen."

Meine Ansicht – durch das gelegentlich wilde Benehmen Hölz' etwas erschüttert – verstärkte sich wieder durch das Zeugnis einiger medizinischen Sachverständigen, die anerkannten, daß dieser „Psychopath mit hysterischen Erscheinungen" begeisterungsfähig und religiös sei.

Anklage und Verurteilung Hölz' wegen *Tötung des Gutsbesitzers Heß* standen immer auf schwachen Füßen, nämlich auf den Aussagen eines Genossen, der mehrfach der – sagen wir – Ungenauigkeit seiner Aussagen überführt wurde, und einer schwergeprüften Frau, die anfangs in Hölz *nicht* den Täter erkannte, die erst unter der fortwirkenden Schwere ihres Leidens zu der Überzeugung seiner Täterschaft kam, um sie dann, 1924, abermals zu bezweifeln. Auch für den Fall Hildebrand (versuchte Tötung) glaubt der Verteidiger Hölz', Rechtsanwalt Dr. Appel, neue Beweise der Unschuld Hölz' gefunden zu haben.

Ich hoffe, daß meine Ausführungen über den Fall Friehe Ihrer Aufmerksamkeit so wenig entgangen sind wie die bisherigen Darlegungen des Verteidigers. Ich konnte es mir aber nicht versagen, von dem Wesen Hölz' eine erneute Vorstellung zu gewinnen, und so benutzte ich die Gelegenheit, die man mir in meiner Eigenschaft als Mitglied des Neutralen Komitees dankenswerterweise bot, Hölz persönlich aufzusuchen.

Der in physischer und geistiger Beziehung vorteilhafte Eindruck aus dem Jahre 1921 bestätigte und vertiefte sich. Hölz hat sich – bis auf kleine Abweichungen in Haar- und Barttracht – wenig verändert. Er ist ungebrochen, pflegt und stählt seinen Körper, dem er mit großer Energie, trotz eines nicht unbeträchtlichen Gicht- und Rheumaleidens, besondere Leistungen abzwingt. Ich versage es mir, an dieser Stelle eine allzu schmeichelhafte Charakterzeichnung zu entwerfen. Aber ich bekenne, daß ich zu diesem Manne sehr rasch eine fast freundschaftliche Zuneigung faßte, der ich selbst mißtrauen müßte, wenn nicht der ausgezeichnete protestantische Anstaltsgeistliche aus seinen monatelangen Erfahrungen mit Hölz meine günstigen Eindrücke bestätigt hätte.

Einzelheiten unserer Gespräche sind eigentlich kaum hervorzuheben. Die Frage, die ich mir vorzulegen habe, ist die: Ist die Hand, die ich hielt, wirklich die eines Mordbrenners, der eine politische Konjunktur benutzte, um seinen wilden Trieben nach Brand und Mord nachzugehen? Daß er versucht hatte, sich persönlich zu *bereichern*, behauptet nicht einmal das Urteil.

Nun, ich glaube, den Max Hölz wiedergefunden zu haben, der er auch sein würde, wenn die Jahre 1919–1921 nicht gewesen wären. Dieser sächsische Taglöhnersohn war von Haus aus keineswegs politisch orientiert. Er war von Wissensdurst und Tatendrang erfüllt, als er 16jährig nach London ging, als er durch schwere Arbeit sich die Elemente technischer und allgemeiner Bildung anzueignen suchte. Später machte er den Versuch, sein Einjähriges nachzuholen. Als Techniker arbeitete er in Berlin, erreichte eine wirtschaftliche Selbständigkeit als Kinobesitzer in der Provinz. Vom Militärdienst war er befreit, meldete sich aber 1914 sofort freiwillig, ging aus dem Kriege mit dem Eisernen Kreuz und einer gesundheitlichen Schädigung hervor, die man als vierzigprozentig festsetzte. Er hatte seine Pflicht getan, und er würde sich vielleicht auch jetzt nicht viel um Politik gekümmert haben, hätte ihn nicht das Schicksal in einen kleinen Ort mit 4000 Arbeitslosen geworfen. Mit der Organisation einer Brotverteilung unter den Hungernden fing es an. Und später erfolgte ein kurzer politischer Kursus bei einem sozialdemokratischen Abgeordneten. Der Kapp-Putsch machte ihn zum Politiker, die Rebellion zum Rebellen.

Man kann die einzelnen Handlungen Hölz' verurteilen; man darf aber nicht vergessen, daß sein erster Kampf der berechtigten Abwehr eines hochverräterischen Aktes galt und daß er zum Kriegführenden wurde, als er die Republik sogar durch die Republikaner verraten glaubte – als gegen die hungernde und frierende Arbeiterbevölkerung Mitteldeutschlands Hörsingsche Sipo[23] anrückte.

Es war aus ihm das geworden, was aus einem jungen, ungewöhnlich tatkräftigen und begabten Menschen werden mußte, den Herkunft und Schicksal auf die Seite derer gestellt hatte, denen die bürgerliche Gesellschaftsordnung kein Brot mehr zu geben hatte.

Ein Aufstand, mit unzureichenden Mitteln und Kräften unternommen, artet sehr leicht in rohe Einzelhandlungen aus. Der Sieger darf ihn als Verbrecher charakterisieren und bestrafen. Aber es muß auch für den Sieger die Stunde kommen, wo er seine Mitverantwortung an den Geschehnissen erkennt und sich die Frage vorlegt, ob es nicht genug der Strafe ist.

Der Sieger hat in zahllosen Fällen bereits *Milde geübt,* und gerade solche Leute, die mit roher Hand den Bürgerkrieg um des Bürgerkrieges willen führten, sind längst begnadigt worden. Das aber gerade hat Hölz, und in dieser Beziehung glaube ich ihm vollkommen, nie getan.

Ich glaubte an Hölz wahrzunehmen, daß er in den sechs Jahren eine *Entwicklung* durchgemacht habe. Er lehnte es ab: „Es ist ein Kunststück, im Zuchthaus kein Schuft zu werden. Ich habe menschlich nicht gewonnen, höchstens verloren. Gebessert geht hier keiner heraus."

Man kann die persönliche Überzeugung Hölz' für falsch halten, man kann an seinem gelegentlich so unbeherrschten Ichgefühl Anstoß nehmen. Man kann aber nicht verkennen, daß die Schicksalslinie dieses Menschen, der seiner Partei religiös ergeben ist, der mit Inbrunst zu geistigen Gütern strebt, der im Gespräch zahllose Beweise eines zarten Herzens gibt, eine vom *Ethischen* bestimmte Persönlichkeit ist.

23 *(Die Sicherheitspolizei unterstand zu diesem Zeitpunkt dem Sozialdemokraten Friedrich Otto Hörsing.)*

Eine solche Persönlichkeit gehört aber nicht ins Zuchthaus.

Die Frage ist: Soll nun wirklich das Ermittlungsverfahren gegen Friehe abgewartet werden, um der Haft Hölz' ein Ende zu bereiten? Ich gestehe, daß ich gegen diese Prozedur die allergrößten Bedenken habe. Sie ist vielleicht nicht zu umgehen, sie wird unendlich viel Zeit, Arbeit, Geld kosten – auch dem Staate, viel mehr Geld als die Einrichtung von elektrischem Licht im Zuchthaus zu Groß-Strehlitz, wo allabendlich 500 Petroleumlampen brennen.

Aber wenn wir schon unsere Mitverantwortung an dem Fall Hölz fühlen, seien wir uns bewußt, daß jede Stunde, die dieser Mann länger als notwendig hinter Zuchthausmauern weilt, unsere Verantwortung erhöht.

Politische Beweggründe aber sprechen mehr für als gegen eine schleunige Erledigung. Max Hölz ist im Zuchthaus ein so gewaltiges Propagandamittel für die K.P.D., daß man fast zur Annahme berechtigt ist, er werde als „Zugkraft" außerhalb des Zuchthauses eher verlieren als gewinnen. Ist er in Wirklichkeit nicht der Führer, als der er sich fühlt und für den ihn seine Freunde halten, so wird sein Stern nach einer kurzen Zeit besonderen Leuchtens rasch erblassen. Ist er der Führer, so ist die K.P.D. um eine ethisch bestimmte, also verantwortungsbewußte Persönlichkeit reicher, und das kommt letzten Endes dem Staate zugute.

Mag bis zu Ihrer Entschließung, sehr geehrter Herr Justizminister, noch einige Zeit vergehen … Eines bitte ich Sie, sofort zu veranlassen: daß die Vergünstigungen, die sonst jedem Strafgefangenen, der sechs Jahre Zuchthaus hinter sich hat, gewährt werden, sofort in vollem Umfang ohne jede Einschränkung auch Max Hölz zuteil werden. Es ist das ein Kapitel, über das ich an dieser Stelle heute nicht sprechen möchte. Und ich hoffe, nie darüber sprechen zu müssen.

Diesen Bericht Ihnen zu erstatten, hielt ich für meine Pflicht.

Genehmigen Sie, Herr Justizminister, den Ausdruck meiner vorzüglichen Hochachtung.

22. 5. 1927

SLANG

Slang slingt in der „Roten Fahne". Gestern saß er als Angeklagter vor dem Schöffengericht. Wegen Gotteslästerung. Als Angeklagter heißt Slang Hampel. Womit nicht behauptet sein soll, daß ich als Angeklagter Himpel heißen werde.

Slang sieht keineswegs aus wie ein gewerbs- und gewohnheitsmäßiger Gotteslästerer. Er hat zwar etwas gar schwärmerische schwarze Augen. Aber die Wangen sind gemütvoll gerundet, und von seinem schwarzen Haupthaar fehlt kein einziges. Glücklicher Slang!

In seinem letzten Weihnachtsartikel soll er Gott gelästert haben. Er war parteigemäß gegen die bestehende Gesellschaftsordnung zu Felde gezogen und hatte versucht, diejenigen Schichten zu persiflieren, die das ganze Jahr über auf ihrem Geldsack sitzen, nach Gewalt schreien, um dann zur Weihnachtszeit mit frömmelnder Miene vom Weltfrieden zu reden und belanglose Wohltätigkeiten zu erweisen.

Slang hatte das so ausgedrückt: „Der dreieinige Gott, der da heißt: Kirche, Knute, Kapital, hat nie schamloser gelogen als in diesen Tagen."

Darin hätte vielleicht kein Staatsanwalt der Welt eine Gotteslästerung erblickt. Aber ein deutschnationaler Arbeitersekretär, offenbar Spezialist für Entrüstung, stand auf, erstattete Anzeige und erklärte auch als Zeuge nicht ohne Salbung, daß er sich in seinem religiösen Gefühl verletzt fühle. Vergebens hielt ihm der Richter vor, daß es zweifellos heute Schichten gäbe, die in Kapital und Gewaltherrschaft ihre wahren Götter sähen. Der Arbeitersekretär blieb verletzt, und der Staatsanwalt sprang ihm bei, indem er für verwirkte sechs Wochen Gefängnis 600 Mark Geldstrafe forderte.

Das Gericht warf die Unterfrage auf, ob es sich nicht hier vielleicht weniger um eine eigentliche Gotteslästerung als um Verächtlichmachung kirchlicher Einrichtungen handle. Es folgte aber im Urteil den Darlegungen des Verteidigers, indem es ausführte: Der Angeklagte habe glaubhaft gemacht, daß ihm der Vorsatz einer Gotteslästerung fernlag. Er habe nicht von Gott behauptet, daß er lüge – sondern lediglich von dem Gottgötzen „Kirche, Knute, Kapital". Dieser Gottgötze sei aber durch das Gesetz nicht geschützt. Ebensowenig könne in dem inkriminierten Satz die Verächtlichmachung einer Kirche in ihrer ethischen Eigenschaft gesehen werden. Der Angriff könnte nur Organen der Kirche gelten, soweit sie sich auf außerreligiösem Gebiet betätigen.

Und Slang wurde freigesprochen.

16. 9. 1927

DER VERURTEILTE SLANG

[...] So standen die Dinge vor sieben Monaten, und man durfte glauben, diese Angelegenheit sei längst erledigt. Aber nein: Nach vollen sieben Monaten sitzt Slang wieder auf der Anklagebank – die *Staatsanwaltschaft* hat *Berufung* eingelegt.

Wieder also las ein Richter den Artikel vor, wieder leistete der deutschnationale Arbeitersekretär seinen Zeugeneid, um mit dem ihm eigenen (milde gesagt) unausstehlichen Pathos zu erklären, er sei durch den Artikel in seinen religiösen Gefühlen verletzt worden und habe es für seine Gewissenspflicht gehalten, den Artikel zur Anzeige zu bringen. Wieder bekämpfte der Staatsanwalt die Interpretation des Angeklagten, indem er darauf hinwies, daß der „normale Leser" sich durch diesen Artikel verletzt fühlen müsse. Er beantragte an Stelle einer verwirkten Gefängnisstrafe von sechs Wochen eine Geldstrafe von 600 Mark für Slang und seinen verantwortlich zeichnenden Kollegen. Der Verteidiger bemerkte noch so richtig, daß man den ärgernisnehmenden Zeugen unmöglich für einen normalen Leser halten könne, da er ja die kommunistische Zeitung nur lese, um dort zu suchen, worüber er sich ärgern könne. Der Angeklagte habe sich in seiner Gesellschaftskritik durchaus im Rahmen der freien Aussprache gehalten, die ihm die Verfassung garantiere.

Das Gericht beriet sehr lange, außerordentlich lange, um zu dem Schluß zu kommen: Das *erste Urteil* wird *aufgehoben*, die Angeklagten werden zu *je drei Wochen Gefängnis* verurteilt. Die lange Beratung, in der offenbar sehr gegensätzliche Auffassungen aneinandergeraten waren, verhinderte augenscheinlich den klaren Niederschlag dessen, was das Gericht mit seinem Urteil besagen wollte. Immerhin war aus den Worten des Vorsitzenden zu entnehmen, daß das Gericht sich der Interpretation Slangs nicht anschloß; es stellte fest, daß das Ansehen Gottes beschimpft worden sei und daß auch die Einrichtungen der christlichen Kirche dadurch verletzt seien, daß die Kirche als ein Teil der heuchlerischen und lügnerischen Gesellschaft bezeichnet worden sei. Der Angeklagte habe den dreieinigen Gott durch „Kirche, Knute und Kapital" versinnbildlicht und ihn dadurch beleidigt. – Und dies gerade zur Weihnachtszeit, die so tief im Gemütsleben des deutschen Volkes wurzelt.

Bei Preßvergehen könne der Zweck der Strafe durch eine Geldbuße nicht erreicht werden, es sei deshalb auf *Gefängnis* zu erkennen gewesen. Da aber andererseits der Angeklagte in der Hauptsache für die Leser der „Roten Fahne" geschrieben hätte, so sei eine Strafe von drei Wochen Gefängnis als ausreichend anzusehen.

Mit diesem Urteil hat natürlich das Gericht der „Roten Fahne" und ihrer Partei einen überaus großen Gefallen erwiesen, Slang hat einen herrlichen Stoff für einen Artikel und wird, falls nicht die Revision der Sache noch eine andere Wendung gibt, mit Wonne auf drei Wochen seine Stellung als Staatspensionär beziehen. Aber immerhin – das Gericht urteilte, daran ist gar nicht zu zweifeln, aus seiner Überzeugung heraus.

Anders verhält sich die Sache mit der Staatsanwaltschaft. Wenn sie durch gesetzliche Vorschriften gezwungen war, auf das Ärgernis eines berufsmäßigen Ärgernisnehmers eine Anklage zu bauen, so handelte sie für den ersten Teil des Prozesses im Rahmen ihrer Verantwortung. Aber der Appell an die höhere Instanz war – milde gesagt – eine Überflüssigkeit. Ein gewisses Schamgefühl sollte unsere Behörde davon zurückhalten, über die formale Pflicht hinaus sich auf Zeugen zu berufen, deren Pathos bei jedem geschmackvollen Menschen die peinlichsten Empfindungen hervorruft. Und was kommt dabei heraus? Kosten, Zeitverschwendung, Märtyrertum und gepfefferte Artikel gegen die Justiz.

Und noch etwas. Im Plädoyer des Staatsanwalts wie im Urteil wurde geltend gemacht, daß – wenn der Angeklagte wirklich habe sagen wollen, was er heute behauptet gemeint zu haben, er das besser hätte ausdrücken müssen. Also billigt man ihm seine harmlose Absicht zu und schickt ihn nur wegen stilistischer Ungeschicklichkeiten ins Gefängnis? Sozusagen wegen fahrlässiger Gotteslästerung?

O Slang, so du im Gefängnis zu den eigenen auch unser aller stilistische Sünden abbüßest – tu, was du willst, träume vor dich hin, schreibe auch, wenn es sein muß – aber denke nicht nach. Es macht unnütz bitter, und die Welt wird nicht anders.

14. 4. 1928

DER MENSCHHEIT KRÜMEL

WANDERER AUF ERDEN

Ja, wir sind Landstreicher auf Erden. Wir wandern Wege und Wüsten, zuweilen kriechen wir, zuweilen gehen wir aufrecht und zertreten einander.

KNUT HAMSUN, „DAS LETZTE KAPITEL“

Polizeigericht. Nein, die Juristerei besagt hier nicht viel. Überlassen wir den Ladendieb, den Wechselfallennepper ihrem Schicksal.

Nein, nicht Gericht. Es ist ein Gasthaus. Denn um hierher zu kommen, muß man kein Dach über dem Kopfe haben. Gasthaus Berlin, das ist Station, das ist Ausruhen für Stunden, Tage. Die Bahn führt hierher, aber auch endlose Chausseen. Irgendeiner, einsam, verwildert, tippelt daher, bis die ersten Häuserreihen ihn aufnehmen. Stellt sich unter eine Eisenbahnbrücke, streckt die Mütze vor sich hin. Oder springt über ein Gitter, drückt ein Laubenfenster ein, legt sich zum Schlafen nieder. Oder steht mit Bart und langgewachsenen Haaren mitten in der Stadt und predigt Gott. All das dauert nicht lange. Dann tritt jemand hinzu, sagt: Kommen Sie mit, und führt ihn ins Gasthaus.

Berlin, Berlin – und wollen alle nach Berlin. Das 18jährige Jüdchen aus Polnisch-Oberschlesien, das ein Deutscher wäre, wenn's mit rechten Dingen auf der Welt zuginge – das nun ohne Paß und Erlaubnis über die Grenze machte und sich ohne jegliche polizeiliche Anmeldung hier aufhielt. Es sieht schon ganz westeuropäisch aus in seinem zierlich adretten Anzug, macht nur ein etwas verwundertes Gesicht über die vielen, zuweilen sich widersprechenden, stets aber treffenden Bemerkungen, die man über es macht. Wohlwollen auf allen Seiten – gewiß, das individuelle Vergehen sei an sich nicht so schlimm, aber die Verordnungen und Gesetze seien da, und man müsse auch von höheren Gesichtspunkten aus bemerken, daß Deutschland es schwer genug habe, seine eigenen Kinder zu ernähren, wiewohl man in diesem Falle geneigt sei, die unfreiwillige Gastfreundschaft nicht länger auszudehnen, falls Hoffnung bestehe, eine Geldstrafe in Raten ausgezahlt zu bekommen.

Das Jüdchen verschwindet, um einem baumlangen, blonden Russen Platz zu machen. Kein Mantel, kein Hut. Der sehnige, braune Hals von keinem Kragen, keinem Schal bewahrt. Aber ein Stolz und ein Adel läßt ihn den buschigen Kopf hoch tragen. Zu allem heißt er noch Herr Weltmann und ist ein Balte.

Ja, wir sind Landstreicher auf Erden und Herr Weltmann wohl ein Überbleibsel des großen Krieges. Kein Paß, kein Ausweis. Und marschiert dennoch aus der Tschechoslowakei nach Deutschland mitten hinein. Er will nach Hause, zu Mütterchen Rußland, würde auch in Deutschland bleiben, wenn's Arbeit gäbe. Und sieht dennoch, wo er ist, sonderbar zu Hause aus. Eben Weltmann. Deshalb antwortet er freimütig, ebenso bescheiden wie stolz. Zuweilen gehen wir aufrecht, zuweilen beugen wir uns. Da sind die deutschen Gesetze, und wir müssen uns beugen.

Ja, Herr Weltmann, Sie haben kein Geld, da müssen wir Sie bitten, sieben Tage in unserem Gasthaus fürliebzunehmen. Erheben Sie Einspruch? Nein. Und Herr Weltmann geht fest, stolz und einsam ins Gefängnis zurück.

Haha, der Mann mit dem wallenden Bart. Er wandert nicht nur, er predigt dazu. Kommt aus seiner Zelle mit den Gebetbüchern unter dem Arm und einem vertrockneten Mimosenzweig. Haha. Kann keine fünf Minuten ohne Poesie sein. Kein Geld und polizeilich mangelhaft gemeldet. Aber Mimosen. Schon vorbestraft – wegen desselben Delikts: versammelt sich gern unter freiem Himmel.

Der Ausnahmezustand ist doch aufgehoben – oh, er weiß Bescheid in dem Irrgarten der Gesetzgebung. Und dennoch nicht genug. Denn der Askanische Platz gehört in die Bannmeile des Abgeordnetenhauses, und da darf sich auch ein Mann Gottes, beziehungsweise der Mimosen, nicht unter freiem Himmel versammeln. – Aber ist es denn nicht gut, wenn man von Gott spricht? Natürlich ist es gut, nur nicht auf dem Askanischen Platz. Nun, man will ihm ja Bewährungsfrist geben – im Prinzip stehe ihm ja das Gasthaus offen, wenn es ihm aber peinlich sein sollte – –

Der Gottesmann ist nicht zufrieden. Er holt hinter dem Barte sein silbernes Kreuz hervor: „Sie werden vor einem höheren Richter stehen, meine Herren Richter!"

Na ja, aber doch nicht auf dem Askanischen Platz – die Berufung steht ihm offen – – und zieht mit seiner Mimose dahin.

Und zu guter Letzt der letzte aller Landstreicher. Das Gasthaus ist ihm sicher. Denn niemand weiß, wer er ist.

Aus einem Wald von schwarzgrauem Haar und Bart leuchtet matt ein sonderbar gelbes Gesicht, glühen zwei wilde, verwegene Augen.

„Sind Sie Leukoff?“

„Ja, ich bin Leukoff aus Bremen in Ostfriesland –“

„Aber Sie sollen Siaux aus Frankreich sein?“

„Nein, ich bin Leukoff –“

„Sie sollen auch Leupoff, Lenthoff, Leikowitz sein?“

„Nein, ich bin Leukoff –“

„Sie sprechen doch gar nicht Ostfriesisch – Sie sprechen eher wie ein Franzose –“

„Ich spreche kein Wort Französisch –“

„Sind Sie vielleicht geisteskrank?“

„Nein – ich bin nicht geisteskrank –“

„Sie haben gebettelt, das ist ja gar nicht so schlimm – aber sagen Sie uns, wer Sie sind –“

„Ich bin Leukoff –“

Und wird am Ende als unlösbares Rätsel ins Gasthaus zurückgeführt. Wer ist wer? Wer sind wir? Wir wissen nur, was wir sind – – Landstreicher auf Erden.

DAS VERBRECHEN, WENN MAN DABEISITZT

Zwei Männer sitzen im Café und reden ihr Zeugs, dieweil die Dame (lebensunmittelbar) ihre Augen schweifen läßt. Ab und zu meldet sie, was passiert. Die Männer reden ihr Zeugs. Jetzt sagt die Dame: „Eben sind zwei Verbrecher hereingekommen, unglaubliche Kerle, dahinten, sie setzen sich, sie stehen wieder auf, sie machen sich an den Mänteln zu schaffen – jetzt setzen sie sich woanders hin.“

Die beiden Herren wenden kaum die Köpfe. Sie reden ihr Zeugs. Eine gute Viertelstunde. –

Plötzlich Krach. Dicht am Ausgang. Donnerwetter. Schrei. Tumult. Man sieht noch gerade, wie ein lachender Herr den einen der Verbrecher von hinten an den Schultern packt – schon sitzt der Kerl an der Erde, wehrlos am Schlafittchen gehalten. Der andere Dieb ist vom dicken Geschäftsführer gegen die Glaswand gedrängt – er will durchaus nichts mit der Geschichte zu tun haben. Aber schon zieht man ihm die beiden Mäntel aus. Den einen hat er eben gestohlen, den andern vermutlich auch irgendwo. Man schreit nach Schupo. –

Diese beiden Verbrecher sehen nicht sehr vergnügt aus. Überhaupt scheint man beim Mäntelstehlen nicht sehr gut zu werden. Eigentlich eine ungeheure Dummheit, in diesem halbzerfetzten Zustand ein elegantes Café zu betreten, wo nur anständige Leute sitzen, denen man sonst nichts ansieht. Immerhin trägt der eine Kerl einen furchtbar schäbigen schwarzen Gehrock. Die lebensunmittelbare Dame meint: „Er sieht aus, als habe er unter dem Gehrock kein Hemd."

Diesem Zustand zum Trotz kämpfen die beiden Diebe um ihre Freiheit, versuchen sich der Umklammerung zu entziehen, die angstvoll aufgesperrten Augen spähen nach irgendeiner Möglichkeit, zu entweichen.

Und der eine zeugsredende Herr sagt zu dem andern: „Es muß doch etwas sehr Anziehendes in der Freiheit sein, wenn zwei Menschen sich so danach sehnen. Freiheit scheint dennoch das höchste Gut der Menschen zu sein."

„Und zu denken, daß der und ich frei sind", sagt der andere.

„Und immerzu frei – und nichts als frei", sagt der eine. –

Die Schupos sind immer noch nicht da. Aber genug handfeste Männer, um die beiden Diebe in Schach zu halten. Da bekommt der Geschäftsführer erstens einen roten Kopf und zweitens Mut. Er beginnt, auf die Diebe furchtbar zu schimpfen, und mit der geballten Faust schlägt er mal dem einen Dieb, mal dem andern ins Gesicht.

Jetzt sehnen sich die Diebe nicht mehr nach Freiheit, sondern richtig und ehrlich nach Schupos. Die Hiebe sausen immer kräftiger. Es fehlt nicht viel, daß die Diebe selbst nach dem rettenden Schutzmann rufen. Endlich sind zwei Grüne zur Stelle. Schwer ist der tobende Geschäftsführer zu beruhigen. Noch jetzt teilt er in aller Eile eine seiner gewichtigen Ohrfeigen aus, als habe er vergessen, was Wichtiges zu sagen – als fiele ihm noch gerade was ein. Dann sind endlich die Diebe fortgeschafft. –

Die zeugsredenden Herren bemühen sich um den Kern der Dinge. Der eine sagt: „Es ist eine Gemeinheit, einen wehrlosen, verhafteten Mann zu schlagen."

Und der andere: „Vielleicht. Aber die Diebe litten zuerst schwer unter dem Verlust der Freiheit. Als sie Prügel kriegten, sehnten sie sich nach dem geruhsamen Gefängnis! Ist wirklich Freiheit das höchste Gut und damit der Verlust der Freiheit die schlimmste Strafe, so haben die Prügel bewirkt, daß ihr Schmerz um die Freiheit betäubt wurde. Wir verstehen ja alles, zur Not auch Manteldiebe. Du und ich, wir wollen ja nicht strafen, wir sehen bloß die Notwendigkeit ein, die Gesellschaft vor Dieben zu schützen. Wir erkennen also die Gefangenschaft ebensowenig als Strafe an wie die Prügel. Ist nun durch die gelinde Prügelei der Schmerz um das kostbarste aller Güter, die Freiheit, gelindert worden, so ist in Wahrheit den armen Schächern mit den paar Ohrfeigen eine Wohltat erwiesen worden, und zu bedauern ist höchstens …"

„Wer?"

„Wie immer – der Henker, der geprügelt hat."

So redeten sie ihr Zeugs. Die lebensunmittelbare Dame aber hörte nichts davon, und ihre Augen spähten nach neuem Geschehen.

9.10.1923

DIE GLÜCKSPILZE

Der eine hat nächtlings – wie er sagt – im Rausche mit dem Fuß die kleine Scheibe eines Schuhladens eingedrückt. Der andere stand dabei. Am nächsten Morgen fehlten drei linke Damenschuhe. (Der Ladenbesitzer erklärt: Wir stellen immer nur linke oder nur rechte Schuhe aus, um den Appetit der Einbrecher zu dämpfen.)

Beide sind vorbestraft – auch wegen Einbruchs. Der eigentliche Täter sagt: „Seit meiner Kriegsverletzung vertrage ich keinen Alkohol mehr. Im Rausche habe ich die Neigung, Ladenfenster einzuschlagen. Das klirrt so." Er ist tatsächlich wegen derartiger Beschädigungen mehrfach bestraft.

Der Staatsanwalt beantragt zwei Jahre Zuchthaus, der Verteidiger Freisprechung – das Fehlen der linken Schuhe sei ja erst viele Stunden nach dem Einbruch bemerkt worden. Sie können von anderen Passanten gestohlen sein.

Das Gericht zieht sich zurück – kommt aber nach einer Weile wieder, um zu fragen, ob der Ladenbesitzer Strafantrag wegen Sachbeschädigung stellt.

„O nein – ich habe ja fast keinen Schaden gehabt."

Noch einmal berät das Gericht und verkündet endlich:

Freispruch von der Anklage des schweren Diebstahls; mangels Strafantrages wegen Sachbeschädigung Einstellung des Verfahrens – Aufhebung des Haftbefehls.

Die beiden Spitzbuben sehen sich verständnislos an. Soviel Glück erscheint ihnen unheimlich.

DER SCHATTENFÜRST

Auf einer Tragbahre bringt man ihn aus dem Zuchthaus in den Gerichtssaal. Einst ein großer internationaler Gentleman-Einbrecher. Heute ein unheilbarer Rückenmärker, der die letzten Jahre seines Lebens im Zuchthaus zubringen muß, wo er über sein wechselvolles Schicksal nachdenken kann. Auch auf der Tragbahre zeigt er noch einen Schimmer von Eleganz: einen tadellosen Cutaway, weißeste Wäsche.

Die Schicksale waren vielgestaltig. Einmal bekam er zu einer Operation einen Zuchthausurlaub – floh nach Italien und Holland, wo er seine jetzige Frau – eine hübsche, offenbar kluge und tüchtige Person – kennenlernte. Als er 1919 von Amnestie hörte, kehrte er irrtümlich zurück, wurde gefaßt, brach wieder aus und wurde noch einmal ergriffen. Bis 1931 hat er sowieso zu sitzen. Gestern verhandelte man über zahllose Einbrüche, die er 1919 in den elegantesten Berliner Hotels verübte. Man kann sie im einzelnen kaum noch durchsprechen – die Zeugen erinnern sich nicht mehr recht. Zwei Fälle werden herausgegriffen. Für seine Frau spricht er ritterlich und reinigt sie vom Verdacht der Hehlerei. Er selbst bekommt noch zwei Jahre Zuchthaus dazu, bis 1933, das er nicht mehr erleben wird. Und er nimmt Abschied.

DER FRECHDACHS

Er hat einen leisen Sprachfehler, eine schöne, wenn auch untugendhafte Braut; und er ist außerordentlich frech. Er sagt zum Beispiel: Jeder Landgerichtsdirektor sollte inkognito mal ein halbes Jahr im Zuchthaus sitzen, um zu sehen, was das ist. Und der amtierende Landgerichtsdirektor bringt den Humor zur Gegenfrage auf: Warum inkognito?

Bei einem Einbruch erbeutete Seidenwaren hat er seiner Braut geschenkt. Er gibt Hehlerei zu, den Einbruch selbst will er nicht begangen haben. Viel spricht dafür, nichts dagegen. Man möchte darauf wetten – aber ist es auch erwiesen?

Und ist die Braut der Hehlerei schuldig? Der Frechdachs verteidigt sie energisch: „Sie hat nichts gewußt – meine Braut hat mit der Polizei noch nie was zu tun gehabt."

„Na erlauben Sie mal –", unterbricht der Vorsitzende.

„In der Beziehung –", sagt der Bräutigam verständnisinnig. Nachdem der Staatsanwalt gegen den schwer Vorbestraften vier Jahre Zuchthaus beantragt hatte, plädiert der Frechdachs selbst: „Ich wende mich an die Herren Schöffen und bitte Sie, sich nicht von dem Vorsitzenden beeinflussen zu lassen, der als ein besonders scharfer Richter bekannt ist …"

Frechdachs war falsch unterrichtet. Der Richter ist einer der mildesten und läßt die Braut mit einer Geldstrafe davon. Der Frechdachs kommt auf drei Jahre ins Zuchthaus. Der sonst so sanfte Richter kann nicht umhin, die besondere Dreistigkeit des Angeklagten zu kennzeichnen. Fast sieht es aus, er wäre ohne Frechheit besser gefahren. Aber es sieht wohl nur so aus – denn die Ungebühr vor Gericht ist ein Ding für sich. Und daß der Milde für ein paar dumme Witze ein Jahr mehr gegeben hat, will man nicht glauben. Der Tag des Gerichts ist der große Tag in dem Leben des Berufsverbrechers; da muß er den Witz, wenn er ihn hat, springen lassen. Wann sonst?

DAS UNTIER

Wie ein Seehund, der eben aus dem Wasser aufs Land humpeln will, steht der kleine Mann mit dem wollenen Schal um den fetten kragenlosen Hals hinter der hohen Schranke des Anklageraumes – die beiden Flossen rechts und links aufgestützt, dazwischen der kugelrunde, glattgeschorene Kopf. Weiter lassen sich die Vergleiche mit dem Seehund nicht ziehen, ohne diese edle und liebenswürdige Tierrasse zu beleidigen; denn nicht von Seehunden ist es erfunden worden, daß Männer von dem traurigen Beruf der Frau leben. Auch diese Berufsübung hat der sinnreiche Mensch erdacht.

Richter, Staatsanwalt, der sachverständige Polizeikommissar, ja der Angeklagte und die Zeugen verhandeln den Prozeß mit einer fühlbaren Routine. Er ist so typisch: Das Mädchen hat in einem Anfall von Verzweiflung den Kerl bei der Polizei angezeigt; wie in der ersten Instanz so in der zweiten will sie von der ganzen Geschichte nichts mehr wissen. Sie ist inzwischen von dem organisierten Anhang bearbeitet worden. Bleibt sie bei der Wahrheit, drohen ihr Prügel; innerlich ist sie zum Meineid kühl entschlossen. Vielleicht weiß sie auch, daß der Richter ihr doch nicht den Eid abnehmen wird – auch, wenn er droht. Sie ist überhaupt kühl und gleichgültig, mit ihrem unbedeckten strohgelben Zottelhaar um das magere, wachsbleiche Gesicht – gleichgültig, doch nicht dumm und dumpf. Stumm blicken die grauen Augen zum Richtertisch hin.

Die Verhandlung geht wie am Schnürchen. Der Kriminalkommissar sagt „bekanntlich“, der Staatsanwalt sagt „erfahrungsgemäß“, und der Richter sagt „es ist doch immer so“. Eine als Zeugin vernommene, noch immer tätige 58jährige Veteranin des Berufes bringt allerdings ein leises Gruseln in das Ensemble. Ihr unberufener Zynismus zeitigt einige Pointen von schauerlicher Schneidigkeit. Einmal wendet sie sich an den Sachverstand des Richters: „Wie soll der Mann von *dem* Mädchen leben? Sehen Sie sie sich doch bloß an – sieht die aus wie eine Großverdienerin?“ Aus der Voruntersuchung ist freilich ein anderer, dieser Anschauung widersprechender Ausspruch bekannt. Einmal, in moralischer Aufwallung, wollte sie den Angeklagten vom Stehlen abhalten. Da sagte sie: „Wozu gehst du stehlen, du hast doch dein nettes Mädelchen laufen …“

Selbstverständlich wird die Berufung des Angeklagten verworfen, das Mädchen nicht vereidigt. Aber kurz bevor der Gerichtshof sich zur Beratung zurückzieht, kommt es dennoch bei der gewohnheits- und geschäftsmäßigen Abhandlung einer unmenschlichen Angelegenheit zu einer merkwürdigen Bewegung. Der Richter senkt die Stimme, und er sagt ganz sanft und ganz eindringlich: „Angeklagter, Sie wissen, daß die Zeugin im Begriffe steht, Ihretwillen einen Meineid zu schwören, der ins Zuchthaus führt. Das Mädchen hat Ihnen doch einmal nahegestanden, und es kann Ihr Wunsch nicht sein, das Mädchen ins Zuchthaus zu bringen. Ich weiß, Angeklagter, wer Sie sind und was Sie sind, und dennoch glaube ich an einen Rest von Ehrgefühl in Ihnen – ich appelliere an Ihre Mannesehre – da das Mädchen Ihretwillen lügt – sagen *Sie* die Wahrheit.“

Die Stimme des Richters ist nun ganz warm geworden. Kein Mensch im Saal kann sich der Bewegung erwehren. Und siehe: Aus den grauen Augen des strohblonden Mädchens lösen sich Tränen. Die Mundwinkel zucken, und über diesem Weinen ist etwas wie ein Triumphgesang: Sie ist dennoch ein menschliches Wesen!

Nur das Untier auf der Anklagebank fühlt nichts. „Ich habe Ihnen gesagt, Herr Rat, daß ich kein Geld genommen habe – etwas anderes kann ich Ihnen nicht sagen.“

Und glotzt vor sich hin – und schweigt und wartet – nimmt sein Urteil hin – zieht die Flossen ein – taucht unter …

27.5.1924

DER BAUCHLADEN

Stramm aufgerichtet steht der blonde Schupoleutnant vor dem andächtig lauschenden Richter und erteilt dem und dem Amtsanwalt eine Instruktionsstunde über den Straßenhandel mit Zeitungen. Der sanfte Richter ist ein gelehrter Herr, soweit es sich um Gesetze handelt, aber als Berufungsinstanz für Strafmandate kommt er ohne die Hilfe des Polizeileutnants nicht aus. Juristerei kann man studieren, Polizeivorschriften lernt man nie.

Auf der Anklagebank aber sitzt der Zeitungshändler Männicke, der seit 21 Jahren auf dem Wittenbergplatz steht – das heißt seit 21 Jahren gegen die Polizei kämpft.

Der Polizeileutnant setzt genau bis auf den Zentimeter auseinander, wie groß der fliegende Stand eines Zeitungshändlers sein darf, auf daß er kein Verkehrshindernis bilde. Der Händler, der nicht auf den Mund gefallen ist, ruft dazwischen: „Jeder Boom is 'n jrößeres Verkehrshindernis als icke."

Zweifellos hat der Händler die Zahl der vorgeschriebenen Zentimeter überschritten.

„Nun", forscht der Richter weiter, „der Angeklagte soll aber auch gegen die Gewerbeordnung verstoßen haben, indem er nach sieben Uhr abends Zeitungen verkaufte."

„An und für sich darf er ja auch nach sieben Uhr verkaufen."

Der Richter hebt das Haupt: „Nach der Gewerbeordnung darf doch nach sieben Uhr nicht mehr verkauft werden."

„Verzeihung, Herr Rat, Zeitungen doch." Nun ist dem Richter auch so, als habe er schon nach sieben Uhr auf der Straße Zeitungen verkaufen sehen. Auch der Amtsanwalt erinnert sich – er hatte auch immer gedacht, das sei alles verboten, was er allabendlich sah. Merkwürdig, es ist nicht alles verboten, was man so sieht.

„Nur", fährt der Polizeileutnant fort, „darf der Zeitungshändler sich nicht des großen Standes bedienen wie am Tage. Er darf nur soviel Zeitungen bei sich haben, wie er wirklich tragen kann. Zum Beispiel der *Bauchladen* ist erlaubt."

„Der Bauchladen?"

Der Leutnant nickt: „Der sogenannte Bauchladen. Das ist die flache breite Lade, die Straßenhändler vor dem Bauch tragen."

Und träumerisch fragt der Richter den Angeklagten: „Haben Sie einen Bauchladen?“

„Aber, Herr Rat, wo komm’ ich denn mit ’n Bauchladen hin? Ich bin ein gelähmter Mann, und wenn abends die Zeitungen kommen – wie soll ich denn das alles an mir, auf mir unterbringen?“

Und der Polizeileutnant: „Vielfach steckt der Angeklagte die Zeitungen in das Eisengitter des Kaufhauses.“

„Das tut doch keinem Menschen weh. Was soll ich denn zum Beispiel im Regen machen? Nasse Zeitungen kauft kein Mensch. Da stecke ich sie ins Gitter …“

„Hm – und einen Bauchladen wollen Sie nicht?“

„Hat doch keinen Zweck, Herr Rat, da jeht doch nischt rin.“

„Hm.“

Es sprach der Amtsanwalt.

Dann der Angeklagte. Eine Flut von Worten prasselt nieder. Fünf Minuten, zehn Minuten, eine Viertelstunde. Man bewundert die Langmut des Richters. Der aber ist so was gewöhnt, und während der Händler redet, diktiert leise der Richter dem Schreiber das Urteil. Endlich setzt sich der Angeklagte. Ein bißchen mußte er verurteilt werden; aber dem Richter war es doch lieb, daß er ihn wenigstens wegen des Verstoßes gegen die Gewerbeordnung freisprechen durfte.

Es ist doch hübsch, daß man etwas nach sieben Uhr noch tun darf, zum Beispiel Zeitungen verkaufen, natürlich mit Bauchladen.

25. 6. 1924

DAS WC VOR DEM KOMPETENZGERICHTSHOF

Ein junger Rechtsanwalt, als Untermieter Inhaber von drei Zimmern und Nutzungsberechtigter der Küche wie der übrigen Bequemlichkeiten, erhält nach dem Tode der Zimmerwirtin vom Wohnungsamt die Berechtigung, in seiner Behausung zu verbleiben. Für den Rest der Wohnung einen Mieter zu finden ist zunächst schwer, da niemand die Unbequemlichkeit einer gemeinsamen Bequemlichkeit auf sich nehmen will. Endlich erscheint doch ein Mann, der in seiner Wohnungsnot gezwungen ist, sich mit den gegebenen Verhältnissen abzufinden. Er erklärt schriftlich seine Zustimmung zu dem Mitbenutzungsrecht des Rechtsanwalts, bekommt die Wohnung zugewiesen, zieht ein.

Kaum ist er drin, so errichtet er im Korridor eine Zwischenwand – und macht damit allen Hoffnungen des Rechtsanwalts auf Teilnahme an der allgemeinen Bequemlichkeit ein Ende. Der Jüngling ist übel dran. Zwar wohnt auf einem nahen Platze in einem Häuschen eine gute Frau, die noch keinen Hilfesuchenden abgewiesen hat. Auch hat der junge Anwalt Verwandte und Freunde, die er gelegentlich besuchen kann. Aber er wäre kein Anwalt, wenn er sich das primitivste aller Menschenrechte auf die Dauer rauben ließe. Also er klagt.

Im Amtsgericht sitzt als Richter ein Jurist – natürlich, und kein Arzt, der vielleicht für das Recht des Menschen auf Stoffwechsel einiges Verständnis hätte. Der Richter also sagt: Dem jungen Mann kann keineswegs geholfen werden. Er war zwar Mieter seiner früheren Wirtin; die ist aber tot, der Vertrag erloschen, ein neuer ist nicht zustande gekommen, also besteht für die Mitbenutzung keinerlei rechtliche Unterlage.

Richtig: Ein neuer Vertrag ist bisher nicht zustande gekommen. Der Anwalt versucht, das Versäumte nachzuholen. Es gibt ja Zwangsmietverträge, und das Wohnungsamt, das ein menschliches Rühren fühlt – vielleicht weil ihm so was schon mal passiert ist –, ersucht das Mieteinigungsamt, zwischen den Parteien einen Zwangsmietvertrag zustande zu bringen. Glücklicherweise sitzt im Mieteinigungsamt auch ein Jurist, der sofort feststellt, daß Zwangsmietverträge nach § 4 des Gesetzes nur für die Mieter durchgeführt werden können, die vom Wohnungsamt „eingewiesen" worden sind. Der Anwalt ist aber nie „eingewiesen" worden, er hat bloß eine Berechtigung gehabt, seine Wohnung zu behalten, infolgedessen unterbleibt die Ausstellung eines Zwangsmietvertrages. Hiergegen erhebt der Anwalt Beschwerde beim Oberpräsidium, das sich auch für ihn bemüht – aber gegen das Gesetz bleibt das Oberpräsidium machtlos. Das Polizeipräsidium – auch noch angerufen – erklärt, es sei für die Sache nicht zuständig.

Inzwischen legt der Anwalt gegen das Urteil des Amtsgerichts beim Landgericht Berufung ein. Eines juristisch fein geschliffenen Urteils konnte er sicher sein – und siehe da: Das Landgericht, als höchste Instanz, lehnt seine Klage ab. Allerdings – sagt es in seinem Urteil – habe der beklagte neue Mieter sich in einem Schreiben an den Magistrat mit der Mitbenutzung einverstanden erklärt; aber diese Erklärung verschaffe dem Kläger keine zivilrechtlichen Ansprüche, sondern habe nur eine öffentlich-rechtliche Bedeutung. Die öffentlich-rechtliche Sachlage befugt das Wohnungsamt dazu, unter Anrufung des Mieteinigungsamtes, den Konflikt durch Abschluß eines Zwangsmietvertrages zu schlichten. Solange aber die vertragliche Grundlage nicht geschaffen sei, könne das ordentliche Gericht einen zivilrechtlichen Anspruch des Klägers nicht anerkennen.

Das Mieteinigungsamt aber verharrt auf dem Standpunkt, daß es nach dem Gesetz nicht befugt sei, einen Zwangsmietvertrag für einen „Nichteingewiesenen“ abzuschließen.

Bis zu diesem Zeitpunkt hatte der Konflikt schon zwei Jahre gedauert, merkwürdigerweise, ohne daß das Ableben des Patienten zu beklagen gewesen wäre. Er hatte sogar noch die Kraft, zu bemerken, daß weder das ordentliche Gericht noch die Verwaltungsbehörde (vertreten durch Oberpräsidium, Polizeipräsidium, Wohnungsamt, Mieteinigungsamt) sich für kompetent erklärt hätten, die für ihn inzwischen einigermaßen dringend gewordene Frage zu lösen, und er entschloß sich, den letzten möglichen Schritt zu gehen, den preußischen Kompetenzgerichtshof anzurufen.

Der Kompetenzgerichtshof ist schon nach Zusammensetzung das vornehmste der preußischen Gerichte. Vier Kammergerichts- und vier Oberverwaltungsgerichtsräte mit einem Staatssekretär an der Spitze tagen an der langen Tafel eines schönen, etwas altmodisch eingerichteten Saales im Justizministerium. Die Herren tragen keine Robe, aber der schwarze Anzug genügt, um der Sitzung ein feierliches Gepräge zu geben.

Aber auch der Kompetenzgerichtshof war nicht in der Lage, dem Anwalt zu seinem Recht zu verhelfen. Auf die materielle Kehrseite der Angelegenheit ging er nicht ein, sondern beschränkte hierauf die Lösung der Frage, ob der Fall eines negativen Kompetenzkonfliktes gegeben sei. Und er stellte fest, daß ein solcher Konflikt nicht vorliege. Er hätte vorgelegen, wenn beispielsweise das Landgericht sich für unzuständig erklärt haben würde. Dieses aber habe es keineswegs getan, sondern in seinem Urteil für Recht erkannt, daß dem Anwalt für seine Klage der zivilrechtliche Anspruch fehle. Das Landgericht habe also in voller Würdigung seiner eigenen Zuständigkeit eine nicht genügend fundierte Klage zurückgewiesen. Ein negativer Kompetenzkonflikt liege also nicht vor – der Anspruch des Anwalts auf Zuweisung einer zuständigen, seine Angelegenheit schlichtenden Instanz sei also zurückzuweisen.

Der junge Anwalt nahm diese Entscheidung des hohen Gerichts mit so viel Anstand entgegen, als ihm nach Lage des Falles noch gegeben war. Er ließ sich die Gelegenheit nicht entgehen, die Bequemlichkeit der preußischen Justiz zu bewundern.

PHRYNE OHNE

Phryne hieß die griechische Canaille, die ein freisprechendes Urteil dadurch erzielte, daß sie den Blicken des hohen Gerichtshofs den rosigsten aller Tatbestände preisgab.

Heute kommt das nicht mehr vor; also mußte sich Sascha, eine bescheidene Berufsgenossin jener Phryne, damit begnügen, sich dem medizinischen Sachverständigen zu offenbaren. Und der sah etwas sehr Merkwürdiges.

Übrigens gewann man auch so einen gewissen verwirrenden Eindruck von Sascha, die sich wegen eines schweren Diebstahls zu verantworten hatte. Das bleiche Gesicht unter der hohen, weißen Stirn erschien besonders fein gezeichnet. Der braune Bubilokkenkopf, die dunklen, sehr lebendigen Augen, der zarte und üppige Mund – das alles wäre an sich schon ein lockendes Ensemble gewesen. Es erhielt aber seinen besonderen Reiz durch einen fortwährenden Wechsel des Ausdrucks, der wetterleuchtend über die sich in jeder Sekunde verändernde Stimmung Saschas Auskunft gab. Böse, heiter, schnippisch, gelangweilt, furchtsam, frech, anständig, gemein – alle diese Nuancen huschten in jähem Durcheinander über das Gesicht. Nur die Reinheit der Stirn leuchtete frei über all den krausen Launen Saschas.

Seit Jahren übt sie ihr Gewerbe, verträgt sich mit ihren Wirtinnen gut, die sie als ein besonders gutartiges Geschöpf schildern, die sie aber durch ihr stets unvorhergesehenes Betragen in Verlegenheit bringt: Sie zerreißt plötzlich Kleider und Wäsche, sie legt Butterstullen unter das Bettlaken, sie verschwindet auf Tage, ohne zu sagen, wo sie gewesen. Bei einer dieser Gelegenheiten hatte sie den Schrank der Wirtin gewaltsam geöffnet und bestohlen – dann freilich einen Teil der Gegenstände zurückgegeben und später sogar den Geldwert der fehlenden ersetzt.

Das Merkwürdige aber, das der Sachverständige sah, war dies: Von Phrynes holdem Tatbestand fehlte die eine Hälfte, aber völlig. Nicht eine Spur von Muskel oder Drüse war zu sehen. Nichts als Haut und Knochen. Eine angeborene, zumeist erbliche Hemmung in der Entwicklung.

Und der Sachverständige spürte fein die Zusammenhänge zwischen der seelischen und der körperlichen Entwicklungshemmung auf:

Sascha ist für ihren Beruf (auch ohne die andere Hälfte) prädestiniert. Ein Triebgeschöpf, das ohne feste Charakterlinie auf die Welt gekommen ist. Das zu keiner nutzbringenden Tätigkeit angehalten werden kann. Das hemmungslos den eigenen, stets wechselnden Launen preisgegeben ist. Primitiver Verstand, geringe Schulbildung. Bei allem durchaus nicht böse, keineswegs schamlos. Oft zeigt sie den ehrlichen Willen, sich brav zu zeigen. Aber sie kann nichts anderes sein, als was sie ist. Nicht anders handeln, als sie tut. Von einem Ausschluß der freien Willensbestimmung entsprechend dem § 51 könne man nicht reden. Wohl aber von einer Psychopathin, die für ihre Handlungen nicht voll verantwortlich ist.

Kein einheitlicher Mensch, sondern einer, der aus lauter Teilmenschen zusammengesetzt sei, der seine einzelnen Teile nicht kontrolliert und beherrscht und der kein Organ habe, um vorauszusehen, was dieser oder jener Teil seines Menschtums im nächsten Augenblick unternehmen werde.

Der Staatsanwalt beantragt drei Monate Gefängnis. Zugleich aber bittet er, der Angeklagten Bewährungsfrist zuzubilligen.

Sascha weint leise. Auf die Frage des Vorsitzenden, was sie zu ihrer Verteidigung anzuführen habe, neigt sie das Köpfchen und sagt manierlich: „Danke."

Das Urteil, das dem Antrage des Staatsanwalts entsprach, nimmt sie ebenso artig in Empfang, verzichtet auf Rechtsmittel, und sie geht mit einer letzten leichten Verbeugung aus dem Saal, für Sekunden sichtlich bewegt von den Ermahnungen des Vorsitzenden.

Im Grunde dasselbe Urteil wie das, das einst Phryne erhielt, wenn auch aus anderen Gründen. Aber es ging auch ohne.

GRAPHOLOGIE VOR GERICHT

Neun Stunden lang ein fast heiteres Spiel des Geistes um den weiten Bezirk alles Menschlichen. Exakte Wissenschaft und Scharlatanerie, Philosophie und Dilettantismus, Unternehmungsgeist und Gewinnsucht, Gesetz und Unrecht, Ehrbarkeit und Verbrechen, alles wurde abgewickelt, und sogar der Liebe wurde ein Kapitel gewidmet – freilich, das einzige ganz ernste, das den empfindenden Hörer nahe an die Grenze des Erträglichen bringt.

Der Stoff erwuchs im allzu Zeitlichen: Auf der Anklagebank ein junger, sympathischer Naturwissenschaftler aus Württemberg, der sein Oberlehreramt aufgegeben hatte, um in die Industrie zu springen. Neben ihm als Zeuge (und wohl nur zufällig, nicht als Mitangeklagter) ein ebenso netter und stattlicher Offizier und Baron, der sich im Kaufmännischen umsehen mußte. Als allerhand öffentliche Wettbewerbe und Preisausschreiben wild erblühten, kamen auch sie auf eine Idee: *Wer den besten Charakter hätte, sollte preisgekrönt werden.* Ein Hermelinschal war für den besten weiblichen, ein Perserteppich für den besten männlichen Charakter ausersehen. Dann ging es über Perlenringe, Klubmöbel, Motorrad abwärts zu den geringeren, aber noch immer preiswürdigen Charakteren, die sich Gewinne in einer gewissen Preislage in einem bestimmten Geschäfte aussuchen dürften.

Die Qualität des Charakters aber sollte aus der Handschrift bestimmt werden. Jeder Einsender hatte (wenn er vier Rentenmark beifügte) das Recht auf eine schriftliche Deutung seines Charakters. Überdies war man bereit, auf Wunsch passende Charaktere miteinander bekannt zu machen. Das Ganze nannte sich „Institut zur Förderung der wissenschaftlichen Handschriftendeutung G.m.b.H.". Die Hauptgewinne: Hermelinschal, Perlenring und Perserteppich brachte die Gattin des Barons aus ihrem Bestande mit. Freunde stellten Geldmittel zur Verfügung, wovon die Inserate bezahlt und die weiteren Preise angekauft wurden. Es war schon ein Graphologe zur Bewältigung der Arbeit engagiert, und die ersten 2500 Einsender hatten ihre vier Rentenmark eingeschickt – da zerstörte die Staatsanwaltschaft mit rauhem Eingriff alle Frühlingsträume, sah in der Anpreisung ein öffentliches Glücksspiel, das der Genehmigung bedurft hätte, und dazu noch einen Betrug. Außerdem war aber eine Anzeige eines Notars eingegangen, der behauptete, gegen seinen Willen als Depositeur der Gewinne in dem Preisausschreiben benannt worden zu sein. Da er hierdurch der Teilnahme an einer strafbaren Handlung bezichtigt sein sollte, fühlte er sich verleumderisch beleidigt.

Die handelnde Person des tragischen Kapitels war der Notar, ein noch jüngerer, an Tabes[24] schwer erkrankter Mann. Wieweit er geistig imstande gewesen war, ein entscheidend wichtiges Telefongespräch mit dem Angeklagten, einem Bundesbruder, unter Ausschluß von Mißverständnissen aller Art richtig aufzufassen, das mußte das Gericht besonders ausführlich und peinlich beschäftigen. Die eigentliche Kernfrage: Lag hier ein Lotteriespiel vor oder ein Betrug, oder beides? Der Angeklagte war nicht ohne Vorsicht vorgegangen. Da er sich selbst im unklaren war, hatte er vor Erlaß des Preisausschreibens erst auf dem Polizeipräsidium, dann auf dem Wohlfahrtsministerium angefragt, und die Antwort ergab, hier handele es sich *nicht* um ein genehmigungspflichtiges Lotteriespiel, es wäre vielmehr zur Erreichung des Preises eine Leistung und ein Merkmal verlangt – Handschrift und Charakter –, die nach be-

24 *(Tabes dorsalis: eine Erkrankung des Rückenmarks im Zusammenhang mit der Syphilis)*

stimmten Gesichtspunkten beurteilt werden sollten. Als Vergleich wurden Schönheits- und Mastviehkonkurrenzen, Wettbewerbe um Gedichte und Preisturnen herbeigezogen.

Aber merkwürdigerweise interessierte sich das Gericht weniger für die Form des Preisausschreibens als für den gegenwärtigen Stand der Graphologie als Wissenschaft. Einige Spezialisten waren als Sachverständige zugezogen, und einer rief mit Leidenschaft: Hier sei der schlimmste Dilettantismus oder der gefährlichste Betrug im Spiel! Zwar drücke sich der Charakter auch in der Handschrift aus, aber um zu einem einigermaßen begründeten Urteil zu gelangen, müsse ein ganz anderes Material vorliegen als eine einzige Briefseite. Eine Arbeit von vielen Stunden sei nötig, um eine einzige Handschrift zu erkennen. Im übrigen beschäftige sich die wissenschaftliche Graphologie mit ganz anderen Dingen, und sie sei über einen solchen Humbug nur empört.

Auf diese glühende Anklagerede des Graphologen folgt kurz und kühl der Antrag des Staatsanwaltes auf *Freisprechung* und wenige Minuten später das Urteil des Amtsgerichtsrates Herrnstadt in einer meisterlichen, leider nur schwer wiederzugebenden Begründung. Wie der Staatsanwalt sieht auch Herr Herrnstadt ein Vergehen gegen das Lotteriegesetz. Die Graphologie könne nicht als eine Wissenschaft angesehen werden, deren Mittel eine exakte, allen Nachprüfungen standhaltende Beurteilung gestatten. Gewiß sei die Form der Schrift abhängig von körperlichen und seelischen Zuständen, aber die Erfassung dieser Merkmale zur Bildung einer Vorstellung des Charakters setze die Beherrschung einer anderen Wissenschaft voraus, die der Charakterologie – und auch dann sei es nur besonders befähigten Menschen vergönnt, nach sorgfältiger Prüfung umfangreichen Materials zu gewissen Resultaten vorzudringen.

So, wie der Angeklagte sich die Sache gedacht habe, war an derartige Ergebnisse nicht zu glauben. Entscheidend für das Ergebnis *dieses* Preisausschreibens wäre der *Zufall* gewesen, nicht die exakte Forschung. Deshalb sei das Unternehmen als Lotterie aufzufassen gewesen, und *objektiv* habe sich der Angeklagte des Vergehens gegen das Lotteriegesetz schuldig gemacht, andererseits fehle aber der *subjektive* Vorsatz. Der Angeklagte habe sich im Gegenteil bemüht, eine Klärung der Rechtslage herbeizuführen, sei auch an die richtige Stelle gegangen, und, wenn ihm im Wohlfahrtsministerium ein solcher Bescheid gegeben wurde, so könne er nichts dafür, und so müsse der Angeklagte von diesem Vorwurf freigesprochen werden.

Damit falle aber auch der Vorwurf des Betruges in sich zusammen. Wenn der Angeklagte und das Ministerium der irrigen Überzeugung waren, daß sich auf dem Wege der Graphologie bestimmte Ergebnisse erzielen lassen, so ist kein Grund anzunehmen, daß der Angeklagte einen Betrug ausüben wollte, zumal er alles andere getan hatte, um den geregelten Fortgang des Preisausschreibens zu sichern: Er hatte die Preise angeschafft und dafür gesorgt, daß sie bei einem Notar deponiert wurden. Hat aber der Angeklagte sich *nicht* strafbar gemacht, so konnte er schließlich auch seinen Freund, den Notar, nicht dadurch beleidigen, daß er ihn durch Nennung des Namens der Teilnahme an einer strafbaren Handlung bezichtigte. Auch hier fehlte der Vorsatz, und es mußte Freisprechung erfolgen.

Sehr schön – aber auch richtig? Nahmen nicht vielleicht doch Staatsanwalt und Richter die Graphologie etwas zu ernst? Kann man von ihr wirklich verlangen, was einem die anerkannten Wissenschaften so selten bieten: unanfechtbare Ergebnisse? Gewiß, so wie sie betrieben wurde, ist die Graphologie kaum eine Spur von Wissenschaft, aber ist zu jeder Preiswertung Wissenschaft erforderlich? Hans Sachs und Pogner hätten sich danach zweifellos der Veranstaltung eines genehmigungspflichtigen Glückspiels schuldig gemacht, als sie das „Gute Evchen" dem besten Dichter versprachen.

Und wie steht's mit der Juristerei? Sitzen im Wohlfahrtsministerium nicht auch gewisse Juristen, und sind sie nicht dennoch höchst anderer Ansicht als Staatsanwalt und Richter? Ist da nicht etwa die Herbeiführung eines gerichtlichen Urteils die Veranstaltung eines genehmigungspflichtigen Glücksspiels? Aber – da dieser Angeklagte Glück gehabt hat, wollen wir dankbar sein und schweigen.

9.5.1925

DIE VOLIERE

Diese Anklagebank gleicht einem jener großen Vogelkäfige des Zoologischen Gartens, in denen die unterschiedlichsten Bewohner der Luft zusammengebracht sind. Diese zwölf oder fünfzehn Menschen – obgleich nur zwei Frauen darunter sind – haben irgendwas Buntes, Freundliches. Man ist versucht, ihnen, wie Insassen des Zoos, etwas vorzuwerfen – aber man tut es nicht, weil diese Leutchen alles, was sie brauchen, schon selbst nehmen. Es sind nämlich Einbrecher.

Die Charlottenburger Einbrecherwerke, Gesellschaft mit Untersuchungshaftpflicht, stehen zur Verhandlung. In zahllosen Fällen haben sie leerstehende Wohnungen aufgeknackt, oft auch Korridore ausgeräumt, während brave Charlottenburger Bürger drinnen im Eßzimmer ihren Kaffee tranken.

Unmöglich, allen diesen Fällen zu folgen, das Urteil wird auch erst in einigen Tagen gesprochen. Bemerkenswert aber ist der Anblick dieser Menschen, weil sie einen neuen Typ des Einbrechertums darstellen – den intellektuellen. Man würde sie aber eher für Stammgäste eines Literatencafés als des Zuchthauses halten. Freilich, von der zuweilen anmutigen Verwilderung der Bohème haben sie nichts. Die Haare sind sehr sorgfältig aus der hohen Stirn gekämmt. Die bei vielen noch sehr zarten Wangen sind tadellos rasiert; es ist Wert auf die weißeste Wäsche, auf gutsitzende Anzüge, auf eine hübsch geschlungene Krawatte gelegt. Das ist nicht mehr der baumstarke Einbrecher mit dem groben, tierischen, vielleicht auch klugen, aber brutalen Gesicht – wie er im Buche steht. Das ist der zierliche, graziöse Typ, der neue.

In den meisten Fällen sind es Söhne besserer Familien, die freilich oft genug auch ihre Verwandten in ihre dunkeln Geschäfte einbeziehen. Nicht eigentlich das, was wir prädestinierte Verbrecher nennen – sondern junge Leute, die durch die Segnungen der Inflation ins Elegante geraten sind und die mit ihrer oft mangelhaften Bildung kaum imstande sein dürften, ihren großen Verbrauch auf anständige Weise zu erwerben. Gesellschaftlich gewandt genug, um sogar einen jungen Arzt in ihre Kreise zu ziehen, der heute unter der Anklage der Hehlerei zwischen ihnen sitzt. Aber auch Leute, die nicht unbedingt darauf beharren, Verbrecher zu bleiben – es wird von einem und dem andern versichert, daß sie ins bürgerliche Leben zurückgekehrt sind und heute gutbezahlte Stellungen bekleiden. Ein bißchen denkt man an die „Räuber“, aber man sucht vergebens den revolutionären Ideologen unter ihnen, der ein Schicksal auf den Schultern trägt – man sieht nur junge Leute, die das Leben vergnügt und die Mittel dazu von andern nahmen.

Der nicht so düstere Augenschein mildert nicht die Schuld – auch nicht, wenn man an die Besserungsfähigkeit einzelner denkt. Als Zeiterscheinung sind diese jungen Menschen nicht weniger betrüblich.

Nur in einem Punkte werden sie beruhigend. Wenn schon Einbrecher sein müssen – und es ist nicht abzusehen, daß diese Spezies je aufhören wird zu existieren –, so mögen sie in Zukunft alle so aussehen wie diese.

Bekäme man das garantiert, man brauchte sich weniger zu fürchten, wenn die Möbel knacken. Man stünde aus dem Bett auf, träfe an seinem Schreibtisch einen netten jungen Mann von vorteilhaften Umgangsformen. Ich würde ihm sagen: „Mein Herr, Sie haben sich sicher in der Tür geirrt – in meinem Schreibtisch sind nur Manuskripte – aber wenn Sie durchaus eins wollen …“

Er würde sagen: „O Gott – wo bin ich hingeraten – nur keine Manuskripte.“

Man böte sich Zigaretten an, begleitete den Gast zur Türe. Man legte sich schlafen und hätte am nächsten Tage nicht mal das Gefühl, schlecht geträumt zu haben.

16. 6. 1925

KINDERAUSSAGEN

Ein Kleinigkeit, die einiges Kopfzerbrechen erforderte.

Eine Lumpenhändlerin stand unter der Anklage, von Kindern etwas altes Blei gekauft zu haben. Daß die Kinder es gestohlen hatten, stand von je fest. Die Wasserwerke hatten irgendwo Röhren auszuwechseln. Um zu den bleiernen Verbindungsstücken zu gelangen, hatten die Kinder einen kräftigen Angriff auf die Tonröhren gemacht. Einmal waren sie von dieser Arbeit verscheucht worden, das zweite Mal wurden sie nach getaner Arbeit erwischt. Das Blei – im Wert von drei Mark – hatten sie inzwischen bei einer Althändlerin verkauft.

Aber bei welcher? Der 14jährige Rädelsführer der Kinder nannte die Adresse eines in der Nachbarschaft gelegenen Lumpenkellers; aber die sofort vorgenommene Haussuchung lieferte kein Stückchen Metall zutage. Da die Händlerin aussagte, die Kinder hätten ihr zwar das Blei angeboten, sie habe aber den Ankauf verweigert, wurde sie in erster Instanz freigesprochen.

Das wurmte die Staatsanwaltschaft, die gegen das Urteil Berufung einlegte, und nun wurde noch einmal gegen die Frau unter der doppelten Anklage verhandelt; erstens: Sie habe entgegen dem Gesetz von minderjährigen Personen Altmetall gekauft; zweitens: Sie habe Gegenstände gekauft, von denen sie annehmen mußte, daß sie aus einer strafbaren Handlung in den Besitz der Verkäufer gelangt waren – Hehlerei.

Die Frau blieb bei der Beteuerung ihrer Unschuld. Hauptbelastungszeugen waren die vier Kinder, die sich zu dem Diebstahl zusammengetan hatten. Den Diebstahl selbst hatten die Behörden nicht weiter verfolgt. Man hatte die Sache als einen Jugendstreich betrachtet. Nun aber sagten die Kinder gegen die Althändlerin aus: Sie sei es gewesen, bei der sie die Beute verschärft hätten. Für das Gericht ergab sich die schwierige Frage, wieweit es den Aussagen der Kinder Glauben schenken könne.

Die Lehrer äußerten sich als Zeugen nicht ungünstig über die Kinder. Der älteste Knabe sei wohl durch schauerromantische Lektüre ein bißchen zu phantastischen Streichen geneigt. Er lüge wohl auch mal, er sei auch seinen Kameraden überlegen, die er in gewissem Sinne zweifellos zu beeinflussen verstehe. Daß sein Einfluß aber weit genug reiche, um die Kinder zu einer falschen Aussage zu beeinflussen, wurde von dem einen Lehrer angezweifelt.

Der Verteidiger wies darauf hin, daß die Bezichtigung der Angeklagten zunächst von dem Rädelsführer allein ausgegangen sei, daß die anderen Kinder erst zehn Tage später von der Polizei vernommen worden seien. Man könne nicht die Möglichkeit bestreiten, daß der Anführer seine kindlichen Genossen in der Zwischenzeit bewußt oder unbewußt beeinflußt habe. Tatsächlich gäben jetzt alle jugendlichen Zeugen an, das Blei zuerst einer anderen Althändlerin angeboten zu haben. Unter diesen Umständen sei eine Verwechslung um so wahrscheinlicher, als die Angeklagte nicht vorbestraft sei, als sie die ihr zur Last gelegte Handlung bestreite, als bei der Haussuchung nichts gefunden worden sei. Aber auch gegen das Altmetallhandelsgesetz habe die Angeklagte kaum verstoßen – selbst wenn sie das Metall gekauft haben sollte. Die Kinder wie ihre Eltern waren der Angeklagten bekannt. Die Kinder hatten schon oft im Auftrage der Eltern Makulatur und Lumpen in dem Keller verkauft, und die Angeklagte habe wohl annehmen können, daß auch diesmal die Kinder im Auftrage der Eltern das Blei anboten.

Der Staatsanwalt beharrte auf seinem Standpunkt und beantragte wegen Hehlerei in Tateinheit mit einem Vergehen gegen das Metallhandelsgesetz an Stelle einer verwirkten Gefängnisstrafe von zwei Wochen eine Geldstrafe von 200 Mark.

Das Gericht verurteilte die Angeklagte wegen des Vergehens zu 50 Mark Geldstrafe. Von der Anklage der Hehlerei sprach es sie frei. Es nahm dabei an, daß das Blei aus einer Fundunterschlagung stamme, die aber – bei einem Werte von unter drei Mark – nicht strafbar sei. Da also das Blei nicht aus einer strafbaren Handlung stamme, könne die Angeklagte wegen Hehlerei nicht verurteilt werden.

Dieses Urteil zeigt wieder einmal – so gering scheinbar die Strafe ausgefallen ist – die ganze Gefährlichkeit der Kinderaussagen. Erst jüngst ist es geschehen, daß ein unbescholtener Mann wegen eines unsittlichen Attentats zu neun Monaten Gefängnis verurteilt wurde, obgleich gegen die einzige jugendliche Belastungszeugin sehr schlechte Auskünfte vorlagen. Der Bleidiebstahl der Kinder in dem eben geschilderten Hehlereiprozeß soll gewiß nicht tragisch genommen werden. Aber so jugendliche Sünder sind nicht die geeigneten Zeugen für die Verurteilung einer bisher unbescholtenen Frau. In diesem Falle – wenn auch zugunsten der Angeklagten – Fundunterschlagung von seiten der Kinder anzunehmen, erscheint als eine recht kühne Konstruktion. Das Gericht hätte besser getan, die Dinge bei ihrem richtigen Namen zu nennen und die Glaubwürdigkeit der Kinder, die immerhin bei einem Eigentumsvergehen ertappt worden waren, abzulehnen. Denn schließlich ist auch die

Strafe von 50 Mark für die Lumpenhändlerin schon deshalb keine Kleinigkeit, weil ihr eventuell außerdem noch in der Ausführung ihres Gewerbes Schwierigkeiten gemacht werden können.

EIN LEUTNANT GING VORÜBER

Der Strafsenat denkt nach. Man kann von ihm nicht sagen, daß er sich ab und zu zur Beratung zurückziehe. Er ist eigentlich immerzu in Beratung und erscheint nur dann und wann, um ein Urteil zu verkünden und um sich neuen Beratungsstoff zu holen.

So erfährt man zwischendurch, daß der Revision eines dörflichen freiwilligen Feuerwehrmannes gegen richterlichen Strafbefehl (wegen Nichterscheinens zur Feuerlöschübung) stattgegeben werden muß, weil der Strafbefehl einen Tag nach Verjährung abgefaßt ist. Oder: Ein Gutsbesitzer hat seine Lokomobile nachts ohne Laterne auf einem privaten Feldweg stehenlassen. Der mit fünf Mark bestrafte Gutsbesitzer hat Revision eingelegt – der Weg sei kein öffentlicher gewesen, außerdem sei die Lokomobile kein Kraftfahrzeug. Das Kammergericht berät sehr lange, um die Revision zu verwerfen: Der Weg sei zwar privat, aber er sei öffentlich, wobei es nicht darauf ankomme, ob er rechtlich öffentlich sei. Er sei tatsächlich öffentlich. Die Lokomobile sei ein Kraftfahrzeug, das gleichwohl in gewisser Beziehung von den für Automobile geltenden Vorschriften ausgenommen sei. Dann aber gälten die Bestimmungen für alle – anderen Fahrzeuge, und auch diese dürfe man des Nachts nicht ohne Laterne stehenlassen. –

Dann aber dringt in die juridische Kammermusik ein grellerer Ton.

Der Rechtsuchende ist persönlich erschienen. Ein älterer Tapeziermeister aus der Potsdamer Straße, dicht neben dem Sportpalast. Er hat dort einen Kellerladen inne, zu dem der Weg durch ein Vorgärtchen führt. In diesem Gärtchen hatte der Meister seit zehn Jahren einige seiner Waren, Möbel, Sofas usw. zur Schau gestellt.

Er hatte auch eine „Fahne" aus Segeltuch herausgesteckt, auf der er sich zur Anfertigung von Markisen empfiehlt. Zehn Jahre hatte er so sein Handwerk betrieben, ohne daß die Polizei einen Anstoß daran nahm. Dann aber war plötzlich ein neuer Leutnant im Revier erschienen. Und der kannte die Paragraphen, wenn auch nicht das menschliche Herz. Also erwirkte er einen Strafbefehl, der indessen von dem angerufenen Amtsrichter nur teilweise bestätigt wurde. So, was die Hissung der Fahne betraf, die irgendwelchen polizeilichen Vorschriften widersprach. Drei Mark Geldstrafe. Wegen der Ausstellung von Möbeln im Vorgärtchen sprach der Richter den Meister aber frei, weil die Vorschriften über Ausstellung von Waren nur diejenigen Vorgärten betreffen, die einen eigenen gepflegten gärtnerischen Schmuck aufweisen. Der in Frage kommende Vorgarten enthalte aber weder Baum noch Strauch, noch Blume, sondern lediglich Kies und etwas kümmerliches Gras.

Gegen dieses Urteil hatten beide Teile Revision eingelegt: gegen die Verurteilung der Tapeziermeister, gegen den Freispruch der Generalstaatsanwalt.

Mit bewegenden Worten erzählte der Tapeziermeister, daß er seit zehn Jahren unter den Augen der Polizei in dieser Weise seine Waren feilgeboten habe. Heutzutage müsse man den Leuten doch was zeigen. Die Kellerfenster, in denen er außerdem etwas Waren ausstellte, seien zu klein und – durch den Vorgarten von der Straße getrennt – zu weit entfernt, um auf das Publikum zu wirken.

Der Staatsanwalt setzte auseinander, daß der Amtsrichter die polizeilichen Vorschriften falsch interpretiert habe. Es handle sich nicht nur darum, ob der Vorgarten ein Stück Gartenkultur darstelle, sondern ob der Gartenrand oder das Haus die Baufluchtlinie darstelle, über die hinaus nur mit besonderer polizeilicher Genehmigung Waren ausgestellt werden dürften. Dann redete er noch einiges über die Frage, ob der Tapezierer wissentlich oder fahrlässig gehandelt habe.

Als der Gerichtshof zur Beratung geht, überreicht der Tapezierer noch ein Schriftstück und sagt: „Übrigens, die Entscheidung interessiert mich nicht mehr. Das Verbot der Ausstellung meiner Waren hat mein Geschäft so ruiniert, daß ich exmittiert worden bin."

Der alte Mann kann die Tränen nicht mehr zurückhalten. „Verzeihung, ich bin nervenkrank."

Der Senat erscheint wieder. Der Vorsitzende, ein gütiger älterer Herr, bittet den Staatsanwalt, die Revision zurückzuziehen – die Revision des Meisters ist wegen eines formellen Fehlers ohnehin nicht aufgenommen.

Der junge Staatsanwalt bedauert, er kann das nicht ohne Genehmigung seiner vorgesetzten Behörde.

Und der Senat verkündet: Die Sache wird an das Amtsgericht zurückverwiesen. Die Frage, ob es sich um einen Vorgarten im Sinne des allgemeinen Sprachgebrauchs handele oder um einen Vorgarten im bautechnischen Sinne, könne nur dadurch entschieden werden, daß man prüft, ob dieser Vorgarten von vornherein im Bauplane vorgesehen war oder nicht. Erst auf Grund dieser Feststellung müsse geprüft werden, ob der Angeschuldigte sich gegen die Polizeiverordnung vergangen habe …

Der alte Mann wankt hinaus.

Sein Kellergeschäft ist nicht weit vom Kammergericht entfernt. In diesem Teil der Potsdamer Straße gibt es wenig Vorgärten. Die danebenliegende Mauer des Sportpalastes springt um einige Meter über das Vorgärtchen hinaus. In dem Garten etwas struppiges Gras. Zwei Schwertlilien haben mit ihren scharfen Blättern den Kiesboden durchschnitten, ohne daran zu denken, daß sie dem Vorgarten hierdurch den Charakter eines Stückchens kultivierter Erde verleihen – also dem Tapezierermeister ernste Ungelegenheiten bereiten können. Aber der läßt Lilien Lilien sein. Er ist ja exmittiert und muß in wenigen Tagen seinen Keller verlassen, in dem er seit zehn Jahren als braver Steuerzahler sich gemüht.

Ein Polizeileutnant ging vorüber, ein Richter entschied, ein Generalstaatsanwalt legte Revision ein, ein Kammergerichtssenat dachte nach, eine Familie geht zugrunde.

11. 5. 1927

DER MENSCHHEIT KRÜMEL

Die Menschheit ist ein großer, nicht eben süßer Kuchen, der krümelt.

Die schwarze, nicht große Dame schlängelt sich in den Gerichtssaal – wie von der Orska gespielt. Sie weiß nicht, was sie soll, nicht mal, warum sie soll. Sie zeigt das beziehungsreiche Lächeln der intelligenten russischen Jüdin, und sie glaubt an das Lächeln. Sie spendet es erst dem Gerichtsdiener, dann dem jungen Referendar, der den Staatsanwalt vertritt, schließlich dem Richter selbst. Man könnte glauben, sie sei vom russischen Ballett. Sie ist nur Schneiderin.

Der Richter ist nicht erbaut von der Geschichte, denn es hapert bei ihr mit der deutschen Sprache, und sie wiederholt dauernd: „Ich weiß nicht, warum ich 300 Mark zahlen soll."

„Sie haben sich ohne Erlaubnis hier aufgehalten."

„Aber wo soll ich mich aufhalten?"

„Warum sind Sie nicht in Amerika geblieben?"

„Man hat mich ausgewiesen –"

„Sind Sie nicht Amerikanerin?"

„Nein, Russin."

„Warum sind Sie nicht in Rußland geblieben?"

„Meine Eltern sind vor zehn Jahren mit mir nach Amerika ausgewandert."

„Warum gehen Sie nicht nach Rußland zurück?"

„Man läßt mich doch nicht hinein –"

Der Richter sieht in den Akten nach. Es stimmt. Noch eines will er wissen.

„Warum sind Sie aus Amerika ausgewiesen?"

„Ich bin in schlechte Gesellschaft geraten. Meine Eltern wollten mir nicht helfen, und da hat man mich auf einen deutschen Dampfer gesetzt. Ich kam in Hamburg an, fuhr nach Berlin. Warum soll ich nun 300 Mark zahlen?"

Kein Zweifel, alles stimmt. Es wird auch nachgewiesen, daß sie sich um einen Paß nach Rußland bemüht hat. Aber die Sowjetregierung stellt ihr keinen aus, weil die Staatsangehörigkeit nicht festzustellen ist.

Was soll sie machen?

Der Richter spricht sie frei, weil sie alles getan habe, um aus Deutschland herauszukommen, und weil sie keine Möglichkeit habe, woanders hinzugelangen.

Später treffe ich sie auf dem Korridor. Sie lächelt mich an und fragt: „Was ist nun mit mir?“

„Sie sind freigesprochen.“

„Danke – sehr angenehm.“

Und schlängelt sich die Treppe abwärts.

Krümel der Menschheit. Lebendig ohne jegliche Existenzberechtigung. Weder das große Rußland noch das große Amerika haben ein Plätzchen für sie übrig. Und Deutschland auch nicht. Pustet auf den Tisch und läßt den Krümel auf der Erde liegen.

Würde der Krümel die Gesetze ernst nehmen, so müßte er sich erschießen. Wie kann man leben ohne Erlaubnis?

Er tut's.

DIE BÖSE UND GRAUSAME MUTTER

Der Fall der Frau Kubsch schwingt in dem Betrachter nach. Sachverständige und Richter haben gesprochen – es bleibt ein ungelöster Rest.

Kindesmißhandlungen erwecken die besondere Empörung aller Schichten. Deshalb sind gute Mütter mit den Gerichtsurteilen sehr selten einverstanden. Diese Urteile sind meist sehr milde – gute Mütter denken, böse Mütter müssen sehr streng gestraft werden. Gewöhnlich liegen die Dinge anders, als sie in einer flüchtigen Zeitungsnotiz erscheinen. Auch von Frau Kubsch könnte man sagen, sie sei ganz gut weggekommen mit ihren drei Jahren Gefängnis. Aber auch dieser Fall liegt anders, als man zuerst angenommen hat – so anders, daß man berechtigt ist, an der Zweckmäßigkeit der verhängten Strafe zu zweifeln.

Frau Kubsch hat insofern Glück gehabt, als die Sachverständigen nicht mit Bestimmtheit sagen konnten, daß der Tod des Kindes auf die Mißhandlung der Mutter zurückzuführen sei. Ohne diesen glücklichen Zufall wäre Frau Kubsch auf eine längere Reihe von Jahren ins Zuchthaus gewandert. Denn, *dieses* Gericht hätte ja im schwereren Schuldfalle der Angeklagten erst recht die mildernden Umstände verweigert. Diese Verweigerung aber mußte um so merkwürdiger erscheinen, wenn man eben noch ganz unter dem Eindruck der Sachverständigengutachten stand.

Die Sachverständigen – man entschuldige die Wiederholung – haben ausgesagt, daß das verstorbene Kind idiotisch und überaus schwer erziehbar gewesen sei und daß die Mutter, eine sehr schwer hysterische Person von größter Reizbarkeit, zur Erziehung eines solchen Kindes denkbar ungeeignet war. Zeugen haben ausgesagt, daß die Angeklagte ihr anderes Kind sehr gut behandelte. Es fehlte nicht mal an Stimmen, die auch von durchaus mütterlichem Benehmen dem idiotischen Kinde gegenüber Zeugnis ablegten. Dann aber soll sich diese Frau gelegentlich selbst ihrer Mißhandlungen noch gerühmt haben. Bezeichnend für die Verstandesfunktion der Frau ist, daß sie nicht wußte, ob ihre eigenen Eltern 12 oder 16 Kinder hatten, und daß sie nicht in der Lage war, die Vornamen ihrer Geschwister aufzuzählen. Zweifellos eine schwere Psychopathin, der vom Leben gar nicht gut mitgespielt war und die der Belastung ihres Lebens mit einem idiotischen Kind einfach nicht gewachsen war. Rein körperlich wahrhaftig keine böse, grausame, gewalttätige Mutter. Ein überzartes Geschöpf mit feingezeichneten Gesichtszügen – ein willenloses, armes Weib, das in den Augenblicken der Nervenzerrüttung nicht wußte, was es tat.

Leute in besseren Verhältnissen sind sehr selten so schlechte Mütter. Haben sie das Unglück, ein minderwertiges Kind auf die Welt zu setzen, so haben sie entweder die nötigen Mittel oder wenigstens das gewisse Geschick, das Kind in eine Idiotenanstalt zu bringen, wohin es gehört. Frau Kubsch hat auch diesen Weg nicht gefunden. Sie hat überhaupt nicht klar erkannt, was mit dem Kinde los sei. Und die Fürsorgeschwester, die das Kind wenige Tage vor seinem Tode besucht hatte, hatte ja auch nichts veranlaßt!

So liegen die Dinge in Wirklichkeit – und man darf sich fragen: Was besagen die drei Jahre Gefängnis, die man dieser Frau aufgebrummt hat? Abschreckung? Müssen wirklich Mütter durch Strafe abgeschreckt werden, ihre Kinder grausam zu behandeln?

Und wenn wirklich – darf man diese Abschreckung auf dem Rükken eines armen, nicht voll verantwortlichen Geschöpfs vollziehen?

Aber nein – man wollte *sühnen*. Ein Staatsanwalt, drei Richter und sechs Schöffen schrien gewissermaßen dieser Frau zu: „Du, du Ehefrau eines Arbeitslosen, du hast auch in der schwierigsten wirtschaftlichen Lage die unbedingte Pflicht, dein mißratenes Kind mit übermenschlicher Geduld aufzuziehen! Du hast deine Nerven zusammenzuhalten, und wenn sich der dreijährige Junge achtmal am Tage beschmutzt! Du hast ihn zu schützen, weil er nicht laufen kann, ohne zu fallen! Du hast ihm das Essen in den Mund zu stopfen, weil er nicht essen will! Du hast deine Pflicht zu tun, und wenn du darüber krepierst: Wenn nur das Kind lebt!"

Und schicken im Hochgefühl bürgerlicher Anständigkeit eine Frau drei Jahre ins Gefängnis, die zu Hause ein eineinhalbjähriges Kind zu sitzen hat. Ein Kind, an dem sie tatsächlich mit größter Zärtlichkeit hängt, ein Kind, das die Mutter nötig hat!

Und wer wird gestraft? Gerade dieses wohlgeratene Kind, das die nächsten Jahre ohne Mutter auskommen soll und dann nach drei Jahren eine Mutter zurückbekommt, die auch vielleicht der Erziehung eines gesunden Kindes nicht mehr gewachsen ist.

Es ist ja anzunehmen und zu hoffen, daß das Justizministerium im Gnadenwege die Sache schleunigst repariert – die erlittene Untersuchungshaft war Sühne genug für diese Verbrecherin, die keine ist. Aber es wäre schöner, wenn der Strahl der Vernunft gerade in solchem Falle bereits vom Richtertisch ausginge. Es gibt unvernünftige Mütter, es gibt auch böse Mütter. Aber wir sollten doch endlich lernen, dankbar zu sein, wenn uns sachverständige Männer auseinandersetzen, daß in diesem Falle kein böser Wille sich zu unmenschlicher Tat verdichtete – sondern daß körperliches und seelisches Ungemach zusammenwirkten, um ein armes Weib seiner natürlichen Pflicht zu entfremden.

21.10.1927

EIN UNSCHULDIGER HINGERICHTET?

Es gibt Verurteilte, die man hingerichtet hat und bei denen immer wieder die Frage auftaucht, ob sie nicht unschuldig ihren Kopf unter das Beil des Henkers legten. Gerade jetzt wird der Fall des russischen Kriegsgefangenen Josef Jakubowski wieder aktuell, der am 15. Februar 1926 wegen der Ermordung seines eigenen Kindes hingerichtet wurde.

Georg Fröschel schilderte die Geschichte sehr ausführlich schon am 3. Februar des vergangenen Jahres in der „B.Z. am Mittag". Jakubowski war ein litauischer Bauernjunge, der als Kriegsgefangener nach Mecklenburg kam, dort mit einer Magd zwei Kinder zeugte. Er blieb auch nach dem Kriege in Mecklenburg. Die Magd starb, die Kinder kamen zur Großmutter, die in den allerärmlichsten Verhältnissen lebte. Jetzt soll angeblich die Großmutter auf dem Totenbett gestanden haben, daß sie die Mörderin des Kindes war. Ob die alte Frau, wenn das Gerücht zutrifft, die Wahrheit gesagt hat – sie war ja wenige Stunden vor ihrem Tode vielleicht nicht mehr klaren Geistes –, bleibe dahingestellt. Aber der Fall ist an sich fragwürdig genug.

Jakubowski war des Deutschen kaum mächtig. Ein kurzer Brief, den er an seinen Verteidiger richtete, ist ein hilfloses Gestammel in fremder Sprache. Als er in der Gerichtsverhandlung die Stellung eines Dolmetschers beantragte, schlug man ihm die Bitte ab. Man meinte, er könne sich auch so verteidigen. Er verteidigte sich ungeschickt genug. Auch konnte er für die Stunde, in der – wie man annahm – der Mord geschehen sei, kein Alibi erbringen. Aber welche Beweise hatte man sonst gegen ihn? Der am schwersten wiegende war das Motiv: Jakubowski habe keine Lust mehr gehabt, die Alimente im Betrage von 7,50 Mark monatlich zu bezahlen. Der zweite Beweis aber war dieser: Die Leiche des Kindes war in einem Kaninchenloch im Walde gefunden worden. Auf dem Wege zu dieser Fundstätte will ein Verwandter der verstorbenen Magd den Jakubowski gesehen haben. Und dieser Kronzeuge konnte nicht vereidigt werden, weil, wie es im Verhandlungsprotokoll wörtlich heißt, „er wegen einer Verstandesschwäche von dem Wesen und der Bedeutung des Eides keine genügende Vorstellung hat". Ein halbes Jahr später wurde der Kronzeuge als unheilbarer Idiot in die Irrenanstalt gebracht, in der er sich noch jetzt befindet. Aber trotzdem diese Schwachsinnigkeit schon dem Gericht auffällig war, trug es „keine Bedenken, die von ihm bekundete Tatsache als richtig anzusehen".

Ob Jakubowski wirklich unschuldig war, wird niemand behaupten können. Aber daß dieser Fall zweifelhaft genug war, um eine Begnadigung unter allen Umständen zu empfehlen, darüber kann kein Zweifel bestehen. Das mecklenburgisch-strehlitzsche Justizministerium aber zeigte seine starke Hand: Es ließ den „Mörder" hinrichten.

Die Gerüchte von seiner Unschuld wollen nicht verstummen. Man versucht seit längerer Zeit ein Wiederaufnahmeverfahren, um wenigstens das Andenken des Toten zu reinigen. Das Justizministerium lehnt ab. Es denkt wahrscheinlich: Den Toten kann man nicht wieder lebendig machen. Warum nun noch den Richtern und den sechs Geschworenen nachträglich trübe Stunden bereiten? Übrigens stärkt man mit solchen Wiederaufnahmeverfahren keineswegs die Autorität des Staates und der Gerichte.

Und so erklärt man: Wir haben keine Veranlassung … Wir aber haben Veranlassung, gegen die Todesstrafe zu protestieren, auch wenn in einzelnen Fällen Mörder mit ihrer Begnadigung nicht einverstanden sind. Die Unsicherheit aller Rechtsprechung ist noch zu groß, als daß man das allgemeine Gewissen mit dem Fortbestand der Todesstrafe belasten dürfte.[25]

6.1.1928

25 *(Josef Jakubowski war tatsächlich unschuldig hingerichtet worden. In einem zweiten Prozeß wurde im Juni 1929 der Onkel des getöteten Kindes, Fritz Nogens aus Palingen, als Täter überführt und dessen Mutter und zwei Brüder zu hohen Zuchthaus- bzw. Gefängnisstrafen verurteilt.)*

DIE EIDESSEUCHE

(Den Kampf gegen die „Eidesseuche", die das Thema sehr vieler seiner Artikel in der „Vossischen Zeitung" war, hat Sling mit starkem Engagement geführt. Hintergrund ist die Reform des Schwurgerichts unter Justizminister Emminger, die seit 1924 galt. Vor der Reform berieten die Geschworenen allein über die Schuldfrage, im neuen Schwurgericht hatten sechs Geschworene mit drei Richtern gemeinsam über Schuld und Strafmaß zu entscheiden. In der zweiten Auflage der Sling-Sammlung „Richter und Gerichtete" von 1969 berichtete der Herausgeber Robert M. W. Kempner, daß er einige Jahre nach der Reform in einem Artikel im „Montag-Morgen" nachweisen konnte, „daß die Verurteilungen wegen Meineids sich gegenüber 1923 im Jahre 1924 mehr als verdoppelt und im Jahre 1925 mehr als verdreifacht hatten. Ganze Schwurgerichtsperioden waren jetzt mit Meineidsprozessen angefüllt, während vorher die 12 Geschworenen einfach nicht ‚mitgemacht' und daher vielen Anklageerhebungen vorgebeugt hatten." Das Hauptproblem war, daß die Zeugen im Normalfall vor der Vernehmung vereidigt wurden. Nicht zuletzt auf Slings Engagement ist es zurückzuführen, daß dies heute nicht mehr so ist, ebenso daß das Gericht von einer Vereidigung absehen kann, wenn es von einer Aussage unter Eid keine wesentlichen Ergebnisse erwartet, und daß bei bestimmten Prozessen überhaupt nur noch in außergewöhnlichen Fällen vereidigt wird.)

DIE FAMILIE UND DER STAAT

Die Familie E. ist keine besonders feine Familie – was sie eigentlich für sich hätte behalten können. Nach dieser Schwurgerichtsverhandlung indessen weiß man mit den Verhältnissen der Familie E. auf das genaueste Bescheid.

Der Vater ist ein sanfter Gelegenheitsarbeiter, der manchmal am Lehrter Bahnhof Äpfelkörbe trägt, die Mutter ist eine 55jährige hysterische Frau. Dann sind noch drei Töchter da, von denen die ältere mit einem verheirateten Schokoladenmaschinenwerkmeister seit langen Jahren ein Verhältnis hat, während die zweite, Wally, sich jetzt gegen den Willen der Mutter verheiratet hat und ein Kind unterm Herzen trägt.

Drei Jahre lang duldete die Mutter das Verhältnis ihrer Ältesten mit dem Schokoladenmaschinenwerkmeister, bis dann eines Tages plötzlich ein anonymer Schmähbrief eintraf, der die Mutter sehr erregte, so daß sie zu ihrem Verhältnis-Schwiegersohn sagte: „Die Leute reden schon darüber" – Sie machte dann den Versuch, ihm ins Gesicht zu springen und ihn zu kratzen, wie sie es gewöhnlich mit ihrem Ehemann tat. Der Werkmeister packte aber die Frau bei den Händen, im Handgemenge fiel sie auf das daneben stehende Bett. Der Ehemann saß während dieser Szene gemütsruhig in der Küche, aß und spülte dann die Teller ab. Dann ging er auf die Hilfeschreie der Frau doch in die Stube, sagte dem Werkmeister: „Es ist genug", worauf dieser die Frau losließ. Nun wies die Mutter dem Verhältnis-Schwiegersohn wie der Tochter die Tür. Der Werkmeister hatte in aller Ruhe von den einzelnen Familienmitgliedern Abschied genommen und ging dann mit seiner Geliebten die Treppen hinunter. Da rief ihm die Mutter dreimal ein sehr häßliches Schimpfwort nach. Am nächsten Tage ging der Vater der Familie mit dem Verhältnis-Schwiegersohn und der Tochter nach Erkner angeln. Bei dieser Gelegenheit erzählte der Schwiegersohn, daß die Wut der Mutter wohl daher stamme, daß diese ihm einmal Avancen gemacht habe, worauf er jedoch nicht eingegangen sei. Der Vater sagte hierauf: „Ich kenne meine Frau."

Aus diesem Sachverhalt waren zwei Prozesse entstanden, einer, in dem der Werkmeister einige zurückgelassene Sachen verlangte, und ein Beleidigungsprozeß des Werkmeisters gegen die Mutter wegen der nachgerufenen Schimpfworte. In diesem Prozeß erhob die Mutter Widerklage, in der sie behauptete, der Werkmeister habe auf die Verlesung des anonymen Briefes geantwortet: „Sie und die Leute, die darüber reden …" – folgt das Zitat aus dem Götz. Dieses wurde von der Tochter Wally eidlich bestätigt.

Es kam zwar schließlich zu einem Vergleich. Aber in der Folge bezichtigten sich die meisten der handelnden Personen gegenseitig des Meineides, zwei Verfahren wurden niedergeschlagen, das dritte blieb hängen, und so saß heute die Tochter Wally wegen Meineides, die Mutter wegen Verleitung zum Meineid vor dem Schwurgericht, das nun in mehr als sechsstündiger Sitzung darüber zu befinden hatte, ob der Werkmeister Götz zitiert hatte oder nicht. Man nahm sich weiter kein Blatt vor den Mund, und in ungezählten Malen flog das Götzsche Zitat durch den ehrwürdigen Raum des alten großen Schwurgerichtssaals. Die Tochter war geständig und gab zu ihrer Entschuldigung an, daß die Mutter sie zu dem Meineid gezwungen habe. Die Mutter habe sie wie die anderen erwachsenen Töchter ständig beschimpft und mit einem Werkzeug mißhandelt. Aus Angst vor Strafe habe sie den Meineid geleistet. Die Mutter blieb bei der Behauptung, daß der Götz zitiert worden sei.

Der Staatsanwalt bedauerte selbst, daß er gegen die angeklagte Tochter nichts anderes als Zuchthaus beantragen könne, obgleich sie für ihre Mutter gehandelt habe. Aber sie sei nach dem Protokoll ausdrücklich darauf aufmerksam gemacht worden, daß sie das Recht habe, ihre Aussage zu verweigern, und sie habe ausgesagt. Er beantragte ein Jahr, sechs Monate Zuchthaus gegen die Tochter und ein Jahr Zuchthaus gegen die Mutter mit den üblichen Nebenstrafen. Er verwies aber für die Tochter ausdrücklich auf den Weg der Gnade.

Das Gericht nahm bei der angeklagten Tochter den § 157/2 des Strafgesetzbuches als zu Recht bestehend an und beschritt damit dankenswerterweise selbst den Weg der Gnade. Dieser sieht mildernde Umstände vor, wenn die Aussage zugunsten einer Person erfolgt wäre, bezüglich der eine Zeugin die Aussage verweigern darf – aber nur, wenn sie auf das Recht der Zeugnisverweigerung nicht ausdrücklich aufmerksam gemacht worden ist. Zwar ist dies in diesem Falle geschehen, aber das Gericht nahm an, daß der Angeklagten im Augenblick des Eides das erforderliche Rechtsbewußtsein gefehlt habe. Das gestattete dem Gericht, die Tochter zu sechs Monaten Gefängnis zu verurteilen und ihr Bewährungsfrist in Aussicht zu stellen. Die Mutter wurde der Verleitung zum Meineid als überführt erachtet und zu eineinhalb Jahren Zuchthaus verurteilt; ihre sofortige Verhaftung wurde angeordnet. –

Wenn spätere Geschlechter sich darüber unterhalten, auf welchen Gebieten das so rühmliche 20. Jahrhundert zurückgeblieben gewesen sei, so wird man vielleicht an erster Stelle das Kapitel der Rechtspflege erwähnen, das mit dem „Unfug des Schwörens" gekennzeichnet ist. Dabei wird man vielleicht weniger im verurteilenden Sinne der unzähligen Menschen gedenken, die unter dem Zwange der Gesetzgebung, aus der Pein einer Situation heraus dazu getrieben werden, unter ihrem Eide Falsches anzugeben. Aber man wird mit Kopfschütteln auf die Staatsanwaltschaften zurückblicken, die dem Geist und dem Buchstaben des Gesetzes zu folgen glaubten, wenn sie den widerwärtigsten Familienschmutz aufwühlten, nur um zu beweisen, daß hier ein Schimpfwort gefallen oder nicht gefallen sei, daß zwischen diesem Manne und jener Frau diese oder jene Beziehungen geschwebt haben oder nicht. Man wird sich an den Kopf fassen und sich fragen, welche Justiz- und welche Finanzminister es geduldet haben, daß der ganze Apparat des Schwurgerichts mit Richtern, Geschworenen, Staatsanwälten, Verteidigern, Zeugen, Gerichtsdienern dafür aufgewendet wurde, um die Verhältnisse der Familie E. klarzustellen! Dies in einer Zeit, die wir als die Zeit der Not bezeichnen, dies an dem Tage und in der Stunde, an dem das Zeppelin-Luftschiff siegreich den Ozean überquert hat. Man wird dann vielleicht fragen, ob sich denn keine Stimme gegen diesen unrühmlichen Unfug erhoben habe – und man wird die eine verschollene Stimme eines bescheidenen Gerichtsberichterstatters nicht mehr hören.

16.10.1924

WIE MAN SO SCHWÖRT

Die wachsbleiche kleine Näherin mit einem Kneifer auf der formlos unromantischen Nase steht wegen Vernichtung der Personalurkunden des Friseurs Krause vor dem Richter. Zur Sicherheit hat sie sich einen Verteidiger mitgebracht.

„Warum haben Sie die Urkunden vernichtet?"

„Ich habe sie ja gar nicht vernichtet –"

„Aber es wird eine Frau Kempe erscheinen und beschwören, daß sie dabei war, als Sie die Urkunden verbrannten –"

Der Verteidiger schaltet sich ein: „Die Urkunden können ja nicht verbrannt sein – ich habe sie doch hier in der Hand –"

„Sie haben sie?"

Und das Fräulein erzählt die trübselige Geschichte ihrer armen Liebe. Sie und der Friseur hatten ihre Habseligkeiten vereinigt und waren zusammengezogen. Nach Monaten kam der Krach, Krause zog aus, fand aber beim Abschied seine Papiere nicht. Auch das Fräulein wußte nicht, wo die Urkunden geblieben waren. Da zeigte der Friseur sie an; dann durchsuchte sie nochmals alles, fand die Papiere und brachte sie an Gerichtsstelle.

„Warum haben Sie ihm die Papiere vorenthalten?"

„Das habe ich gar nicht getan. Was sollte ich denn damit: das Scheidungsurteil seiner Ehe, eine Karte vom Wohnungsamt, zwei Geburtsurkunden – was sollte ich denn damit? Die Papiere waren verkramt – er hätte sie ja selbst suchen können."

„Schön", sagt der Richter, „nun die Zeugen."

Und es kommt Krause, der Friseur, nicht ahnend, daß seine Papiere auf dem Richtertisch liegen.

„Sie hatten ein Verhältnis mit der Angeklagten?"

„Ja, leider, es war das schrecklichste Jahr meines Lebens."

„Dann trennten Sie sich, und Sie vermißten Ihre Papiere?"

„Nein, die habe ich schon vorher vermißt. Ich wohnte früher bei Frau Kempe, und das Fräulein ist erst auch zu Frau Kempe gezogen. Dann mieteten wir eine gemeinsame Wohnung. Kaum waren wir drin, vermißte ich die Papiere. Ich hatte mir gleich gedacht, daß die Angeklagte sie weggebracht hat, denn es ist die furchtbarste Person, die ich in meinem Leben kennengelernt habe. Später hat mir Frau Kempe erzählt, daß sie mit eigenen Augen gesehen hat, wie die Angeklagte die Papiere noch in der Kempeschen Wohnung verbrannt hat."

„Mit eigenen Augen?"

„Mit eigenen Augen."

Der Anwalt deckt seine Mappe auf.

„Sind das Ihre Papiere?"

Der Friseur traut seinen Augen nicht. „Ja, das sind sie."

„Setzen Sie sich."

Nun wird Frau Kempe gerufen, eine ältliche, hagere Frau mit einem wippenden Straußenfederhut, kleinen, harten, grauen Augen, einer alles durchbohrenden Spitznase. Sie wird besonders zur Wahrheit gemahnt, sie leistet den Eid mit Inbrunst.

„Herr Krause hat bei Ihnen gewohnt?"

„Nein, er hatte nur seine Sachen bei mir untergestellt –"

„Nehmen Sie sich in acht, Frau Kempe. Herr Krause hat eben beschworen, daß er bei Ihnen gewohnt hat."

„Na ja – ein bißchen hat er auch bei mir gewohnt –"

„Was wissen Sie von den Papieren Krauses?"

„Also, das Fräulein ist eines Tages mit einer Menge von Papieren in die Küche gekommen und hat sie verbrannt."

„Was waren das für Papiere?"

„Das Scheidungsurteil, eine Karte vom Wohnungsamt, Geburtsurkunden –"

„Und Sie haben gesehen, wie sie diese Papiere verbrannt hat?"

„Ja – mit meinen eigenen Augen –"

Der Richter mit erhobener Stimme: „Machen Sie sich nicht unglücklich, die Papiere liegen hier auf dem Tisch: das Scheidungsurteil, die Karte, die Geburtsurkunden …"

Frau Kempe hat gerade noch Zeit, zu sagen: „Dann muß sie sie rasch beiseite getan haben –"

„Setzen Sie sich", donnert der Richter.

Die Angeklagte ist in einer Minute freigesprochen, Herr Krause zieht mit seinen Papieren nach Hause. Frau Kempe stolziert hinterdrein.

So wird geschworen.

DIE ER KENNT, SAGT ER DU

Die Schwurgerichte haben sich in diesen Tagen fast ausschließlich mit Meineidsangelegenheiten zu beschäftigen. Vor den drei Schwurgerichten, die gestern saßen: vier Meineidsfälle. Staatsanwälte, die man fragt, sagen gern, daß sie 90 Prozent aller Meineidsanzeigen in den Papierkorb werfen. Staatsanwälte, die man nicht fragt, verschweigen, daß das Emmingersche Schwurgericht einen viel größeren Erfolg in Meineidssachen garantiert, als es das alte tat, das sich gern verleiten ließ, von der Anklage des Meineides freizusprechen.

Als ich den einen der Schwurgerichtssäle betrat, wurde die eine Angeklagte gerade freigesprochen, weil ihr nicht nachgewiesen werden konnte, daß sie gewisse Schimpfereien auf der Treppe gehört habe. Der Staatsanwalt hatte acht Monate Gefängnis beantragt. Auf der Zeugenbank saßen 20 Personen. Die Angeklagte brach, als sie das Wort „freigesprochen" hörte, in Tränen aus.

Zweiter Fall: ein sehr rundliches, sehr sauberes Fräulein von 30 Jahren nimmt auf der Anklagebank Platz. Sie versieht im Hause des 55jährigen Herrn Hansen die Stelle des Portiers. Herr Hansen, mit seinen Mietern und anderen Leuten vielfach in Prozesse verwikkelt, verlor – so oder so – seine eigene Wohnung. Seine Frau zog zu ihrer Mutter nach auswärts, er selbst als Chambregarnist zu seinem Portierfräulein.

In einem seiner Prozesse sollte das Portierfräulein als Zeugin vernommen werden, die Gegenpartei bezweifelte aber ihre Glaubwürdigkeit, da sie mit Herrn Hansen wie Mann und Frau lebe. Sie wurde dennoch vereidigt und gab an, daß sie zu Herrn Hansen in keinen verbotenen Beziehungen stehe, sich auch nicht mit ihm duze. Allerdings habe Herr Hansen die Angewohnheit, zu ihr du zu sagen.

Man bezichtigte sie des Meineides, nun sitzt sie da auf der Anklagebank, gutmütig lächelnd.

„Haben Sie sich mit dem Angeklagten geduzt?"

„Nein, nie."

„Haben Sie mit ihm Beziehungen unterhalten?"

Sie lacht. „Aber nein –"

„Hat er sie geküßt?"

„Nein –"

„Aber er hat zu Ihnen du gesagt?"

„Ja. Das war so eine Angewohnheit. Er hat zu allen Leuten du gesagt."

„Auch zu fremden?"

„Nein, zu fremden nicht. Aber die er kennt, sagt er du."

Herr Hansen, ein kleiner, magerer, schon etwas müffliger Mann, als Zeuge.

„Haben Sie ein Verhältnis mit der Angeklagten?"

„Wenn das die Zeugen behaupten, ist es kein Gedankengang."

„Aber es wird doch gesagt. Haben Sie sich geküßt?"

„Herr Präsident, erstens ist sie mir zu dick, zweitens in meinem Alter …"

„Aber Sie haben sie geduzt, wie kamen Sie dazu?"

„Sie kam vom Lande, manchmal stellte sie sich so dumm an wie ein Kind, da gewöhnte ich es mir an."

„Und hat sie Sie auch geduzt?"

„Nie, Herr Präsident. Sie hat mit mir immer in der dritten Person gesprochen, ich hätte mir das auch nie von ihr gefallen lassen."

Die erste Zeugin: „Wenn Fremde dabei waren, hat sie nimmer du gesagt, aber wenn sie allein waren –"

„Woher wissen Sie denn, was sie gesagt hat, wenn sie allein waren?"

„Ich war mal im Keller, die auch und haben mich nicht gesehen. Da sagte sie ‚komm mal her' und ‚sieh mal her' – da hat sie ihn also geduzt."

„Ein anderes Gespräch wissen Sie nicht?"

„Nein."

„Können Sie sich nicht verhört haben?"

„Nein – ausgeschlossen, wir haben doch aufgepaßt, wegen dem Eid."

Eine zweite Zeugin hat gehört, wie sie zu ihm sagte: „Komm zum Essen."

Durch einen Zufall stellte sich während der Vernehmung heraus, daß die von den Zeugen bekundeten Gespräche nach dem 16. Januar erlauscht waren – also nach dem Termin, in dem die Angeklagte geschworen hat.

Der Staatsanwalt: „Ich hatte gedacht, daß die von den Zeugen bekundeten Fälle vor dem 16. Januar beobachtet worden seien. Da dies nicht der Fall ist, beantrage ich Freisprechung."

In diesem Falle bricht die bis dahin so ruhige Angeklagte schon beim Plädoyer des Staatsanwalts in heftiges Weinen aus. Der Verteidiger schließt sich an. Das Gericht spricht frei.

Dem Beobachter bleibt nichts anderes übrig, als sich den Tränen der Angeklagten von Herzen anzuschließen. Freigesprochen werden mag ganz schön sein. Wer aber macht die Ängste eines Menschen gut, der monatelang mit dem Bewußtsein einer solchen Anklage herumgeht?

Die Denunzianten solcher Fälle wissen nicht immer, was sie tun, handeln wenigstens aus irgendeiner, wenn auch böswilligen Leidenschaft heraus.

Aber ein Staatsanwalt, der Anklage erhebt, eine Kammer, die Eröffnung beschließt – die Herren wissen doch die Lebensgefährlichkeit solcher Verfahren. Und in diesem Falle war auch vor dem Untersuchungsrichter nicht etwa mehr bekundet worden als: „Sieh mal her“ und „Komm zum Essen“.

Und um in den Grenzen des Erlaubten zu bleiben, faßt man sich an den eigenen Kopf und fragt: „Wie kann man?“ (Wobei ich zur Sicherheit bemerken will, daß ich mit dieser Frage weder den Staatsanwalt noch sonst wen geduzt habe.)

DIE MEINEIDSKÖNIGIN

Mit dem Urteil hat die traurige Geschichte der Frau Ohlerich noch lange kein Ende erreicht. Diesmal sind zwei weitere von ihr verführte Zeuginnen zusammengebrochen. Der alte Herr Kiebach, ein sonderbarer Kauz von einem Präparator, verweigerte im letzten Augenblick vor der Vereidigung die Aussage über den strittigen Punkt, den er im letzten Prozeß beschworen hatte. Im ganzen sind jetzt noch sechs oder sieben Meineidsprozesse in dieser Angelegenheit zu erwarten.

Merkwürdigerweise ist die Bearbeitung dieses ganzen Komplexes nicht in die Hände *eines* Untersuchungsrichters gelegt, sondern die Staatsanwaltschaft hat in jedem einzelnen Fall ein Ermittlungsverfahren angestrengt. Auf diese Weise wird, wenn die Staatsanwaltschaft nicht endlich ein Einsehen hat, jeder Prozeß einzeln verhandelt werden, wobei immer dieselben Meineidigen so lange als Zeugen vernommen werden, bis sie selbst als Angeklagte auf dem Sünderbänkchen Platz nehmen. Ist auch anzunehmen, daß immer mehr dieser Zeugen zusammenbrechen, so besteht doch theoretisch die Möglichkeit, daß der letzte Zeuge wegen sechs oder sieben Meineide schließlich abgeurteilt wird, die er nach und nach in immer derselben Angelegenheit geleistet hat. Und immer wieder wird man der Frau Ohlerich eine Zusatzstrafe geben, bis man vielleicht die Höchstgrenze erreicht.

Welch ein unsinniges – aber auch welch ein kostspieliges – Verfahren! Und welcher Aufwand von Zeit! Abertausende verschlingt ein Prozeß, dessen materielle Grundlage drei Einrichtungsgegenstände im Werte von 45 Mark sind.

Bei alledem bleibt die Entwicklung des Charakters der Frau Ohlerich im dunkeln. Sie von einem Psychiater untersuchen zu lassen, liegt offenbar kein Anlaß vor. Sie erscheint ja auch geistig vollkommen frisch, und alles gute Zureden fruchtet bei ihr nichts. Sie bleibt beim Leugnen und ist so recht die ganz verstockte Sünderin, die sich mit seltener Kaltblütigkeit über die Gesetze hinwegsetzt und die ohne eine Spur von Mitgefühl ihre Mitschuldigen mit sich in die Tiefe zieht. Und dennoch war diese Ohlerich – wenn man ihren nicht widerlegten Äußerungen glauben darf – einst ein nützliches Mitglied der Gesellschaft. Sie war jahrelang Kassiererin in sehr großen und geachteten Firmen und hat sich jedenfalls in diesen Vertrauensstellungen nichts zuschulden kommen lassen. Der Rutsch in die Tiefe begann erst mit einer Heirat, die unglücklich ausging. Die Sucht – aber auch die Notwendigkeit –, ihr kleines Kapital möglichst nutzbringend anzulegen, machte sie in einem Alter, in dem sie selbst auf eine Stellung nicht mehr reflektieren konnte, zur Wucherin.

Den Menschen, die sie verführt hat, wendet sich aber mit Recht das volle Mitleid zu. Es sind vermutlich sehr brave, aber auch sehr einfältige Menschen, die ihrer Überredungskunst zum Opfer fielen. Materielle Motive spielen bei den Verführten sicher keine Rolle. Diese Meineide wurden buchstäblich für eine Tasse Kaffee und Kuchen geleistet. Das Mitgefühl für die etwas „feinere Dame", die in ihrer Ehe soviel Unglück durchgemacht hatte, genügte, um all diese Menschen zu bewegen, mit einem der schwersten Paragraphen des Strafgesetzbuches in Konflikt zu geraten.

Tiefste Schuld aber an dem traurigen Geschehen trägt eine Gesetzgebung, die sich nicht davon abbringen läßt, in dem Eid das höchste Beweismittel zu sehen. Die Folgen einer solchen Gesetzgebung erlebt man nicht nur in Moabit, sondern auch in anderen

Landgerichten Deutschlands, deren Schwurgerichtstagungen mit Meineidsprozessen ausgefüllt sind.

DIE SPACKE WASCHWANNE

Ein Beitrag zur Meineidsstatistik

Als vor einigen Tagen Mitglieder der Presse vom preußischen Justizminister Dr. Schmidt empfangen wurden, stellte ich die Frage, ob es richtig sei, daß nach Einrichtung des Emmingerschen Schwurgerichts die Zahl der Meineidsprozesse gewaltig gestiegen sei. Ich zitierte bei dieser Gelegenheit die von staatsanwaltlicher Seite öfters produzierte Bemerkung: Das alte Schwurgericht habe in den meisten Meineidsfällen auf Freisprechung erkannt; erst seit Emminger könne man hoffen, Meineidsprozesse mit Hoffnung auf Verurteilung durchzuführen. Die Allgemeingültigkeit dieser staatsanwaltlichen Sentenz wurde von den Herren des Justizministeriums bestritten. Man nannte auch einige in der Eile zusammengeraffte statistische Zahlen, die in der Tat ein Anwachsen der Meineidsprozesse kaum erkennen ließen. Der „Montag-Morgen" hat jetzt an Hand der Reichskriminal-Statistik neue Ziffern zusammengestellt. Danach ergeben sich im Reich folgende Zahlen:

	Freisprüche:	Verurteilungen:
1923:	322	407
1924:	376	925
1925:	781	1445

Das Jahr 1924 war das erste der Emmingerschen Schwurgerichte.

Die Zahl der Meineidsprozesse hatte sich also von 729 auf 1301 – im Jahre 1925 auf 2226, also fast auf das Dreifache des letzten Schwurgerichtsjahres gesteigert. Berücksichtigt man aber, daß seit 1923 die allgemeine Kriminalität zurückgegangen ist, so erscheint die Zunahme der Meineidsprozesse besonders gravierend!

Im übrigen – was besagt die graueste Statistik gegenüber der ewig-grünen Wirklichkeit. Der Meineidsprozeß, der sich gestern vor dem Schwurgericht des Landgerichts I abrollte, wäre wert gewesen, das gesamte Justizministerium, Reichstag und Landtag als Zuhörer zu haben.

Milieu: eine Herberge, will vielleicht auch sagen: ein Absteigequartier im Osten der Stadt. Angeklagter: der einstige Nachtportier dieses Hotels. Zeugen: die früheren und heutigen Besitzer und Pächter des Unternehmens. Eigentlicher Gegenstand des angeblichen Meineides: eine Waschwanne.

Kernfrage: Der Besitzer einer Waschanstalt hatte sich an dem Pachtbetrieb des Hotels beteiligt. Schon lange besorgte er die Wäsche für das Hotel, die gewöhnlich naß geliefert wurde, um im Hof des Hotels zum Trocknen aufgehängt zu werden. Einmal wurde diese nasse Wäsche in einer dem Waschanstaltsbesitzer gehörigen hölzernen Waschwanne geliefert. Um diese Zeit ging aber der Besitz des Hauses in andere Hände über, und der ausziehende Besitzer soll die Holzteile der „spacken" Wanne auf seinen Möbelwagen gepackt haben. Hieraus ergaben sich Prozesse und Anzeigen aller Art. Es bildeten sich zwei Parteien, die sich gegenseitig in Zivilprozessen, in Beleidigungsklagen, in Meineidsanzeigen befehdeten. Heute handelt es sich darum, zu wissen: Hat der ehemalige Besitzer die Wanne mitgenommen, war sie „spack", oder war sie das Gegenteil von „spack"? Hat er sie heimlich mitgenommen, ist er überhaupt heimlich ausgezogen, hat der Waschanstaltsbesitzer die Wanne selbst ins Haus gebracht, oder hat sie der Nachtportier abgeholt? Hat der Waschanstaltsbesitzer überhaupt jemals Wäsche in das Hotel gebracht – oder vielleicht doch einige Male? Hat der Waschanstaltsbesitzer jemals gesagt: Mir kann nichts geschehen, ich habe den Paragraphen 51?

Der Waschanstaltsbesitzer sagt: „Ich brauche keinen Paragraphen 51, ich habe niemals den Paragraphen 51 nötig gehabt, und ich habe ihn nie beansprucht."

Die Feststellung all dieser Gespräche, Handlungen oder Unterlassungen ist um so unmöglicher, als die ganze Geschichte volle fünf Jahre zurückliegt. Der Vorsitzende, Landgerichtsdirektor Schulze, bemüht sich mit bewundernswerter Geduld um die Feststellung der Wahrheit; aber mindestens ebenso wie um die Wahrheit ist er besorgt, einen neuen Meineid zu verhüten. Denn was die hier auftretenden Zeugen selbst erlebt hatten, was sie vom Hörensagen wissen, das ist kaum noch auseinanderzuhalten. Sie sind ganz parteiisch eingestellt, und oft sieht man, wie im Laufe der Vernehmung selbst die Aussage des Zeugen sich ganz allmählich ändert. So sagt z. B. ein Zeuge aus, daß der Umzug des früheren Hausbesitzers am hellichten Tage vor sich gegangen ist, daß er selbst die Möbelwagen vor der Tür habe stehen sehen, daß er sich aber nicht um den Umzug gekümmert habe. Im Laufe der weiteren Vernehmung merkt er, oder es fällt ihm ein, daß es in seinem eigenen Interesse gewesen wäre, wenn festgestellt würde, daß der Umzug doch irgendwie heimlich vonstatten gegangen sei. Und er sagt nun: Die Sachen wurden schleunigst auf den Wagen geworfen.

Das Ergebnis dieses Meineidsprozesses ist vollkommen gleichgültig. Nicht gleichgültig ist die Tatsache, daß solche Lappalien, die immer wieder neue Meineide gebären, überhaupt verhandelt werden müssen. Und wenn das Justizministerium sagt, daß in Preußen von 25 619 Fällen nur 1766 zum Prozeß gediehen sind, wie unmöglich muß das Material sein, wenn die vor das Gericht kommenden Fälle so aussehen wie dieser.

PSYCHOLOGIE IM GERICHTSSAAL

Ein kaum dem Knabenalter entwachsener Mensch hat sich vor den Geschworenen wegen versuchten Mordes zu verantworten.

Der Angeklagte ist offenbar zwiespältig veranlagt. Kleine Dibereien brachten ihn frühzeitig mit dem Gericht in Berührung. Er wurde Fürsorgezögling; später tat man ihn zu einem Landwirt in die Lehre. Er bewährt sich als fleißig und ordentlich – abermals unterbricht ein kleiner Lebensmitteldiebstahl seinen Werdegang zum Besseren. Wieder kommt er für einige Zeit in Fürsorge, und – abermals aufs Land gegeben – bewährt er sich aufs neue. Keine Klage wird über ihn laut.

Dann kommt ein Urlaub nach Berlin zu seinen Pflegeeltern. Dem Pflegevater erklärt er, daß er zu seinem Lehrherrn B. nicht mehr zurück will, weil dieser ihn ermuntert habe, mit einer Jungmagd ein Verhältnis anzuknüpfen. Der Pflegevater beantragt die Versetzung des Burschen bei der Vormundschaftsbehörde; diese macht eine Rückfrage bei dem Landwirt, der die Angabe des jungen Menschen als eine Verleumdung bezeichnet. Der Junge wird abermals in die Fürsorge zurückversetzt, kommt dann wieder in eine Lehre, wo er sich, wie in den Vorstellen, tadellos führt.

In diese Zeit fällt der Ankauf zweier Revolver, von denen er einen meistens bei sich führt. An einem Sonnabend nimmt er an einem Tanzvergnügen teil, trinkt ziemlich viel Alkohol, kommt nachts nicht nach Hause, nächtigt im Walde und geht in den Morgenstunden aufs Feld, wo er den Sohn und einen anderen jungen Knecht seines früheren Lehrherrn B. bei der Arbeit findet. Er bietet dem jungen B. zunächst eine Zigarette an, dann zieht er seinen Revolver und sagt, er werde ihn erschießen – und zwar in einer halben Stunde. Während dieser halben Stunde plaudert er mit seinem Opfer ganz vergnügt, sagt ihm, daß er dessen Vater die Rückversetzung in die Fürsorge verdanke und – als die erste halbe Stunde vorbei ist, verlängert er die Frist um eine weitere halbe Stunde. Wieder plaudern sie behaglich, wieder wird die Frist um eine halbe Stunde verlängert – bis schließlich der junge B. es doch mit der Angst kriegt und davonläuft. Im Weglaufen hört er hinter sich drei Schüsse, eine Kugel hört er sogar pfeifen und in einen Baum einschlagen. Ob tatsächlich die Kugel eingeschlagen ist, weiß er nicht.

Der junge Attentäter wird verhaftet und gibt bei seiner ersten Vernehmung an, es sei seine Absicht gewesen, den jungen B. zu ermorden. Erst später ändert er seine Aussage dahin, daß es nur seine Absicht gewesen sei, B. einen Schrecken einzujagen.

Der Staatsanwalt sieht in der Tat die Voraussetzung des versuchten Mordes gegeben und beantragt eine Zuchthausstrafe von acht Jahren.

Der Verteidiger versucht die Handlungsweise des jungen Menschen aus einer gewissen Großmannssucht, ja aus einem etwas gesteigerten Ehrgefühl zu erklären. Als der Angeklagte von seinem ersten Lehrherrn bei den Diebereien erwischt wurde, habe er keinerlei Rachegefühle geäußert oder betätigt. Wohl aber habe er nach seiner ihm ungerechtfertigt erscheinenden Rückversetzung in die Fürsorge von dem Lehrherrn B. zweimal durch Briefe Ehrenerklärungen verlangt, ohne sie zu erhalten. Das habe ihn gereizt und ihn auf die Idee gebracht, dem Lehrherrn B. oder dessen Familie einen Schabernack zu spielen. Wenn er wirklich die Absicht gehabt hätte, den jungen B. zu ermorden, so hätte er vermutlich seinem Opfer nicht anderthalb Stunden Frist gewährt. Er mußte wissen, daß jede Verzögerung der Tat dazu führen konnte, irgendein Hindernis eintreten zu lassen. Die drei Schüsse aber, von denen niemand sagen könne, ob sie gezielt gewesen seien, könnten nicht als ein Beweis für die Tötungsabsicht angesehen werden. Der Verteidiger bittet um Freispruch oder um milde Strafe wegen Bedrohung.

Das Schwurgericht kommt zu einer dritten psychologischen Feststellung. Es nimmt an, daß der Angeklagte mit der festen Absicht an den jungen B. herangetreten sei, diesen zu ermorden, daß er aber im Laufe des Gespräches diesen Entschluß aufgegeben habe und ihn erneut erst faßte, als der junge B. plötzlich fortlief. Die drei Schüsse habe dann der Angeklagte ohne Überlegung abgegeben, und er sei wegen versuchten Totschlages zu verurteilen. Man billigt ihm mildernde Umstände zu und verurteilt ihn zu zwei Jahren, fünf Monaten Gefängnis …

Die Differenz zwischen dem Antrag des Staatsanwalts und dem Urteil des Gerichts – acht Jahre Zuchthaus : zwei Jahre, fünf Monate Gefängnis – ist groß genug, um uns aufatmen zu lassen, und doch wird man das Urteil als schwer empfinden, namentlich, wenn man bedenkt, daß dieselben Berufsrichter es waren, die an dem freisprechenden Urteil der Stresemann-Attentäter mitwirkten. Von denen hatte auch einer seine Tötungsabsichten klipp und klar zugegeben – man erinnert sich an seinen Brief an den Münchener Rechtsanwalt. Freilich, geschossen hatte er nicht.

Der Angeklagte in dem gestrigen Prozeß hatte wirklich geschossen. Aber unter welchen Umständen! Während der ganzen Unterhaltung mit seinem Opfer war ein weiterer Zeuge anwesend, auch während er die Schüsse abgab – freilich ein etwas blöder Zeuge, der nur sehr unbestimmte Angaben machte. Aber es gehört doch wohl zu den allergrößten Seltenheiten, daß ein Mörder sich mit seinem Opfer in Gegenwart eines Dritten anderthalb Stunden gemütlich unterhält. Diese Abweichung von der Norm – und nichts dazu zu tun, um die Urheberschaft der Tat zu verhehlen – läßt in Wirklichkeit darauf schließen, daß der junge Mensch überhaupt in einem Zustand gehandelt hat, in dem Bewußtsein und Unterbewußtsein vielleicht unter Einfluß der durchjubelten Nacht dauernd miteinander wechselten. Eine gewisse kriminelle Veranlagung war ihm in die Wiege gelegt worden, die günstigen Zeugnisse seiner Lehrherren scheinen darauf zu deuten, daß er aber besserungsfähig ist. Selbst wenn die Verurteilung zu zwei Jahren, fünf Monaten Gefängnis den Richtern nach gewissenhafter Prüfung als eine milde Strafe erschienen ist, was gar nicht bestritten werden soll – man muß sich darüber klar sein, daß diese Strafe vermutlich den endgültigen moralischen Untergang des jungen Menschen besiegelt.

Im übrigen aber ist es ein Fall, der wieder Material schafft gegen das Emmingersche Schwurgericht. Es wird nachgerade unerträglich, das jetzige Schwurgericht als inappellable Instanz wirken zu sehen. Was heute im Beratungszimmer vor sich geht, weiß kein Mensch. Die Schwere der Delikte wie der auszusprechenden Strafen erfordert eine Klärung der Verantwortlichkeiten.

BLIND, HALBBLIND, SEHEND

Diese Schwurgerichtsverhandlung zeigte im Zuschauerraum eine merkwürdige Zweiteilung: Rechts saßen nur junge Mädchen, links nur junge Männer – offenbar unter dem Schutz ihrer Lehrer. Was sie sonst lernen, wurde nicht bekannt. Hier im Schwurgerichtssaal lernten sie Vatermord.

Wohingegen Angehörige der jüngsten Dichtergeneration leider fehlten. Vielleicht, weil sie sich einbilden, auf diesem Gebiete nichts mehr lernen zu können. Und dennoch wären sie um manche Erfahrung reicher geworden – so um die, daß ein richtiges Vatermördchen unendlich banal sein kann, ohne jede Stufung und Ballung, gänzlich unpathetisch; trotz der traurigsten familiären Grundlage mit einem nicht unversöhnlichen Ausgang.

Angeklagt war ein 19jähriger Gärtnergehilfe, ein rechtes Stiefkind der Natur. Sein Vater, ein auf einem Auge ganz, auf dem andern halb erblindeter Ziehharmonikaspieler, lebte mit seiner Frau in Unfrieden, wodurch fünf Kinder auf die Welt kamen. Dieser Junge wurde bald nach der Geburt zu fremden Leuten gegeben, wuchs teils bei diesen, teils in Waisenhäusern auf, lernte das Gärtnerhandwerk, erkrankte an Rheumatismus und Herzleiden und kam so schließlich wieder mal zu seinem Vater zu Besuch. Der Vater hatte längst die Ehefrau verlassen, war zu einer anderen Frau gezogen und stand gerade vor dem Ehescheidungstermin. Da wollte er denn haben, daß der Junge mit zum Termin käme, um zuungunsten der Mutter auszusagen. Das wollte der Junge nicht. Als dann der Prozeß für den Vater ungünstig ausging, verschlechterte sich das Verhältnis zwischen Vater und Sohn. Es kam zu Handgreiflichkeiten, der Vater würgte ihn ein zweites Mal in der Trunkenheit, worauf sich der Sohn zu seinem Schutze einen Revolver kaufte. Dann kam es wieder zu einer Szene, weil der Vater eine Patrone gefunden hatte und hieraus auf die Anwesenheit des Revolvers schloß. Er wollte den Jungen bei der Polizei anzeigen. Da ging plötzlich der Revolver los, brachte dem Vater eine ungefährliche Wunde an der Schläfe bei – der Junge stellte sich selbst der Polizei.

Dies der (nicht genaue) Sachverhalt. Den genauen kennt man nicht, denn die Verhandlung war reicher an Mißverständnissen denn an Aufklärungen. Der Junge, ein ganz stattlicher Bursche, zeigte sich merkwürdig stumpf und ungelenk im Umgang mit Juristen. Und als man ihm in der Mitte des Gerichtssaales die Waffe noch einmal in die Hand drückte, ihn dem Vater gegenüberstellte und ihn aufforderte, zu zeigen, wie er nun eigentlich geschossen habe, versagte er vollkommen. Nur behauptete er, gewissermaßen in Notwehr gehandelt zu haben, um sich gegen den auf ihn zustürzenden Vater zu schützen. Diese Aussage erweckte das sichtliche Mißfallen der Juristen, das sich aber alsbald in verstärktem Maße gegen den Vater richtete, als auch dieser erklärte, er sei auf seinen Sohn losgegangen, als die Waffe losging. Und auch die Braut bezeugte diese den Sohn ent-, den Vater belastende Darstellung.

Das schien dem Gericht deshalb unglaublich, weil Vater und Braut vor Polizei und Untersuchungsrichter bisher immer übereinstimmend ausgesagt hatten, der Schuß sei erst gefallen, nachdem der Wortwechsel schon seit zehn Minuten beendet gewesen sei.

Entweder hatte nun der Vater vor der Polizei eine wissentlich falsche Anschuldigung gemacht – oder er machte vor Gericht eine falsche Angabe – eventuell unter Eid.

Die Braut aber sagte ganz offen, sie habe bisher die Unwahrheit gesagt, aber unter Eid müsse sie doch mit der Wahrheit heraus – worauf ihr der Vorsitzende mit erhobener Stimme eine sofortige Verhaftung androhte. Andererseits kam er zu der Überzeugung, daß dem Vater der Junge nun leid tat und daß er deshalb die günstigere Aussage machte.

„Wollen Sie eigentlich, daß Ihr Sohn bestraft wird?“

„Nein, das will ich nicht.“

Und an die Braut des Vaters wurde die Frage gerichtet: „Haben Sie ein festes Eheversprechen des Vaters, sind Sie seine Verlobte?“

„Jawohl, wir wollen uns heiraten.“

„Stehen Sie gut mit ihm?“

„Halb und halb, mal so, mal so.“

In dem Seelenbild des Vaters zeigen sich noch einige Eigentümlichkeiten. Er ist nämlich gegenüber den anderen Kindern ein scheinbar sehr zärtlicher Vater, nachdem ihm diese Kinder vom Jugendamt abgenommen sind. Er hat eine schreckliche Wut auf das Jugendamt und behauptet, seinen Sohn nur gewürgt zu haben, weil er diesen in der Trunkenheit für einen Abgesandten des Jugendamts hielt.

Auf die Frage des Vorsitzenden, womit er seinen Unterhalt verdiene, sagt er: „Ich spiele Ziehharmonika auf den Jahrmärkten – ich habe einen Gewerbeschein –“

„Dazu brauchen Sie doch keinen Gewerbeschein – das ist doch Bettelei –“

„Ich spiel’ doch Ziehharmonika – ich habe einen Gewerbeschein als Musiker –“

„Das ist doch keine Musik, sondern höchstens ein unangenehmes Geräusch –“

Ein Beisitzer mischt sich hier ein.

„Haben Sie ein Schild auf der Brust getragen: ‚Erblindet‘?“

Nur zögernd räumt es der Mann ein.

„Das ist doch Betrug!“ ruft der Beisitzer.

Der Ziehharmonikaspieler steht zerknirscht da, in dem beschämenden Bewußtsein, auf dem einen Auge noch etwas sehen zu können.

Der Staatsanwalt beantragte wegen versuchten Totschlags eine Zuchthausstrafe von zweieinhalb Jahren, da von Notwehr keine Rede sein könne. Der Verteidiger Dr. Themal nahm sich des Angeklagten aufs wärmste an, indem er die Lage des kranken, stellungslosen Jungen schilderte, der fast von Geburt an außerhalb des Elternhauses aufwachsen mußte und der nun, von seinem Vater auch noch körperlich mißhandelt und aus dem Hause gewiesen, sich mit der Schußwaffe verteidigte, als der Vater neuerdings über ihn herfallen wollte. Aber das Bemühen war vergebens. Das Gericht verurteilte den Angeklagten zu zweieinhalb Jahren Zuchthaus – Mindeststrafe für den versuchten Totschlag an einem Verwandten aufsteigender Linie.

Dieses Gericht hat ein grausames Urteil gesprochen, und wenn dieser bis heute unbestrafte junge Mensch, dem auch noch von einer Zeugin das beste Leumundszeugnis gegeben wurde, auf dem Wege übers Zuchthaus wirklich ein Verbrecher wird, so möchte man nicht an diesem Urteil – auch nur durch Stillschweigen – die Mitverantwortung tragen.

Die beiden einzigen Zeugen der Tat – der Vater und seine Geliebte – haben vor Gericht ausgesagt, daß der Sohn in Abwehr eines tätlichen Angriffs des Vaters geschossen hat. Möglich, daß diese den früheren Aussagen widersprechende Bekundung nicht auf Wahrheit beruhte – so hatte doch das Gericht mehr als einen Grund, diese Brücke zu betreten. Wenn das Gesetz den Totschlag an einem Verwandten aufsteigender Linie besonders schwer bestraft, so doch deshalb, weil es die Tat eines entarteten Sohnes gegen einen guten Vater im Sinne hat. Der eigentlich moralisch Schuldige ist aber in diesem Falle dieser Vater, der den Sohn wenn nicht zum Ergreifen der Waffe, doch zur Verzweiflung getrieben hat. Und dieser Vater empfindet nun doch Reue; er ist vielleicht kein schlechter, aber selbst ein haltloser, triebhaft handelnder Mensch. Er will nicht die Bestrafung des Kindes, er bekennt (vielleicht fälschlich), den Sohn noch einmal angegriffen zu haben. Da hätte das Gericht die Pflicht gehabt, diesem Vater zu glauben, um auf diesem Wege zu einer möglichst gelinden Bestrafung zu gelangen!

Das Schwurgericht alten Stils hätte anders gesprochen als dieses, in dem der Formalismus und der „kriminalistische Scharfsinn" der Juristen es so leicht haben, über den gesunden Menschenverstand und einfache Menschlichkeit zu triumphieren.

DIE HERREN RICHTER

RICHTERPORTRÄTS AUS MOABIT

Der Jurist

Er ist der Mann des Rechts, ganz aus dem Herzen, und aus einem leidenschaftlichen dazu. Die Jurisprudenz ist seine Geliebte bis zu dem Grade, daß die übrige Welt für ihn versinkt, wenn er sein Urteil spricht. Dann ist er allein mit ihr, dann strömen feurige und große Worte von seinen Lippen, die Stimme senkt sich in den Einschachtelungen zu bedeutungsvollem Flüstern, oder sie donnert in den Hauptsätzen dahin in machtvoller Ausstrahlung. Geschmeidig umspielt sie Knifflichkeiten – dann ist es, als ob die zärtlichste Delikatesse über seine Lippen gleite. Kein Wort aber – schon bei der Vernehmung des Angeklagten – kommt von ihm, das nicht von dem Rechtsempfinden heraus gestaltet wäre. Das hat manchmal seinen spielerischen Beiklang und kommt doch aus der vornehmsten Gesinnung. Vor ihm kann der abgerissenste Strolch stehen, und er sagt immer – „der Herr Angeklagte".

Persönliches Interesse für den Herrn Angeklagten, psychologisches Spürtalent ist vielleicht gar nicht seine stärkste Seite, er wird darin von manchem seiner Kollegen übertroffen. Niemand aber erwägt gewissenhafter als er, ob ein Angeklagter durch die Maschen des Gesetzes schlüpfen darf oder ob er im Netz hängenzubleiben hat. Da steht einer mit braunem Wollschal um den Hals. Er soll einen erpresserischen Brief an einen Handelsmann geschrieben haben, der an einem Postraub beteiligt war. Gegen den Handelsmann ist inzwischen tatsächlich wegen des Raubes Untersuchung eingeleitet worden. Der Angeklagte aber erklärt, er habe sich die ausgesetzte Belohnung verdienen und den Raub aufdecken wollen. Nun habe er den Verdächtigen durch den Brief in eine Gastwirtschaft bestellt, um zu sehen, wie er sich verhalte.

Der Richter spricht: „Man muß sich in den Gedankengang des Herrn Angeklagten versetzen, und nur auf dessen subjektive Einstellung kommt es an. Gewiß hat der Herr Angeklagte aus egoistischem und materiellem Interesse gehandelt, er wollte Geld verdienen. Aber nicht das Geld des Mannes, an den er den Brief schrieb, sondern die von der Post ausgesetzte Belohnung. Der Angeklagte, der von einer früheren Beschäftigung bei der Polizei gewisse Kenntnisse hatte, dem der Adressat verdächtig war, wollte sehen, wie sich der Adressat auf den Brief verhielt. Er wollte ergründen, welchen psychischen Eindruck der Brief machte, und er wollte aus dem Verhalten dann diejenigen psychologischen Schlüsse ziehen, die zur Aufhellung des Postraubes nötig waren. Der Adressat hat der Aufforderung Folge geleistet, er ist in der Gastwirtschaft erschienen, aber zu einer Zeit, von der er wußte, daß der Herr Angeklagte nicht anwesend war – nur um sich nach der Person des Herrn Angeklagten zu erkundigen. Aus diesem Verhalten schloß der Herr Angeklagte auf eine Schuld des Herrn Briefempfängers, und er machte seine Anzeige, die nun zur Erhebung der Anklage gegen den Herrn Briefempfänger führte. Man kann also nicht sagen, daß der Herr Angeklagte aus erpresserischen Motiven den Brief geschrieben hat, und es ergeht deshalb ein freisprechendes Urteil."

Aber es kommt auch der Augenblick, wo der gütige Mann zum zornigen Rächer wird. Eine Frau steht vor ihm, die ihr eigenes Kind mißhandelt hat. Auch hier beginnt er ruhig mit einer Verlesung der Gesetzesparagraphen, die für die Tat in Betracht kommen. Dann beginnt er leise mit einer Zusammenfassung der von den Zeugen beschworenen Tatsachen. Und nun erhebt er seine Stimme: „Es ist also erwiesen, daß diese Mutter ihr Kind zu wiederholten Malen auf das bestialischste mißhandelt hat, so daß die Nachbarschaft daran den lebhaftesten Anstoß nahm. Sie hat das Kind aus dem Schlaf gerissen, um es mit wahren Marterinstrumenten zu mißhandeln. Einer solchen Frau gegenüber ist keine Milde am Platze. Sie mußte die ganze Schwere des Gesetzes treffen. Gott schütze unsere deutschen Kinder vor solchen Müttern. Die Frau ist sofort in Haft zu nehmen und abzuführen."

Es ist eine kleine Schaumperle auf seinen Lippen, er hält erschöpft inne. Ein Wehgeschrei durchhallt die enge Gerichtsstube. Die heulende Frau wird abgeführt, der Ehemann will sich auf die Hauptbelastungszeugin stürzen, die Kinder heulen durcheinander.

Der Richter bleibt stumm. Er hält das Haupt tief gebeugt über seinen Richtertisch. Sein eigenes Herz ist in Mitleidenschaft gezogen, er braucht Minuten der Ruhe, um sich für den nächsten Fall zu sammeln, und so wartet er geduldig, bis die Wachtmeister allen Lärm verscheucht haben. Dann noch ein tiefer Atemzug, und er ist bereit zu neuen Dingen, zu feinster geistiger Arbeit, zu genauester Abwägung, zu ritterlichem Geplänkel wie zu tiefstem Ernst und edelster Menschlichkeit.

Der Beamte

Er ist mit jungen Jahren Landgerichtsdirektor geworden, und nun sitzt er rosig, korrekt und dekorativ mit einer silbernen Tresse am samtenen Barett zwischen den Schöffen und verwaltet sein Amt. Seine friedlichen großen, aber unbewehrten, grauen Augen drükken nicht gerade etwas Bestimmtes aus. Es sind nicht die feurigen Flammenaugen eines Rechtssuchers großen Stils und auch nicht die spitzen und scharfen des leidenschaftlichen Kriminalisten. Sie sind ganz gutmütig, etwas skeptisch, ganz leise spöttisch, vor allem aber korrekt wie der hohe Stehkragen und die mit mathematischer Sicherheit geknüpfte weiße Krawatte. Seine Stimme klingt mit einer gemessenen Tonstärke durch den Saal. Er hat es fast nie nötig, sie zu schneidender Schärfe zu steigern – wiewohl er dessen fähig wäre. Seine kühle, gerade Haltung macht alle Exzesse vor seinem Stuhl unmöglich. Den Anwälten gegenüber sehr freundlich, den Angeklagten ohne Vertraulichkeit, ohne fühlbares Mitleid, aber auch ohne Abscheu und ohne Härte. Sein Wesen zeigt durchaus nicht abgezirkelte Selbstdressur – er gibt sich ganz natürlich, wie er ist –, Sprößling einer alten Beamtenkultur, die gewohnt ist, mit Gleichmut, etwas Liebenswürdigkeit und etwas Würde ihre Pflicht zu tun. Geistiges Kämpfertum, leidenschaftliches Mitfühlen liegen fern von seinem Wege, aber auch die juristische Finesse ist ihm kein Selbstzweck. Alles kommt darauf an, den Fall richtig in seine Kategorie einzureihen. Niemals wird er aus irgendeiner Verstimmung heraus einem Angeklagten den Beweis seiner Unschuld einengen, immer wird er aller Formalitäten spielend Herr. So ist er weder interessant noch interessiert. Er bewahrt sich seine geistige Unabhängigkeit vom Staatsanwalt; wenn er urteilt, so sucht er hübsch den Mittelweg, und er findet ihn, ohne daß ein innerer Kampf sichtbar würde. Er hält sich an das Gesetz und läßt sich von einem eingeborenen gesunden Menschenverstand beraten.

Das Urteil fließt kühl von seinen Lippen. Man ist als Angeklagter gar nicht schlecht bei ihm aufgehoben. Aber man verläßt seinen Saal weder zerknirscht noch erhoben – innerlich unberührt –, weniger gerichtet als verwaltet.

Der große Richter

Er gibt dem Gericht nicht nur Ernst und Würde, auch Schönheit. Der schwarze Talar, das silbergestickte Barett verstärken diesen Eindruck, der durch keinen falschen Ton gestört wird. Denn seine Würde ist ohne Pathos, sein Ebenmaß ohne Gefallsucht. Es ist, als habe die Natur ihm alles gegeben, um ein Richter zu sein. Deshalb haben ihn sein Erfolg, sein weitverbreiteter Ruf nicht eitel, selbstsüchtig, rechthaberisch oder unbelehrbar gemacht.

Sein Amt bringt ihm das Elend der Herzen immer allzu nahe. Er kann kein glücklicher Mensch mehr werden; man fühlt – sein Herz ist milde, milde geworden. Aber seine Überzeugungen sind streng. Er ist Strafrichter, und er straft die Missetat nach den Richtlinien des Gesetzes.

Dem Ebenmaß der Erscheinung entspricht der nahezu vollkommene Ausgleich von Verstand und Gefühl. Kein Richter beherrscht besser als er die Akten, keiner handhabt müheloser den technischen Apparat. Ohne Erregung und ohne Hast, aber auch ohne überflüssiges Verweilen läßt er die Verhandlung sich abwickeln. Er zeigt dem Angeklagten jene ferne Freundlichkeit, die Vertrauen erweckt, ohne der Vertraulichkeit Raum zu geben. Wenn er die Zeugen zur Wahrheit mahnt, ist das keine zum Überdruß wiederholte Formalität, weil er in jedem einzelnen Falle annimmt: Dieser Mensch steht zum ersten Male vor Gericht.

Seine Stimme ist ein klangvoller und geschmeidiger Bariton. Seine Sprache entgleist in keinen Dialekt – das beste Deutsch ist ihm für die Gerichtsstätte gerade gut genug. Aber er versteht den Sünder, der vor ihm steht. Ohne Mühe fühlt er sich in dessen Seele hinein, bald ist ihm die letzte Regung bekannt. Er kennt nicht nur das Gesetz – er kennt auch die Strafe, er weiß um die Folgen, und er spricht aus der vollen Verantwortung seines Gewissens schuldig und frei. Er hat auch ein Lächeln, ein seltenes, das nicht recht heiter werden kann. Dieses Lächeln ist von einer sonderbaren Melancholie, öfter noch unheilbar skeptisch. Er leitet eine Berufungskammer, und da ein Schöffengericht selten ohne jeglichen Grund verurteilt, stehen zumeist Schuldige vor ihm, die um eine mildere Strafe bitten oder die ihre Tat leugnen.

Dieses nun liebt er nicht, deshalb verwendet er oft lange Zeit und eine große Beredsamkeit darauf, den Schuldigen zum Geständnis zu bringen. Gerade in diesen Fällen läßt er sein Herz sprechen, und er sagt dem Reumütigen Milde zu.

Spricht er frei, ermäßigt er die Strafe, so ist seine Verkündigung wirklich befreiend. Verurteilt er, so ist sein Urteil in Fassung und Ton Strafe an sich.

Der Leidende

Er ist ein Mensch, und er leidet unter dem Wust von Unrat, der vor seinen Stuhl geschleppt wird. Der Bezirk seines eigenen Wesens ist reinlich und vielleicht doch nicht frei von Schuld oder Komplikation, ihm eingeboren oder von außen in sein Leben hereingetragen. Was ihn selbst persönlich bedrückt, ist nicht zu vergleichen mit dem, was die Leute vor seinen Richtertisch führt. Nein, er hat nie eine Polizeistunde übertreten, und das Eigentumsvergehen ist ihm so fremd wie lärmender Unfug, verbrecherische Gier, gemeinsame Ausnutzung. Und doch ist er mit Zweifeln an sich, an Gott, an die Welt belastet. Er hat nicht die robuste Selbstsicherheit des geborenen Beamten, mit dem ganz unfragwürdigen Unterscheidungsvermögen von Gut und Böse. Es wäre denkbar, daß er abends zu Hause zwischen seinen Büchern sitzt und Herz und Hirn mit Ideen grausam plagt. Vielleicht verführen ihn die Gedanken weit aus dem Bereich gesetzmäßiger Ordnung.

Steht dann der Dieb vor ihm, so erscheint ihm die Tat so erbärmlich klein und nebensächlich. Er mag fragen: „Wie erst würdest du, Dieb, sündigen, wenn du von Büchern und Ideen wüßtest! Das Netz des Gesetzes fängt nur herumschwirrendes Kleintier. Das unheilvoll Große liegt in den Wolken, in den Düften, im Licht. Eigentlich sehe ich dich gar nicht, Dieb, und ich muß dich strafen, weil ich dazu verurteilt bin, weil es mein Schicksal ist, strafen zu müssen. Wenn der Dieb wenigstens besser würde! Aber immer dieselbe Geschichte: bist du Sünder aus schlechtem Herzen heraus, so bist du ein unheilbar krankes Glied, für das die Strafe gar keine Behandlung ist. Hast du aus einmaligem Leichtsinn gehandelt, so verdienst du vielleicht wirklich Strafe. Aber die, die ich dir bieten kann, schändet dich, bringt dich in üble Gesellschaft, macht dich vielleicht wirklich schlecht!"

Und aus einer ewigen, sich niemals abstumpfenden Qual gebiert er seine Urteile. Kein Wort verrät die Unbegrenztheit seines Gefühls, die Ungebundenheit seiner Gedanken. In der Prozeßführung selbst erscheint er oft trockener, sachlicher als die meisten seiner Kollegen. Er hat die Güte im Herzen, aber nicht auf der Zunge. Zuweilen, ganz selten zwingt ihm die Komik einer Situation ein Lächeln der Lippen ab, aber sein Herz hat kein Lächeln, es ist zu beschwert.

Der Strafrichter

Er ist unabsetzbar – aber wer hält ihn?

Diese Frage, mir schon lange fühlbar, wurde durch ein Sondererlebnis brennend. Und sie gewann in mir an Bedeutung durch die Münchener Rede des Reichsgerichtspräsidenten. Er will der deutschen Justiz aus der Vertrauenskrise heraushelfen. Wer guten Willens ist, wird ihm dabei helfen müssen.

Die dauernde Beschäftigung mit der Kriminaljustiz führt zu einer sich steigernden Hochachtung vor unseren Strafrichtern. Trotz aller Unbegreiflichkeiten, die an dieser Stelle nicht aufgezählt zu werden brauchen. Wenn ich das Moabiter Feld überblicke, habe ich einige starke Individualitäten, ausgesprochene Richtertalente, vor dem Auge – Männer, die zu ihrem Berufe geboren sind und ihn mit einer besonderen Art heiliger Leidenschaftlichkeit erfüllen. Daß solche Gestalten Ausnahmen sind, liegt in der Natur einer Sache, die eine außerordentlich große Menge einigermaßen gleichgerichteter, gleichgestimmter Persönlichkeiten erfordert.

Das Gros wird von Beamtennaturen bestritten, die das Recht mehr verwalten als es formen. Aber – Respekt vor diesen Beamten. Ihr Fleiß, ihre Gründlichkeit wetteifert mit ihrem Bestreben, sich in ihnen oft fernliegende Gedankengänge und Gefühlskomplexe einzuleben. Sie fühlen sich an das Gesetz gebunden, und wenn sie Recht sprechen, wird die Unzulänglichkeit des Gesetzes fühlbarer als etwa ein Versagen des Richters. Freilich wird der oft dazu neigen, die Verantwortung auf das scheinbar unumstößliche Gesetz zu schieben. Der mehr freischaffende Richter sieht zu, wie er das

Gesetz lebendig, schmiegsam, beweglich halten kann, um aus der Anschauung der Individualität des Angeklagten und seiner Ziele zu einem für den Fall passenden Urteil zu gelangen. Der mehr verwaltende Richter wird öfter sein Herz schweigen lassen. Sein Urteil ist mehr von der staats- oder rechtspolitischen Einsicht diktiert als von der besonderen Lage des Falles. Er selbst versucht auch weniger einen Einfluß auf die Seele des Rechtsbrechers zu gewinnen. Er spricht die „Sühne" aus, die ein Verbrechen erfordert, er „schreckt ab" – von dem lebendigen Objekt seiner Rechtsprechung ist er durch eine ungeheure Kluft getrennt. Und doch ist auch dieser verwaltende Verhandlungsleiter selten bei einem Urteil zu betreffen, das augenscheinlich völlig fehlgeht. An seinem Ernst, an seinem guten Willen ist – ich spreche ausdrücklich in erster Linie von Berlin – nicht zu zweifeln. Eher wendet sich das Gefühl gegen gewisse Beisitzer, deren verhältnismäßig seltene Äußerungen oft einen verbitterten und zur Härte treibenden Geist verraten.

Es gibt natürlich Fälle, in denen das gute Beamtentum nicht ausreicht, namentlich nicht das, das zugleich mit der militärisch-gesellschaftlichen Bindung des Reserveoffiziertums den 9. November und seine Folgen noch nicht überwunden hat. Gewisse Fälle erfordern eine menschliche Einsicht und ein kraftvolles Herz, was eben nicht überall zu finden ist – und vor diesen Fällen erleben wir die „Versager", die leider die Vertrauenskrise hervorgerufen haben.

Eines ist merkwürdig: daß von jenen geborenen Richtern, denen das allgemeine Vertrauen rasch und lebhaft entgegenkommt, selten einer dazu gelangt, einem Berliner Schwurgericht vorzusitzen. Haben sich auch die Verhältnisse seit einem Jahre etwas gebessert – mit Bedauern sah man einen Mann von diesem Posten scheiden, den er mit einer großen Feinfühligkeit und mildem Gerechtigkeitssinne ausfüllte, ohne der Würde je etwas zu vergeben. Warum ging gerade er? Warum hielt man ihn nicht – der so gern geblieben wäre? Aber auch in den Schöffengerichten finden dauernd Wechsel statt, die unbegreiflich erscheinen.

Vor einigen Tagen traf ich einen Richter, den ich nicht gerade häufig sehen konnte, weil er an einem der Berliner Peripheriegerichte fungiert. Man kommt ja nicht alle Tage nach Pankow, Lichterfelde, Potsdam, Spandau … Aber je öfter ich ihn amtieren sah, um so tiefer wurde ich von der besonderen Eignung gerade dieses

Mannes überzeugt. Er hat immer dem Gesetz gegeben, was er dem Gesetze schuldig war. Aber er ist ein Mann, der nie einen Augenblick vergißt, daß ein Unglücklicher vor ihm steht – auch wenn der es gar nicht weiß, wenn er in törichter Frechheit aufbegehrt. Zuweilen schien es, als leide dieser Richter mehr als der Angeklagte. Und doch war er gar nicht wehleidig. War rasch und gesund in seinen Entschlüssen. Ein guter und kraftvoller Mensch, der die Quellen seines inneren Daseins nicht nur aus Paragraphen bezieht.

Diesen Mann also traf ich und hörte mit Erstaunen aus seinem Munde, daß er im Januar wieder zur Ziviljustiz übertrete. Ich protestierte ganz spontan – er wunderte sich und fragte. Und als ich ihm nun mit Überwindung einiger Hemmungen ins Gesicht sagte, daß ich nicht der einzige sei, der seinen Fortgang für einen schweren, vielleicht unersetzlichen Verlust für die Strafjustiz halten würde – daß gerade er ein Berufener sei – daß, wenn man auch die Gleichheit aller Richter nicht verlangen oder erwarten dürfe, er so unentbehrlich sei, weil … Ich sprach nicht zu Ende, weil ich mich nicht berufen fühlte, zu loben, wo ich verehre – da sah ich den reifen Mann erröten und verlegen lächeln und hörte ihn sagen: „Das wußte ich ja alles gar nicht – das hat mir noch niemand gesagt – Sie machen mich in meinem Entschluß wanken."

Es hat ihm niemand gesagt.

Wir aber müssen fragen: Ist niemand da, so etwas zu sagen? Wäre der Fall vereinzelt, so könnte man gern an einen Zufall glauben, oder an Gründe, die sich dem außenstehenden Betrachter entziehen. Aber – wir sehen gute Männer gehen, gleichgültigere kommen. Besonders Befähigte bleiben im Avancement stecken – andere, gegen die man Bedenken äußern mußte, kommen vorwärts, aufwärts. Woran liegt es? In Parenthese: Die Presse ist kaum befugt, in diesen Fragen mit Initiative voranzugehen. Der Richter ist kein Künstler, der des lobenden Zuspruchs bedarf oder den man mit sanfter oder heftiger Kritik auf den rechten Weg weisen sollte. Gewiß wird man in diesem oder jenem Falle Einspruch erheben oder Zustimmung äußern. Aber man wird es vorziehen, wenn möglich, keine Namen zu nennen – schon um die Reinheit der Atmosphäre nicht zu trüben.

Es scheint indessen, als sei man im Justizministerium nicht hinreichend von der Wirksamkeit einzelner Persönlichkeiten unterrichtet. Sonst würde es wohl mehr darauf sehen, gerade die Richter der Strafjustiz zu erhalten, die für dieses Amt besonders geeignet sind.

DER GUTE RICHTER

Träumereien aus dem Schöffengericht

Es war einmal ein guter Mann, den hatte sein Vater die Rechte studieren lassen. Da er es gewissenhaft und ernst mit dem Studium nahm, machte er als Richter eine hübsche Laufbahn, so daß er schon mit etwa 50 Jahren als Landgerichtsrat einem Schöffengericht präsidieren durfte. Da saß er nun Tag für Tag, hatte zwei würdige Herren aus dem Volke neben sich, der Diener öffnete die Tür, und herein wälzte sich das bunte Leben in die mit Paragraphen tapezierte Gerichtsstube. Da kamen diebische Dienstmädchen, kleine Gauner, Marktfrauen und öffentliche Fräulein, die gegen irgendeine Polizeiverordnung gesündigt hatten, Bierkutscher – und was es sonst noch gibt. Seine Urteile bildete er genau nach Vorschrift auf eine sehr scharfsinnige und tüchtige Weise, so daß eigentlich niemand daran etwas auszusetzen hatte – es sei denn sein eigenes Herz. Und während seine Lippen die Strafen ordnungsgemäß diktierten, konnte er es nicht hindern, daß sein Herz sprach.

Das alte adlige Fräulein

„Wegen versuchten Betruges zu 300 Mark Geldstrafe“, sagte sein Mund. Aber sein Herz öffnete sich dem alten, vor lauter Tugend verschrumpelten adligen Fräulein, das auf der Anklagebank saß, und sagte: „Selbstverständlich spreche ich Ihnen eine Provision von 2000 Mark zu und verurteile den Zeugen außerdem zur Zahlung eines lebenslänglichen Ehrengehalts. Bedenken Sie recht, Herr Zeuge, wie die Sache lag. Das adlige Fräulein war volle 17 Jahre die treue Gesellschafterin, man kann sagen die vertraute Freundin Ihrer verstorbenen Frau Mutter. 17 Jahre hat sie sich des Vertrauens würdig gezeigt, und sie ist in diesem Dienst ergraut und müde geworden. Sie müssen noch eines in Rechnung setzen – als das Fräulein den Dienst übernahm, war sie nicht mehr jung. Beim Tode Ihrer Mutter war sie selbst eine alte Dame von nahezu 60 Jahren, und sie konnte wirklich in großer Sorge sein, ob sie je eine andere Stellung finden würde, das heißt: in Sorge um ihre ganze Existenz. Ich kenne Ihre Verhältnisse nicht genau, Herr Zeuge; ich will nicht darüber urteilen, ob Sie in der Lage gewesen wären, nun wirklich der alten treuen Seele ein auskömmliches Dasein zu schaffen. Indessen einiges hinterließ Ihre Frau Mutter, so einen Flügel. Den hatte Ihre Mutter vor Jahren einmal für 2000 Mark gekauft. Die Geldentwertung und die Wertsteigerung aller Musikinstrumente ließ Sie annehmen, daß Sie bei einem Verkauf mindestens 15 000 Mark dafür einnehmen würden, und so beauftragten Sie das alte Fräulein mit dem Verkauf, wobei Sie ihr nicht etwa eine Provision in Aussicht stellten, sondern sagten: ein etwaiger Mehrerlös sollte zwischen Ihnen und dem Fräulein geteilt werden. Wie Sie sich hier vor Gericht ausdrückten, wollten Sie so ‚auf eine feine Weise' dem Fräulein einen Verdienst zuschanzen. Ich will mich nicht darüber auslassen, ob es nicht eine noch feinere Weise gewesen wäre, dem alten Fräulein zu sagen: ‚Der Mehrerlös gehört Ihnen' – oder (da doch der Flügel nur 2000 Mark gekostet hatte) ‚kaufen Sie mir den Flügel mit 2000 Mark ab, und verkaufen Sie ihn zu Ihren Gunsten – dies als schwaches Zeichen der tiefen Dankbarkeit, die wir Kinder der treuen Gefährtin unserer guten Mutter schulden.' Alles dies ist leider nicht gesprochen worden. Als nun gar das Fräulein die Möglichkeit hatte, den Flügel für 19 000 Mark zu verkaufen – wobei es noch 1000 Mark an eine andere Vermittlerin zu zahlen hatte –, ließ es sich allerdings verleiten, diesen Umstand zu verschweigen, und gab nur an, einen Verkauf für 17 000 Mark vermittelt zu haben. Es ergibt sich also für Sie eine gewisse Differenz, um die Sie aber auch nicht geschädigt wurden, da das Geschäft gar nicht zustande kam. Sie selbst verkauften nämlich den Flügel anderweitig. Zugegeben, das Fräulein hätte – in Sorge um ihre Existenz – die Absicht gehabt, Sie ein bißchen zu bemogeln, so war es Ihre verfluchte Pflicht und Schuldigkeit, sich ‚in feiner Weise' bemogeln zu lassen, anstatt den Flügel anderweitig zu verkaufen, das Fräulein um seinen Gewinnanteil zu bringen und die Sache gar vor Gericht zu tragen. Deshalb, Herr Zeuge, zahlen Sie dem Fräulein ihren Anteil und überdies eine kleine jährliche Pension zum Andenken Ihrer verstorbenen Frau Mutter."

Der gute Konditor

„Wegen Übertretung der Backverordnung vom ... zu 100 Mark Geldstrafe." Aber das Herz des Richters sprach:

„Sie sind also der Verfertiger der ausgezeichneten Schnecken und Kranzstangen, die ich vor einem Jahr mit soviel Vergnügen gegessen habe. Ihre Konditorei genoß in unserer Familie eine geradezu beispiellose Popularität, und meine Kinder bestürmten mich jeden Sonnabend: ‚Kaufst du Schnecken, geh zu ...' Aber auch wir Erwachsenen waren damals der Überzeugung, daß Ihr Geschäft das einzig reelle unserer ganzen Gegend sei. Durch die heutige Gerichtsverhandlung erfahre ich nun zu meinem lebhaften Bedauern, daß diesen Grad der Reellität zu erreichen Ihnen nur dadurch möglich war, daß Sie anstatt der erlaubten 10 Prozent 85 Prozent Weizenmehl verbackten. Wenn man will, war es also keine Hexenmeisterei, ein so vorzügliches Resultat zu erzielen. Aber Sie hatten den Mut, lieber eine Strafe auf sich zu nehmen, als minderwertiges Gebäck zu liefern. Nun, so wird Ihnen ja auch die Strafe nicht schwerfallen – ich aber kann nicht umhin, Ihnen nochmals mein Kompliment auszudrücken und Ihnen zu versichern, daß ich noch heute einer der treuesten Kunden Ihrer vortrefflichen Konditorei bin."

Das Fräulein vom Kurfürstendamm

„Wegen Betretung des Kurfürstendamms drei Tage Haft." – Indessen sprach das Herz des Richters:

„Eigentlich bin ich Ihnen nicht böse, denn durch Ihren Fall habe ich etwas Neues und Überraschendes gelernt, nämlich, daß der Kurfürstendamm nur von anständigen Menschen betreten werden darf. Da Sie aber – Verzeihung, mein Fräulein – erstens einen Beruf ausüben, der, wie man mir gesagt hat, nicht zu den anständigen gehört, zweitens bei der Betretung des Kurfürstendamms erwischt wurden, muß ich annehmen, daß diese Prachtstraße des Westens heute tatsächlich nur noch von ganz einwandfreien Persönlichkeiten frequentiert wird. Als ich neulich, etwas spät, vom Stammtisch heimkam, begegnete ich einer Reihe von jungen Damen, die dort teils vor dem alten Café Posten bezogen hatten, zum andern Teil auf Bänken oder im Umherwandeln die laue Herbstluft genossen. Unter uns gesagt: Ich traute diesen jungen Damen nichts besonders Anständiges zu, und jedesmal, wenn eine der Betreffenden das Wort an mich richtete, blickte ich starr vor mich hin, meiner Pflicht als Familienvater und Richter eingedenk. Nun hat uns ja der Herr Sittenpolizist erzählt, daß man trotz des Verbotes längere Zeit stillschweigend die Betretung des Kurfürstendamms für Damen Ihrer Art duldete. Vor einigen Monaten aber seien so viel Beschwerden über das Treiben in dieser repräsentativen Straße des Westens eingelaufen, daß man sich entschloß, reinen Tisch zu machen. Die entsprechende Verordnung war erneut auch Ihnen zur Kenntnis gekommen, und das straffe Durchgreifen gerade in Ihrem Falle läßt mich erkennen, daß der Kurfürstendamm nur noch von solchen Personen betreten wird, die dazu sozusagen die moralische Berechtigung haben. Hierdurch erkenne ich den Irrtum, in dem ich mich jenen mir nachts begegnenden Damen gegenüber befand.

Als diese mich ansprachen, hatten sie gewiß nichts anderes vor, als mich zu fragen, wie spät es sei. Nun tut es mir entsetzlich leid, ihnen diese Auskunft verweigert zu haben, wodurch ich womöglich ihr noch späteres Nachhausekommen verschuldete. Denn nichts ist für ein junges behütetes Mädel aus guter Familie unangenehmer, als nachts auf dem Kurfürstendamm spazierenzugehen und nicht zu wissen, welche Uhr es geschlagen hat.

Ich werde also in Zukunft nicht verabsäumen, alle an mich gerichteten Fragen höflich und gewissenhaft zu beantworten, und diese Lektion verdanke ich Ihnen, mein Fräulein. Deshalb nehmen Sie die Strafe nicht zu krumm. Gibt sie Ihnen doch die Möglichkeit, wenigstens drei Tage lang ein Leben zu führen, das Ihnen nicht weniger als andern Leuten die innere Berechtigung zum Betreten des Kurfürstendammes verleiht – wenn Sie auch eben tragischerweise gerade in diesen drei Tagen verhindert sein dürften, von diesem Recht Gebrauch zu machen."

23.10.1921

DER ERSCHÖPFTE RICHTER

Seit neun Uhr früh sitzt der gute Mann im schwarzen Talar in der dumpfen Alt-Moabiter Gerichtsstube und besänftigt Pöbeleien. Er „vergleicht“ mit so viel Leidenschaft, wie andere sich beleidigen. Sein Letztes an Güte und Menschenfreundlichkeit muß er hergeben, um das Widerwärtige im Zaum zu halten. Er sitzt nicht mehr ruhig auf dem Stuhl, er geht hinter seinem Richtertisch auf und ab.

Aber der beklagte stellungslose Schauspieler, der mit seinen Wirtsleuten in Unfrieden lebt, will sich nicht beruhigen lassen. Er rollt mit den schwarzen Augen, läßt seine Mähne flattern, streckt die viere von sich.

Die klagende Partei erklärt: Wir wollen ja alles zahlen, sogar die Umzugskosten, wenn er nur verspricht, Frieden zu halten und sobald wie möglich auszuziehen.

„Sehr einfach“, sagt der Richter, „nun wird der Vergleich zustande kommen – der Angeklagte verspricht, die Familie in Frieden zu lassen, und übernimmt die Gerichtskosten.“

„Ausgeschlossen!“ brüllt der Schauspieler. „Was brauche ich die Gerichtskosten zu zahlen – ich habe meine Zeugen draußen.“

Die Klagepartei will sogar die Gerichtskosten zahlen, nur um zu Ende zu kommen.

„Famos“, sagt der Richter, „der Kläger zahlt die Gerichtskosten und die Umzugskosten!“

„Ausgeschlossen!“ brüllt der Schauspieler. „Wenn ich ausziehe, zahle ich meinen Umzug selbst.“

Auch gut – endlich ist man ihn los.

Nächste Nummer. Frau A. hat von Frau B. behauptet, daß sie an einer unangenehmen Krankheit leide. Frau B. hat sich ein ärztliches Attest verschafft, worin das Gegenteil bezeugt wird.

Langes heimliches Palaver.

Der Richter: „Frau A., Sie erklären, daß es nicht Ihre Absicht war, Frau B. zu beleidigen, und nehmen die Äußerung mit Bedauern zurück.“

Frau A.: „Das kann ich doch gar nicht, ich hab' ja bloß gesagt, was mir der Mann von Frau B. gesagt hat.“

Der Richter: „Darauf müssen Sie nichts geben. Und Sie erklären Frau B. für eine achtbare und anständige Frau. Sind Sie damit zufrieden, Frau B.?“

Frau B.: „Ja, aber …“

Der Richter: „Was aber – mehr können Sie doch nicht verlangen, als daß Ihnen erklärt wird, Sie sind eine anständige Frau. Wir schicken Ihnen das schriftlich – fein, was? Die Kosten übernimmt die Beklagte …“

Frau B.: „Das Attest – zehn Mark, muß sie aber auch bezahlen.“

Der Richter: „Warum gehen Sie zum Arzt? Die Beklagte muß Ihnen beweisen, daß Sie krank sind – Sie brauchen nichts zu beweisen.“

Endlich: Jeder zahlt die Hälfte vom Attest.

Neue Sache. Zwei Ehepaare. Frau Knill ist sehr eifersüchtig, sie behauptet immer, die Frau Huhn habe was mit ihrem Gatten, Herrn Knill. Frau Huhn hat aber der Frau Knill für diese Tratschereien eine Backpfeife gegeben. Klage, Widerklage.

Herr Knill, als kluger Mann, ist zum Vergleich bereit. Die Parteien versprechen, in Frieden zu leben, und teilen die Kosten.

„Nein“, sagt Frau Huhn, „ich brauche eine Ehrenerklärung.“

„Warum“, fragt der Richter, „Sie haben ja doch mit Herrn Knill gar nichts gehabt?“

„Nein, aber wenn es nicht im Vergleich steht, glaubt es das ganze Haus.“

Der Richter: „Herr Knill, geben Sie der Frau Huhn eine Ehrenerklärung?“

Herr Knill: „Wie kann ich Frau Huhn eine Ehrenerklärung geben, wo Frau Huhn meiner Frau eine Backpfeife gegeben hat?“

Frau Huhn: „Frau Knill hat mich eben durch ihre Tratschereien sehr gereizt.“

Frau Knill: „Sie haben meinen Mann beim Kinderfest ins Bein gekniffen!“

Herr Knill: „Sei doch still!“

Frau Huhn: „Deshalb braucht man doch nicht so eifersüchtig zu sein …“

Der Richter: „Mit der Eifersucht muß man rechnen – der Kniff kann ja ganz harmlos gewesen sein.“

Herr Knill: „War er auch."
Frau Huhn: „Übrigens nur in den Arm ..."
Der Richter: „Also die Parteien bedauern das Vorgefallene, nehmen die Beleidigungen zurück."
Herr Knill: „Das kann ich nicht – Frau Huhn kann ihre Ohrfeige auch nicht zurücknehmen."
Der Richter: „Soll daran der Vergleich scheitern? Das sage ich Ihnen: Ich kann keine Zeugen mehr vernehmen, ich vertage, ich quäle mich hier seit fünf Stunden und habe noch drei Sachen vor mir. Entweder vergleichen Sie sich, oder ich vertage."
Die Verhandlungen beginnen von neuem.
Der Richter: „Formulieren wir: Der Kniff war harmloser Natur ..."
Herr Knill: „Das möchte ich nicht."
Der Richter: „Gut, lassen wir den Kniff weg."
Und es kommt nach unendlichem Hin und Her zu der Formulierung: „Die Parteien erklären, daß zwischen Herrn Knill und Frau Huhn nichts Ehewidriges vorgekommen ist und daß die Harmlosigkeiten, die passiert sind, in unzulässiger Weise aufgebauscht wurden. Sie versprechen, künftig in Frieden zu leben."

Nächste Sache. Drei Kläger, ein Beklagter, zwölf Zeugen. Zwei Rechtsanwälte. Der Richter kann wirklich nicht mehr. Eine Frau ist von einem Mann an den Haaren geschleift worden. Sie aber hatte ihm zuvor ins Gesicht gespuckt. Diesmal scheitern alle Vergleichsverhandlungen.
Der Richter: „Ich vertage – ich bin erschöpft."
Der eine Rechtsanwalt: „Ich bin einverstanden."
Der zweite Rechtsanwalt: „Bedauere außerordentlich. Ich möchte dem Herrn Amtsgerichtsrat gern entgegenkommen, aber das bedeutet für meinen Klienten möglicherweise doppelte Kosten."
Der Richter: „Tut mir aufrichtig leid. Ich bin nicht mehr imstande." (Zum Gerichtsschreiber): „Schreiben Sie: Die Verhandlung mußte wegen Erschöpfung des Richters vertagt werden."
Der eine Rechtsanwalt: „Schreiben wir: Mit Zustimmung der Parteien ..."
Der zweite Rechtsanwalt: „Bedauere sehr. Wenn die Justizverwaltung den einzelnen Richter dermaßen belastet, daß er nicht mehr

imstande ist, zu verhandeln, so ist das Schuld der Verwaltung und muß ins Protokoll."

Nächste Sache …

Und noch immer versucht der Richter zu lächeln und zu vergleichen.

19.9.1924

DIE GERICHTSSTUBE IM POLIZEIPRÄSIDIUM

Ein dreifenstriges großes Zimmer in der Dircksenstraße, mit Aussicht auf den Bahnkörper. Immerzu rollen die Züge vorbei, und die Lokomotiven werfen ihre weißen Rauchschwaden gegen die Fenster.

Auf hohem Podium vor dem Mittelfenster der Richtertisch, so daß der Amtsrichter dem Licht den Rücken zudreht. Rechts und links Staatsanwalt und Schreiber.

Zwei umfangreiche Holzschranken zur Aufbewahrung von Menschen: ein kleinerer für die Angeklagten, die rasch hintereinanderkommen und von denen immer einer oder zwei zur Ablösung bereit sind; der größere für das Publikum, das auch hierherkommt, um Gericht zu lernen und sich den Unbilden der Witterung zu entziehen.

Das Vorführungsverfahren bringt die frischesten Fälle bei der Tat ertappter Sünder zur raschesten Erledigung. Was früher erst nach Wochen in Moabit verhandelt wurde, wird hier nach zwei oder drei Tagen zumeist ohne Anhörung von Zeugen abgeurteilt. In der Form zeigen sich einige Verschiedenheiten vom ordentlichen Verfahren. Im Polizeipräsidium verliest nicht der Richter einen Eröffnungsbeschluß, denn ein solcher liegt nicht vor. Der Staatsanwalt sagt: „Ich klage an …" und verliest selbst die Anklageschrift. Handelt es sich um Verbrechen (wozu auch Rückfalldiebstahl gehört), so macht der Richter den Angeklagten darauf aufmerksam, daß er die Verhandlung vor dem langsameren ordentlichen Verfahren in Moabit beantragen könne. Fast ausnahmslos erklären sich die Angeklagten mit dem rascheren Verfahren einverstanden, verzichten auch nach der Verurteilung zumeist auf Rechtsmittel. Die Angeklagten sind ja geständig, da man sie bei Ausübung der Tat verhaftet hat. Daher ist auch der Ton zwischen Gericht und Angeklagten um einige Grade freundlicher als in Moabit. Selbst der Staatsanwalt ist sanfter gestimmt und gibt sich Mühe, durch Annahme mildernder Umstände auch Rückfalldiebe vor dem Zuchthaus zu bewahren; aber auch der Angeklagte ist sehr verschieden von dem in Moabit. Die Leute sitzen erst seit zwei, drei Tagen, sie sind noch frisch, sie stehen selbst noch unter dem Eindruck ihrer Tat, sie haben sich kein raffiniertes Verteidigungsprogramm ausgedacht, sie sind noch nicht verstockt und verbittert.

Fast alle geben an, aus Not gehandelt zu haben. Die Mehrzahl ist arbeitslos, einige haben, um sich vor Kälte zu hüten, Warenhäuser aufgesucht und bei dieser Gelegenheit Kleinigkeiten gestohlen.

Ein paar zeichnen sich durch gute Laune aus. Da ist einer mit einem ganz merkwürdig hochmütigen, glattrasierten Köpfchen, das aus dem breiten, bunten Wollschal herauswächst. Er hat nachts auf der Friedrichstraße Zigaretten verkauft und steht deshalb schon zum dritten Mal vor diesem Gericht.

Der Richter: „Sie haben keine Wohnung, wo schlafen Sie denn?"

Der Angeklagte (mit einem unbeschreiblich liebenswürdigen Lächeln): „Das kann ich dem Herrn Richter nur unter vier Augen sagen."

Der Richter wiederholt seine Frage, hier im Gerichtssaal könne man wirklich alles laut sagen. Aber der liebenswürdige Angeklagte schüttelt den Kopf. So was könne man wirklich nicht sagen …, der Richter verzichtet.

Der Richter: „Sie haben nun wieder mit Zigaretten gehandelt?"

Der Angeklagte: „Nein, ich habe nicht gehandelt, ich habe nur da an der Ecke gestanden, weil ich früher dort gehandelt habe und meiner Kundschaft viel Zigaretten auf Kredit gegeben habe. Nun habe ich da gestanden, um die Schulden einzukassieren. Da kam der Beamte, der mich kennt, und will bei mir Zigaretten kaufen, und da falle ich darauf rein. Wie darf denn der Beamte nachts um zehn Uhr Zigaretten kaufen?"

Der Beamte bekundet freilich, daß der Angeklagte immerzu „Zigaretten, Zigaretten" vor sich hingemurmelt habe. Urteil: 30 Mark Geldstrafe oder sechs Tage Haft, die der Angeklagte sofort antritt.

Eine nicht mehr junge Frau, wegen Einbruchdiebstahls mit Zuchthaus vorbestraft, angeklagt wegen intellektueller Urkundenfälschung und Führung falschen Namens, wohnungslos. Stand einem Bettler Schmiere, wurde aufgegriffen und gab dem Beamten, wie bei der Einlieferung ins Polizeigefängnis, einen falschen Namen an. Sie dachte, es sei bloß eine Notlüge. Der Richter fragt, ob sie nicht besondere Gründe gehabt habe, ihren wahren Namen zu verschweigen. Sie bestreitet es. Urteil: zwei Wochen Gefängnis wegen intellektueller Urkundenfälschung, acht Tage Haft wegen Führung falschen Namens.

Die wohnungslose Näherin ging ins Warenhaus, probierte Hüte an, ließ ihren alten Hut liegen, versuchte mit dem neuen auf und davon zu gehen. „Die billigste Art, sich einzukleiden", bemerkt der Richter.

„Ich wollte ja den neuen Hut verkaufen, weil ich kein Geld zum Essen habe."

„Das glaube ich nicht, Sie hatten Ihren alten Hut dagelassen. Wenn Sie den neuen verkaufen, sind Sie ja ohne Hut."

„Ohne Hut kann man leben, ohne Essen nicht."

Urteil: zwei Tage Gefängnis. Der Richter hätte ihr gern eine Geldstrafe gegeben, aber sie ist wohnungslos.

Ein frischer, hübscher Bursche, man hält ihn fast für trotzig und wild; aber er hat ein besonderes, huschendes, aufflammendes Lächeln, mit dem er alles zugibt: Er ist am Vormittag in der Chausseestraße in ein Kino eingedrungen und hat durch Einbruch eine Violine, eine Aktentasche und Schokolade erbeutet. Die Schokolade hat er gegessen, die Violine für fünf Mark verkauft. Davon hat er zwei Tage gelebt und sich dann selbst der Polizei gestellt.

Der Richter: „Schwerer Einbruch – das ist ein *Verbrechen*. Sie können Ihre Verurteilung vor dem ordentlichen Gericht beantragen."

„Nee, nee, det is hier richtig."

Der Staatsanwalt: „Der Angeklagte ist noch unbestraft, aber er zeigt keine Reue. Er hat sich freiwillig gestellt, wohl weil er keine Arbeit hat und für den Winter eine Unterkunft braucht …"

22. 11. 1924

DER FALL EGGERT

Ein Mann kommt, bestohlen um ein Lebensjahr, aus dem Zuchthaus. Wenigstens theoretisch. Wenn ich recht unterrichtet bin, hat er das Zuchthaus nie gesehen. Was das Gericht schlecht machte, suchte die höhere Obrigkeit zu verbessern. Sie hielt den zu zwei Jahren Zuchthaus Verurteilten im Untersuchungsgefängnis zurück. Dann – nach einem Jahr – kam die Gnade.

Herr Eggert ziehe in Frieden dahin. Früher war es sein Wunsch, nach Südamerika zu gehen. Möge er ein neues Leben finden. Wir bleiben zurück mit der alten Justiz und wissen nicht, wohin schauen vor Verwunderung und Beschämung.

Wir haben eine Justiz, die erstens immerhin eines schlechten Gewissens fähig ist und zweitens mit sich reden läßt. Das wäre eigentlich noch nicht mal das schlimmste. Ein Gericht, verstrickt in alle möglichen Schlingen, Gesetzesparagraphen, Zeugenaussagen, kommt zu einem vielleicht falschen, jedenfalls höchst bedenklichen Urteil. Eine höhere Obrigkeit als das Gericht erfährt von dem Fall, prüft die Umstände, läßt Gnade walten – der unselig Selige stürzt in die Arme seiner Familie – Ende gut, alles gut. Es klingt so schön wie ein Märchen. Es ist aber ganz anders.

Der Angeklagte verzichtet auf die Revision, tut aber alles, um das Wiederaufnahmeverfahren durchzusetzen; er hält sich für unschuldig. Aber alle Versuche scheitern an dem Willen der Richter, die ihn verurteilt haben. Die hohe Obrigkeit betrachtet den Fall von der Ferne, lange sinnend. Der Verurteilte ist ein sozialdemokratischer Stadtrat, der Richter steht der Führung des Zentrums nahe. Man kann – auch sonst – ihm nicht dreinreden und ihn nicht absetzen. Die Obrigkeit tut zunächst das einzige, was sie tun kann. Sie läßt den Verurteilten nicht ins Zuchthaus. Und nach einigen Monaten befördert dieselbe Obrigkeit den Richter zum Landgerichtspräsidenten und schickt ihn in die Provinz. Sein Nachfolger ist ein milder Mann, er befürwortet die Gnade, nach weiteren zwei Monaten wird sie ausgesprochen.

Das ist Gnade, wie steht es mit der Gerechtigkeit? Ist der Mann schuldig oder nicht? Wenn er schuldig ist, so hat er, um sich selbst und eine unbescholtene Person nicht einer strafbaren Handlung, des Ehebruchs, zu bezichtigen, einen Meineid geschworen. Eine widerliche Schlüssellochguckerin hat beschworen, was der Angeklagte verneinte. Staatsanwalt und Richter haben nun die Wahl, wem sie glauben sollen, dem Stadtrat oder der Schlüssellochguckerin. Sie glauben dieser, obgleich nur der geringste Zweifel an ihrer Aussage genügt hätte, um ein Menschenleben vom Zuchthaus zu retten und einem lächerlichen und häßlichen Prozeß ein Ende zu bereiten.

Nein. Man verurteilt den Mann, und der Richter bleibt vor dem Urteil sitzen. Schließlich läßt man den Verurteilten frei, und es ist, als höre man die Obrigkeit lispeln: Wenn er schuldig ist, so ist er mit einem Jahr Gefängnis billig weggekommen.

Aber aus der Finsternis dröhnt die furchtbare Gegenfrage:

„Und wenn er unschuldig ist?"

DER SACHVERSTÄNDIGE

Wieder einer, der, in der Trunkenheit eifersüchtig, seine Geliebte tötete. Kleine Nuance: Er erschoß sie nicht, sondern warf sie über ein Brückengeländer in die Spree, sprang nach, wurde gerettet. Die Geliebte nicht. Zugegeben eine Nuance. Aber die Fälle häufen sich derart, daß man die handelnden Personen nur noch als Holzfiguren agieren sieht. Sie fühlen nichts. Ihr Schmerz gehört der Welt, nicht ihnen mehr.

Doch eine Episode ließ uns lachen.

Ein Augenzeuge der Tat, junger Gastwirt, macht seine Aussage mit erdenklicher Vorsicht. Zuerst will er schon gar nicht schwören – die Sache sei doch zu lange her.

„Sie müssen schwören und dann sagen, was Sie noch wissen."

Er schwört und sagt. Dabei befleißigt er sich einer äußerst korrekten Aussprache und weiß noch von jedem einzelnen Schnaps, der in der Nacht getrunken wurde. Am Ende fragt der Vorsitzende den Zeugen, ob der Angeklagte betrunken gewesen sei.

Und der Zeuge sagt: „Er war sinnlos betrunken."

Vorsitzender: „Ob er ‚sinnlos‘ betrunken war oder nicht, darüber müssen Sie die Entscheidung dem Gericht überlassen. Sie sind kein Sachverständiger, sondern ein Zeuge. War er betrunken oder nicht –“

Zeuge: „Er war so betrunken, daß er nicht mehr wußte, was er tat.“

Vorsitzender (etwas erregt): „Ich habe Ihnen gesagt, Sie sollen hier nicht als Sachverständiger aussagen.“

Zeuge (weiß absolut nicht, was er nun sagen soll).

Vorsitzender: „Torkelte der Angeklagte?“

Zeuge: „Man kann vollkommen betrunken sein, ohne zu torkeln.“

Vorsitzender (außer sich): „Himmel – wie oft soll ich Ihnen sagen, daß Sie kein Sachverständiger sind, sondern ein Zeuge!!“

– – –

An und für sich könnte man sich denken, daß ein Mann, der eine Kneipszene mitmacht und dann zusehen muß, wie einer der Zechgenossen seine Geliebte in die Spree wirft, einen Eindruck gewinnt, daß und wie weit der Täter sich etwa von normal sinnvollem Handeln entfernt haben mag. Denn er kennt den Angeklagten in nüchternem Zustande, er hat die Phasen des sich steigernden Rausches mitgemacht. Auch verbietet der Vorsitzende ihm keineswegs zu sagen, daß die Stimmung trotz des Alkoholgenusses während des Abends „gedrückt“ gewesen sei. Man kann nämlich alle möglichen Eindrücke vor Gericht äußern – nur nicht Vokabeln, die im Aktionsradius des § 51 liegen. Man könnte sich denken, daß ein solcher Augenzeuge ein deutlicheres Bild auch von den inneren Vorgängen hat als ein richtiger Sachverständiger – oder als nüchterne sechs Schöffen und drei Richter, zumal wenn der Zeuge selber eine Gastwirtschaft im Osten Berlins hat, täglich mit Betrunkenen umgehen muß – und (wie aus seiner verständigen Art geschlossen werden kann) sehr wohl mit solchen Leuten umzugehen weiß. Denn in diesem Falle ist gerade die Hartnäckigkeit des Zeugen ein Beweis dafür, daß es gar nicht seine Absicht war, den Angeklagten herauszureißen. Dieser Zeuge wollte eben sagen: Weil der Angeklagte sinnlos sprach und handelte, deshalb muß er wohl betrunken gewesen sein. Und er wollte auch sagen: Torkeln beweist gar nichts, denn wie viele torkeln und sind bei sehr hellem Bewußtsein. Kurz und gut: Dieser Mann war ein Zeuge, der sich auf die Sache verstand.

Man könnte noch einiges andere denken. Besser, man läßt es sein.

TRIUMPH DER WISSENSCHAFT

Man redet dem Angeklagten sanft ins Gewissen, er möge den Einbruch eingestehen, den er versucht hat. Der Staatsanwalt bringt würdige Überredungskünste auf, der Vorsitzende spricht ihm freundlich zu. Beide locken mit der Milde des Gerichts. Der Angeklagte will nicht. Er sieht so ganz anständig aus, benimmt sich ordentlich, gibt bescheidene Antwort auf jede Frage – nur die entscheidende Frage will er durchaus nicht nach dem Willen der Herren beantworten. Er sagt: „Ich weiß wirklich von nichts. Wenn ich es gewesen wäre, hätte ich es längst gesagt, denn es ist kein Vergnügen, in der Untersuchungshaft zu sitzen."

Die Herren haben schon ihre Gründe, dem Angeklagten so gütlich zuzureden, denn für seine Schuld ist nur ein einziges Beweismittel zur Hand: Fingerabdrücke. Sonst weiß man gar nichts! Dem Dachdeckermeister Soundso aus Charlottenburg wurde eines Morgens mitgeteilt, daß in seinem im Erdgeschoß gelegenen Büro ein Einbruch versucht worden sei. Die Fensterscheibe war eingedrückt, in den Geldschrank war ein großes Loch gebohrt – aber die Diebe hatten ihre Arbeitsstätte verlassen, bevor sie zum Ziele gelangten. Nachträglich erinnerte sich der Dachdeckermeister, in der Nacht ein Geräusch gehört zu haben. Das ist alles, was man weiß.

Dann wurden Fingerabdrücke gefunden, auf der Fensterscheibe und namentlich aber am Fensterbrett. Der eine Finger wurde sehr rasch identifiziert, aber schließlich konnte man feststellen, daß die ganze Hand dem Kellner Kerwin gehören mußte, einem immerhin wegen Eigentumsdelikten zweimal vorbestraften Menschen. Als man ihn suchte, war er gerade nicht in Berlin, dann wurde man seiner habhaft. Man nahm noch einmal seine Fingerabdrücke, die wieder mit denen vom Tatort völlig übereinstimmten.

Diese Abdrücke sind nun die einzigen Beweise, die man hat. Zwei Kriminalbeamte treten als sachverständige Zeugen auf und verkünden mit dem Schwung der Überzeugung den Triumph der Wissenschaft, die Unfehlbarkeit der Daktyloskopie. Jeder Mensch habe andere Linien, und um einmal die gleiche Kombination überhaupt möglich zu machen, müßten fünfmal mehr Menschen auf der Erde sein. In der Presse gäbe es wohl ab und zu mal eine Meldung, die besage, daß zwei Menschen mit genau denselben Handlinien aufgefunden seien. Aber das seien Falschmeldungen, die immer von Verbrechern und ihrem Anhang lanciert würden. In dieser Wissenschaft sei ein Irrtum unmöglich. Selbst bei Zwillingen sei die Handzeichnung verschieden. Bei Zwillingen treibe die Natur die Gleichheit gewiß sehr weit, aber die ähnlichsten Zwillinge haben zwar ähnliche und doch nie identische Zeichnungen. Und die Beamten zeigten das Bild eines Londoner Zwillingspaares, das einander so ähnlich ist, daß man es überhaupt nur an seinen Handlinien unterscheiden kann. Auf Grund ihrer Erfahrungen versicherten die Beamten, daß niemand anders der Täter sein könne als der Angeklagte. „Wir wollen mit aller Gewalt keinen Unschuldigen ins Gefängnis bringen, aber die Daktyloskopie ist das zuverlässigste Beweismaterial, das die Kriminalpolizei an der Hand hat."

Noch einmal wurde der Angeklagte gefragt, noch einmal wurde ihm zugeredet, er blieb bei seinem Leugnen. Dann erhob sich der Staatsanwalt, der den Angeklagten wegen seines Leugnens besonders energisch bestraft wissen wollte, und beantragte eine Zuchthausstrafe von zwei Jahren und fünf Jahre Ehrverlust. Der Verteidiger bemühte sich, die Unfehlbarkeit der Daktyloskopie anzuzweifeln, ließ es aber vorsichtshalber auch sonst nicht an Milderungsgründen fehlen.

Das Gericht verurteilte den Angeklagten zu einem Jahr, drei Monaten Gefängnis. Der Beweiskraft der Daktyloskopie habe man sich nicht verschließen können. Strafmildernd sei aber die Tatsache zu werten gewesen, daß der Angeklagte nur zweimal vorbestraft sei und das letztemal vor acht Jahren. Man sei auch aus anderen Gründen zu der Überzeugung gekommen, daß der Angeklagte nicht der Haupttäter war, sondern daß er der Verführung erfahrener Verbrecher erlegen sei.

Der Zuhörer konnte sich einer gewissen Beängstigung nicht erwehren. Wie die Daktyloskopisten ihr Gutachten im einzelnen begründeten, war sicher schlagend; aber es wurde auch nicht der Schatten eines Nachweises dafür erbracht, daß der Angeklagte zu einem Kreise von Verbrechern gehörte, daß er sich je mit Geldschrankeinbrüchen befaßt hatte, daß er überhaupt seit seiner letzten Strafe in irgendwelche dunklen Geschäfte verwickelt war. Von seinem Privatleben wurde überhaupt nichts hervorgebracht, und so war tatsächlich der Fingerabdruck das einzige Beweismittel, das man gegen ihn hatte. Selbst die Unfehlbarkeit der Daktyloskopie sollte für die Polizei kein Grund sein, Nachforschungen anderer Art unversucht zu lassen.

Noch hat sich der Angeklagte nicht darüber geäußert, ob er die Strafe annehmen wolle. Aber er hat im Untersuchungsgefängnis Zeit, über die Wahrheit eines Satzes nachzudenken, den einer der Sachverständigen aussprach:

„Der größte Feind des Verbrechers ist seine eigene Hand."

JUSTIZ UND BERICHTERSTATTUNG

Die Folgen des Prozesses Krantz[26]

Richter in Moabit

Selbst wer dem Getriebe der Justiz, wie wir es nun mal haben, im Großen und im Kleinen ablehnend gegenübersteht, wer an unserem Gerichtsgebaren mit mehr oder mit weniger Grund dauernd zu mäkeln hat, wird, soweit er ein einigermaßen vernünftiger Mensch ist, nicht ernsthaft bestreiten, daß es unter der großen Anzahl der preußischen und der Berliner Richter eine Reihe vorzüglicher Menschen gibt: Juristen von Rang, von Format und Talent, durchdrungen von ihrer hohen Aufgabe, vielseitig gebildet und vor allen Dingen befähigt, sich in noch so fremde Menschen irgendwie hineinzufühlen, sie zu begreifen – darüber hinaus auch noch befähigt, sich selbst verständlich zu machen.

Solche Männer gibt es, in nicht zu geringer Anzahl. Man sollte meinen, daß die repräsentativsten Stellen, die eine Justizverwaltung zu vergeben hat, an so geartete Persönlichkeiten vergeben werden. Diese repräsentativsten Stellen aber sind die Präsidien der drei Berliner Schwurgerichte. Mag der Senatspräsident des Kammerge-

26 *(Hintergründe und Verlauf des Prozesses Krantz siehe Seite 72 ff.)*

richts im Range höher stehen als der Landgerichtsdirektor, der mit der Leitung des Schwurgerichts betraut wird – der Schwurgerichtsvorsitzende steht im Brennpunkt des öffentlichen Lebens, zumal in Berlin. Und er steht sehr weit sichtbar da, nicht nur für Berlin und Preußen, sondern für ganz Deutschland. Berlin bekommt naturgemäß die größte Anzahl wichtiger Kriminalfälle zur Aburteilung, und da die Berichterstattung von Berlin überallhin ausgezeichnet funktioniert, so folgt man gerade den Berliner Schwurgerichtsvorgängen mit besonderem, man kann sagen: mit leidenschaftlichem Interesse. Dazu kommt, daß das Volk gemeinhin in der Abwicklung der Schwurgerichtsgeschäfte eine Norm für das Funktionieren des ganzen gerichtlichen Apparats erblickt. Nicht der Scharfsinn des Senatspräsidenten ist es, der sich in die Breite wirksam macht. Der sittliche Maßstab eines Volkes ist in die Hand des Schwurgerichtsvorsitzenden gegeben, vor dessen Sessel sich die Tragödie um Herz und Kopf abspielt.

Die Besetzung der Schwurgerichtspräsidien geschah früher nach einem durchaus vernünftigen System. Es wurde für jede Schwurgerichtsperiode vom Oberlandesgerichtspräsidenten der Vorsitzende besonders ernannt, und so kam es, daß fast alle Landgerichtsdirektoren eines Gerichts gelegentlich herankamen. Sie hatten hier Gelegenheit, ihre Kräfte aneinander zu messen, die Betrauung mit diesem Amt galt als Sprungbrett. Wer sich in besonderem Maße bewährte, konnte darauf rechnen, mit den ganz großen Sachen betraut zu werden, die eine besondere Eignung voraussetzten.

Die Emmingersche Justizreform hat auch damit ein Ende gemacht. Da die Schöffen für das ganze Jahr ausgewählt werden, ist man dazu übergegangen, auch die Schwurgerichtsvorsitzenden für das Jahr zu ernennen. Ein Zwang hierzu besteht übrigens nicht, denn es werden Ausnahmen gemacht. Der große Aufgabenkreis der Berliner Landgerichte schafft nun aber noch besondere Notwendigkeiten. Der Landgerichtspräsident hat für das Gebiet der Strafrechtspflege einen Stellvertreter, der in Moabit die Geschäfte leitet. An sich durchaus begreiflich, daß man zum stellvertretenden Landgerichtspräsidenten einen Richter nimmt, dem Verwaltungsgeschäfte besonders gut liegen. Offenbar sind aber diese Verwaltungsgeschäfte nicht so atemberaubend, daß der Stellvertreter von ihnen vollkommen ausgefüllt wäre. Also reserviert er für sich die

Leitung des Schwurgerichts. Und während man früher die mannigfaltigste Anregung aus dem Wechsel der Präsidenten zog, während die vorgesetzten Justizbehörden ihre Landgerichtsräte und -direktoren vor größeren Aufgaben wirklich kennenlernen konnten, erfolgt jetzt die Ernennung des Vorsitzenden auf ein Jahr – und wenn der Herr stellvertretende Landgerichtspräsident mehrere Jahre auf seinem Posten bleibt, so bleibt er auch mehrere Jahre Schwurgerichtsvorsitzender. So erleben wir seit drei Jahren den Vorsitz Bombes im Landgericht III, und so erleben wir seit drei Jahren im Landgericht II die Tragödie Dust.

Herr Dust ist ein sehr verbindlicher, ein sehr gutherziger Mann, der zu seinem Posten sicher den besten Willen mitbringt und ganz zweifellos ein ausgesprochenes Verantwortungsgefühl. Alle ethischen und juristischen Voraussetzungen darf man als erfüllt erachten. Er hat es durch sein Urteil bewiesen, das nicht nur im materiellen Sinne als vernünftig gepriesen werden muß.

In der Begründung, die ja zugleich eine Charakterisierung des Prozesses und seiner Nebenerscheinungen war, zeigte er auch da, wo man ihm vielleicht nicht zustimmen kann, weites Verständnis für unsere Zeit und ihre Nöte.

Außerdem soll Herr Dust ein ganz besonders befähigter Justizverwaltungsbeamter sein. So darf man ohne weiteres glauben, daß er für den Posten des stellvertretenden Landgerichtspräsidenten hervorragend geeignet ist. Man gönnt ihm von Herzen, daß er recht bald irgendwo ein eigenes Präsidium bekommt. Aber zum Schwurgerichtsvorsitzenden eignet er sich nun mal nicht. Das ist keine Schande, aber es ist eine Tatsache, auf die wir sogar an dieser Stelle gleich hingewiesen haben, nachdem er sein Amt übernommen hatte.

Er hat inzwischen in zahllosen kleineren Fällen seines Amtes gewaltet zur Qual aller Prozeßbeteiligten. Es bedurfte des großen Falles, um seine mangelnde Eignung weiteren Kreisen bekanntzumachen.

Es geschieht nicht leichten Herzens, einem an sich vortrefflichen Manne so etwas in aller Öffentlichkeit sagen zu müssen, aber die Situation ist zwingend. Freilich darf man hinzufügen, daß er an dem Unglück die geringere Schuld trägt als die ihm vorgesetzte Behörde. Warum mußte es bis zum Prozeß Krantz kommen, warum hat sich wirklich in den drei Jahren niemand eine Verhandlung von ihm angehört?

Der Prozeß ist vorbei, jetzt sind aber die Lehren aus ihm zu ziehen. Vor allen Dingen stelle man den häufigeren Wechsel der Schwurgerichtspräsidien wieder her. Auch Herr Bombe möge anderen Kräften Platz machen. Man kann bei ihm nicht mit voller Sicherheit sagen, wie weit er, der Leiter zahlreicher Feme-Mordprozesse, persönlich rechts eingestellt ist, wie weit er seinem eifernden Beisitzer, Landgerichtsrat Vorbaum, nachgibt. Aber es geht nicht an, daß man immer wieder dasselbe Stoffgebiet Richtern überläßt, von denen man weiß, daß sie der neuen Ordnung der Dinge gleichgültig oder gar antipathisch gegenüberstehen.

An begabten Kräften ist in Moabit kein Mangel. Soll man Namen nennen? Da man sie höheren Orts nicht kennt, seien einige genannt: Siegert, Fielitz, Gayl, Sachs, Tolk, Steinhaus, Peltasohn. Mit welcher Delikatesse hätte Herr Marschner diesen Prozeß geleitet! Ich nenne gerade ihn, weil er politisch sicher nicht unser Mann ist und weil er sich doch gerade in Behandlung delikater Dinge immer als ein Meister erwiesen hat. Und niemals hätte Dr. Frey gegen Amtsgerichtsrat Keßner aufbegehrt, dessen Ironie tödlicher wirkt als das schwachmütige Aufbrausen eines Dust.

Also Richter sind da – man setze sie an die richtige Stelle.

Die Krantz-Debatte im Landtag

Der Fall Krantz hat eine Personalkritik in einer Angelegenheit gezeitigt, die mit Politik gar nichts zu tun hat, deren Wesen und Bedeutung rein auf strafprozessualem Gebiet liegt oder lag. Wie wenig die Politik damit zu tun hat, beweist die Rede des deutschnationalen Abgeordneten Kammergerichtsrat Dr. Deerberg, der im Landtag die Prozeßleitung ebenfalls bemängelte – Herr Deerberg hatte der Verhandlung zu wiederholten Malen beigewohnt.

Der Schreiber dieser Zeilen hatte sich nicht leichten Herzens entschlossen, den Schritt von negativer Kritik zu positiver Forderung zu tun. Er hat damit nach Ansicht des preußischen Herrn Justizministers die Kompetenzen der Presse überschritten. Ein Journalist, der es zu seiner Aufgabe macht, verantwortungsbewußte Kritik zu üben, wäre ein Narr, und sogar ein unvornehmer Narr, wollte er nicht mit allem Respekt und aller Aufmerksamkeit dem lauschen, was die Gegenpartei ihm zu sagen hat. Aber es wird ihm schwer, eine Kompetenzüberschreitung im Prinzip anzuerkennen. Denn im Prinzip gibt es nichts, was nicht der Kompetenz der Presse unterworfen sei. Die Presse kann dabei nicht einmal die Gepflogenheiten der Parlamente nachahmen, die in dem Minister den zunächst Verantwortlichen für alles sehen, was in seinem Ressort passiert. Der Minister ist der Presse nicht verantwortlich, der Journalist wird deshalb sich viel lieber unmittelbar an denjenigen wenden, den er kritisieren zu müssen glaubt, und er wird erst in zweiter Linie, sogar im Sinne der Entlastung des Angegriffenen, den größeren Zusammenhängen nachspüren, deren halb und halb unschuldiges Opfer vielleicht dieser Angegriffene ist. In diesem Sinne war in unserem Blatte von dem neuen Modus gesprochen worden, der die Bestallung der Berliner Schwurgerichtsvorsitzenden regelt, und es wurde der Wunsch ausgedrückt, daß diese weithin sichtbaren Posten mit Persönlichkeiten besetzt würden, die unser Richtertum im besten Sinne repräsentieren.

Gerade in diesem Punkte schlich sich ein Mißverständnis ein. Wenn ich die Rede des Herrn Justizministers richtig gelesen habe, so weist er die Forderung einer rein äußerlichen Repräsentation zurück. „Die Richter dürfen nicht daran denken, daß das Theater sein könnte."

Auch der Berichterstatter, der in seinem Privatleben das Theater liebt, wird sich bei einigem Verantwortungsbewußtsein im Gerichtssaal gegen gewisse ästhetische Nebenwirkungen wehren, obwohl diese zuweilen nicht ganz leicht auszuschalten sind. Andererseits ließe sich übrigens doch zuweilen die Frage aufwerfen, ob bei uns die Würde des Gerichts – durch äußere Wirkung nach innen – nicht besser gepflegt werden könnte. Aber davon war diesmal wirklich nicht die Rede. Erhoben war die Forderung nach Richterpersönlichkeiten, die – die ethische und juristische Qualifikation schlechthin vorausgesetzt – über eine besondere Fähigkeit in der Leitung großer Strafprozesse verfügen. Diese Fähigkeiten sind sehr bestimmte und durchaus nicht alltägliche. Die Leitung eines großen Strafprozesses erfordert sehr viel: eine spielende Beherrschung der Strafprozeßordnung, ein eminentes Gedächtnis, das die Kenntnis des gesamten Akteninhalts parat hält, die Begabung, sich mit den einfachsten und doch oft so komplizierten Persönlichkeiten vom Richterstuhl herab zu verständigen, Einfühlung, Schlagfertigkeit und eine gewisse weltmännische Überlegenheit – will sagen: natürliche Autorität.

Man kann ein ausgezeichneter Jurist, sogar ein vortrefflicher Richter sein und doch den aufgestellten Forderungen nur zum Teil, vielleicht sogar zum geringen Teil, genügen. Es ist sehr gut denkbar, daß ein Senatspräsident im Kammergericht, dessen juristische Kompetenz weithin anerkannt wird, nicht die Nerven aufbringen würde, einen Vormittag als Alleinrichter in Moabit zu fungieren. Wir wissen alle, daß es Rechtsanwälte gibt, Künstler im Entwerfen der kompliziertesten Gesellschaftsverträge, die aber, zufällig vor die Aufgabe eines Plädoyers im Strafprozeß gestellt, glatt versagen. Und so gibt es schließlich in jedem Beruf Persönlichkeiten, deren Talente im stillen inneren Dienste blühen, die sich aber nicht nach außen stellen dürfen, wo sie versagen oder gar das Unternehmen schädigen.

Der Vergleich des Gerichts mit dem Theater wurde abgelehnt; vielleicht ergeht es dem Vergleich der Justizverwaltung mit einem großen privatwirtschaftlichen Unternehmen nicht viel besser. Und dennoch: der Vergleich drängt sich auf, zumal ja die Justizverwaltung seit einiger Zeit eine Pressestelle in das Kriminalgericht gesetzt hat – in der im Grunde dasselbe geschieht wie in jeder anderen privatwirtschaftlichen Propaganda-Abteilung. Es werden alle auf die Strafjustiz bezüglichen Artikel gelesen, es werden von der einen oder anderen Seite Rückäußerungen angefordert, und wenn auch nichts angepriesen wird, so wird doch wenigstens beschwichtigt, aufgeklärt, es werden Beziehungen unterhalten. In einer Zeit der Krise hat auch eine staatliche Verwaltung das Bedürfnis, für sich Propaganda zu machen; das Bedürfnis ist durchaus legitim, und es ist an dieser Stelle nie etwas anderes gewünscht worden, als daß durch Herausstellung der besten Männer die Krisensymptome zum Verschwinden gebracht werden.

Man hat dem Schreiber dieser Zeilen insbesondere die Tatsache zum Vorwurf gemacht, daß er nicht nur den Verhandlungsleiter des Krantz-Prozesses kritisierte, sondern daß er auch die Namen einiger Persönlichkeiten nannte, die zur Führung großer Strafprozesse besondere Eignung erwiesen haben. Es muß mir verstattet sein, mit aller Treuherzigkeit zu erklären: Etwas Böses habe ich mir dabei bestimmt nicht gedacht. Gerade weil ich einen Richter angegriffen hatte, ohne deshalb dem Richterstand als solchen auch nur im entferntesten eine Kränkung zufügen zu wollen, war es mir Bedürfnis, einige Persönlichkeiten zu nennen, die in hervorragendem Maße den schwierigen Anforderungen einer Leitung des Schwurgerichts gewachsen sind. Ich wollte gewiß nicht sagen, daß sich vor diesen Herren das Gerichtsgeschehen wie ein Theaterstück abspielt, und ich wollte noch weniger sagen, daß sie die einzigen sind, die so hoch qualifiziert erscheinen.

Im übrigen fürchte ich, daß wir am wenigsten weit kommen, wenn wir gegenseitig Kompetenzen abzirkeln. Wir haben Redefreiheit allzumal, und nur aus dem Meinungsaustausch wächst Verständigung und Versöhnung.

Justiz und Berichterstattung

Im Berliner Anwaltsblatt (Februar 1928) äußert Dr. Hans Fritz Abraham, Rechtsanwalt am Kammergericht, seine Sorgen über die Berichterstattung im Strafprozeß. Die Haltung der Presse im Krantz-Prozeß hat seine Bedenken wachgerufen – Bedenken, die mindestens gleichzeitig in Journalistenkreisen selbst geäußert wurden. Bekanntlich hat bereits vor der Beendigung des Krantz-Prozesses im Reichsverband der Deutschen Presse eine Erörterung über dieses Thema stattgefunden. Die Arbeit des Gerichtsberichterstatters untersteht selbstverständlich der öffentlichen Kritik. Aber mit großem Erstaunen liest man, was Herr Dr. Abraham bereits im zweiten Absatz seines Artikels schreibt:

„Der Nachprüfung bedarf es zunächst, inwieweit überhaupt an dem Grundsatz der Öffentlichkeit in der Hauptverhandlung in Zukunft festgehalten werden soll. Es muß die Möglichkeit geschaffen werden, daß auf Antrag des Angeklagten oder auch des Zeugen die Öffentlichkeit für die ganze Dauer der Verhandlung oder für Teile derselben ausgeschlossen werden kann, sofern nicht überwiegende öffentliche Interessen diesem Ausschluß entgegenstehen. Die Anprangerung des Angeklagten oder andrer Prozeßbeteiligten, wie sie jetzt möglich ist, führt häufig zu einer durch den Strafzweck in keiner Weise gerechtfertigten Schädigung. Nur dann, wenn begründete Interessen der Allgemeinheit die Beibehaltung der Öffentlichkeit des Verfahrens fordern, ist an der Publizität der Hauptverhandlung festzuhalten."

Man kann diesen Forderungen eines Anwalts, von dem man bisher annehmen durfte, daß er demokratischen Ideen nahesteht, nicht energisch genug widersprechen. Man muß sich darüber klar sein, daß er da in aller Ruhe und von den besten menschlichen Absichten beseelt nichts Geringeres versucht als ein Attentat auf die grundsätzlich wichtigste Errungenschaft, die das Rechtsleben im vorigen Jahrhundert verwirklichte. In Wirklichkeit ist die Öffentlichkeit des Verfahrens die Luft, in der das Rechtsleben allein gedeiht, ohne die es dazu verurteilt ist, hinzuwelken und zu sterben. Man wird dem Verfasser dieser Zeilen nicht den Sinn dafür absprechen, daß die Anprangerung eines Angeklagten für diesen schmerzlichere Folgen haben kann als die Verurteilung zu ein paar Monaten Gefängnis. Auch die Lage des Zeugen, der plötzlich gezwungen ist, peinliche Dinge über sich selbst auszusagen, ist zweifellos beklagenswert. Im übrigen tun wir Gerichtsberichterstatter in aller Stille viel Gutes: Viele von uns nennen möglichst überhaupt keine Namen oder verändern diese Namen, so daß doch die Möglichkeit besteht, über einen an sich interessanten, aber nach der personellen Seite nicht wichtigen Prozeß zu berichten, ohne dem Wiederaufbau einer Existenz das schwerste Hindernis in den Weg zu legen. Andererseits aber muß man sagen: Es ist in erster Linie Sache jedes einzelnen Menschen, ob er es riskieren will, durch einen Rechtsbruch die Maschine der Strafjustiz in Bewegung zu setzen. Tut er es gar in einer Weise, die das Leben der Gesellschaft beunruhigt und stört, so daß durch die Tat selbst das allgemeine Aufsehen erregt ist, so muß er das Opfer der Anprangerung auf sich nehmen. Die Öffentlichkeit unseres Rechtsgeschehens muß uns im großen und ganzen als wichtiger und unverletzlicher erscheinen denn irgendein Privatinteresse. Handelt es sich um Vergehen auf sexuellem Gebiete, so hat auch heute schon der Verteidiger die Möglichkeit, den Ausschluß der Öffentlichkeit zu beantragen. Wollte man darüber hinaus aber jedem Angeklagten oder jedem Zeugen es ermöglichen, die Öffentlichkeit auszuschließen, nur weil es ihm peinlich wäre, wenn die Sache in die Presse käme, so wäre die Öffentlichkeit unseres Rechtslebens einfach erledigt. Den Angeklagten möchte ich sehen, der nicht die Gelegenheit benutzte, Zuhörer und Presse von seiner Verhandlung fernzuhalten. Wenigstens zunächst. Sehr bald würden freilich gerade die Angeklagten, die sich gar nicht oder wenigstens nicht im Sinne der Anklage für schuldig halten, nach der Öffentlichkeit des Verfahrens schreien, da sie nur auf diese Weise eine öffentliche Kontrolle ihres Falles, eine Korrektur des über sie gefällten Spruches erwarten dürfen.

Herr Dr. A. hält es ferner für bedauerlich, daß die Berichterstattung „das Tribunal zur Szene macht, daß jede Frage des Verteidigers, jede Antwort des Zeugen, jeder Zusammenstoß zwischen dem Gericht und irgendeinem Prozeßbeteiligten in dramatisch zugespitzter, oft übertriebener Form wiedergegeben wird, und daß durch stimmungsmäßigen Aufputz mit allen Mitteln der Suggestion auf die Prozeßbeteiligten eingewirkt wird".

Auch hier ist zu sagen: Es ist Sache der Prozeßbeteiligten, die Verhandlung würdig und vernünftig zu gestalten. Die Manier, einen Prozeß in der Form von Frage und Antwort wiederzugeben, ist doch wirklich nicht neu, ist Übung seit Jahrzehnten – man kann eher sagen, daß sie heute weniger als früher und nur noch in ganz besonders aufsehenerregenden Fällen angewendet wird. Wann wir diese Manier anwenden, wann nicht – die Entscheidung hierüber möge man getrost uns Journalisten überlassen. Ereignen sich aber Zwischenfälle, so sind wir gar nicht in der Lage, sie unseren Lesern zu verschweigen. Denn die Vorgänge im Gerichtssaal zu hören soll ja nicht das Privileg derer sein, die sich zufällig als Zuschauer einfinden, sondern hier setzt das öffentliche Interesse ganz besonders ein. Dabei ist etwas Technisches zu bemerken: Wenn es heute zu einem Zwischenfall kommt, so kann im Augenblick des Geschehens niemand im Gerichtssaal ermessen, zu welchen Konsequenzen ein solcher Konflikt führt. Er kann sehr oft rasch gütlich beigelegt werden, er kann aber auch den weiteren Gang der Verhandlung auf das entscheidendste beeinflussen. Der Journalist formt aber seinen Bericht nicht am Ende einer mehrtägigen Verhandlung, er hat für Abend- und Morgenblatt zu berichten, und er hat sich infolgedessen an das zu halten, was just eben passiert.

Nun befürchtet Dr. A. gerade eine Beeinflussung der Schöffen und Geschworenen und erinnert an Amerika, wo die Geschworenen während der Dauer der Verhandlung jeder Beeinflussung durch Zeitungslektüre „schlechthin“ entzogen sind. Das Wörtlein „schlechthin“ ist geeignet, Heiterkeit zu erregen. Gibt es wirklich in Amerika einen Geschworenen, der während der mehrtägigen Dauer einer Verhandlung keine Zeitung in die Hand nimmt, nur weil es ihm verboten ist? Der Alkohol ist freilich auch in Amerika verboten. Seitdem trinkt allerdings niemand mehr in Amerika Alkohol.

Im übrigen sind ja gerade die Geschworenen Zeugen jener Zusammenstöße, und wer je eine Gerichtsverhandlung mit eigenen Augen gesehen hat, weiß, daß das übertriebenste Stimmungsbild doch immer nur einen schwachen Abglanz von dem bietet, was im Gerichtssaal selbst vor sich geht. Beachtenswerter erscheint es, wenn Dr. A. es tadelt, daß heutzutage der Journalist sich schon im Laufe der Verhandlung über den Prozeß im ganzen oder im einzelnen kritisch äußert. In der Tat war es früher Gepflogenheit, mit der Kritik bis zur Beendigung des Verfahrens zu warten. Nun, die Zeiten haben sich eben geändert. Es ist eben denkbar – und der Krantz-Prozeß hat es gezeigt, daß es nicht nur denkbar ist –, daß irgendein Prozeßbeteiligter durch sein Verhalten die Äußerung der öffentlichen Meinung herausfordert. Ich erinnere nur an die Vorvereidigung der Zeugin Scheller. Nicht nur Begeisterung – auch das Gegenteil davon ist keine Heringsware. Das, was ein großer Teil der Anwesenden bei irgendeinem prozessualen Geschehnis denkt und fühlt, was jeder Mensch bei der Lektüre der Zeitung empfindet und seiner Umgebung gegenüber ungehindert mündlich zum Ausdruck bringt, das muß auch in der Zeitung ausgedrückt werden können. Wenn es dem Staatsanwalt gestattet sein soll, mitten in der Verhandlung zu sagen, daß er die Anklage auf Mord fallenlasse und nur noch die auf Totschlag aufrechterhalte, dann muß es auch der Presse gestattet sein, ihre Leser darüber zu informieren, wieweit sich im Laufe der Verhandlung die Lage des Angeklagten verbessert oder verschlechtert hat. Diese freie Aussprache wird vielleicht nicht ohne Einfluß auf die Geschworenen sein, aber dieser Einfluß kann oft genug sehr günstig sein. Was in den Beratungszimmern vor sich geht, ist schließlich keine Laboratoriumsarbeit. Gerade wenn es sich darum handelt, zu untersuchen, wieweit eine moralische Schuld auch eine strafrechtliche ist, so werden nicht nur die Paragraphen der Gesetzbücher, sondern auch die Herzen der Richter befragt werden müssen. Die öffentliche Meinung drückt immer –

aber schwerer noch drückt die private, das Milieu des Laienrichters, seine engste Umgebung. An manchem Spruch ist schon die Frau des Geschworenen tiefer beteiligt gewesen als der Geschworene selbst. Und gegenüber diesen privaten Einflüssen gibt es kein besseres Gegengift als das der öffentlichen Meinung, das den Sinn des Geschworenen erst aus seiner häuslichen Enge befreit und ihn für allgemeinere Erwägungen, für eine größere und deshalb auch gerechtere Anschauung empfänglich macht.

Zweifellos: Wie überall, so gibt es auch in der Gerichtsberichterstattung Mißbräuche und Auswüchse. Man darf aber hoffen, daß die ihrer Verantwortung bewußte Presse immer die maß- und richtunggebende sein wird. Erst gestern klagte im Gerichtssaal der frühere Herausgeber eines Skandalblattes: „Meine Zeitung ist eingegangen, weil das Publikum so was nicht mehr will." Ein Bravo dem Publikum!

Kritik braucht auch die Presse. Zwangs- und Gewaltmaßnahmen lehnt sie ab. Ihre Erziehung hat sie in eigene Regie übernommen.

NACHWORT

von Hans Holzhaider

In manchen Dingen bleibt sich die Justiz erstaunlich treu. Im Oktober 1926 hielt Paul Felix Schlesinger, den Lesern der „Vossischen Zeitung" bekannt unter dem Kürzel „Sling", vor den Mitgliedern des Bezirksverbandes Berlin im Reichsverband der deutschen Presse ein Referat über die Beziehungen zwischen der Rechtsprechung und der Presse.[1] Diese, sagte Sling, seien uralt, sie könnten beinahe den Anspruch auf den Rang der Ehe erheben. Das Verhältnis des Strafgerichts zur Gerichtsberichterstattung im engeren Sinne sei hingegen eines von der Art, „von denen man sagt: ‚Grüß' mich nicht Unter den Linden!'" Daran trügen beide Seiten schuld. Während nämlich die „Zugehörigkeit zur Presse" ganz generell gesagt so „etwas wie eine soziale Hebung" bedeute, rangiere das „Gerichts-Berichterstattertum" weit unten auf der journalistischen Werteskala: „Zum Gericht strebt niemand." Andererseits aber sei auch „die Gastfreundschaft, die wir Journalisten von seiten des Gerichts genossen, nicht immer die anheimelndste". Die Journalisten stünden „für die Herren Richter, ich möchte sagen: im besten Falle etwas hinter den Angeklagten." Vor kurzem, erzählte Sling, sei er bei einem Prozeß im Dresdner Schwurgerichtssaal gewesen, wo er beobachtet habe, wie einem jungen Kollegen eine Zeitung gereicht wurde, „und zwar seine e i g e n e. Man orientiert sich bei solchen Gelegenheiten flüchtig: ‚Was steht von meinem letzten Bericht drin?', und schlägt die Zeitung wieder zu. Am anderen Tage der Verhandlung wurde dem Herrn vom Gerichtsboten ausgerichtet: ‚Der Herr Präsident läßt Ihnen sagen: Wenn Sie noch einmal die Zeitung aufmachen, müssen Sie den Saal verlassen!' Was das kurze Aufschlagen einer Zeitung dem Gericht an Würde nehmen kann, ist unerfindlich."

Vor einiger Zeit war ich auch einmal bei einer Schwurgerichtsverhandlung in Dresden. Das Dresdner Landgericht tagt heute nicht mehr in demselben Gebäude wie 1926, aber die strengen Hausregeln haben sich erhalten. Angeklagt war ein Mann, der während einer Gerichtsverhandlung eine Ägypterin erstochen hatte. Wie oft während einer Verhandlung mußten die Prozeßbeteiligten mehrmals nach vorne an den Richtertisch treten, um Fotos in Augenschein zu nehmen. Das kann länger dauern, und von dem, was dort in ge-

1 *Wiedergegeben in dem Artikel „Die Gerichtsberichterstattung", in: Deutsche Presse, 16. Jahrgang, Nr. 46, Berlin, 20. November 1926, S. 1 f.*

dämpftem Ton zwischen Richtern, Staatsanwälten und Verteidigern gesprochen wird, bekommen die Journalisten akustisch nichts mit. Also schlug ich, um die Zeit zu nutzen, eine Zeitung – meine eigene – auf. Aber ich hatte noch keine Zeile gelesen, da spürte ich schon die Hand des Justizwachtmeisters auf der Schulter: „Hier wird nicht Zeitung gelesen!"

Ja, die Würde des Gerichts ist auch heute noch ein sehr empfindsames Pflänzchen, und die Empörung, wenn ein Journalist es unternimmt, die Verhandlungsführung oder gar die Urteilsfindung eines Gerichts kritisch zu kommentieren, schlägt heute nicht weniger hohe Wellen als zu Zeiten Paul Felix Schlesingers. Die Justiz – wenn es denn erlaubt ist, von der dritten Gewalt im Staat in so pauschaler Form zu sprechen – hat sich einen gewissen Korpsgeist (oder, wie man heute sagen würde, eine *corporate identity*) erhalten, der sie auf Kritik, insbesondere wenn sie von Nicht-Juristen geäußert wird, mit professioneller Geringschätzung herabsehen läßt. Sling begegnete dieser Mißachtung mit dem ihm eigenen, freundlich-nachsichtigen, aber darum nicht weniger pointierten Selbstbewußtsein: „Der Gerichtsberichterstatter hat genau soviel Recht, wie der andere Laie, der bei der Rechtsprechung mitwirkt, wie der Schöffe. Ich weiß, meine Herren Richter, daß Sie über die Schattenseiten des Laienrichtertums viel zu klagen haben. Und ich kann mir denken, daß es eine Qual sein muß, einen wochenlangen Bankprozeß mit einer Näherin und einem Trambahnschaffner an der Seite durchzuführen. Ich kann mir sogar denken, daß Sie in einer solchen Situation froh wären, einen Durchschnitts-Journalisten an der Seite zu haben. Aber da wir leider n i c h t in der Lage sind, im Beratungszimmer mit Ihnen zu sprechen, so müssen Sie es eben leiden – oder dulden –, daß wir in der P r e s s e unsere Meinung sagen."

Das war ein neuer Ton im Umgang der Presse mit der Justiz. Der Journalist Sling trat den Juristen als Ebenbürtiger entgegen, als einer, der sich durchaus in der Lage sieht, das, was im Gerichtssaal geschieht, kompetent zu beschreiben und eben auch zu kommentieren. Die Herren in ihren schwarzen Roben und mit dem Barett auf dem Kopf – Frauen waren damals in diesem Berufsstand so gut wie nicht vertreten – mochten ihre Examina haben, ihr Strafgesetzbuch und ihre Strafprozeßordnung, aber für das, worum es eigentlich im Strafprozeß geht, die großen und kleinen Dramen,

Tragödien und manchmal auch Tragikomödien im menschlichen Zusammenleben – dafür fühlte sich Paul Schlesinger mindestens so sachverständig wie die Richter und die Staatsanwälte im Kriminalgericht in Moabit.

Paul Felix Schlesinger, am 11. Mai 1878 in Berlin geboren, hatte in München dem literarischen Kabarett „Die elf Scharfrichter“ angehört, er hatte als 20jähriger als Redakteur einer Schweizer Zeitung den dramatischen 5. August 1908 miterlebt, an dem das Luftschiff des Grafen Zeppelin nach seiner ersten großen Fahrt auf einer Wiese bei Echterdingen von einer Sturmböe erfaßt wurde und vollständig verbrannte, und hatte zur Verblüffung seiner Chefs den ganzen Sonntag über ein Extrablatt nach dem anderen aus der Druckerei gejagt. Viele Jahre lang war er dann Korrespondent des Ullstein Verlags in München, „geschätzt, ohne hervorzuragen“, wie sein Freund und Kollege Moritz Goldstein schrieb. Erst als er 1920, schon über 40jährig, nach Berlin zurückbeordert wurde, fand er zu seiner eigentlichen journalistischen Berufung als Gerichtsreporter für die „Vossische Zeitung“. Er wußte: Das, was im Gerichtssaal zu beobachten ist, ist das Leben schlechthin, pralles, dramatisches, dürftiges, armseliges Leben.

Das ist es, was Sling heraushebt, was ihn zu einem modernen Autor macht. Er erkennt, daß die sogenannte Objektivität, die man dem Journalisten immer abverlangt, eine Fiktion ist. „Das Einzige, was man vom Individuum verlangen kann“, sagt er in seinem Referat vor Journalistenkollegen und Juristen, „ist, daß es subjektiv auf das Strengste bemüht ist, einen Sachverhalt zu erfassen, zu begreifen und alle störenden, unsachlichen Motive von sich abzuwehren. Bis zum Punkte des Erfassens geht diese gewisse Unbefangenheit und Unparteilichkeit. In dem Moment, wo die Ausarbeitung beginnt, wo das Gesehene und Gehörte dargestellt werden soll, fängt das Subjekt an – so oder so!“ Und in einem seiner Artikel: „Es sind […] Stimmen laut geworden, die mir Mangel an Objektivität vorwerfen. Ja, nichtjuristische Freunde haben mir gelegentlich Komplimente gemacht: Es gehöre doch eine große Phantasie dazu, die nüchternen Vorgänge so auszuschmücken. Ich habe darauf zu erwidern, daß ich mich selbst für einen durchaus phantasielosen Menschen halte. […] Ich habe kein ernsteres Bestreben, als die Dinge so zu zeichnen, wie ich sie sehe.“

Wohlgemerkt: „wie ich sie sehe“, nicht „wie sie sind“. Und Sling sieht im Gerichtssaal eben nicht nur die Delinquenten, die Angeklagten, die Straftäter – er sieht die Menschen, diejenigen vor und diejenigen hinter den Schranken des Gerichts. Er sieht die Handwerker und die Beamten, die ganz Armen und die, die gerade so über die Runden kommen, die Zuhälter und die Huren, die Familienväter, die gestrandeten Söhne reicher Eltern, die Ehemänner, die Liebhaber und die Geliebten.

Man kann beim Lesen geradezu süchtig werden nach diesen Anfängen, diesen mit wenigen Strichen hingeworfenen Miniporträts, die sofort ein lebendiges, anschauliches Bild entstehen lassen: „Die Frau redet viel, sie spricht nicht ganz richtig, aber sie spricht nicht schlecht. Unter ihrer schön gewölbten Stirn hat sich tausendmal Gedachtes zu festen Formen gefügt. Ein unbewußtes Drängen nach Gestaltung gibt dann den Aussprüchen theatralische Prägnanz: ‚Ich wurde geschlagen, bevor ich geboren wurde, und zerschlagen stehe ich vor Ihnen.‘ […] Trostlose Jugend – traurige Ehe. Spielte der Fall in Kreisen, denen Literatur geläufig ist, ließe sich sagen: Sie gehört in den Ibsenschen Kreis der unverstandenen Frauen, er in den Strindbergschen der gemarterten Männer.“ Oder: „Aus dem Untersuchungsgefängnis wird der Artist Hugo vorgeführt. Gebeugt geht er, mit eigentümlich schlurfendem Schritt, auf die Anklagebank zu. Nun erst sieht man ihn: ein bleicher und eigentümlich schöner Kopf. Wie gut ist die hohe Stirn gebildet, wie fein, sanft gebogen die Nase gezeichnet, wie fein auch der Mund unter dem netten blonden Bärtchen. Aber die kleinen hellen, tiefliegenden Augen sind merkwürdig, jeden Ausdrucks fähig. Bescheidenheit und Frechheit, Sanftmut und Gewalttätigkeit, Liebenswürdigkeit und Zynismus – das wechselt in jedem Blick dieser Augen.“ Oder: „Angeklagt und durch einen überaus fröhlichen Schutzmann dem Gericht zugeführt wurde eine Schriftstellerin, deren Name die Vorstellung an die wonnigste Zeit des Jahres wachruft. Der Name Äquinoktialsturm wäre angesichts dieser Dame eine unangebrachte Schmeichelei, nennen wir sie Fräulein November. Die Anklage lautete auf Nötigung, Hausfriedensbruch, Beleidigung und Diebstahl. Wie sie nun da stand, mit den kleinen bösen Augen in dem massigen Gesicht, den kraftvollen Unterkiefer beim unausgesetzten Reden auf- und niederklappend, glich sie einem jener grotesken Fische, die im Aquarium an den Glaswänden ihre tropischen Schnauzen kühlen."

Das ist kein zweckfreies feuilletonistisches Sprachgeklingel. Sling setzt so den Ton für eine Betrachtungsweise, die das bis heute bestehende grundlegende Defizit der Strafjustiz aufdeckt und hinterfragt. Es entspricht ja dem innersten Wesen des Strafrechts, den Menschen auf seine Eigenschaft als Straftäter zu reduzieren. Der Richter will eigentlich gar nicht wissen, wie es dazu kommt, daß ein Mensch gegen ein Gesetz verstößt – es genügt ihm zu wissen, daß es geschehen ist. Die Motive einer Tat interessieren ihn allenfalls insoweit, als sie im Gesetz als strafmildernd oder strafverschärfend aufgeführt sind. Natürlich – der Richter kann nicht anders, er darf nicht anders. Er ist an das Gesetz gebunden, und das Gesetz gibt ihm auch das Menschenbild vor, das ein „Straf"-Recht erst ermöglicht: Das Bild des jederzeit nach seinem freien Ermessen entscheidenden Menschen, der ganz unabhängig von seiner genetischen Prägung und seiner sozialen Entwicklung befähigt ist, die Wahl zwischen gut und böse, zwischen richtig und falsch zu treffen.

Falsch, sagt Sling. „Der Mensch, der schießt, ist ebenso unschuldig wie der Kessel, der explodiert, die Eisenbahnschiene, die sich verbiegt, der Blitz, der einschlägt, die Lawine, die verschüttet. Alles tötet den Menschen, auch der Mensch tötet den Menschen. [...] Den Kaffeekessel, der explodiert, schickt man zum Klempner, den Menschen ins Gefängnis. Eine Weile hat man sich vorgestellt, der Mensch könne die Gelegenheit benutzen, sich im Gefängnis zu bessern. Man hat aber die Erfahrung gemacht, daß von dieser Gelegenheit höchst selten Gebrauch gemacht wird, daß der Mensch vielmehr in den meisten Fällen völlig verdorben zur Menschheit zurückkehrt. Man erzielte, auf den Kaffeekessel angewendet, die Wirkung, als ob man ihn nicht zum Klempner geschickt, sondern nun erst recht mit den Füßen zertrampelt und auf den Kehricht geworfen hätte."

Im Dezember 1928, sieben Monate nachdem Paul Schlesinger kurz nach seinem 50. Geburtstag völlig überraschend gestorben war, schrieb Gustav Radbruch, der große sozialdemokratische Jurist, Justizminister in der Weimarer Republik unter Reichskanzler Gustav Stresemann, zum Andenken an Sling: „Das Gesetz umreißt mit scharfer Kontur strafbare Tatbestände, der Prozeß richtet den eng umgrenzten Lichtkegel seines Scheinwerfers auf einzelne strafbare Handlungen – aber man darf, ohne sehr paradox zu werden, sagen: Es gibt keine einzelnen Handlungen, es gibt nur die beharrende Ganzheit eines Menschen oder vielmehr: es gibt nur die fließende Ganzheit seines Lebens. […] Solange wir ‚Täter' strafen, nicht Menschen behandeln – solange es ein ‚Straf'recht gibt, gibt es kein gerechtes Strafrecht."[2]

Das ist heute noch genauso wahr wie vor mehr als 80 Jahren. Darum lohnt es auch heute, Sling zu lesen.

HANS HOLZHAIDER, Jahrgang 1946, hat in Berlin und München amerikanische Literaturgeschichte, Politik und Publizistik studiert und 1975 mit einer Arbeit über amerikanische Trivialliteratur im 19. Jahrhundert promoviert. Seit 1978 ist er Redakteur der Süddeutschen Zeitung, zunächst als Lokalredakteur in Dachau, dann zehn Jahre als landespolitischer Redakteur und seit 1996 als Gerichtsreporter. Als solcher ist er ein veritabler „Nachfahre" Slings und hat u. a. über den Prozeß gegen die Palästinenserin Souhaila Andrawes, eine Mitentführerin der Lufthansa-Maschine „Landshut", über den Prozeß gegen Armin Meiwes, den „Kannibalen von Rotenburg", und über den Prozeß gegen Josef Fritzl, der im österreichischen Amstetten seine Tochter Elisabeth 24 Jahre lang gefangen hielt, berichtet.

2 *Gustav Radbruch, Vorwort, in: Sling, Richter und Gerichtete, Berlin 1929*

1. Auflage 2013

Gestaltung & Satz: www.jan-frerichs.com
Fotografie Schutzumschlag: Landesarchiv Berlin / Leo Rosenthal
Fotografie Einband und Seite 1, Detail des Kriminalgerichts Moabit:
© Thomas Kümmerle / PIXELIO
Druck und Bindung: CPI Moravia Books
ISBN 978-3-940357-27-4

www.lilienfeld-verlag.de